国家职业资格考试系列辅导教材

企业人力资源管理师（二级）考试通关习题集

（第4版）

滕晓华　施晓菊　编

中国科学技术大学出版社

内容简介

为推动企业人力资源管理师职业培训和职业技能鉴定工作的开展,在人力资源管理从业人员中推行国家职业资格证书制度,我们根据新修订的《企业人力资源管理师国家职业标准》,编写了《企业人力资源管理师(二级)考试通关习题集》(第4版)。

本书把从2009年起至2014年5月的真题试卷分拆编入各章。与此同时,根据新版教材的内容对试题进行了删减和修改,以使题目与新版教材内容保持一致。最后,提供2014年11月和2015年5月的两套完整真题放在书后,供读者在最后的复习阶段模拟自测。

本书主要参考了《企业人力资源管理师基础知识》和《企业人力资源管理师(二级)》两本教材,在涉及劳动关系管理的部分,还参考了由中华人民共和国第十届全国人民代表大会常务委员会第三十一次会议于2007年12月29日通过、自2008年5月1日起施行的《中华人民共和国劳动争议调解仲裁法》相关条款。

本书适用于人力资源管理的相关培训,是职业技能鉴定的辅导用书。

图书在版编目(CIP)数据

企业人力资源管理师(二级)考试通关习题集/滕晓华,施晓菊编.—4版.—合肥:中国科学技术大学出版社,2017.5
ISBN 978-7-312-04146-4

Ⅰ.企… Ⅱ.①滕… ②施… Ⅲ.企业管理—人力资源管理—资格考试—习题集 Ⅳ.F272.92-44

中国版本图书馆CIP数据核字(2017)第029787号

出版	中国科学技术大学出版社
	安徽省合肥市金寨路96号,230026
	http://press.ustc.edu.cn
	https://zgkxjsdxcbs.tmall.com
印刷	安徽省瑞隆印务有限公司
发行	中国科学技术大学出版社
经销	全国新华书店
开本	787 mm×1092 mm 1/16
印张	25.25
字数	567千
版次	2011年9月第1版 2017年5月第4版
印次	2017年5月第10次印刷
定价	55.00元

第 4 版前言

本次再版在前 3 版的基础上,参考了《企业人力资源管理师基础知识》(第 3 版)和《企业人力资源管理师(二级)》(第 3 版),并将历年试卷上的题目与新版教材的内容一一对照,对以前旧版试题实施适当删减和修改,以使题目与新版教材内容保持一致。同时,我们将历年真题按照章节拆解重新组合,方便读者按照上课进度逐章复习。另外,我们还增加了 2013 年和 2014 年两年的试题,在本书的最后收录了 2014 年 11 月和 2015 年 5 月的完整真题试卷。此外,我们还详细分析了考试形式、题量分布及其特点,以助读者一举通关。

值得注意的是,自 2015 年以来,安徽省和其他某些省份开始采用上机考试模式,因此在全国范围内出现了两套不完全相同的考试试卷。实行上机考试的省份和实行笔试的省份所使用试卷的具体试题会有所不同,但是它们的答题思路和整体分值分布仍然是一致的,故本书具有借鉴意义。

编 者

前　言

拿起这本书,您就是要参加一年两次的企业人力资源管理师考试。您有很大可能是在职,工作很忙,有可能还要兼顾家庭,时间宝贵。但是您又希望能够系统掌握专业知识,顺利通过国家职业资格考试,拿到证书证明您的专业能力。因此,您不仅需要详细了解考试形式、学习及复习的方法,还需要做习题以巩固核心知识,掌握要点,希望考试前做到胸有成竹。

为此,我们以历年试卷为基础,参考《企业人力资源管理师基础知识》(第3版)和《企业人力资源管理师(二级)》(第3版),编写了本书。书中将历年试卷上的题目与新版教材的内容一一对照,对题目进行适当删减和修改,以使题目与新版教材内容保持一致。同时,我们将历年真题按照章节拆解重新组合,方便读者按照上课进度逐章复习。此外,我们还详细分析了考试形式、题量分布及其特点,以助读者一举通关。

考试时间

　　08:30—10:00　理论知识考试
　　10:30—12:30　专业能力考核

题型题量

考试科目		题型	题量	分值
理论知识考试	职业道德	单选(其中含9道个人表现题)	17道题	10分
		多选	8道题	
	理论知识	单选	60道题	90分
		多选	40道题	
理论知识试卷合计125道选择题,一个半小时完成				
专业能力考核		简答题	一般3道题	大约40分
		综合题	一般3道题	大约60分
专业能力试卷合计约6道大题				

复习指南及计划建议

随着考试难度的逐渐加大,我们需要做更多的复习准备。根据新安人才网职业培训中心的经验,我们提出以下建议:

1. 多看书,至少三遍。因为理论知识考试部分试卷的选择题量大,知识点很分散,需要对教材特别熟悉,考的是直观反应。

建议及学习计划:

(1) 在每次课程开始前,将当天需要学习的模块先行预习一遍。

(2) 听课时跟着老师将课程内容再过一遍,同时学到书本上学不到的知识和技能,还要把握交流、沟通的机会。

(3) 课后,将当日内容复习一遍,加深记忆,可结合本书有计划地做一部分习题巩固一下。

(4) 考试前,结合历年真题或习题等,系统地将教材熟悉一遍。

2. 多做题。选择题部分出现重题的概率很大。多做题一方面有利于巩固,另一方面也是实战演习。

建议及学习计划:

(1) 每次上课后,将当日内容复习一遍,加深记忆。

(2) 所有课程结束后,开始做历年考试试题(注意:该部分的习题至少要做两遍)。

(3) 考试前一周,将最近一年的试卷完整地做一遍,查缺补漏。

考试注意事项

1. 考前准备:

(1) 笔试需要准备 2B 铅笔、橡皮、钢笔或黑色水笔、手表(看时间),上机考试准备手表即可。

(2) 考试当天可带教材或者要点记录供考前复习。

(3) 准考证、身份证。

2. 考试中:

(1) 先挑会的答。建议学员在进行专业能力考试前,先快速阅读一遍全卷,了解题目整体的难易程度和数量,以对时间有个大致安排,并适当加快答题进度。

(2) 专业能力考试部分。千万不能空,重点条款加序号,罗列清晰,其后加上一些论述性语句。

答题指导

1. 上午的第一场考试是理论知识考试,主要包括两部分:

(1) 第一部分是职业道德基础知识和个人表现,有 25 道题,估计 10 分钟做完。

(2) 第二部分是人力资源的理论知识,单项选择 60 道题,多项选择 40 道题。单选题正确率较高,要以单选题为主。

2. 上午的第二场考试是专业能力考核,主要包括简答题和综合题(含案例分析题)这两种题型:

(1) 对于方案设计题,其关键是书中有典型案例和设计好的表格样本的地方。

(2) 论述性题目是建立在相关的原理、原则、流程基础上的。在论述时,一定要将这些原理、原则、流程按照要点罗列出来,因为阅卷的时候是根据要点给分的。

本书使用说明

  本书所选题目均为根据新版教材修订后的历年真题,题目和答案、注释分开,方便读者自测。

  在每一个章节课程结束后,应先复习一遍该章节内容再开始做题。做题时不要看书。可先做一半,如果错误率超过40%,建议复习一遍课本后再做剩下的题目。在做错的题目旁边打两个问号,返回头把书上相关的知识点看两遍;在拿不准却蒙对的题目旁边打一个问号,把书上相关的知识点也看两遍。

  对于专业能力考核,简答题的答案主要是教材要点;案例分析题应在记忆的基础上整体把握模块内容和人力资源管理的思路,自己先尝试做一遍,然后对照参考答案的要点理清思路。

  最后,提供两套完整试题供考前模拟。

目　　次

第 4 版前言 i

前言 iii

本书使用说明 vii

第一篇　基础知识 1
　　参考答案及注释 18

第二篇　培训教程 43
　　第一章　人力资源规划 44
　　　　理论知识部分 44
　　　　专业能力部分 61
　　　　理论知识部分的参考答案及注释 66
　　　　专业能力部分的参考答案及评分标准 90
　　第二章　招聘与配置 101
　　　　理论知识部分 101
　　　　专业能力部分 116
　　　　理论知识部分的参考答案及注释 123
　　　　专业能力部分的参考答案及评分标准 150
　　第三章　培训与开发 161
　　　　理论知识部分 161
　　　　专业能力部分 174

理论知识部分的参考答案及注释 …………………………………… 177
　　　专业能力部分的参考答案及评分标准 ………………………………… 197
　第四章　绩效管理 ……………………………………………………………… 203
　　　理论知识部分 …………………………………………………………… 203
　　　专业能力部分 …………………………………………………………… 213
　　　理论知识部分的参考答案及注释 …………………………………… 218
　　　专业能力部分的参考答案及评分标准 ………………………………… 238
　第五章　薪酬管理 ……………………………………………………………… 245
　　　理论知识部分 …………………………………………………………… 245
　　　专业能力部分 …………………………………………………………… 260
　　　理论知识部分的参考答案及注释 …………………………………… 266
　　　专业能力部分的参考答案及评分标准 ………………………………… 291
　第六章　劳动关系管理 ………………………………………………………… 302
　　　理论知识部分 …………………………………………………………… 302
　　　专业能力部分 …………………………………………………………… 319
　　　理论知识部分的参考答案及注释 …………………………………… 323
　　　专业能力部分的参考答案及评分标准 ………………………………… 345

2014 年 11 月真题试卷 ……………………………………………………… 355

2015 年 5 月真题试卷 ………………………………………………………… 373

后记 …………………………………………………………………………… 392

2014 年 5 月

单选

26. 失业率 =（　　）。
    A. $\dfrac{失业人数 * 100\%}{社会劳动力人数}$
    B. $\dfrac{失业人数 * 100\%}{就业人数}$
    C. $\dfrac{失业人数 * 100\%}{社会劳动力人数 + 失业人数}$
    D. $\dfrac{失业人数 * 100\%}{总人口}$

27. 《工伤保险条例》属于（　　）。
    A. 劳动法律
    B. 地方性劳动法规
    C. 劳动规章
    D. 国务院劳动行政法规

28. PDCA 循环法作为一种计划管理的方式，包括：①执行；②处理；③检查；④计划。排序正确的是（　　）。
    A. ④①③②
    B. ③②①④
    C. ③①④②
    D. ①②③④

29. 在复杂的购买行为中，购买者的购买决策过程包括：①收集信息；②引起需求；③评价方案；④决定购买；⑤买后行为。正确的排序是（　　）。
    A. ②①③④⑤
    B. ③②①④⑤
    C. ③①④②⑤
    D. ④①③②⑤

30. 人事测量是（　　）在人事管理领域的应用。
    A. 行为测量
    B. 心理测量
    C. 物理测验
    D. 情商测验

31. 在管理策略上，现代人力资源管理更注重（　　）。
    A. 以人为中心与以事为中心相结合
    B. 静态管理与动态管理相结合
    C. 主动管理与被动管理相结合
    D. 战术管理与战略管理相结合

多选

86. 福利的支付方式分为（　　）。
    A. 当期支付
    B. 实物支付
    C. 延期支付
    D. 支票支付
    E. 现金支付

87. 以下关于劳动法基本原则的说法中，正确的有（　　）。
    A. 具有高度的权威性
    B. 具有高度的稳定性
    C. 其稳定性低于劳动法
    D. 其权威性低于劳动法律制度
    E. 反映了所调整的劳动关系的特殊性

88. 企业的总体战略包括(　　)。
    A. 进入战略　　　　　　　　B. 发展战略
    C. 稳定战略　　　　　　　　D. 撤退战略
    E. 人才战略

89. 影响企业销售渠道选择的因素有(　　)。
    A. 产品因素　　　　　　　　B. 市场因素
    C. 国家法律制约　　　　　　D. 企业因素
    E. 中间商的特性

2013年11月

单选

26. 下列劳动力需求曲线中,(　　)表示劳动力需求量变动相对于工资率变动富有弹性。

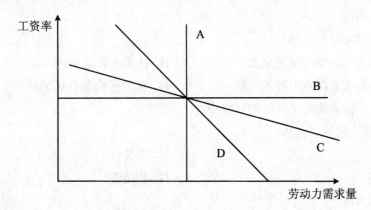

27. (　　)在国家的法律体系中具有最高法律效力。
    A. 劳动法律　　　　　　　　B. 宪法
    C. 国务院劳动行政法规　　　D. 劳动规章

28. PDCA循环法包括：①执行；②处理；③检查；④计划。排序正确的是(　　)。
    A. ④①③②　　　　　　　　B. ③②①④
    C. ③①④②　　　　　　　　D. ①②③④

29. (　　)是指当对一个人的某些特性形成好或坏的印象之后,就倾向于据此推论该人其他方面的特性。
    A. 光环效应　　　　　　　　B. 投射效应
    C. 首因效应　　　　　　　　D. 刻板印象

30. 下列关于员工激励的说法,不正确的是(　　)。
    A. 任何一种激励方法都不是万能的
    B. 对员工的激励不一定能达到满意效果

C. 员工对激励做出反应需要一定的时间
D. 对员工的激励一定会产生直接反应

31. 下列关于现代企业人力资源管理的说法，不正确的是（　　）。
    A. 更加强调管理的系统化
    B. 更加强调管理手段的现代化
    C. 更加强调管理的规范化
    D. 更加强调管理技术的静态化

多选

86. 劳动资源稀缺性的属性包括（　　）。
    A. 具有普遍性
    B. 仅存在于市场经济中
    C. 是一种相对的稀缺性
    D. 仅存在于当前社会
    E. 可以表现为消费劳动资源的支付能力和支付手段的稀缺性

87. 劳动权的核心内容包括（　　）。
    A. 平等就业权
    B. 劳动报酬权
    C. 休息休假权
    D. 自由择业权
    E. 职业培训权

88. 满足安全需要的行为可以是（　　）。
    A. 免受失业和经济危机的威胁
    B. 比竞争者更出色
    C. 避免任务或者决策失败的风险
    D. 免受疾病和残疾的威胁
    E. 避免受到伤害或处于危险的环境中

89. 人力资源的一般特点包括（　　）。
    A. 时间性
    B. 消费性
    C. 地域性
    D. 创造性
    E. 主观能动性

2013年5月

单选

26. 实际工资的计算公式是（　　）。
    A. 货币工资÷价格
    B. 货币工资÷价格指数
    C. 货币工资×价格
    D. 货币工资×价格指数

27. 劳动法的最主要表现形式是（　　）。
    A. 劳动规章
    B. 劳动法律
    C. 国务院劳动行政法规
    D. 地方性劳动法规

28. 完全劳动行为能力人是指身体健康，有完全行为自由，（　　）。
    A. 16~18岁的劳动者
    B. 16岁以上的劳动者
    C. 18岁以上的劳动者
    D. 18岁以上的男性劳动者

29. 企业管理资源状况分析的内容不包括(　　)。
    A. 企业文化　　　B. 品牌知名度　　　C. 领导风格　　　D. 组织管理水平
30. (　　)是指员工对工作所抱有的一般性的满足与否的态度。
    A. 薪酬满意度　　B. 工作绩效　　　C. 工作满意度　　D. 工作成就
31. (　　)认为,创新就是"建立一种新的生产函数"。
    A. 泰勒　　　　　B. 法约尔　　　　C. 熊彼特　　　　D. 德鲁克

多选

86. 对国民经济就业总量影响最大的宏观调控政策有(　　)。
    A. 财政政策
    B. 贸易政策
    C. 货币政策
    D. 金融政策
    E. 收入政策
87. 企业战略的实质是实现(　　)之间的动态平衡。
    A. 外部环境
    B. 内部环境
    C. 企业实力
    D. 战略目标
    E. 长远发展
88. 影响群体决策的群体因素有(　　)。
    A. 群体熟悉度
    B. 群体多样性
    C. 参与决策程度
    D. 决策能力
    E. 群体认知能力
89. 下列关于人的心理属性的说法,正确的有(　　)。
    A. 是人性的本质
    B. 是人性的重要组成部分
    C. 由心理素质和心理状态两部分组成
    D. 由个性心理特征和个人行为倾向两部分组成
    E. 是人的感觉、知觉、记忆、思维等一切心理现象的总和

2012年11月

单选

26. 劳动力供给的工资弹性 E_s 的计算公式为(　　)。
    A. $(\Delta S/S)/(\Delta W/W)$　　　　B. $(\Delta W/W)/(\Delta S/S)$
    C. $(\Delta W/S)/(\Delta S/W)$　　　　D. $(\Delta S/W)/(\Delta W/S)$
27. 劳动法律体系中,(　　)包括工作时间和休息休假制度、工资制度、劳动安全卫生制度以及女职工和未成年工特殊保护制度等。
    A. 劳动标准制度　　　　　　　　B. 促进就业法律制度

C. 职业培训制度　　　　　　　　　D. 社会保险和福利制度

28. 确定型决策方法不包括( )。
　　A. 微分法　　　B. 量本利分析法　　　C. 收益矩阵法　　　D. 线性规划法

29. 社会知觉失真的表现不包括( )。
　　A. 蝴蝶效应　　　B. 光环效应　　　C. 投射效应　　　D. 对比效应

30. ( )是将人的智力、人格、兴趣、情绪等心理特征，按一定规则表示成数字，并赋予这些数字一定解释的过程。
　　A. 心理测量　　　B. 素质测验　　　C. 生理测量　　　D. 人事测评

31. 为有效完成人力资源管理的基本职能，必须完善的基础工作不包括( )。
　　A. 健全的员工绩效管理体系　　　　B. 完善的劳动人事规章规划
　　C. 系统的工作岗位分析与评价制度　　D. 静态的员工教育培养和训练体制

多选

86. 缓解结构性失业的有效对策包括( )。
　　A. 广泛的职业技术培训　　　　　B. 超前的职业预测
　　C. 推行积极的劳动力市场政策　　D. 超前的职业指导
　　E. 较高费用的人力资本投资计划

87. 劳动法律体系中的劳动合同制度是指劳动合同( )的规则。
　　A. 订立　　　B. 解除　　　C. 履行　　　D. 终止
　　E. 变更

88. 售后服务包括( )。
　　A. 技术培训　　　B. 咨询产品　　　C. 质量三包　　　D. 特种服务
　　E. 提供零件

89. 人力资源开发理论体系包括( )。
　　A. 心理开发　　　B. 环境开发　　　C. 伦理开发　　　D. 技能开发
　　E. 生理开发

2012 年 5 月

单选

26. 下列关于劳动力市场的说法，不正确的是( )。
　　A. 企业是劳动力的供给方
　　B. 劳动力市场的功能与其他市场相似
　　C. 决定工资是劳动力市场的基本功能
　　D. 劳动力市场供求运动调节着劳动资源的配置

27. 劳动法的立法宗旨在于( )。

A. 规范企业的行为 B. 规范劳动者的行为
C. 保护劳动者的合法权益 D. 规范劳动力市场

28. 企业从某个行业采取撤退战略的方式不包括( )。
    A. 分包 B. 特许经营 C. 卖断 D. 低成本

29. 阿伦(Allen)和梅耶(Meyer)提出的组织承诺不包括( )。
    A. 感情承诺 B. 继续承诺 C. 规范承诺 D. 口头承诺

30. ( )不属于森德斯罗姆(Sundstrom)和麦克英蒂尔(McIntyre)提出的团队有效性的组成要素。
    A. 团队规模 B. 团队绩效
    C. 团队学习 D. 团队成员满意度

31. 在管理策略上,现代人力资源管理属于( )的管理。
    A. 战术与战略相结合 B. 以战略为主
    C. 静态与动态相结合 D. 以动态为主

多选

86. 以下关于劳动力市场的说法,正确的是( )。
    A. 劳动力市场是社会生产得以进行的前提条件
    B. 劳动力与工资的交换行为只能是一种等价交换
    C. 劳动力市场交换具有最高效率,消耗最低费用
    D. 劳动力市场的劳动交换决定了劳动力的市场价值
    E. 工资是实现和决定劳动力市场交换行为的必要手段

87. 职业培训制度规定了政府有关部门和用人单位在发展培训事业和开发劳动者职业技能方面的( )。
    A. 法律法规 B. 管理权限 C. 通用标准 D. 职业分类
    E. 职业技能考核鉴定制度

88. 成熟期企业可以采取的营销策略有( )。
    A. 市场改良 B. 市场营销组合改良 C. 产品改良
    D. 销售渠道功效改良 E. 功能改良

89. 企业人际关系对( )产生极为重要的影响。
    A. 企业整体行为 B. 人的身心健康 C. 企业工作效率
    D. 企业的凝聚力 E. 员工个人发展

2011 年 11 月

单选

26. 劳动力供给弹性是( )变动对工资率变动的反应程度。

A. 劳动力需求量 B. 劳动力需求增长量
C. 劳动力供给量 D. 劳动力供给增长量

27. 收入差距的衡量指标是（　　）。
A. 国民收入 B. 基尼系数 C. 人均GDP D. 需求弹性

28. （　　）不属于劳动关系法。
A. 促进就业法 B. 集体合同法
C. 劳动合同法 D. 劳动争议处理法

29. 影响产业购买者购买决定的主要因素不包括（　　）。
A. 社会因素 B. 环境因素 C. 组织因素 D. 人际因素

30. 第一个将期望理论运用于工作动机并将其公式化的是（　　）。
A. 赫兹伯格 B. 亚当斯 C. 莱文泽尔 D. 弗洛姆

31. 典型的人力资本类型不包括（　　）。
A. 一般型 B. 专业型 C. 创新型 D. 综合型

多选

86. 劳动经济学的研究对象包括（　　）。
A. 资本市场 B. 就业
C. 劳动力市场现象 D. 失业
E. 劳动力市场运行规律

87. 关于"劳动法的基本原则"和"调整劳动关系的具体规定"的说法，正确的是（　　）。
A. 前者的明确性高于后者 B. 前者所覆盖的事实状态小于后者
C. 前者的明确性低于后者 D. 前者所覆盖的事实状态大于后者
E. 前者的稳定性高于后者

88. 影响销售渠道选择的因素有（　　）。
A. 产品因素 B. 市场因素 C. 社会因素 D. 企业因素
E. 中间商的特性

89. 心理测验的技术标准包括（　　）。
A. 信度 B. 效度 C. 难度 D. 灵敏度
E. 标准化

2011年5月

单选

26. 在生产要素市场，（　　）是生产要素的供给者。
A. 居民户 B. 市场 C. 政府 D. 企业

27. 广义的（　　）是调整劳动关系以及与劳动关系密切联系的其他一些社会关系的法律

规范。

A. 劳动法　　　　B. 劳动法律体系　　　C. 劳动法学　　　　D. 劳动立法制度

28. (　　)是指具有法的效力作用和意义的法或法律的外在表现形式。

A. 法律渊源　　　B. 劳动法　　　　　　C. 劳动合同　　　　D. 劳动关系

29. (　　)是影响企业战略决策的首要外部条件。

A. 经济环境　　　B. 政治法律环境　　　C. 技术环境　　　　D. 社会文化环境

30. (　　)是人对某种事物或特定对象所持有的一种肯定或否定的心理倾向。

A. 认知　　　　　B. 态度　　　　　　　C. 智慧　　　　　　D. 谦虚

31. 员工自我保护机制的特点不包括(　　)。

A. 它是一种动态表现

B. 其目的大多数是为了满足个人需求

C. 压力会使不同的员工做出不同程度的反应

D. 在一定条件下增强了员工的自主自立性

多选

86. 从劳动力参与率的长期变动来看,以下描述正确的是(　　)。

A. 女性劳动参与率呈上升趋势

B. 老年人口劳动参与率呈下降趋势

C. 20~24岁年龄组的人口劳动参与率下降

D. 15~19岁年龄组的人口劳动参与率下降

E. 25~55岁年龄段男性成年人口劳动参与率无显著的趋势性变化

87. 按照买方类型的不同,可将市场分为(　　)。

A. 商品市场　　　B. 服务市场　　　　　C. 组织市场　　　　D. 金融市场

E. 消费者市场

88. 满足权力需要的行为可以是(　　)。

A. 比竞争者更出色　　　　　　　　　　B. 影响他人并改变他们的态度和行为

C. 对资源进行控制　　　　　　　　　　D. 占据一个高于别人的权威性的位置

E. 拥有舒适的轿车

89. 人的(　　)相互联系、相互影响,构成人的心理过程。

A. 思维活动　　　B. 记忆活动　　　　　C. 认知活动　　　　D. 情感活动

E. 意志活动

2010年11月

单选

26. (　　)是政府通过调节利率来调节总需求水平,以促进充分就业、稳定物价和经济增长的一种宏观经济管理对策。
A. 财政政策   B. 货币政策
C. 金融政策   D. 收入政策

27. 依据是否以当事人的意志为转移,劳动法律事实可以分为劳动法律行为和(   )。
A. 劳动法律结果   B. 劳动法律后果
C. 劳动法律体系   D. 劳动法律事件

28. 对已经生效的劳动法律,(   )不具有法律效力。
A. 立法解释   B. 任意解释
C. 司法解释   D. 行政解释

29. 企业资源优势具有(   ),企业要不断投入以保持其资源优势。
A. 绝对性和时间性   B. 相对性和时间性
C. 绝对性和暂时性   D. 相对性和暂时性

30. 员工的组织承诺与缺勤率和流动率的关系是(   )。
A. 正相关   B. 负相关
C. 不相关   D. 与缺勤率正相关,与流动率负相关

31. 现代人力资源管理的三大基石不包括(   )。
A. 定编定岗定员定额   B. 员工的绩效管理
C. 人才的引进与配置   D. 员工的技能开发

多选

86. 人口年龄结构对劳动力供给的影响主要是通过(   )的变动来实现的。
A. 劳动年龄人口占失业人口比重   B. 劳动年龄组内部年龄结构
C. 劳动年龄人口占人口总数比重   D. 劳动年龄人口平均年龄
E. 就业人口总量

87. 企业战略的实质是实现(   )之间的动态平衡。
A. 外部环境   B. 内部环境   C. 企业实力   D. 战略目标
E. 长远发展

88. 影响工作满意度的因素有(   )。
A. 富有挑战性的工作   B. 公平的报酬
C. 支持性的工作环境   D. 融洽的人际关系
E. 个人特征与工作的匹配

89. 现代化的人力资源管理在企业中的主要作用是(   )。
A. 成为企业发展的内在动力   B. 促进企业社会化
C. 能使企业赢得人才的制高点   D. 促进社会科学化
E. 能使员工随心所欲地工作

2010年5月

单选

26. 短期企业唯一可变的生产要素是（　　）。
    A. 生产资料　　　B. 劳动资料　　　C. 资本投入　　　D. 劳动投入

27. 对劳动者而言，物质帮助权主要通过（　　）来实现。
    A. 社会保险　　　B. 社会保障　　　C. 社会救济　　　D. 薪酬福利

28. 以下不属于劳动保障法的是（　　）。
    A. 促进就业法　　B. 社会保险法　　C. 工作时间法　　D. 劳动福利法

29. 顾客力量分析是企业特定经营环境分析的重要内容，不包括（　　）。
    A. 顾客购买动机分析　　　　　　　B. 市场商品消费结构分析
    C. 顾客消费承受能力分析　　　　　D. 企业产品消费群体分析

30. 教师连续提问两个学生都不能回答某个问题，而第三个学生则对问题进行了分析和解释，尽管他的回答并不完全正确，可是教师还是会认为第三个学生更出色些。这种现象属于（　　）。
    A. 首因效应　　　B. 光环效应　　　C. 投射效应　　　D. 对比效应

31. 以下不属于人力资源特点的是（　　）。
    A. 时间性　　　　B. 主观能动性　　C. 消费性　　　　D. 客观规律性

多选

86. 年失业率取决于（　　）。
    A. 失业周数　　　B. 失业人数　　　C. 平均失业持续期　　　D. 就业人数
    E. 失业人数占社会劳动力的比例

87. 选择风险型决策的前提包括（　　）。
    A. 有一个明确的决策目标
    B. 存在两个以上可供选择的方案
    C. 可测算出种种自然状态发生的客观概率
    D. 可测算出不同方案在不同自然状态下的损益值
    E. 存在着不以决策人意志为转移的各种自然状态

88. 满足成就需要的行为可以是（　　）。
    A. 对资源进行控制　　　　　　　　B. 比竞争者更出色
    C. 发现和使用更好的方法完成工作　　D. 实现或者超越一个难以达到的目标
    E. 影响他人并改变他们的态度和行为

89. 创新能力的激励机制包括（　　）。
    A. 团队激励机制　　B. 个人激励机制　　C. 市场激励机制　　D. 社会激励机制
    E. 企业激励机制

2009 年 11 月

单选

26. 在生产要素市场,(　　)是生产要素的供给者。
    A. 居民户　　　B. 市场　　　C. 劳动者　　　D. 企业

27. 劳动法基本原则的特点不包括(　　)。
    A. 指导性　　　B. 权威性　　　C. 稳定性　　　D. 唯一性

28. 正常情况下,每个月依照法定程序延长的工作时间不能超过(　　)。
    A. 34 小时　　　B. 36 小时　　　C. 38 小时　　　D. 40 小时

29. 顾客力量分析是企业特定经营环境分析的重要内容,不包括对(　　)的分析。
    A. 顾客购买动机　　　　　　　　B. 市场商品消费结构
    C. 顾客消费承受能力　　　　　　D. 企业产品消费群体

30. 教师连续提问两个学生都不能回答某个问题,而第三个学生则对问题进行了分析和解释,尽管他的回答并不完全正确,可是教师还是会认为第三个学生更出色些。这种现象被称为(　　)。
    A. 首因效应　　　B. 光环效应　　　C. 投射效应　　　D. 对比效应

31. 企业生产过程的基本要素不包含(　　)。
    A. 劳动环境　　　B. 劳动对象　　　C. 劳动资料　　　D. 劳动关系

多选

86. 年失业率取决于(　　)。
    A. 失业周数　　　　　　　　　　B. 失业人数
    C. 平均失业持续期　　　　　　　D. 就业人数
    E. 失业人数所占社会劳动力的比例

87. 风险型决策方法包括(　　)。
    A. 决策树　　　B. 收益矩阵　　　C. 微分法　　　D. 线性规划
    E. 敏感性分析

88. 在使用心理测验对应聘者进行评价和筛选时,可选择的策略有(　　)。
    A. 首因策略　　　B. 择优策略　　　C. 淘汰策略　　　D. 晋升策略
    E. 轮廓匹配策略

89. 根据人本管理思想构建的企业组织形态应具有的特征包括(　　)。
    A. 明确组织宗旨和目标　　　　　B. 管理幅度合理
    C. 组织集权和分权的平衡和适宜　D. 组织和地位弹性
    E. 确立员工参与管理的制度和渠道

2009年5月

单选

26. ( )是指经济运行过程中繁荣与衰退的周期性交替。
   A. 经济规律 B. 经济交替 C. 经济周期 D. 经济变动

27. 关于社会保险的说法,不正确的是( )。
   A. 社会保险当事人可以自行选择缴费标准
   B. 社会保险当事人不能自行选择保险项目
   C. 社会保险当事人不能自行选择是否参加保险
   D. 对劳动者而言,物质帮助权主要通过社会保险来实现

28. ( )以法律共同体的长期实践为前提,以法律共同体的普遍的法律确信为基础。
   A. 法官法 B. 判例法 C. 习惯法 D. 成文法

29. ( )是指对本企业的营销具有吸引力的、能享受竞争优势的市场机会。
   A. 企业营销机会 B. 企业竞争机会 C. 企业优势机会 D. 企业实践机会

30. 满足地位需要的行为不包括( )。
   A. 拥有舒适的轿车、合体的穿着 B. 具有执行官的特权
   C. 居住在合适的社区,参加俱乐部 D. 影响他人并改变他们的态度和行为

31. 对组织而言,绩效管理的功能不包括( )。
   A. 组织发展的有力措施 B. 规范员工的手段
   C. 提高生产效率的途径 D. 人事决策的基础

多选

86. 社会就业总量取决于( )。
   A. 总需求水平 B. 总供给水平 C. 国民生产总值 D. 劳动力数量
   E. 均衡国民收入

87. 决策科学化的要求包括( )。
   A. 合理的决策标准 B. 有效的信息系统
   C. 系统的决策观念 D. 科学的决策程序
   E. 决策方法科学化

88. 在使用心理测验对应聘者进行评价和筛选时,可选择的策略包括( )。
   A. 首因策略 B. 择优策略 C. 淘汰策略 D. 晋升策略
   E. 轮廓匹配策略

89. 环境优化机制的主要因素包括( )。
   A. 工作报酬 B. 学习发展环境
   C. 工作条件 D. 人际关系环境
   E. 工作环境

2008 年 11 月

单选

26. (　　)是指国家在一定时期内生产的最终产品和服务按价格计算的货币价值总量。
    A. 总需求　　　　B. 总需求价格　　　C. 总供给　　　　D. 总供给价格

27. 以下不属于劳动标准法的是(　　)。
    A. 劳动争议处理法　　　　　　　　B. 工资法
    C. 劳动安全卫生标准法　　　　　　D. 工作时间法

28. 劳动法律关系的主要形态是(　　)。
    A. 劳动行政法律关系　　　　　　　B. 劳动合同关系
    C. 劳动服务法律关系　　　　　　　D. 劳动监督关系

29. 顾客力量分析是企业特定经营环境分析的重要内容,不包括(　　)。
    A. 顾客购买动机分析　　　　　　　B. 市场商品消费结构分析
    C. 顾客消费承受能力分析　　　　　D. 企业产品消费群体分析

30. 阿伦和梅耶所进行的综合研究提出的承诺不包括(　　)。
    A. 感情承诺　　　B. 继续承诺　　　C. 规范承诺　　　D. 口头承诺

31. 以下不属于员工动态特征的是(　　)。
    A. 员工学习　　　　　　　　　　　B. 员工自我保护机制
    C. 员工激励　　　　　　　　　　　D. 员工的成熟和发展

多选

86. 阻碍互惠交换实现的主要障碍包括(　　)。
    A. 体制障碍　　　B. 市场缺陷　　　C. 诚信问题　　　D. 经济滞后
    E. 信息障碍

87. 战略控制的方法包括(　　)。
    A. 全程控制　　　B. 事前控制　　　C. 局部控制　　　D. 事后控制
    E. 事中控制

88. 有领袖魅力的管理者的关键特征包括(　　)。
    A. 是变革的代言人　　　　　　　　B. 自信和远见
    C. 行为不循规蹈矩　　　　　　　　D. 对环境敏感
    E. 有清楚表达目标的能力

89. 人力资源开发的根本目标包括(　　)。
    A. 有效促进人的发展　　　　　　　B. 有效运用人的潜能
    C. 有效促进组织的发展　　　　　　D. 有效开发人的潜能
    E. 有效开发组织的潜能

2008 年 5 月

单选

26. 劳动力市场的基本功能是（　　）。
    A. 调节资源的配置 　　　　　　B. 决定就业量与工资
    C. 解决生产什么的问题 　　　　D. 解决如何生产的问题

27. 以下不属于劳动法基本原则特点的是（　　）。
    A. 指导性　　　B. 权威性　　　C. 稳定性　　　D. 唯一性

28. 劳动法的立法宗旨在于（　　）。
    A. 规范企业的行为 　　　　　　B. 规范劳动者行为
    C. 保护劳动者的合法权益 　　　D. 规范劳动力市场

29. （　　）是指预定的战略目标或标准，是战略控制的依据。
    A. 战略测评标准 　　　　　　　B. 战略实施标准
    C. 战略评价标准 　　　　　　　D. 战略计划标准

30. 森德斯罗姆和麦克英蒂尔认为，团队的有效性要素构成不包括（　　）。
    A. 团队学习　　B. 绩效　　　C. 成员满意度　　D. 薪酬

31. 对员工而言，绩效管理不具有的功能是（　　）。
    A. 互相沟通　　B. 互相激励　　C. 互相促进　　D. 互相竞争

多选

86. 对摩擦性失业表述正确的是（　　）。
    A. 是高效率利用劳动资源的需要 　B. 是一种正常性失业
    C. 是动态性市场经济的一个自然特征　D. 是一种岗位变换之间的失业
    E. 表明劳动力经常处于流动过程之中

87. 企业目标管理的特点主要包括（　　）。
    A. 是一种系统化的管理模式 　　B. 更富于参与性
    C. 有明确的完整的目标体系 　　D. 强调自我控制
    E. 有完善的员工福利计划

88. 满足亲和需要的行为可以是（　　）。
    A. 控制他人和活动 　　　　　　B. 受到许多人的喜欢
    C. 战胜对手或敌人 　　　　　　D. 成为团队的一分子
    E. 比竞争者更出色

89. 人力资源理论体系包括（　　）。
    A. 心理开发　　B. 生理开发　　C. 伦理开发　　D. 技能开发
    E. 环境开发

2007年11月

单选

26. ( )是政府通过调节利率来调节总需求水平,以促进充分就业、稳定物价和经济增长的一种宏观经济管理对策。
    A. 财政政策　　　B. 收入政策　　　C. 金融政策　　　D. 货币政策

27. ( )是劳动权的核心。
    A. 择业权和劳动报酬权　　　　　B. 就业权和择业权
    C. 休息休假权和劳动保护权　　　D. 劳动保护权和职业培训权

28. ( )不具有法律效力。
    A. 立法解释　　　B. 任意解释　　　C. 司法解释　　　D. 行政解释

29. 企业资源优势具有( )的特点,企业要不断投入以保持和创新其优势。
    A. 绝对性和时间性　　　　　B. 相对性和时间性
    C. 绝对性和暂时性　　　　　D. 相对性和持续性

30. ( )与缺勤率和流动率呈负相关。
    A. 组织效率　　　B. 组织承诺　　　C. 工作绩效　　　D. 工作分析

31. 现代人力资源管理的三大基石不包括( )。
    A. 定编定岗定员定额　　　　　B. 员工的绩效管理
    C. 员工的引进与培养　　　　　D. 员工的技能开发

多选

86. 企业战略的实质是实现( )之间的动态平衡。
    A. 外部环境　　　B. 内部环境　　　C. 企业实力　　　D. 战略目标
    E. 长远发展

87. 影响工作满意度的因素包括( )。
    A. 富有挑战性的工作　　　　　B. 公平的报酬
    C. 支持性的工作环境　　　　　D. 融洽的人际关系
    E. 个人特征与工作的匹配

88. 群体决策的优点有( )。
    A. 比个体决策需要的时间少　　　B. 能增加决策的可接受性
    C. 能增加决策过程的民主性　　　D. 能提供比个体更为丰富和全面的信息
    E. 能提供比个体更多的不同的决策方案

89. 现代人力资源管理的基本测量技术包括( )。
    A. 工作岗位研究　　　　　B. KPI技术
    C. 关键事件访谈　　　　　D. BSC技术
    E. 人员素质测评

2007年5月

单选

26. 劳动力供给弹性是（　　）变动对工资率变动的反应程度。
    A. 劳动力需求量　　　　　　　　B. 劳动力需求增长量
    C. 劳动力供给量　　　　　　　　D. 劳动力供给增长量

27. 实际工资的计算公式是（　　）。
    A. 货币工资÷价格　　　　　　　B. 货币工资÷价格指数
    C. 货币工资×价格　　　　　　　D. 货币工资×价格指数

28. 劳动法的首要原则是（　　）。
    A. 保障报酬权　　　　　　　　　B. 保障物质帮助权
    C. 保障劳动者的劳动权　　　　　D. 保障休息休假权

29. 决策树的分析程序包括：①剪枝决策；②计算期望值；③绘制树形图。排序正确的是（　　）。
    A. ①②③　　　B. ③②①　　　C. ③①②　　　D. ①③②

30. （　　）是指员工对自己的工作所抱有的一般性的满足与否的态度。
    A. 工作成就　　B. 工作绩效　　C. 工作态度　　D. 工作满意度

31. 从管理形式上看，现代人力资源管理是（　　）。
    A. 静态管理　　B. 动态管理　　C. 权变管理　　D. 权威管理

多选

86. 劳动力市场均衡的意义有（　　）。
    A. 充分就业　　　　　　　　　　B. 同质劳动力获同样工资
    C. 体现工资差异　　　　　　　　D. 劳动力资源的最优分配
    E. 增大工资总额

87. 劳动权保障具体体现为（　　）。
    A. 基本保护　　B. 平等就业权　C. 全面保护　　D. 自由择业权
    E. 优先保护

88. 组织公正与报酬分配要求（　　）。
    A. 分配公平　　B. 程序公平　　C. 互动公平　　D. 法律公平
    E. 组织公平

89. 下列对人力资本的理解，正确的是（　　）。
    A. 人力资本具有创造性　　　　　B. 人力资本具有时效性
    C. 人力资本具有累积性　　　　　D. 人力资本具有收益性
    E. 人力资本具有个体差异性

参考答案及注释

2014年5月

单选

26. 答案：A

解析：失业率=（失业人数/社会劳动力人数）×100%=（失业人数/就业人数+失业人数）×100%。

年失业率=该年度有失业经历的人占社会劳动力的比例×平均失业持续期（周）/52周。

年失业率取决于失业人数所占社会劳动力的比例和平均失业持续期。

27. 答案：D

解析：国务院劳动行政法规是当前我国调整劳动关系的主要依据，规范性文件数量多，覆盖劳动关系的各个方面，例如《工伤保险条例》《企业劳动争议处理条例》《职工奖惩条例》《劳动保障监察条例》等。

28. 答案：A

解析：PDCA循环法按照计划（Plan）、执行（Do）、检查（Check）和处理（Action）四个阶段顺序进行质量管理。

29. 答案：A

解析：在复杂的购买行为中，购买者的购买决策过程由引起需求、收集信息、评价方案、决定购买、买后行为五个阶段构成。

30. 答案：B

解析：北京大学王垒等人认为，人事测量是心理测量技术在人事管理领域的应用，它以心理测量为基础，针对特定的管理目的，如招聘、安置、考核、晋升、培训等，对人的素质进行多方面的系统评价，从而为人员管理和开发提供参考依据。

31. 答案：D

解析：在管理策略上，传统的劳动人事管理侧重于近期或当前人事工作，属于战术性管理。现代人力资源管理根据组织的长远目标，制定人力资源的开发战略措施，属于战术性与战略性相结合的管理。

多选

86. 答案：BC

解析：实物支付是福利的表现形式的原因为：法定保险金；提高个人所得税的起点；增加就业，改善居民生活质量。延期支付是福利的另一种具体表现形式。

87. 答案:ABE

解析:劳动法基本原则的内容与性质直接决定了各项劳动法律制度的内容和性质。其基本特点如下:①指导性和纲领性;②反映了所调整的劳动关系的特殊性;③高度的稳定性;④高度的权威性,基本原则适用于所有的劳动关系。

88. 答案:ABCD

解析:企业的总体战略有进入战略、发展战略、稳定战略和撤退战略。

(1) 进入战略:①购并战略;②内部创业战略;③合资战略。

(2) 发展战略:①单一产品或服务的发展战略;②横向发展战略;③纵向发展战略。

(3) 稳定战略是指限于经营环境和内部条件,企业在战略期所期望达到的经营状况基本保持在战略起点的范围和水平上的战略。

(4) 撤退战略:①特许经营;②分包;③卖断;④管理层与杠杆收购;⑤拆产为股、分拆;⑥资产互换与战略贸易。

89. 答案:ABD

解析:影响企业销售渠道选择的因素有:①产品的因素(产品的价格高低;产品的体积、重量;产品的款式;产品的物理、化学性质;产品的技术复杂程度;产品的标准化程度;是否为新产品)。②市场因素(市场区域的范围大小;顾客的集中程度;顾客的购买量和购买频率)。③企业因素(企业实力;企业销售能力;企业服务能力;企业控制能力)。

2013年11月

单选

26. 答案:C

解析:$E_d = (\Delta D/D)/(\Delta W/W)$。$\Delta D/D$ 表示劳动力需求量变动的百分比,$\Delta W/W$ 表示工资率变动的百分比。①需求无弹性:$E_d = 0$,工资率不论如何变化,劳动力需求量均固定不变。②需求有无限弹性:$E_d \to \infty$,工资率不变,或者更准确地说其变动的百分比为零,而劳动力需求量变动的百分比的绝对值大于零。③需求富有弹性:$E_d > 1$,这种劳动力需求曲线是一条向下倾斜且较为平缓的曲线。④单位需求弹性:$E_d = 1$,工资率变动的百分比与劳动力需求量变动的百分比绝对值相等。这时劳动力需求曲线与横轴的夹角为$45°$。

27. 答案:B

解析:宪法是国家的根本大法,由国家最高权力机关全国人民代表大会制定,它规定国家的根本经济制度、政治制度及公民的基本权利和义务,在国家的法律体系当中具有最高的法律效力。

28. 答案:A

解析:PDCA循环法就是按照计划(Plan)、执行(Do)、检查(Check)和处理(Action)四个阶段的顺序进行质量管理。

29. 答案:A

解析:①首因效应,即常说的"第一印象作用"。②光环效应,即常说的"一好百好""一坏百坏",长得漂亮的人,被评价很高;长得丑的人,被评价很低。③投射效应,这便是人们常说的"推己及人"的情形。④刻板印象,比如山东人是豪爽的,上海人是精明的,据此推断每一个山东人、上海人,于是产生了刻板印象和偏见。

30. 答案:D

解析:员工激励具有以下几个特点:①激励员工的尝试不一定会产生直接的反应或达到满意的效果;②要使员工对激励做出相应的反应,通常需要一定的时间;③任何一种刺激方法都不是万能的,没有一种刺激方法能在各种场合和任何时间下都适用。

31. 答案:D

解析:

	传统的劳动人事管理	现代人力资源管理
在管理内容上	以事为中心	以人为中心,将人作为一种重要的资源加以开发、利用和管理,重点是开发人的潜能、激发人的活力,使员工能积极主动地、创造性地开展工作
在管理形式上	静态管理	动态管理,强调整体开发。也就是说对员工不仅安排工作,还要根据组织目标和个人状况,为其做好职业生涯设计,不断培训,不断进行横向及纵向的岗位或职位调整,充分发挥个人才能,量才使用,人尽其才
在管理方式上	主要采取制度控制和物质刺激手段	采取人性化管理,考虑人的情感、自尊与价值,以人为本。多激励,少惩罚;多表扬,少批评;多授权,少命令。发挥每个人的特长,体现每个人的价值
在管理策略上	侧重于近期或当前人事工作,属于战术性管理	根据组织的长远目标,制定人力资源的开发战略措施,属于战术性与战略性相结合的管理
在管理技术上	照章办事,机械呆板	追求科学性和艺术性,不断采取新的技术和方法,完善考核系统、测评系统等科学手段
在管理体制上	被动反应型	主动开发型,根据组织的现状和未来,有计划、有目标地开发工作
在管理手段上	手段单一,以人工为主	信息检索、报表制作、核算、测评、招聘等均由计算机自动生成结果,及时、准确地提供决策依据
在管理层次上	往往只是上级的执行部门,很少参与决策	处于决策层,直接参与单位的计划与决策,为单位最重要的高层决策部门之一

多选

86. 答案:ACE

解析:劳动资源稀缺性的属性包括:①相对的稀缺性;②绝对的稀缺性,因为劳动资源的

稀缺性存在于社会历史发展的各个阶段,从而使劳动资源的稀缺性具有普遍和绝对的属性;
③支付能力、支付手段的稀缺性。

87. 答案:AD

解析:劳动权包括平等就业权、自由择业权、劳动报酬权、休息休假权、劳动保护权、职业培训权。这种劳动保障具体地体现在基本保护、全面保护和优先保护等方面。劳动权的核心内容包括平等就业权和自由择业权。

88. 答案:ACDE

解析:

关键的社会性心理需求和动机	满足需要的行为
成就需要	比竞争者更出色 实现或者超越一个难以达到的目标 解决一个复杂的问题 发现和使用更好的方法完成工作
权力需要	影响他人并改变他们的态度和行为 控制他人和活动 占据一个高于别人的权威性的位置 对资源进行控制 战胜对手或敌人
亲和需要	受到许多人的喜欢 成为团队的一分子 友好、合作地与同事一起工作 保持和谐关系,避免冲突 参加社交活动
安全需要	有一份稳定的工作 免受失业和经济危机的威胁 免受疾病和残疾的威胁 避免受到伤害或处于危险的环境中 避免任务或者决策失败的风险
地位需要	拥有舒适的轿车、合体的穿着 为合适的公司工作,并拥有合适的职位 居住在合适的社区,参加俱乐部 具有执行官的特权

89. 答案:ABDE

解析:人力资源的一般特点包括:①时间性;②消费性;③创造性;④主观能动性。

2013年5月

单选

26. 答案：B

解析：实际工资＝货币工资/价格指数，货币工资即单位时间的货币所得，它受到货币工资率、工作时间长度和相关的工资制度安排三个因素的影响。

27. 答案：B

解析：全国人民代表大会及其常务委员会依据宪法制定的调整劳动关系的规范属于劳动法律，其法律效力仅低于宪法。劳动法律包括《中华人民共和国工会法》《中华人民共和国劳动法》。劳动法律是劳动法的最主要的表现形式。其主要内容分为劳动关系法与劳动标准法。

28. 答案：D

解析：依据人的年龄、健康、智力和行为自由等事实要素，法律通常将自然人分为完全劳动行为能力人、限制劳动行为能力人和无劳动行为能力人。完全劳动行为能力人是指身体健康，有完全行为自由，18周岁以上的男性劳动者。限制劳动行为能力人主要包括：16～18周岁的未成年人（禁止从事特别繁重的体力劳动的工种、岗位的工作等）；女性劳动者（在女职工禁忌劳动的工种或岗位被视为无劳动行为能力；在特定的生理时期，不得安排从事某些特定的生产作业）；具有一定劳动能力的残疾人（只能从事与其劳动能力相适应的职业）；某些特定的疾病患者（不得从事特定的职业或岗位、工种的工作）；部分被依法限制行为自由的人（因违反某些特定规则，被依法限制执业资格的人等）。无劳动行为能力人主要是指16周岁以下的未成年人（经过相关机关批准，文娱、体育和特种工艺单位可以招用的未成年人除外），以及完全丧失劳动能力的残疾人。

29. 答案：B

解析：企业资源分析的具体内容包括：①物质资源状况；②人力资源状况；③财务资源状况；④技术资源状况；⑤管理资源状况；⑥无形资产状况。其中管理资源状况包括组织管理水平、领导风格、企业文化。

30. 答案：C

解析：工作满意度是指员工对自己的工作所抱有的一般性的满足与否的态度。影响工作满意度的因素有：①富有挑战性的工作；②公平的报酬；③支持性的工作环境；④融洽的人际关系；⑤个人特征与工作的匹配。

31. 答案：C

解析：西方经济学家熊彼特提出：所谓创新，就是"建立一种新的生产函数"，把一种从来没有的关于生产要素和生产条件的"新组合"引入生产体系，包括引入新产品、引入新技术、开辟新市场、控制原材料的新供应来源和实现企业的新组织等五种情况。

多选

86. 答案：ACE

解析:对国民经济就业总量影响最大的宏观调控政策有财政政策、货币政策和收入政策。

87. 答案:ACD

解析:企业战略是指企业为了适应未来环境的变化,寻求长期生存和稳定发展而制定的总体性和长远性的谋划与方略。其实质是实现外部环境、企业实力和战略目标三者之间的动态平衡。

88. 答案:ABDE

解析:影响群体决策的群体因素有:①群体多样性(群体异质性);②群体熟悉度;③群体认知能力;④群体成员的决策能力;⑤参与决策的平等性;⑥群体规模;⑦群体决策规则。

89. 答案:ABE

解析:心理属性,即人的感觉、知觉、记忆、思维、想象、意志、需要、动机等一切心理现象的总和。这是人性的重要构成部分,是人性的本质。心理属性或心理现象总括为四方面:心理过程、心理状态、个性心理特征和个性意识倾向。

2012 年 11 月

单选

26. 答案:A

解析:劳动力供给弹性,即劳动力供给量变动的百分比与工资率变动的百分比的比值。$E_s = (\Delta S/S)/(\Delta W/W)$。

27. 答案:A

解析:劳动法律体系中,劳动标准制度包括工作时间和休息休假制度、工资制度、劳动安全卫生制度以及女职工和未成年工特殊保护制度等。

劳动法律体系	劳动关系法	劳动合同法 集体合同法 用人单位内部劳动规则制定法 职工民主管理法 劳动争议处理法
	劳动标准法	工作时间法 工资法 劳动安全卫生标准法
	劳动保障法	促进就业法 职业培训法 社会保险法 劳动福利法
	劳动监督检查法	

28. 答案：C

解析：确定型决策方法包括量本利分析法、线性规划法和微分法。对于风险型决策，有收益矩阵、决策树和敏感性分析法，应用最广泛的是前两种。

29. 答案：A

解析：社会知觉失真的现象包括：①首因效应，即常说的"第一印象作用"。②光环效应，即常说的"一好百好""一坏百坏"。长得漂亮的人，被评价很高；长得丑的人，被评价很低。③投射效应，这便是人们常说的"推己及人"的情形。④对比效应。⑤刻板印象，比如山东人是豪爽的，上海人是精明的，据此推断每一个山东人、上海人，于是产生了刻板印象和偏见。

30. 答案：A

解析：心理测量是将人的智力、人格、兴趣、情绪等心理特征，按一定规则表示成数字，并赋予这些数字一定解释的过程。

31. 答案：D

解析：为有效完成人力资源管理的基本职能，如吸收、录用、保持、发展、评价、调整，必须健全和完善企业人力资源管理的各项基础工作，如畅通的信息沟通渠道与管理信息系统，合理的劳动分工协作与定编定岗定员定额标准，系统的工作岗位分析与评价制度，完善的劳动人事规章规则，健全的员工绩效管理体系，动态的员工教育、培养和训练体制。

多选

86. 答案：ABCD

解析：缓解结构性失业最有效的对策是推行积极的劳动力市场政策，包括超前的职业指导和职业预测、广泛的职业技术培训以及低费用的人力资本投资计划等。

87. 答案：ABCDE

解析：劳动法律体系中的劳动合同和集体合同制度是指劳动合同的订立、履行、变更、解除、终止；集体合同协商、订立的程序、规则，集体合同的履行、监督检查等规则。

88. 答案：ACDE

解析：售后服务是指产品销售以后的各项服务工作。它包括以下几个方面：①安装调试；②提供维修；③提供零件；④质量三包；⑤技术培训；⑥特种服务。

89. 答案：ABCDE

解析：人力资源开发以提高效率为核心，以挖掘潜力为宗旨，以立体开发为特征，形成一个相对独立的理论体系。这一理论体系包括了人力资源的心理开发、生理开发、伦理开发、智力开发、技能开发和环境开发。

2012年5月

单选

26. 答案：A

解析:经济系统由居民户(家庭户)和企业组成。

在劳动力市场上,居民是劳动力的供给方,企业是劳动力的需求方。

就业量与工资的决定是劳动力市场的基本功能。

劳动力市场的功能与其他市场是相似的:实现、调节资源的配置。

劳动经济学是研究劳动力市场现象及其运行规律的科学。

27．答案:C

解析:保障劳动者劳动权的原则是劳动法的首要原则。

劳动权包括劳动就业权、自由择业权、劳动报酬权、休息休假权、劳动保护权、职业培训权。这种劳动权保障具体地体现为基本保护、全面保护和优先保护等。

劳动权的核心:平等就业权和自由择业权。

劳动法的立法宗旨:保护劳动者的合法权益。

28．答案:D

解析:企业主要的撤退方式有:①特许经营;②分包;③卖断;④管理层与杠杆收购;⑤拆产为股、分拆;⑥资产互换与战略贸易。

29．答案:D

解析:最早提出组织承诺的是贝克尔(H. S. Becker)。阿伦和梅耶综合研究提出三种形式的承诺:感情承诺、继续承诺和规范承诺。

30．答案:A

解析:森德斯罗姆和麦克英蒂尔认为团体的有效性由四个要素构成:绩效、成员满意度、团队学习和外人的满意度。

31．答案:A

解析:在管理策略上,传统的劳动人事管理侧重于近期或当前人事工作,属于战术性管理;现代人力资源管理则根据组织的长远目标,制定人力资源的开发战略措施,属于战术性与战略性相结合的管理。

多选

86．答案:ABCDE

解析:劳动力市场的性质:①劳动力市场是社会生产得以进行的前提条件;②劳动力与工资的交换行为是一种等价交换;③劳动力市场的劳动交换,决定了劳动力的市场价值——工资。劳动力价格——工资是实现和决定这种交换行为的必要手段;④通过劳动力市场的交换,实现劳动要素与非劳动生产要素的最佳结合,是一种具有最高效率、消耗最低费用的最经济的形式。

87．答案:BCDE

解析:职业培训制度是国家国民教育体系的重要组成部分。职业培训制度规定政府有关部门和用人单位在发展培训事业和开发劳动者职业技能方面的职责、管理权限、职业分类、通用标准和职业技能考核鉴定制度。

88．答案：ABC

解析：成熟期企业的营销重点是维持市场占有率并争取利润最大化。企业可采取以下营销策略：①市场改良（寻求新的细分市场；刺激顾客增加产品使用率；重新定位市场，寻求新的顾客）；②产品改良（品质改良；特色改良；式样改良；附加产品改良）；③市场营销组合改良。

89．答案：BCD

解析：人际关系是人本管理的环境，也是人本管理的内容及衡量标准。①人际关系影响企业的凝聚力；②人际关系影响人的身心健康；③人际关系影响个体行为；④人际关系影响企业工作效率和企业发展。

2011年11月

单选

26．答案：C

解析：劳动力供给弹性是劳动力供给量变动的百分比与工资率变动的百分比的比值。

27．答案：B

解析：基尼系数是收入差距的衡量指标。

28．答案：A

解析：劳动法律体系的构成如下：

劳动法律体系	劳动关系法	劳动合同法 集体合同法 用人单位内部劳动规则制定法 职工民主管理法 劳动争议处理法
	劳动标准法	工作时间法 工资法 劳动安全卫生标准法
	劳动保障法	促进就业法 职业培训法 社会保险法 劳动福利法
	劳动监督检查法	

29．答案：A

解析：影响产业购买者购买决定的主要因素有：①环境因素，即企业外部环境，如国家经济前景、市场需求、政治法律状况等；②组织因素；③人际因素；④个人因素。

30．答案：D

解析:第一个将期望理论运用于工作动机并将其公式化的是弗洛姆,该理论认为,人之所以努力工作,是因为他觉得这种工作行为可以达到某种结果,而这种结果对他有足够的价值。

31. 答案:D

解析:三种典型的人力资本类型是:①一般型人力资本;②专业型人力资本;③创新型人力资本。

多选

86. 答案:CE

解析:劳动经济学是研究市场经济制度中的劳动力市场现象及劳动力市场运行规律的科学。

87. 答案:CDE

解析:劳动法基本原则的内容与性质直接决定了各项劳动法律制度的内容和性质。其基本特点有:①指导性和纲领性。基本原则的内容在明确程度上显然低于调整劳动关系的具体规定,但是基本原则所覆盖的事实状态远远地大于具体规定。②反映了所调整的劳动关系的特殊性。③高度的稳定性。④高度的权威性。基本原则适用于所有的劳动关系。

88. 答案:ABDE

解析:影响销售渠道选择的因素有:①产品因素(产品的价格高低;产品的体积、重量;产品的款式;产品的物理、化学性质;产品的技术复杂程度;产品的标准化程度;是否为新产品)。②市场因素(市场区域分布;顾客的集中程度;顾客的购买量和购买频率)。③企业因素(企业实力;企业销售能力;企业服务能力;企业控制能力)。除此之外,企业的营销意图、国家法律约束、中间商的特性等,亦制约着企业销售渠道的选择与设计。

89. 答案:ABCE

解析:心理测验的技术标准包括:①信度。又称稳定性或可信性,指一个人在同一心理测量中几次测量结果的一致性。信度越高,测验越可靠。②效度。它是指一个测验的结果与被测验者行为的公认标准之间的相关程度,也就是心理特征测验的有效性和准确性。③难度。④标准化和常模。

2011年5月

单选

26. 答案:A

解析:在生产要素市场,居民户是生产要素的供给者,企业是生产要素的需求者。

27. 答案:A

解析:狭义的劳动法仅指劳动法律部门的核心法律,即《中华人民共和国劳动法》这一规范文件;广义的劳动法则是指调整劳动关系以及与劳动关系密切联系的其他一些社会关系的法律规范的总和。

28．答案：A

解析：法律渊源是指具有法的效力作用和意义的法或法律的外在表现形式。

29．答案：B

解析：影响企业战略决策的宏观环境包括政治法律环境、经济环境、技术环境和社会文化环境。其中，政治法律环境是影响企业战略决策的首要外部条件。

30．答案：B

解析：态度是人对某种事物或者特定对象所持有的一种肯定或否定的心理倾向。它是外界刺激与个体行为之间的中介因素，个体对外界刺激的反应会受到自己态度的调节。

31．答案：D

解析：员工的自我保护机制具有以下几个特点：①是一种动态表现；②个人通过各种方式拟定的计划，大多数是为了满足自身生理、心理、社会、道德等方面的个人需求，达到或提高自己意想中的目标和标准；③这种压力会使不同的员工和群体做出不同程度和类型的反应，管理者必须灵活地对个人的自我保护行为和产生的影响做出正确的决策和选择。

多选

86．答案：ABDE

解析：(1) 15～19岁年龄组的人口劳动参与率下降。

(2) 女性劳动参与率呈上升趋势的原因：①女性教育水平普遍提高；②制度劳动时间缩短；③人口出生率下降；④科学进步。

(3) 老年人口劳动参与率下降。

(4) 25～55岁年龄段男性成年人口劳动参与率保持高水平，观察不到因经济周期循环产生的变动，也不存在显著的趋势性变化。

87．答案：CE

解析：按照买方的类型可将市场分为消费者市场和组织市场。市场营销管理一般是从这个角度来考察、分析市场的。这种分类方法便于研究目标市场的购买行为，进而有针对性地开展有效的营销活动。

88．答案：BCD

解析：

社会性动机及其驱动的行为

关键的社会性心理需求和动机	满足需要的行为
成就需要	比竞争者更出色 实现或者超越一个难以达到的目标 解决一个复杂的问题 发现和使用更好的方法完成工作

(续表)

关键的社会性 心理需求和动机	满足需要的行为
权力需要	影响他人并改变他们的态度和行为 控制他人和活动 占据一个高于别人的权威性的位置 对资源进行控制 战胜对手或敌人
亲和需要	受到许多人的喜欢 成为团队的一分子 友好、合作地与同事一起工作 保持和谐关系,避免冲突 参加社交活动
安全需要	有一份稳定的工作 免受失业和经济危机的威胁 免受疾病和残疾的威胁 避免受到伤害或处于危险的环境中 避免任务或者决策失败的风险
地位需要	拥有舒适的轿车、合体的穿着 为合适的公司工作,并拥有合适的职位 居住在合适的社区,参加俱乐部 具有执行官的特权

89. 答案:CDE

解析:人的认知活动、情感活动和意志活动相互联系和影响,构成人的心理过程。心理过程是人的心理活动的基本形式,也是人的心理现象的重要方面。

2010年11月

单选

26. 答案:B

解析:货币政策是指政府以控制货币供应量为手段,通过调节利率来调节总需求水平,以促进充分就业、稳定物价和经济增长的一种宏观经济对策。

27. 答案:D

解析:依据是否以当事人的意志为转移,劳动法律事实可以分为劳动法律行为和劳动法律事件。劳动法律行为包括合法行为、违约行为、行政行为、仲裁行为和司法行为。劳动法律事件是指不以当事人的主观意志为转移,能够引起一定劳动法律后果的客观现象,如企业破产、劳动者伤残或死亡、战争等。

28. 答案:B

解析:对于已经生效的劳动法律、行政法规等规范性文件,任意解释都不具有法律效力。

根据解释主体的不同,正式解释分为立法解释、司法解释和行政解释。

29. 答案:B

解析:企业资源优势具有相对性和时间性,随着时间的推移以及竞争环境的变化,资源的优势可能会衰退、消失。企业要保持资源优势就必须进行不断投入,以使其优势得以维护和创新。

30. 答案:B

解析:组织承诺与缺勤率和流动率呈负相关。研究表明,组织承诺比工作满意度能更好地预测员工流动率,原因在于组织承诺水平反映了员工对组织整体全面和长久的认同,与对组织的不满相比较,对工作的不满更容易改变。

31. 答案:C

解析:现代人力资源管理的三大基石包括:①定编定岗定员定额;②员工的绩效管理;③员工的技能开发(包括教育、培训和训练三个方面)。

多选

86. 答案:BC

解析:人口年龄结构对劳动力供给的影响主要是通过两个方面的变动来实现的:①通过劳动年龄组人口占人口总体比重的变化,影响劳动力供给;②通过劳动年龄组内部年龄构成的变动,影响劳动力供给的内部构成。

87. 答案:ACD

解析:企业战略是指企业为了适应未来环境的变化,寻求长期生存和稳定发展而制定的总体性和长远性的谋划与方略。其实质是实现外部环境、企业实力和战略目标三者之间的动态平衡。

88. 答案:ABCDE

解析:影响工作满意度的因素包括:富有挑战性的工作;公平的报酬;支持性的工作环境;融洽的人际关系;个人特征与工作的匹配。当员工的行为不受外在因素的限制时,员工对工作满意才可能促进生产效率的提高。

89. 答案:AC

解析:人力资源管理在现代企业中的作用主要有两点:①科学化的人力资源管理是推动企业发展的内在动力;②现代化的人力资源管理能够使企业赢得人才的制高点。

2010年5月

单选

26. 答案:D

解析:在完全竞争的市场结构中,资本等生产要素不变,唯一可变的生产要素为劳动投入,故可变的成本也就是工资。

27. 答案:A

解析:物质帮助权是指劳动者暂时或永久丧失劳动能力、暂时失去就业机会时有从社会获得物质帮助的权利。物质帮助权作为公民的基本权利,就劳动者而言,主要通过社会保险来实现。

28. 答案:C

解析:

劳动法律体系	劳动关系法	劳动合同法 集体合同法 用人单位内部劳动规则制定法 职工民主管理法 劳动争议处理法
	劳动标准法	工作时间法 工资法 劳动安全卫生标准法
	劳动保障法	促进就业法 职业培训法 社会保险法 劳动福利法
	劳动监督检查法	

29. 答案:B

解析:经营环境的微观分析包括:①现有竞争对手分析;②潜在竞争对手分析;③替代产品或服务威胁分析;④顾客力量分析(产品消费群体分析、顾客购买动机分析、顾客消费承受能力分析);⑤供应商力量分析。

30. 答案:D

解析:首因效应,即常说的"第一印象作用"。光环效应,即常说的"一好百好""一坏百坏",长得漂亮的人,被评价很高;长得丑的人,被评价很低。投射效应,这便是人们常说的"推己及人"的情形。对比效应是指在对两个或两个以上的人进行评价时,人们会不自觉地在他们之间进行对比。

31. 答案:D

解析:人力资源的一般特点是:①时间性;②消费性;③创造性;④主观能动性。

多选

86. 答案:CE

解析:年失业率取决于失业人数所占社会劳动力的比例和平均失业持续期。年失业率＝该年度有失业经历的人占社会劳动力的比例×平均失业持续期(周)÷52周。

87. 答案:ABCDE

解析:风险型决策是一种随机决策,一般要具备五个条件:①有一个明确的决策目标;

②存在两个以上可供选择的方案;③存在不以决策人意志为转移的各种自然状态;④可测算出不同方案在不同自然状态下的损益值;⑤可测算出种种自然状态发生的客观概率。

88．答案:BCD

解析:注意区分成就需要和权力需要,成就需要主要着眼于"事",权力需要主要着眼于"人"。

社会性动机及其驱动的行为

关键的社会性心理需求和动机	满足需要的行为
成就需要	比竞争者更出色 实现或者超越一个难以达到的目标 解决一个复杂的问题 发现和使用更好的方法完成工作
权力需要	影响他人并改变他们的态度和行为 控制他人和活动 占据一个高于别人的权威性的位置 对资源进行控制 战胜对手或敌人
亲和需要	受到许多人的喜欢 成为团队的一分子 友好、合作地与同事一起工作 保持和谐关系,避免冲突 参加社交活动
安全需要	有一份稳定的工作 免受失业和经济危机的威胁 免受疾病和残疾的威胁 避免受到伤害或处于危险的环境中 避免任务或者决策失败的风险
地位需要	拥有舒适的轿车、合体的穿着 为合适的公司工作,并拥有合适的职位 居住在合适的社区,参加俱乐部 具有执行官的特权

89．答案:CDE

解析:人力资源创新能力运营体系包括三部分:创新能力开发体系、创新能力激励体系和创新能力配置体系。其中创新能力的激励体系主要有三种机制:市场激励机制、社会激励机制和企业激励机制。

2009年11月

单选

26. 答案:A

解析:在生产要素市场,居民户是劳动力的供给者,企业是劳动力的需求者。

27. 答案:D

解析:劳动法基本原则的特点如下:①指导性和纲领性;②反映了所调整的劳动关系的特殊性;③高度的稳定性;④高度的权威性,基本原则适用于所有的劳动关系。

28. 答案:B

解析:在劳动法律体系的各项劳动法律制度中,有一项制度是劳动标准制度,其中包括工作时间和休息休假制度、工资制度、劳动安全卫生制度以及女职工和未成年职工特殊保护制度等。劳动法所规定的劳动标准为最低劳动标准,一般属于强行性法律规范,以绝对肯定的形式予以规定,具有必须严格执行的法律约束力,具有单方面的强制性。延长工作时间每月不能超过36小时。

29. 答案:B

解析:顾客力量的分析包括产品消费群体分析、顾客购买动机分析和顾客消费承受能力分析。

30. 答案:D

解析:首因效应,即常说的"第一印象作用"。光环效应,即常说的"一好百好""一坏百坏",长得漂亮的人,被评价很高;长得丑的人,被评价很低。投射效应,这便是人们常说的"推己及人"的情形。对比效应是指在对两个或两个以上的人进行评价时,人们会不自觉地在他们之间进行对比。

31. 答案:D

解析:现代人力资源管理的基本任务是以人为中心,深入探索和研究企业生产经营活动中人与人、人与组织、人与物之间的相互关系。企业生产过程所包含的基本要素,如劳动者、劳动对象、劳动资料和劳动环境,是互相联系、互相制约的有机系统。

多选

86. 答案:CE

解析:年失业率取决于失业人数所占社会劳动力的比例和平均失业持续期。年失业率=该年度有失业经历的人占社会劳动力的比例×平均失业持续期(周)÷52周。

87. 答案:ABE

解析:对于风险型决策,有收益矩阵、决策树和敏感性分析等方法,应用最广泛的是前两种。

88. 答案:BCE

解析:在使用心理测验对应聘者进行评价和筛选时,有三种策略可供选择:①择优策略;

②淘汰策略；③轮廓匹配策略。

89．答案：ABCDE

解析：人本管理的原则包括：

（1）人的管理第一。

（2）满足人的需要，实施激励。

（3）优化教育培训，完善人、开发人、发展人。

（4）以人为本、以人为中心构建企业的组织形态和机构，它具有如下特征：①组织必须为其成员创造利益，并明确组织的宗旨和目标；②在组织能为自己创造利益的前提下，员工自愿进入组织，接受组织的职权和权威，成为"职权接受"；③组织及其成员在共同利益、共同目标的基础上相互接纳，协同合作；④组织集权和分权相平衡与适宜；⑤组织和地位具弹性；⑥管理幅度合理；⑦确立了企业员工参与管理的制度和渠道。

（5）和谐的人际关系：①人际关系影响企业的凝聚力；②人际关系影响人的身心健康；③人际关系影响个体行为；④人际关系影响企业工作效率和企业发展。

2009年5月

单选

26．答案：C

解析：在经济周期和两种劳动力参与假说中，所谓的经济周期，是指经济运行过程中繁荣与衰退的周期性交替。

27．答案：A

解析：此题考核点相对比较简单，考核的是基本的常识问题，也就是社会保险的强制性问题。社会保险作为一种强制性规范，决定了社会保险的当事人不得自行确定是否参加保险以及选择保险项目，不能自行选择缴费标准。社会保险的基本属性就是强制性。

28．答案：C

解析：此题考核的是法律渊源中的一个概念，习惯法以法律共同体的长期实践（习惯）为前提，以法律共同体的普遍的法律确信为基础。习惯法与判例法有着十分密切的联系，只能以司法适用的方式体现出来。

29．答案：A

解析：此点考核得比较细，考核点在于分析市场机会中的评价市场机会。在评价之前，首先需要分析、评价哪些才是适合本企业的营销机会。企业营销机会就是对本企业的营销具有吸引力的、能享受竞争优势的市场机会。

30．答案：D

解析：此点考核的是社会性心理需求、动机和行为之间的联系和匹配。

社会性动机及其驱动的行为

关键的社会性 心理需求和动机	满足需要的行为
成就需要	比竞争者更出色 实现或者超越一个难以达到的目标 解决一个复杂的问题 发现和使用更好的方法完成工作
权力需要	影响他人并改变他们的态度和行为 控制他人和活动 占据一个高于别人的权威性的位置 对资源进行控制 战胜对手或敌人
亲和需要	受到许多人的喜欢 成为团队的一分子 友好、合作地与同事一起工作 保持和谐关系,避免冲突 参加社交活动
安全需要	有一份稳定的工作 免受失业和经济危机的威胁 免受疾病和残疾的威胁 避免受到伤害或处于危险的环境中 避免任务或者决策失败的风险
地位需要	拥有舒适的轿车、合体的穿着 为合适的公司工作,并拥有合适的职位 居住在合适的社区,参加俱乐部 具有执行官的特权

31. 答案:B

解析:绩效管理之所以被称为人力资源管理的一大基石,其根本原因在于对组织来说,它具有以下作用和功能:①绩效管理是企业人事决策的重要依据和基础;②绩效管理是组织诊断、组织变革和组织发展的有力措施;③绩效管理是显示和监测公司领导方式、工作方法、工时制度、劳动环境、生产条件、设备配置状况的重要手段;④绩效管理是实现"效率优先、兼顾按劳付酬"分配制度的基本依据;⑤绩效管理是制订和修改公司员工技能培训开发计划的主要前提;⑥绩效管理是监测和提高企业整体生产效率和经济效益的主要途径;⑦绩效管理具有相互沟通、规范行为、激励斗志、提升素质、展示才能、促进发展等多种功能。

多选

86. 答案:ABE

解析:经济社会的总需求价格与总供给价格相等时的社会总需求,一般称为有效需求,亦称均衡国民收入。社会就业总量取决于均衡国民收入、总需求水平和总供给水平。

87. 答案:ABCDE

解析:决策科学化一般包括以下五点:①合理的决策标准;②有效的信息系统;③系统的

决策观念；④科学的决策程序；⑤决策方法科学化。

88．答案：BCE

解析：在使用心理测验对应聘者进行评价和筛选时，有三种策略可供选择：①择优策略；②淘汰策略；③轮廓匹配策略。

89．答案：CDE

解析：人本管理的机制包括：①动力机制；②约束机制；③压力机制；④保障机制；⑤环境优化机制（对于企业员工而言，主要有两大环境因素：一是工作本身的环境和条件，二是企业中的人际关系环境）；⑥选择机制。

2008年11月

单选

26．答案：C

解析：此题考核的是基本概念。总供给是指一国在一定时期内生产的最终产品和服务按价格计算的货币价值总量。总需求是指社会在一定时期内对产品和服务需求的总和，这里假定总需求只包括消费品的需求和投资品的需求。

27．答案：A

解析：劳动争议处理法属于劳动关系法，注意下表中的分类。劳动标准涉及工作时间、工资和安全卫生标准。

劳动法律体系	劳动关系法	劳动合同法 集体合同法 用人单位内部劳动规则制定法 职工民主管理法 劳动争议处理法
	劳动标准法	工作时间法 工资法 劳动安全卫生标准法
	劳动保障法	促进就业法 职业培训法 社会保险法 劳动福利法
	劳动监督检查法	

28．答案：B

解析：此题考核的是劳动法律关系的形态。劳动法律关系的主要形态有三类：劳动合同关系、劳动行政法律关系和劳动服务法律关系。其中通常所说的劳动法律关系一般为劳动合同关系。

29. 答案:B

解析:对于经营环境的微观分析,包括五点,其中一点是顾客力量分析。顾客力量分析是企业特定经营环境分析的重要内容,它包括:①产品消费群体分析;②顾客购买动机分析;③顾客消费承受能力分析。这三点均与顾客本身有密切关系。

30. 答案:D

解析:员工的态度分析从三个方面进行,包括态度、工作满意度和组织承诺。阿伦和梅耶综合研究并提出三种形式的承诺:感情承诺、继续承诺和规范承诺。组织承诺与缺勤率和流动率呈负相关。

31. 答案:A

解析:员工的动态特征包含三点:①员工激励;②员工自我保护机制;③员工的成熟和发展。

多选

86. 答案:ABE

解析:阻碍互惠交换实现的主要障碍是:信息障碍、体制障碍和市场缺陷。

87. 答案:BDE

解析:战略控制的方法分为事前控制、事中控制和事后控制。

88. 答案:ABCDE

解析:有领袖魅力的管理者的七个关键特征包括:①自信;②远见;③有清楚表达目标的能力;④对目标的坚定信念;⑤行为不循规蹈矩;⑥是变革的代言人;⑦对环境敏感。

89. 答案:BD

解析:人力资源开发的总体目标包括:①促进人的发展是人力资源开发的最高目标(人的发展具有的特征:一是充分发展的可能性;二是发展方向的多样性;三是发展结果的差异性)。②开发并有效运用人的潜能是根本目标(人的潜能包括生理潜能和心理潜能,动机 D 与智力 I 相结合就构成个体或群体的潜能值 PV,PV = ID)。

2008 年 5 月

单选

26. 答案:A

解析:狭义的劳动力市场是指市场机制借以发挥作用、实现劳动力资源优化配置的机制和形式,是实现劳动资源配置的有效途径。

27. 答案:D

解析:劳动法基本原则的内容和性质直接决定了各项劳动法律制度的内容和性质。其基本特点如下:①具指导性和纲领性;②反映了所调整的劳动关系的特殊性;③具高度的稳定性;④具高度的权威性,基本原则适用于所有的劳动关系。

28. 答案:C

解析:劳动法开宗明义地规定劳动法的立法宗旨就在于保护劳动者的合法权益。

29. 答案:C

解析:战略控制的基本要素包含三个方面:①战略评价标准,它是指预定的战略目标或标准,是战略控制的依据;②实际成效,它是在战略实施过程中实际达到的水平;③绩效评价。

30. 答案:D

解析:森德斯罗姆和麦克英蒂尔认为,团体的有效性由四个要素构成:绩效、成员满意度、团队学习和外人的满意度。

31. 答案:D

解析:对于员工而言,绩效管理具有互相沟通、规范行为、激励斗志、提升素质、展示才能、促进发展等多种功能。

多选

86. 答案:ABCDE

解析:此题考核的是对摩擦性失业的全面理解。摩擦性失业反映了劳动力市场经常的动态性变化,表明劳动力经常处于流动过程之中。因而,摩擦性失业是一种岗位变换之间的失业。摩擦性失业是一种正常性失业,即使在劳动力市场处于劳动力供求均衡状态时也会存在这种类型的失业。它是动态性市场经济的一个自然特征,是高效率利用劳动资源的需要。

87. 答案:ABCD

解析:企业目标管理的特点是:①它是一种系统化的管理模式;②要求有明确的完整的目标体系;③更富于参与性;④强调自我控制;⑤重视员工的培训和能力开发。

88. 答案:BD

解析:此题考核的是需求和动机以及行为之间的关系。

社会性动机及其驱动的行为

关键的社会性心理需求和动机	满足需要的行为
成就需要	比竞争者更出色 实现或者超越一个难以达到的目标 解决一个复杂的问题 发现和使用更好的方法完成工作
权力需要	影响他人并改变他们的态度和行为 控制他人和活动 占据一个高于别人的权威性的位置 对资源进行控制 战胜对手或敌人
亲和需要	受到许多人的喜欢 成为团队的一分子 友好、合作地与同事一起工作 保持和谐关系,避免冲突 参加社交活动

(续表)

关键的社会性 心理需求和动机	满足需要的行为
安全需要	有一份稳定的工作 免受失业和经济危机的威胁 免受疾病和残疾的威胁 避免受到伤害或处于危险的环境中 避免任务或者决策失败的风险
地位需要	拥有舒适的轿车、合体的穿着 为合适的公司工作,并拥有合适的职位 居住在合适的社区,参加俱乐部 具有执行官的特权

89. 答案:ABCDE

解析:人力资源开发以提高效率为核心,以挖掘潜力为宗旨,以立体开发为特征,形成一个相对独立的理论体系。这一理论体系包括了人力资源的心理开发、生理开发、伦理开发、智力开发、技能开发和环境开发。

2007年11月

单选

26. 答案:D

解析:货币政策是指政府以控制货币供应量为手段,通过调节利率来调节总需求水平,以促进充分就业、稳定物价和经济增长的一种宏观经济管理对策。

27. 答案:B

解析:劳动权包括劳动就业权、自由择业权、劳动报酬权、休息休假权、劳动保护权和职业培训权。这种劳动保障具体地体现在基本保护、全面保护和优先保护等方面。其中劳动权的核心是平等就业权和自由择业权。

28. 答案:B

解析:在我国劳动法学中,劳动法律渊源一共有七种,正式解释是其中一种。正式解释根据解释主体不同,可以分为立法解释、司法解释和行政解释。任何解释都不具有法律效力。

29. 答案:B

解析:企业资源优势是企业为了实现其战略目标所拥有的或者拟建立的特殊资源。这种资源具有稀缺、难以模仿和难以被替代的特点,并且能为企业带来较高的收益。企业资源优势具有相对性和时间性,企业若要保持资源优势就必须不断投入,以使其优势得以维护和创新。

30. 答案:B

解析:组织承诺的结果:培养员工对组织的承诺,对于增强员工的忠诚度和依赖感具有实际意义。与工作满意度类似,组织承诺与缺勤率和流动率呈负相关。

31. 答案:C

解析:现代人力资源管理的三大基石为定编定岗定员定额、绩效管理和员工技能开发;两大技术是工作岗位研究和人员素质测评。

多选

86. 答案:ACD

解析:企业战略是指企业为了适应未来环境的变化,寻求长期生存和稳定发展而制定的总体性和长远性的谋划与方略。其实质是实现外部环境、企业实力和战略目标三者之间的动态平衡。

87. 答案:ABCDE

解析:影响工作满意度的因素包括以下五项:①富有挑战性的工作;②公平的报酬;③支持性的工作环境;④融洽的人际关系;⑤个人特征与工作的匹配。当员工的行为不受外在因素的限制时,工作满意才可能促使生产效率提高。

88. 答案:BCDE

解析:群体决策的优点是:①能够提供比个体更为丰富和全面的信息;②能提供比个体更多的不同的决策方案;③能增加决策的可接受性;④能增加决策过程的民主性。群体决策的缺点是:①要比个体决策需要更多的时间,甚至会因难以达成一致观点而浪费时间;②可能由于从众心理的存在而妨碍不同意见的表达;③如果群体由少数人控制,群体讨论时易产生个人倾向;④对决策结果的责任不清。

89. 答案:AE

解析:现代人力资源管理的三大基石为定编定岗定员定额、绩效管理和员工技能开发;两大技术是工作岗位研究和人员素质测评。

2007年5月

单选

26. 答案:C

解析:劳动力供给弹性是劳动力供给量变动的百分比与工资率变动的百分比的比值。

27. 答案:B

解析:实际工资是经价格指数修正过的货币工资,用以说明工资的实际购买能力,其计算公式是:实际工资 = 货币工资 ÷ 价格指数。

28. 答案:C

解析:根据宪法的规定和其他有关规定,保障劳动者的劳动权是劳动法的首要原则。

29. 答案:B

解析:对于风险型决策,有收益矩阵、决策树和敏感性等分析方法,应用最广泛的是前两种。决策树的分析程序是:第一步,绘制树形图;第二步,计算期望值;第三步,剪枝决策。

30. 答案:D

解析:工作满意度是指员工对自己的工作所抱有的一般性的满足与否的态度。

31. 答案:B

解析:在管理形式上,传统的劳动人事管理属于静态管理。而现代人力资源管理属于动态管理,强调整体开发。也就是说对员工不仅安排工作,还要根据组织目标和个人状况,为其做好职业生涯设计,不断培训,不断进行横向及纵向的岗位或职位调整,充分发挥个人才能,量才使用,人尽其才。

多选

86. 答案:ABD

解析:劳动力市场均衡的意义是:①劳动力资源的最优分配;②同质的劳动力获得同样的工资;③充分就业。

87. 答案:ACE

解析:劳动权受到国家的保障,这种劳动权保障具体体现为基本保护、全面保护和优先保护。

88. 答案:ABC

解析:组织公正与报酬分配的要求是:

(1) 分配公平。公平公正是组织报酬体系设计和实施的第一原则。

(2) 程序公平。1980年,莱文泽尔(Leventhal)提出了保证程序公平的六项规则:①一致性规则;②避免偏见规则;③准确性规则;④可修正规则;⑤代表性规则;⑥道德与伦理规则。

(3) 互动公平。它是指分配结果反馈和执行时的人际互动方式公正。

89. 答案:ABCDE

解析:人力资本的特征是:①存在于人体之中,它与人体不可分离;②以一种无形的形式存在,必须通过生产劳动方能体现出来;③具有时效性;④具有收益性,其对经济增长的作用大于物质资本;⑤具有无限的潜在创造性,是经济资本中的核心资本,是一切资本中最宝贵的资本;⑥具有累积性;⑦具有个体差异性。

第一章 人力资源规划

理论知识部分

2014年5月

单选

32. (　　)是组织设计的最基本的原则。
    A. 专业分工与协作原则　　　　B. 任务与目标原则
    C. 有效管理幅度原则　　　　　D. 集权与分权原则

34. 以(　　)为中心设计的部门结构包括事业部制和模拟分权制。
    A. 成果　　　　　　　　　　　B. 工作
    C. 关系　　　　　　　　　　　D. 人物

35. 改变某个科室的职能或新设一个职位,这属于(　　)组织结构改革。
    A. 改良式　　　　　　　　　　B. 渐进式
    C. 计划式　　　　　　　　　　D. 爆破式

36. SWOT分析法中,O表示(　　)。
    A. 劣势　　　　　　　　　　　B. 优势
    C. 威胁　　　　　　　　　　　D. 机会

37. 企业人员需求预测方法中,(　　)不属于量化分析方法。
    A. 德尔菲法　　　　　　　　　B. 趋势外推法
    C. 生产模型法　　　　　　　　D. 人员比率法

39. (　　)可以用于企业人力资源供给预测。
    A. 定员定额法　　　　　　　　B. 灰色预测模型
    C. 岗位分析法　　　　　　　　D. 马尔可夫模型

40. (　　)导致企业设备闲置,固定资产利用率低。

A. 人力资源供求平衡　　　　　　　　B. 人力资源供过于求
C. 人力资源供不应求　　　　　　　　D. 人力资源供求失衡

多选

90. 下列关于企业组织理论与组织设计理论的说法，正确的有（　　）。
    A. 组织理论包括组织设计理论　　　B. 组织设计理论被称为狭义组织理论
    C. 组织设计理论被称为大组织理论　D. 组织理论与组织设计理论外延不同
    E. 组织理论与组织设计理论外延相同

91. 组织结构分析的内容包括（　　）。
    A. 各种职能的性质及类别　　　　　B. 员工与岗位之间是否匹配
    C. 哪些是决定企业经营的关键性职能　D. 某个部门应同哪些单位和个人有关联
    E. 内外环境变化引起企业经营战略和目标的改变

92. 狭义的人力资源规划包括（　　）。
    A. 人员培训计划　　　　　　　　　B. 人员补充计划
    C. 人员配备计划　　　　　　　　　D. 人员薪酬计划
    E. 人员晋升计划

93. 企业人力资源预测的主要内容包括（　　）。
    A. 企业人员总量预测　　　　　　　B. 企业人力资源存量预测
    C. 企业人力资源增量预测　　　　　D. 企业人力资源结构预测
    E. 企业特种人力资源预测

94. 人力资源预测的局限性包括（　　）。
    A. 预测方法不精密　　　　　　　　B. 预测环境的不确定性
    C. 预测的代价高昂　　　　　　　　D. 知识水平的限制
    E. 易引发企业内部的抵制

95. 影响企业专业技术人员需求的参数有（　　）。
    A. 科研经费　　　　　　　　　　　B. 新项目投资
    C. 追加投资　　　　　　　　　　　D. 劳动生产率
    E. 人工成本

2013 年 11 月

单选

32. 静态的组织设计理论不研究（　　）等方面的问题。
    A. 行为规范　　　　　　　　　　　B. 组织体制
    C. 信息控制　　　　　　　　　　　D. 部门结构

33. （　　）组织将矩阵组织结构形式与事业部组织结构形式有机地结合在一起。

A. 网络型 B. 模拟分权制
C. 关系型 D. 多维立体制

34. 进行组织结构设计时,要选择不同的部门组合方式。( )不属于部门组合方式。
    A. 直线职能制 B. 咨询机构
    C. 超事业部制 D. 事业部制

35. ( )不属于组织结构分析的内容。
    A. 各种职能的性质及类别 B. 员工与岗位之间是否匹配
    C. 决定企业经营的关键性职能 D. 内外环境变化对企业组织职能的影响

36. 企业结构整合的过程包括:①互动阶段;②拟定目标阶段;③控制阶段;④规划阶段。排序正确的是( )。
    A. ①②④③ B. ②④①③
    C. ②④③① D. ④②①③

37. 编制人员需求计划时,计划期内员工的补充需要量等于( )。
    A. 计划期人员总需要量减去报告期期末人员总数,加上计划期自然减员人数
    B. 计划期人员总需要量加上报告期期末人员总数,减去计划期自然减员人数
    C. 计划期自然减员人数加上计划期人员总需要量,减去报告期期初人员总数
    D. 报告期自然减员人数减去计划期人员总需要量,加上报告期期末人员总数

38. 下列关于人力资源预测的说法,不正确的是( )。
    A. 人力资源预测的方案和过程相对简单易行
    B. 要求预测者具有高度的创造性和很强的分析能力
    C. 人力资源预测所面临的环境具有不确定性
    D. 人力资源预测能够引导员工的职业生涯规划

39. ( )依据事物发展变化的因果关系来预测事物未来的发展趋势,用这种方法也可以进行人力资源需求预测。
    A. 趋势外推法 B. 人员比率法
    C. 回归分析法 D. 转换比率法

40. 下列关于人力资源预测方法的说法,不正确的是( )。
    A. 趋势外推法最简单,自变量只有一个
    B. 回归分析法不考虑不同自变量之间的影响
    C. 趋势外推法与回归分析法本质上都是经济计量模型法
    D. 经济计量模型一般只在管理基础较薄弱的小公司采用

多选

90. 某单位在进行组织结构诊断时要分析组织关系,即需要明确( )。
    A. 应同哪些单位和个人发生联系 B. 要求别人给予何种配合和服务
    C. 如何才能取得行业的领头位置 D. 应当为别的单位提供哪些服务

E. 内外环境变化如何引起战略和目标的改变

91. 企业组织结构整合的目的主要在于( )。
    A. 实现组织间的相互协调　　　　B. 实现组织管理的系统化
    C. 解决部门内部的分工问题　　　D. 解决结构分化时的分散倾向
    E. 保证企业生产经营活动的正常运行

92. 企业晋升计划的内容一般由( )等指标组成。
    A. 晋升时间　　B. 晋升比率　　C. 晋升条件　　D. 晋升职位
    E. 晋升人数

93. 人员晋升计划是企业根据( )制定的员工职务提升方案。
    A. 企业目标　　B. 人员需要　　C. 工作条件　　D. 工资水平
    E. 内部人员分布情况

94. 下列关于人力资源预测方法的说法,正确的有( )。
    A. 马尔可夫法可以预测企业的人力资源需求
    B. 经济计量模型其实是一种转移概率矩阵
    C. 马尔可夫法可以预测企业的人力资源供给
    D. 趋势外推法与回归分析法本质上都是经济计量模型法
    E. 灰色预测模型法仅能对含有未知或非确定信息的系统进行预测

95. 预测企业内部人力资源供给量必须考虑的因素包括( )。
    A. 替休　　　　B. 退休　　　　C. 平调　　　　D. 晋升
    E. 轮换

2013 年 5 月

单选

32. ( )是组织设计的最基本原则。
    A. 专业分工与协作原则　　　　B. 任务与目标原则
    C. 有效管理幅度原则　　　　　D. 集权与分权原则

33. 企业为了贯彻专业分工与协作的原则,可以采取的措施不包括( )。
    A. 实行系统管理　　　　　　　B. 鼓励创建学习型的组织
    C. 创造协调环境　　　　　　　D. 设立一些必要的委员会

34. 以( )为中心设计的部门结构包括事业部制和模拟分权制。
    A. 成果　　　　B. 工作　　　　C. 关系　　　　D. 任务

35. ( )是企业最常用的组织结构变革方式。
    A. 扩张式变革　　　　　　　　B. 爆破式变革
    C. 组织结构整合　　　　　　　D. 突发式变革

36. SWOT 分析法中，W 代表（　　）。
    A. 优势　　　　　　　　　　　　B. 机会
    C. 劣势　　　　　　　　　　　　D. 威胁

37. 人力资源需求预测所依据的一般原理不包括（　　）。
    A. 惯性原理　　　　　　　　　　B. 相关性原理
    C. 聚类原理　　　　　　　　　　D. 相似性原理

38. 企业人员需求预测方法中，（　　）不属于量化分析方法。
    A. 德尔菲预测法　　　　　　　　B. 趋势外推法
    C. 马尔可夫分析法　　　　　　　D. 转换比率法

39. （　　）不属于定员定额分析法。
    A. 劳动定额分析法　　　　　　　B. 比例定员法
    C. 效率定员法　　　　　　　　　D. 人员比率法

40. 企业人力资源供不应求，会导致（　　）。
    A. 生产效率低下　　　　　　　　B. 组织内部人浮于事
    C. 企业设备闲置　　　　　　　　D. 固定资产利用率高

多选

90. 下列关于组织结构设计的说法，正确的有（　　）。
    A. 以企业组织结构为核心　　　　B. 是企业管理的基本前提
    C. 是企业总体设计的重要组成部分　D. 是一项理论性强、操作性弱的工作
    E. 需在企业人事管理理论的指导下进行

91. 以工作和任务为中心的部门组合方式包括（　　）。
    A. 矩阵结构　　　　　　　　　　B. 直线制
    C. 事业部制　　　　　　　　　　D. 分权制
    E. 直线职能制

92. 狭义的人力资源规划包括（　　）。
    A. 培训计划　　　　　　　　　　B. 补充计划
    C. 配备计划　　　　　　　　　　D. 薪酬计划
    E. 晋升计划

93. 人力资源规划可以通过对风险的（　　）等一系列活动防范风险。
    A. 识别　　B. 对比　　C. 估计　　D. 盘点
    E. 监控

94. 人力资源预测的局限性，主要表现在（　　）。
    A. 预测方法不精密　　　　　　　B. 企业内部的抵制
    C. 预测的成本高昂　　　　　　　D. 知识水平的限制
    E. 环境的不确定性

95. 预测某一工种岗位人员的需求人数,通常利用公式预测出( )等指标数值。
   A. 劳动力供给人数　　　　　　　　B. 出勤率
   C. 工时利用率　　　　　　　　　　D. 作业率
   E. 劳动定额完成率

2012 年 11 月

单选

32. 以下关于组织理论与组织设计理论的说法,不正确的是( )。
   A. 从逻辑上说组织理论应该包括组织设计理论
   B. 组织理论与组织设计理论在外延上是相同的
   C. 动态的组织设计理论包含静态的组织设计理论
   D. 组织设计理论将企业环境、战略、技术等作为组织结构设计中的影响因素

34. 在企业组织结构发生变革时需分析组织关系,其中不需要分析的内容是( )。
   A. 某个单位应同哪些单位和个人发生联系
   B. 某个单位要求别人给予何种配合和服务
   C. 某个单位的工作效率和员工士气如何
   D. 某个单位应该为别的单位提供哪些服务

36. 人员培训开发计划的具体内容不包括( )。
   A. 培训的目标　　　B. 培训费用的预算　　　C. 培训的内容　　　D. 培训人员的资格

37. 以下关于企业人力资源预测的说法,不正确的是( )。
   A. 人力资源预测是人员规划的一部分
   B. 人力资源预测是人员规划中定量分析最多的部分
   C. 人力资源的增量预测,即预测劳动力市场中的过度供给
   D. 人力资源的存量预测,即预测企业人力资源的自然消耗和自然流动

38. 人力资源需求预测的内容不包括( )。
   A. 未来人力资源需求预测　　　　　　B. 现实人力资源预测
   C. 过去人力资源流动分析　　　　　　D. 未来流失人力资源预测

39. 以下关于人员规划的说法,不正确的是( )。
   A. 人员规划是人力资源预测的一部分
   B. 人员规划在实现组织目标的同时,也要满足个人利益
   C. 人员规划要保证人力资源与未来组织发展各阶段的动态适应
   D. 人员规划要保证企业人力资源数量、质量和结构符合特定生产技术要求

40. 以下关于德尔菲法的描述,不正确的是( )。
   A. 可用于企业整体人力资源的需求预测

B. 可用于预测企业某部门人力资源需求

C. 适合于人力资源需求的长期趋势预测

D. 是一种定性与定量相结合的预测方法

多选

91. 制定企业人员规划的基本原则包括（　　）。
    A. 确保人力资源需求　　　　　　B. 与企业战略目标相适应
    C. 与内外环境相适应　　　　　　D. 与企业员工开发相适应
    E. 保持适度流动性

92. 企业人员供给计划主要包括（　　）。
    A. 人员招聘计划　　　　　　　　B. 人员晋升计划
    C. 人员费用计划　　　　　　　　D. 人员培训计划
    E. 人员内部调动计划

93. 影响企业人力资源规划的经济环境因素包括（　　）。
    A. 经济形势　　B. 人口总量　　C. 科技水平　　D. 物价指数
    E. 劳动力市场供求关系

94. 影响人力资源需求预测的一般因素包括（　　）。
    A. 市场需求　　B. 企业文化　　C. 企业总产值　　D. 工作时间
    E. 政府方针政策

95. 企业外部人力资源供给的主要渠道有（　　）。
    A. 复员转业军人　　　　　　　　B. 流动人员
    C. 其他组织在职人员　　　　　　D. 失业人员
    E. 大中专院校在读生

2012年5月

单选

32. 静态的组织设计理论研究的内容不包括（　　）。
    A. 权责结构　　B. 组织规则　　C. 组织激励制度　　D. 组织机构

33. 多维立体组织按照职能划分的不同而成立不同的参谋机构，即成立各种（　　）。
    A. 地区利润中心　　B. 地区成本中心　　C. 产品利润中心　　D. 专业成本中心

34. （　　）组织结构模式较多地出现在横向合并而形成的企业中。
    A. 子公司和母公司　　B. 多维立体　　C. 分公司和总公司　　D. 模拟分权

35. 企业组织结构的整合属于（　　）组织结构变革。
    A. 爆破式　　B. 计划式　　C. 扩张式　　D. 改良式

36. 一般来说，人员晋升计划的内容不包括（　　）。

A. 晋升条件　　　　B. 晋升比率　　　　C. 晋升时间　　　　D. 晋升制度

37. (　　)不属于影响企业人力资源活动的法律因素。

　　A. 质量管理制度　　B. 户籍制度　　　C. 最低工资标准　　D. 社会保障制度

38. 竞争五要素分析模型是由(　　)提出的。

　　A. 迈克尔·波特　　B. 彼得·德鲁克　　C. 杰克·韦尔奇　　D. 彼得·圣吉

39. 人力资源需求预测的定量方法不包括(　　)。

　　A. 趋势外推法　　　B. 经验预测法　　　C. 回归分析法　　　D. 马尔可夫分析法

40. 以下关于人力资源预测方法的说法,不正确的是(　　)。

　　A. 德尔菲法适用于人力资源需求的长期趋势预测

　　B. 转换比率法假定企业的劳动生产率是可变的

　　C. 转换比率法无法说明不同类别员工需求的差异

　　D. 德尔菲法可用于企业整体人力资源需求的预测

多选

91. 企业不同的组织结构形式对应着不同的组织发展战略,下列选项中,相匹配的"战略—组织结构"组合是(　　)。

　　A. 多种经营战略—矩阵制结构　　　　B. 扩大地区战略—职能制结构

　　C. 增大数量战略—简单组织结构　　　D. 人才培养战略—矩阵制结构

　　E. 纵向整合战略—事业部制结构

92. 企业进行组织决策分析时,需考虑的因素有(　　)。

　　A. 决策的常规性　　　　　　　　　B. 决策者所需具备的能力

　　C. 决策的层次性　　　　　　　　　D. 决策对各职能的影响面

　　E. 决策影响的时间

93. 编制人员需求计划时,企业的生产部门应根据(　　)来确定人员的需求量。

　　A. 生产任务总量　　　　　　　　　B. 劳动生产率

　　C. 计划劳动定额　　　　　　　　　D. 定员的标准

　　E. 组织机构设置

94. 企业人力资源需求预测的依据指标包括(　　)。

　　A. 企业管理水平　　　　　　　　　B. 企业员工总数及结构指标

　　C. 企业技术水平　　　　　　　　　D. 当地劳动力市场工资水平

　　E. 当地劳动力总体素质

95. 影响企业外部劳动力供给的地域性因素包括(　　)。

　　A. 劳动力市场完善程度　　　　　　B. 企业所在地的人力资源现状

　　C. 企业所在地对人才的吸引程度　　D. 企业薪酬对所在地人才的吸引程度

　　E. 社会就业意识和择业心理偏好

2011年11月

单选

32. 以下关于组织设计理论的说法,不正确的是( )。

   A. 组织设计理论有动态与静态之分

   B. 动态组织理论包含静态组织理论的内容

   C. 组织设计理论又被称为广义的组织理论

   D. 静态组织理论是组织设计的核心内容

33. 多维立体组织结构的主要管理组织机构系统不包括( )。

   A. 地区利润中心　　B. 专业成本中心　　C. 产品利润中心　　D. 地区成本中心

35. 组织结构设计的影响因素不包括( )。

   A. 企业环境　　B. 企业规模　　C. 员工素质　　D. 信息沟通

36. 以下关于企业组织结构整合的说法,不正确的是( )。

   A. 是一种改良式变革

   B. 是组织设计中的第二步工作

   C. 是企业最常用的组织结构变革方式

   D. 主要解决结构分化时出现的分散倾向和实现相互协调的要求

37. 以下关于企业人力资源规划的说法,不正确的是( )。

   A. 人员补充计划与人员晋升计划相联系

   B. 人员晋升计划最直接的作用是激励员工

   C. 狭义的人力资源规划特指企业人员规划

   D. 一般来说,三年以上的计划可称为规划

38. 企业人员供给计划不包括( )。

   A. 招聘计划　　B. 培训计划　　C. 内部调动计划　　D. 晋升计划

39. 以下关于企业人员规划的说法,不正确的是( )。

   A. 人员规划是人力资源预测的一部分

   B. 在实现组织目标的同时,也要满足个人的利益

   C. 保证人力资源与未来组织发展各阶段的动态适应

   D. 要求企业人力资源的数量、质量和结构符合其特定的要求

40. 以下关于企业人力资源预测方法的说法,不正确的是( )。

   A. 描述法适用于长期预测

   B. 可以分为定量和定性两大类

   C. 德尔菲法是一种定性预测方法

   D. 经验预测法可以采用"自上而下"和"自下而上"两种方式

多选

90. 进行组织结构分析时要分析各种职能的性质及类别,即( )。
    A. 支援性职能   B. 产生成果的职能
    C. 附属性业务   D. 培训开发的职能
    E. 高层领导工作

91. 制定企业人员规划的基本原则包括( )。
    A. 确保人力资源需求   B. 与企业战略目标相适应
    C. 与内外环境相适应   D. 与企业绩效管理相适应
    E. 保持适度流动性

92. 特种人力资源与现代高科技发展紧密相连,在( )方面起决定作用。
    A. 提高竞争力   B. 支柱产业形成
    C. 提高科技含量   D. 产业结构调整
    E. 新兴行业发展

93. 企业编制人员需求计划时,生产性部门应根据( )来确定人员的需求量。
    A. 生产任务总量   B. 劳动生产率
    C. 计划劳动定额   D. 定员的标准
    E. 组织机构设置

94. 人力资源需求预测依据的原理有( )。
    A. 相关性原理   B. 惯性原理   C. 相似性原理   D. 趋势原理
    E. 一致性原理

95. 企业外部人力资源供给的主要渠道有( )。
    A. 复员转业军人   B. 流动人员
    C. 其他组织在职人员   D. 失业人员
    E. 大中专院校在读生

2011 年 5 月

单选

32. 以下关于组织理论与组织设计理论的说法,不正确的是( )。
    A. 组织理论研究组织运行的全部问题
    B. 逻辑上组织理论应该包括组织设计理论
    C. 组织设计理论主要研究企业组织结构设计
    D. 组织理论与组织设计理论在外延上是相同的

33. 为了贯彻专业分工与协作的组织设计原则,企业不必采取的措施是( )。
    A. 实行系统管理   B. 创建学习型的组织

C. 创造协调环境 D. 设立必要的委员会

34. 企业组织结构变革的方式不包括（　　）。
    A. 改良式　　　　B. 爆破式　　　　C. 计划式　　　　D. 渐进式
35. 企业在分析决策权应该归属于哪一管理层次和部门时，无需考虑的因素是（　　）。
    A. 决策的性质　　　　　　　　　B. 决策者所需具备的能力
    C. 决策的环境　　　　　　　　　D. 决策对各职能的影响面
36. 影响企业人力资源规划的人口环境因素不包括（　　）。
    A. 人口的性别比例　　　　　　　B. 劳动力队伍的数量
    C. 劳动力队伍的质量　　　　　　D. 劳动力队伍的结构
37. 企业人力资源需求预测依据的原理不包括（　　）。
    A. 惯性原理　　　B. 相关性原理　　C. 趋势原理　　　D. 相似性原理
38. （　　）一般采用问卷调查的方法，听取专家的分析评估，经多次重复后达成一致意见。
    A. 经验预测法　　B. 描述法　　　　C. 转换比率法　　D. 德尔菲法
39. 以下关于企业人力资源预测方法的说法，不正确的是（　　）。
    A. 回归分析法本质上是经济计量模型法
    B. 经济计量模型实际上是一种转移概率矩阵
    C. 马尔可夫分析法可预测企业人力资源需求
    D. 灰色预测模型法能对含有已知、未知或非确定信息的系统进行预测
40. （　　）利用惯性原理，对企业人力资源需求总量进行预测。
    A. 趋势外推法　　B. 人员比率法　　C. 回归分析法　　D. 经济计量模型法

多选

90. 有效管理幅度不是一个固定值，它受（　　）等条件的影响。
    A. 职务性质　　　B. 人员素质　　　C. 管理风格　　　D. 管理层次
    E. 职能机构健全程度
92. 狭义的人力资源规划，包括的年度计划有（　　）。
    A. 人员配备计划　B. 人员培训计划　C. 人员补充计划　D. 人员晋升计划
    E. 薪酬激励计划
93. （　　）应列入人力资源费用计划预算范围。
    A. 招聘费用　　　B. 调配费用　　　C. 奖励费用　　　D. 员工薪酬
    E. 福利津贴
94. 以下关于企业人力资源预测的说法，正确的有（　　）。
    A. 预测的结果不是绝对的，可进行调整
    B. 预测的基本原理是根据过去推测未来
    C. 人力资源需求预测要注意需求与净需求的区别

D. 人力资源供给预测是人力资源规划的核心和前提

E. 人力资源供给预测需考虑组织内外部供给的因素

95. 解决企业人力资源过剩的常用方法有（   ）。

A. 减少员工的工作时间　　　　　　B. 鼓励提前退休或内退

C. 鼓励部分员工自谋职业　　　　　D. 合并和关闭某些臃肿的机构

E. 制订聘用全日制临时用工计划

2010 年 11 月

单选

32. 在动态组织设计理论中，（   ）所研究的内容占有主导地位。

A. 静态组织设计理论　　　　　　　B. 现代组织设计理论

C. 古典组织设计理论　　　　　　　D. 近代组织设计理论

33. （   ）是将矩阵组织结构与事业部组织结构有机结合而形成的管理组织结构模式。

A. 模拟分权组织　　　　　　　　　B. 分公司与总公司

C. 多维立体组织　　　　　　　　　D. 子公司与母公司

34. 在行业增长阶段后期，为减小竞争压力，企业会采取（   ）。

A. 增大数量战略　　　　　　　　　B. 扩大区域战略

C. 纵向整合战略　　　　　　　　　D. 多种经营战略

35. 相较于组织结构变革模式的其他方式，（   ）是企业较为常用的方式。

A. 改良式变革　　　　　　　　　　B. 爆破式变革

C. 组织结构整合　　　　　　　　　D. 突发式变革

36. 企业组织结构整合过程包括：①控制阶段；②互动阶段；③拟定目标阶段；④规划阶段。排序正确的是（   ）。

A. ③②①④　　B. ④③②①　　C. ③②④①　　D. ③④②①

37. 人员晋升计划的内容不包括（   ）。

A. 晋升预案　　B. 晋升比率　　C. 晋升条件　　D. 晋升时间

38. 编制人力资源规划的核心与前提是（   ）。

A. 人力资源的需求预测　　　　　　B. 人力资源管理系统的设计

C. 人力资源的供给预测　　　　　　D. 人力资源供求平衡和协调

39. 作为企业人力资源需求预测的一种方法，定员定额分析法不包括（   ）。

A. 劳动定额分析法　　　　　　　　B. 比例定员法

C. 效率定员法　　　　　　　　　　D. 人员比率法

40. 人力资源内部供给预测的方法不包括（   ）。

A. 人力资源信息库　　　　　　　　B. 马尔可夫模型

C. 管理人员接替模型　　　　　D. 回归分析法

多选

91. 以工作和任务为中心的部门组合方式有（　）。
    A. 矩阵结构　　　B. 直线制　　　C. 事业部制　　　D. 分权制
    E. 直线职能制

92. （　）属于人力资源规划的外部环境。
    A. 组织环境　　　B. 科技环境　　　C. 人口环境　　　D. 经济环境
    E. 法律环境

93. 制定企业人员规划的基本原则包括（　）。
    A. 确保人力资源需求　　　　　B. 保持人员固定性
    C. 与战略目标相适应　　　　　D. 保持适度流动性
    E. 与内外环境相适应

94. （　）是影响人力资源需求预测的一般因素。
    A. 顾客需求的变化　　　　　B. 生产需求
    C. 劳动力成本趋势　　　　　D. 追加培训需求
    E. 生产率变化趋势

95. 人力资源需求预测的定性方法包括（　）。
    A. 转换比率法　　　B. 描述法　　　C. 回归分析法　　　D. 德尔菲法
    E. 经验预测法

2010年5月

单选

32. （　）不属于静态的组织设计理论的研究内容。
    A. 管理行为规范　　　　　B. 权、责结构
    C. 组织信息控制　　　　　D. 部门划分的形式和结构

34. 进行组织结构设计时，要选择不同的部门组合方式，以下不属于部门组合方式的是（　）。
    A. 直线职能制　　　B. 常设机构　　　C. 超事业部制　　　D. 事业部制

36. 企业制订人员晋升计划时，一般不包括（　）指标。
    A. 晋升条件　　　B. 晋升比率　　　C. 晋升时间　　　D. 晋升路径

37. 以下不属于员工薪酬激励计划作用的是（　）。
    A. 充分发挥薪酬的激励功能
    B. 对未来的薪酬总额进行预测
    C. 提高企业在市场上的竞争力

D. 保证人工成本与企业经营状况之间恰当的比例关系

38. 以下关于人力资源预测的说法,不正确的是( )。
    A. 不会受预测者知识水平的限制　　　B. 要求预测者具有高度的想象力
    C. 有利于提高组织环境适应能力　　　D. 能够引导员工的职业生涯规划

39. 以下属于人力资源需求预测的定量方法的是( )。
    A. 经验预测法　　　B. 描述法　　　C. 转换比率法　　　D. 德尔菲法

40. 在人力资源需求预测的定量方法中,( )是先将公司的员工需求量与影响需求量主要因素之间的关系用数学模型表示出来,依此模型及主要因素变量来预测公司的员工需求。
    A. 计算机模拟法　　　　　　　　　　B. 马尔可夫分析法
    C. 定员定额分析法　　　　　　　　　D. 经济计量模型法

多选

90. 在进行组织结构诊断时要分析组织关系,应弄清( )。
    A. 某个单位应同哪些单位和个人发生联系
    B. 某个单位要求别人给予何种配合和服务
    C. 某个单位考虑如何才能成为行业的领头
    D. 某个单位应当为别的单位提供哪些服务
    E. 内外环境变化引起企业哪些经营战略改变

91. 组织结构变革常招致各方面的抵制和反对,人们反对变革的根本原因在于( )。
    A. 改革方式太过于激烈　　　　　　　B. 生产经营情况更加恶化
    C. 改革使他们失去了工作的安全感　　D. 一部分员工与领导因循守旧
    E. 改革冲击他们已习惯的工作方法

92. 人力资源规划的核心内容有( )。
    A. 人力资源费用的控制　　　　　　　B. 人力资源需求预测
    C. 人力资源信息的收集　　　　　　　D. 人力资源供给预测
    E. 人力资源供需综合平衡

93. 进行人力资源需求预测时要进行环境与影响因素分析,以下( )属于竞争五要素分析要分析的内容。
    A. 对顾客群的分析　　　　　　　　　B. 对新加入竞争者的分析
    C. 对市场环境的分析　　　　　　　　D. 对企业优、劣势的分析
    E. 对竞争策略的分析

94. 以下关于人力资源预测方法的说法,正确的是( )。
    A. 马尔可夫法可以预测企业的人力资源需求
    B. 经济计量模型其实是一种转移概率矩阵
    C. 马尔可夫法可以预测企业的人力资源供给

D. 灰色预测模型法的本质也是经济计量模型法

E. 回归分析法本质上是经济计量模型法

95. 以下属于企业人员内部供给预测方法的是（　　）。
   A. 生产函数模型法　　　　　　　B. 经验推断法
   C. 人力资源信息库法　　　　　　D. 定员分析法
   E. 管理人员接替模型法

2009 年 11 月

单选

32. 以下关于组织设计理论的说法，不正确的是（　　）。
   A. 动态组织设计理论是组织设计的核心内容
   B. 现代组织设计理论属于动态组织设计理论
   C. 动态组织设计理论包含静态组织设计理论的内容
   D. 动态组织设计理论是静态组织设计理论的进一步发展

33. （　　）组织是将矩阵组织结构形式与事业部组织结构形式有机地结合在一起。
   A. 独立型　　　B. 模拟分权　　　C. 依托型　　　D. 多维立体

34. 在进行组织结构调查时，需要掌握的资料不包含（　　）。
   A. 组织体系图　　B. 组织战略图　　C. 工作说明书　　D. 业务流程图

35. 从职能制结构改为事业部制结构属于（　　）组织结构的变革方式。
   A. 改良式　　　B. 爆破式　　　C. 计划式　　　D. 渐进式

36. 人员培训开发规划的具体内容不包括（　　）。
   A. 受训人员的数量　　　　　　　B. 培训的方式方法
   C. 培训费用的预算　　　　　　　D. 培训的奖励措施

37. 编制人员需求计划时，计划期内员工的补充需求量等于（　　）。
   A. 计划期内人员总需求量减去报告期期末人员总数，加上计划期内自然减员人数
   B. 计划期内人员总需求量加上报告期期末人员总数，减去计划期内自然减员人数
   C. 计划期内自然减员人数加上计划期内人员总需求量，减去报告期初期人员总数
   D. 计划期内自然减员人数减去计划期内人员总需求量，加上报告期期末人员总数

39. 以下参数中，不影响企业专门技能人员需求总量的是（　　）。
   A. 企业战略　　　B. 组织结构　　　C. 管理幅度　　　D. 人工成本

40. 关于人力资源预测的说法，不正确的是（　　）。
   A. 企业职位空缺不可能完全通过内部供给解决
   B. 严格的户籍制度制约着企业外部人员的供给
   C. 人员供给预测包括内部供给预测和外部供给预测

D. 企业人力资源需求的满足应优先考虑外部人力资源供给

多选

92. 以下属于企业组织结构变革的征兆的是（　　）。
    A. 成本增加　　　　　　　　　　B. 合理化建议减少
    C. 指挥不灵　　　　　　　　　　D. 市场占有率减小
    E. 信息不畅

93. 人员晋升计划是企业根据（　　）制定的员工职务提升方案。
    A. 企业目标　　　　　　　　　　B. 人员需要
    C. 工作调动　　　　　　　　　　D. 战略需要
    E. 内部人员分布状况

94. 影响企业人力资源规划的人口环境因素有（　　）。
    A. 人口的性别比例　　　　　　　B. 劳动力的队伍结构
    C. 劳动力队伍的数量　　　　　　D. 劳动力队伍的质量
    E. 社会或本地区的人口规模

95. 劳动效率定员法是根据（　　）计算和确定定员人数的一种技术方法。
    A. 工作岗位的多少　　　　　　　B. 劳动效率
    C. 工作负荷量的大小　　　　　　D. 生产任务量
    E. 岗位工作人员的经验

2009 年 5 月

单选

32. 两家企业合并属于企业组织结构变革的（　　）变革方式。
    A. 改良式　　　B. 渐进式　　　C. 计划式　　　D. 爆破式

35. 以下不属于组织结构分析的内容的是（　　）。
    A. 各种职能的性质及类别
    B. 员工与岗位之间是否匹配
    C. 哪些是决定企业经营的关键性职能
    D. 内外环境变化引起的企业经营战略和目标的改变

36. 以下不属于企业人员配置计划的内容的是（　　）。
    A. 企业每个岗位的人员素质　　　B. 人员的职务变动情况
    C. 企业每个岗位的人员数量　　　D. 职务空缺的数量及填补方法

37. 以下说法不正确的是（　　）。
    A. 人力资源预测能引导员工进行职业生涯设计
    B. 动态的组织条件下，人力资源预测非常必要

C. 静态的组织条件下，人力资源预测并非必要
D. 现实生活中的组织既有静态的，也有动态的

38. 以下属于人力资源需求预测的定性方法的是（　　）。
   A. 马尔可夫分析法　　　　　　　B. 综合分析法
   C. 灰色预测模型法　　　　　　　D. 经验预测法

39. 人力资源需求预测的方法中，依据事情发展变化的因果关系来预测事情未来发展趋势的方法是（　　）。
   A. 趋势外推法　　　　　　　　　B. 人员比率法
   C. 回归分析法　　　　　　　　　D. 转换比率法

40. 以下关于人力资源预测方法的说法，不正确的是（　　）。
   A. 趋势外推法最为简单，其自变量只有一个
   B. 经济计量模型法不需考虑不同自变量之间的影响
   C. 马尔可夫法可以预测企业人力资源供给的情况
   D. 马尔可夫法可以预测企业人力资源需求的情况

多选

91. 企业组织结构整合的目的主要在于（　　）。
   A. 实现相互间协调的要求　　　　B. 保证企业经营活动的正常运行
   C. 实现组织管理的系统化　　　　D. 解决结构分化时出现的分散倾向
   E. 提升企业经营管理的总体水平

92. 企业人力资源规划的作用包括（　　）。
   A. 满足企业总体战略发展的要求　B. 提高企业人力资源的利用效率
   C. 促进企业人力资源管理工作的开展　D. 协调人力资源管理的各项计划
   E. 政府有关的劳动就业制度

93. 影响企业人力资源活动的法律因素有（　　）。
   A. 户籍制度　　　　　　　　　　B. 劳动力市场价位
   C. 最低工资标准　　　　　　　　D. 劳动力市场机制
   E. 政府有关的劳动就业制度

94. 德尔菲法所请的专家的来源有（　　）。
   A. 组织内部　　B. 组织外部　　C. 管理人员　　D. 普通员工
   E. 高层管理

95. 企业内部人力资源供给量必须考虑的因素包括（　　）。
   A. 薪酬　　　　B. 退休　　　　C. 平调　　　　D. 晋升
   E. 福利

专业能力部分

2014年5月

简答题

企业组织结构出现哪些征兆时需要进行变革?可以采取哪些具体的变革方式?(15分)

2013年11月

案例分析题

某公司决定起草《公司人力资源发展规划》,由规划专员小王负责预测公司的人力资源需求。该公司生产部门在过去几年中技能操作人员、专业技术人员和管理人员的人数比例一直稳定在6:3:1。根据业务规划,生产部门计划明年补充技能操作人员60人,目前已经确定将会有15名专业技术人员和8名管理人员离职,5名管理人员调整到其他部门。

假设您是规划专员小王,请结合案例,回答以下问题:

(1)可采用哪些定性与定量方法进行人力资源需求预测?(10分)

(2)假设生产部门组织结构和生产效率不变,请利用人员比率法确定该部门明年专业技术人员和管理人员的需求量。(8分)

2013年5月

简答题

企业人力资源需求预测的一般影响因素有哪些?(16分)

2012年11月

简答题

SWOT分析法和竞争五要素分析法的主要内容有哪些?(16分)

2012年5月

简答题

企业解决人力资源过剩的常用方法有哪些?(16分)

2011年11月

案例分析题

某公司的组织结构如图1所示。总经理直接负责财务部、办公室和党群工作部,并直接管理家电产品、电信产品及机械控制产品等三个部门,下设副总经理两名,一名负责企业的行政部、人力资源部;另一名负责技术研发部、质量安全部、销售部。随着公司规模的扩大,公司领导感到现行的组织结构严重制约了企业的发展,许多新的问题开始显露,如产品品种和质量无法满足客户的需要,产品销售出现了明显的下滑趋势;管理人员人浮于事,工作效率低下;各个部门特别是生产部门与职能部门之间的矛盾与冲突时有发生。公司决策层在咨询了管理专家的意见之后,决定推行事业部制组织结构模式,对公司的组织结构进行必要的调整和变革。

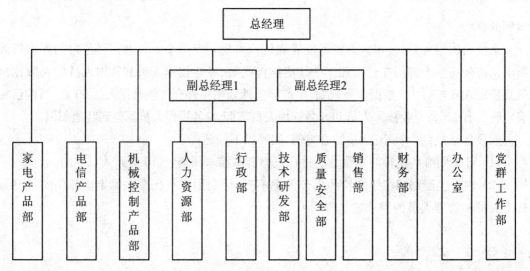

图1 某公司现行的组织结构图

请结合本案例回答以下问题:(每问6分)
(1) 该公司现有组织结构存在哪些问题?
(2) 该公司组织结构应进行哪些调整?
(3) 该公司可以采取哪些措施推进组织变革?

2011年5月

简答题

企业组织结构内部不协调主要有哪些表现?可采取哪些组织结构整合的对策?(14分)

2010年11月

案例分析题

某大型国有机械制造企业集团(公司)下设5个分公司,8个加工厂,以及研究所、试验基地等20个附属单位,现有员工16000多人。随着企业生产经营规模的不断扩大,技术装备水平的迅速提高,该企业对人力资源的需求不但在总量上发生了变化,而且在结构上也出现了根本性的转变。但该企业人事部张凡主任一直对其下属计划主管小王的工作不甚满意,认为企业的人员计划明显滞后,缺乏前瞻性和完整性,对人员招聘、配置、培训等工作起不到积极的指导作用。

如果张凡主任让您来编制企业的人员计划,您认为:
(1) 应当编制哪些人员计划才能满足企业人力资源管理的需求?(6分)
(2) 这些人员计划之间存在着何种关系?(10分)
(3) 如何确保上述计划的实施?(4分)

2010年5月

案例分析题

LHB公司是一家国际食品和家庭及个人卫生用品集团,该公司在21世纪初彻底进行了重组。在过去,该公司是高度分权化的,各国的子公司均享有高度的自治权。在20世纪90年代后期,该公司开始引入新的创新和战略流程,同时整合其核心业务。

直到2000年,由H国和B国的董事长以及它们的代表组成的一个特别委员会和一个包括职能、产品和地区经理等在内的15个董事一直独揽着公司的决策大权。整个结构是矩阵式的,其特点是加强了横向联系,组织的机动性加强,集权和分权相结合,专业人员潜能得到发挥,能培养各种人才。然而,矩阵式结构的缺点是员工位置不固定,易使员工有临时观念,有时责任心不够强;员工受双重领导,有时不易分清责任,一份"我们需要明确的目标和角色,董事会使自己过多地卷入了运营,从而对战略领导造成了损害……"的内部报告也表明公司的组织结构存在一定的问题。

然而,2001年启动的"杰出绩效塑造计划"带来了公司结构的实质性改变。该计划废除了特别委员会和地区经理这一层级,代之以一个由7人组成的董事会,由董事长及职能和大类产品(即食品、家庭及个人卫生用品)的经理组成。向他们报告的是12位负有明确盈利责任的业务集团总裁,后者在特定地区对其管理的产品利润负有完全的责任,全球战略领导被明确地置于执委会一级,运营绩效则是业务集团的直接责任。

在这种正式结构调整之后,国际协调是由许多正式和半正式的网络协助完成的。研究和发展的工作由国际网络创新中心负责实施,其领导责任通常归属于中心的专家而不是H国或者B国的总部机构。产品和品牌网络国际业务小组负责在全球范围内协调品牌和营销。同时,职能网络也开展一系列计划,以便就一些关键问题,如录用和组织效能,实现全球协调。所有这些网络均大大依赖于非正式的领导和社会过程,同时也依赖于电子邮件和内部网络科技投入的支持。是否参与这种协调在很大程度上是由业务集团而非公司总部确定并资助的。这里所谓的企业网络,是指以某一具有核心能力的组织为中心,利用一定的手段,针对一定的目标,将一些相关的组织联结起来,形成一个互相支持、互相合作、互相依存的企业组织群体。在这个组织群体中,每个组织作为网络组织群体的成员又是相对独立的,通过长期契约和信任关系,与核心组织群联结在一起成为命运共同体而共同发展。网络型组织能够不断地适应企业的外部环境。网络型组织结构具有以下重要特征:且极大的灵活性、虚拟性、动态协作性、组织柔性、信息交互性、无边界性,多元化和结构扁平化。

请结合本案例,回答以下问题:
(1) 实施新的组织变革计划后,该公司组织结构发生了哪些变化?(10分)
(2) 该公司顺利完成了组织结构的变革,这对我们有哪些重要的启示?(8分)

2009年11月

案例分析题

某公司是一家实力雄厚的汽车制造企业,根据公司未来五年总体发展规划,企业将达年产200万辆汽车的生产规模。人力资源部正在讨论2010~2014年度企业人力资源总体规划问题,负责起草该规划的是人力资源部副经理王平,她对规划起草小组成员小章交代,在进行企业人力资源外部供给预测之前,先组织一次全面、深入的调查,尽可能多地采集相关的数据资料,为人力资源内部供给预测做好准备。

请根据本案例,回答以下问题:
(1) 该公司在进行人力资源内部供给预测时,可以采取哪些方法?(8分)
(2) 当预测到企业人力资源在未来的几年内可能发生短缺时,可以采取哪些措施解决人力资源供不应求的问题?(10分)

2008年11月

简答题

简述制定企业各类人员规划的基本程序。(10分)

2008年5月

案例分析题

W公司是一家民营房地产企业,1996年总经理贾先生创建W公司的时候仅有数百万元的资金和十几名员工,并设立了财务、项目开发、工程管理和行政人事 4 个部门,其中财务部负责人刘女士是贾总的亲戚,仅持有初级会计上岗证书。负责项目开发的江先生是贾总多年的好友,初中毕业,曾经当过一家餐饮店的老板。

由于近几年房地产行业发展迅速,W 公司的规模迅速扩大,职能部门由原有的 4 个部门变成项目开发、市场策划、工程管理、质量控制、技术设计、财务、人力资源、物业和行政等 9 个部门。人员也由过去的十几个人发展到现在的 500 多人。人员一增加,诸多的管理问题也频频出现。例如,虽然公司提出了明确的战略规划,但总是不能落实,贾总也发现:追究责任的时候,好像大家都有责任,每次大家都一起自我批评一番,但下次的规划依旧不能落实,问题到底出现在哪里呢?让他颇为忧心的还有,各部门的管理人员经常各自为政,意见不一,相互扯皮。此外,W 公司在创业初期没有任何考评指标和标准,完全依靠家庭成员的自觉性进行工作,后来虽然组建了人力资源部,但也仅仅实行了直接主管考评法,对各级员工进行主观性考评,导致员工的抱怨越来越多。

目前,W 公司手中仍然有约 120 万平方米的待开发土地,贾总犯难的是,别人当家愁的是"无米下锅",而他现在愁的是"怎么下锅",企业目前的日常管理已经让他忙得焦头烂额,深感力不从心。

请您根据本案例,回答以下问题:(每问 10 分)
(1) 目前,该公司在企业人力资源管理方面存在哪些问题?
(2) 请根据该公司存在的主要问题,提出具体的解决方案。

2007 年 11 月

案例分析题

某公司的组织结构如下图所示。总经理直接负责财务部和办公室的工作,并直接管理家电产品、电信产品及机械控制产品等 3 个部门的生产工作。下设副总经理两名,一名负责企业的行政部、人力资源部的工作;另一名负责研发部、销售部的工作。随着企业的发展壮大,高层管理者感到现行的组织结构严重制约了企业的发展,许多新的问题开始显露。例如,产品品种和质量无法满足客户的要求,产品销售量明显下滑;管理人员人浮于事,工作效率低下;各部门之间尤其生产部门与职能部门之间的矛盾与冲突时有发生。

在管理咨询专家的建议下,企业领导决定采取事业部制,对组织结构进行必要的调整和变革,以提高管理效率,增强企业竞争力。

请根据案例回答以下问题:
(1) 该公司现有组织结构存在哪些问题?(6 分)
(2) 该公司对其组织结构应如何进行调整?请设计出新的组织结构图。(8 分)
(3) 为了顺利推进组织变革,公司应采取哪些具体措施?(6 分)

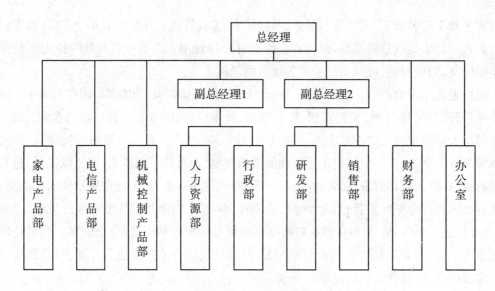

某公司现行的组织结构图

2007年5月

案例分析题

某汽车集团是一个有20年历史的大型国有企业,主要生产轿车和轻型汽车。该集团由总经理直接领导,下设多个职能部门,如总经理办公室、人力资源部、财务部、生产管理部、企划信息部。另外还有自己的投资室、审计室和战略研究室。

集团下属工厂除了总装厂外,还有配套生产厂,如发动机厂、车身厂和变速器厂。各生产厂实行厂长负责制,彼此相互独立,它们除了有自己的研发中心、生产中心和销售中心外,还有相应的职能机构,如计划科、厂长办公室、质量管理科等。集团赋予各生产厂尽可能大的生产经营自主权,但是,配套生产厂生产的产品主要供给总装厂使用。

(1) 该集团适合采用哪种组织结构模式?请设计其组织结构并说明理由。(10分)

(2) 发动机厂适合采用哪种组织结构模式?请设计其组织结构并说明理由。(10分)

理论知识部分的参考答案及注释

2014年5月

单选

32. 答案:B

解析:组织设计的基本原则包括:①任务与目标原则。这是一条最基本的原则。组织设计从根本上来讲是为实现企业的战略任务和经营目标服务的。②专业分工和协作原则。贯彻这一原则,在组织设计中要十分重视横向协调问题。③有效管理幅度原则。有效管理幅度也是决定管理层次的一个基本因素。④集权与分权相结合原则。受规模大小、生产技术特点、专业工作性质、管理水平、人员素质等因素的影响。⑤稳定性和适应性相结合原则。

34. 答案:A

解析:企业各个管理和业务部门的组合方式有以下三种:①以工作和任务为中心的部门组合方式。包括直线制、直线职能制、矩阵制(任务小组)等。②以成果为中心的部门组合方式。包括事业部制、超事业部制、模拟分权制等。③以关系为中心的部门组合方式。包括多维立体组织模式、流程型和网络型组织结构等。

35. 答案:A

解析:

改良式	局部改变某个科室的职能或新设一个职位	企业中常用的方式,符合企业实际需要,局部变革,阻力较小
爆破式	两家企业合并或由职能制结构转变为事业部制结构	短期内完成组织结构的重大以至根本性的变革
计划式	企业组织结构的整合	现代组织设计理论主张采用的方式,对改革方案经过系统研究,制定全面规划,然后有计划、分阶段地实施

36. 答案:D

解析:SWOT分析法中,S代表优势(Strength),W代表劣势(Weakness),O代表机会(Opportunity),T代表威胁(Threat)。其中优、劣势分析主要着眼于企业自身的实力及其与竞争对手的比较,而机会和威胁分析则将注意力放在外部环境的变化及其对企业的可能影响上。

37. 答案:A

解析:人力资源需求预测的方法一共有十三种,其中描述法、经验预测法和德尔菲法三种是定性的方法,其他十种均是定量的方法。

39. 答案:D

解析:马尔可夫分析法的主要思路是通过观察历年企业内部人数的变化,找出组织过去人事变动的规律,由此推断未来的人事变动趋势和状态,它既可以预测企业的人力资源需求,也可以预测企业内部的人员供给情况。

40. 答案:C

解析:企业人力资源供求有三种情况:①人力资源供求平衡。②人力资源供大于求。结果导致组织内部人浮于事,内耗严重,生产或工作效率低下。③人力资源供小于求。企业设备闲置,固定资产利用率低,是一种浪费。

多选

90．答案：ABD

解析：组织理论又被称为广义的组织理论或大组织理论，包括组织运行的全部问题，如组织运行的环境、目标、结构、技术、规模、权利、沟通等，都属于其研究对象。组织理论与组织设计理论在外延上是不等的，从逻辑上说，组织理论应该包括组织设计理论。

91．答案：ACE

解析：组织结构分析是指明确现行组织结构存在的问题和缺陷，并为提出改进方案打下基础。组织结构分析主要包括三个方面：①内外环境变化引起的企业经营战略和目标的改变：需要增加哪些新的职能？哪些原有职能需要加强？哪些陈旧职能可以取消或合并？②哪些是决定企业经营的关键性职能？明确后应将其配置于组织结构的中心地位。③分析各种职能的性质及类别（成果性职能的位置应置于非成果性职能之上）。

92．答案：BCE

解析：广义的人力资源规划泛指各种类型的人力资源规划，狭义的人力资源规划特指企业人员规划。按照年度编制的计划主要有：①人员配备计划。它是指企业按照内外环境的变化，采取不同的人员管理措施，以实现企业内部人员的最佳配置。管理措施主要是企业内部合理流动、岗位再设计。②人员补充计划。它是指企业根据组织运行的实际情况，对企业在中长期内可能产生的空缺职位加以弥补的计划，旨在促进人力资源数量、质量和结构的完整与改善。它和人员晋升计划相联系。③人员晋升计划。它是指企业根据企业目标、人员需要和内部人员分布状况而制定的员工职务提升方案。其最直接的作用是激励员工，内容一般包括晋升条件、晋升比率、晋升时间等指标。

93．答案：BCDE

解析：人力资源预测的主要内容包括：①企业人力资源需求预测。它是指从企业经济发展的长远利益出发，对企业所需要的人力资源数量和质量进行的科学分析和预测。人力资源的数量和结构总是随着社会经济活动总量与结构的变化而变化。②企业人力资源存量与增量预测。它是指对企业现在和未来拥有的不同层次的人力资源的数量的推测与判断。③企业人力资源结构预测。社会总的人力资源结构和经济结构发生变化会引起企业人力资源结构的变化，进行人力资源结构预测，可保证企业在任何情况下都具有人力资源结构的最佳组合。④企业特种人力资源预测。特种人力资源往往与现代高科技发展紧密相连，在产业结构调整、新兴行业发展、支柱产业形成、提高科技含量和竞争力方面起着决定性的作用。

94．答案：BCDE

解析：人力资源预测的局限性包括：①环境可能与预期的情况不同。对策是制订应急计划。②企业内部的抵制。对策是平衡新规划与旧方法之间的冲突。③预测的代价高昂。人力资源的收益很难评估，因为人力资源的潜在收益容易被低估。④知识水平的限制。如企业中没有能做预测的人才，没有能做出正确判断的领导者，引入人力资源预测则可能毫无裨益。

95. 答案:ABCE

解析:影响企业专业技术人员需求的参数有:企业战略、组织结构、销售收入、产值总量、总资产、总成本、追加投资、人工成本、出勤率、生产技术水平、新项目投资、科研项目、科研经费、科研成果、研究成果获奖、科技成果转让。

2013年11月

单选

32. 答案:C

解析:静态的组织设计理论主要研究组织的体制(权、责结构)、机构(部门划分的形式和结构)和规章(管理行为规范)。动态的组织设计理论是在静态的组织设计理论基础上,加进了人的因素及组织结构设计和组织在运行过程中的各种问题(协调、信息控制、绩效管理、激励制度、人员配备及培训等)。在动态组织设计理论中,静态组织设计理论所研究的内容仍然占有主导的地位,依然是组织设计的核心内容。

33. 答案:D

解析:多维立体组织又称多维组织、立体组织或多维立体矩阵制等,它是矩阵组织的进一步发展,它把矩阵组织结构形式与事业部制组织结构形式有机地结合在一起,形成了一种全新的管理组织结构模式。

34. 答案:B

解析:企业各个管理和业务部门的组合方式有以下三种:①以工作和任务为中心的部门组合方式。包括直线制、直线职能制、矩阵制(任务小组)等。②以成果为中心的部门组合方式。包括事业部制、超事业部制、模拟分权制等。③以关系为中心的部门组合方式。包括多维立体组织模式、流程型和网络型组织结构等。

35. 答案:B

解析:组织结构分析是指明确现行组织结构存在的问题和缺陷,并为提出改进方案打下基础。组织结构分析主要有三个方面的内容:①内外环境变化引起的企业经营战略和目标的改变:需要增加哪些新的职能?哪些原有职能需要加强?哪些陈旧职能可以取消或合并?②哪些是决定企业经营的关键性职能?明确后应将其置于组织结构的中心地位。③分析各种职能的性质及类别(成果性职能的位置应置于非成果性职能之上)。

36. 答案:B

解析:企业结构整合的过程包括:①拟定目标阶段。组织设计人员预先制定出组织的目标,以使结构分化有所遵循。它是整分合中的"整"的阶段。②规划阶段。由于组织结构分化已经出现了某些消极现象,需要通过组织规划和多余资源运用来达到整合的目的。③互动阶段。为执行规划的阶段。④控制阶段。当组织运行过程中出现某些人不合作的倾向时,需进行有效的控制,以保证目标和规划的最终实现。

37. 答案：A

解析：计划期内员工的补充需要量＝计划期人员总需要量－报告期期末人员总数＋计划期内自然减员员工总数。企业各部门对员工的补充需要量主要包括两个部分：一是由于企业各部门实际发展的需要而必须增加的人员；二是原有的员工中，由于年老退休、退职、离休的原因发生"自然减员"而需要补充的那一部分人员。

38. 答案：A

解析：人力资源预测的作用主要表现在以下两个方面：

(1) 对组织方面的贡献：①满足组织在生存发展过程中对人力资源的需求；②提高组织的竞争力；③人力资源预测是人力资源部门与其他直线部门进行良好沟通的基础。

(2) 对人力资源管理的贡献：①人力资源预测是实施人力资源管理的重要依据；②有助于调动员工的积极性。人力资源预测能引导员工进行职业生涯设计和职业生涯发展，对调动员工的积极性有很大帮助。

人力资源预测的局限性在于：

(1) 环境可能与预期的情况不同，需要制订应急计划来应对。

(2) 企业内部的抵制，需要平衡新规划与旧方法之间的冲突。

(3) 预测的代价高昂。

(4) 知识水平的限制。人力资源预测与规划都是相当复杂的工作。它要求预测者具有高度的想象力、分析能力、独创性。如企业中没有能做预测的人才，没有能做出正确判断的领导者，引入人力资源预测则可能毫无裨益。

39. 答案：C

解析：①转换比率法：目的是将企业的业务量转换为对人力的需求，这是一种适合短期需求预测的方法。②人员比率法：首先应计算出企业历史上关键业务指标（例如：技术人员与管理人员）的比例，然后根据可预见变量计算出所需的各类人员数量。③趋势外推法（单个变量－时间，本质上是经济计量模型法）：又称时间序列法，其实质是根据人力资源历史的和现有的资料随时间变化的趋势具有连续性的原理，运用数学工具对该序列加以引申，即把过去延伸到将来，从而达到预测目的。④回归分析法（不考虑多个自变量间的相互影响，本质上也是经济计量模型法）：依据事物发展变化的因果关系来预测事物未来的发展趋势，它是研究变量间相互关系的一种定量预测方法，又称回归模型预测法或因果法，应用于经济预测、科技预测和企业人力资源预测等。

40. 答案：D

解析：趋势外推法、回归分析法和灰色预测模型法本质上都是经济计量模型法。

不同的是，趋势外推法最简单，其自变量只有一个，即时间变量。

回归分析法也比较简单，不考虑不同自变量之间的相互影响。

而经济计量模型法则综合考虑多种因素，且考虑各因素之间的相互作用。所以，对数据的完整性有很高的要求，一般只在管理基础比较好的大公司才采用。

灰色预测模型能对既含有已知信息又含有未知或非确定信息的系统进行预测。在实际工作中很难收集到完整的数据,所以灰色预测模型法受到越来越多的人的青睐。

多选

90. 答案:ABD

解析:组织关系分析包括:①某个单位应同哪些单位和个人发生联系;②要求别人给予何种配合和服务;③它应对别的单位提供什么协作和服务。

91. 答案:AD

解析:结构整合的目的主要在于解决结构分化时出现的分散倾向和实现相互间协调的要求。因为经过结构分化,使各部门、各层次、各岗位、各职位的职责明确,必然会产生各自不同的要求。在这种情况下,就会出现某种程度的矛盾及相互间的重复交叉和冲突;组织成员间还会出现离散现象。这就需要通过有效的综合或整合,使企业组织上下畅通、左右协调。

92. 答案:ABC

解析:人员晋升计划是企业根据企业目标、人员需要和内部人员分布状况制定的员工职务提升方案。晋升计划的内容一般由晋升条件、晋升比率、晋升时间等指标组成。

93. 答案:ABE

解析:人员晋升计划是企业根据企业目标、人员需要和内部人员分布状况制定的员工职务提升方案。其最直接的作用是激励员工,内容包括晋升条件、晋升比率、晋升时间等指标。

94. 答案:ACD

解析:趋势外推法、回归分析法和灰色预测模型法本质上都是经济计量模型法。

不同的是,趋势外推法最简单,其自变量只有一个,即时间变量。

回归分析法也比较简单,不考虑不同自变量之间的相互影响。

而经济计量模型法则综合考虑多种因素,且考虑各因素之间的相互作用。所以,对数据的完整性有很高的要求,一般只在管理基础比较好的大公司才采用。

灰色预测模型法能对既含有已知信息又含有未知或非确定信息的系统进行预测。由于在实际工作中很难收集到完整的数据,所以灰色预测模型法受到越来越多的人的青睐。

马尔可夫分析法的主要思路是通过观察历年企业内部人数的变化,找出组织过去人事变动的规律,由此推断未来的人事变动趋势和状态,既可以预测企业的人力资源需求,也可以预测企业内部的人员供给情况。它实际上是一种转移概率矩阵,使用统计技术预测未来的人力资源变化。

95. 答案:BCD

解析:预测企业内部人力资源供给量必须考虑以下因素:企业内部人员的自然流失(伤残、退休、死亡等)、内部流动(晋升、降职、平调等)、跳槽(辞职、解聘)等。

2013年5月

单选

32. 答案:B

解析:组织设计的基本原则包括:①任务与目标原则。这是一条最基本的原则。组织设计的根本目的是为实现企业的战略任务和经营目标服务的。②专业分工与协作原则。为了贯彻这一原则,在组织设计中要十分重视横向协调问题。③有效管理幅度原则。有效管理幅度也是决定管理层次的一个基本因素。④集权与分权相结合原则。它受规模大小、生产技术特点、专业工作性质、管理水平、人员素质等因素的影响。⑤稳定性和适应性相结合原则。

33. 答案:B

解析:为了贯彻专业分工与协作原则,在组织设计中要十分重视横向协调问题。主要的措施有:①实行系统管理,把职能性质相近或工作关系密切的部门归类,成立各个管理子系统,分别由各副总经理(副厂长、部长等)负责管辖;②设立一些必要的委员会及会议来实现协调;③创造协调的环境,提高管理人员的全局观念,增强相互间的共同语言。

34. 答案:A

解析:企业各个管理和业务部门的组合方式有以下三种:①以工作和任务为中心的部门组合方式。包括直线制、直线职能制、矩阵制(任务小组)等。②以成果为中心的部门组合方式。包括事业部制、超事业部制、模拟分权制等。③以关系为中心的部门组合方式。包括多维立体组织模式、流程型和网络型组织结构等。

35. 答案:C

解析:组织结构整合是企业最常用的组织结构变革方式,是一种计划式变革。

36. 答案:C

解析:SWOT分析法中,S代表优势(Strength),W代表劣势(Weakness),O代表机会(Opportunity),T代表威胁(Threat)。其中优、劣势分析主要着眼于企业自身的实力及其与竞争对手的比较,而机会和威胁分析则将注意力放在外部环境的变化及其对企业的可能影响上。

37. 答案:C

解析:人力资源需求预测实际上是预测学的一部分,它遵循预测学的原理。在预测学中,一般应用以下原理:惯性原理、相关性原理和相似性原理。

38. 答案:A

解析:人力资源需求预测的方法一共有十三种,其中描述法、经验预测法和德尔菲法三种是定性的方法,其他十种均是定量的方法。

39. 答案:D

解析:定员定额分析法包括劳动定额分析法、设备看管定额定员法、效率定员法和比例定员法。

40. 答案:C

解析:企业人力资源供求有三种情况:①人力资源供求平衡;②人力资源供大于求,结果导致组织内部人浮于事,内耗严重,生产或工作效率低下;③人力资源供小于求,企业设备闲置,固定资产利用率低,也是一种浪费。

多选

90. 答案:ABC

解析:组织结构是组织内部分工协作的基本形式或框架。组织结构设计是以企业组织结构为核心的组织系统的整体设计工作。它是企业总体设计的重要组成部分,也是企业管理的基本前提。组织设计虽然是一项操作性强的工作,但它是在企业组织理论指导下进行的。

91. 答案:ABE

解析:企业各个管理和业务部门的组合方式有以下三种:①以工作和任务为中心的部门组合方式。包括直线制、直线职能制、矩阵制(任务小组)等。②以成果为中心的部门组合方式。包括事业部制、超事业部制、模拟分权制等。③以关系为中心的部门组合方式。包括多维立体组织模式、流程型和网络型组织结构等。

92. 答案:BCE

解析:广义的人力资源规划泛指各种类型的人力资源规划。狭义的人力资源规划特指企业人员规划。按照年度编制的计划主要有:①人员配备计划。它是指企业按照内外环境的变化,采取不同的人员管理措施,以实现企业内部人员的最佳配置。管理措施主要是企业内部合理流动、岗位再设计。②人员补充计划。它是指企业根据组织运行的实际情况,对企业在中、长期内可能产生的空缺职位加以弥补的计划,旨在促进人力资源数量、质量和结构的完整与改善。它和人员晋升计划相联系。③人员晋升计划。它是指企业根据企业目标、人员需要和内部人员分布状况而制定的员工职务提升方案。其最直接的作用是激励员工,内容一般包括晋升条件、晋升比率、晋升时间等指标。

93. 答案:ACE

解析:企业各类人员计划的编制包括对风险进行评估并提出对策。风险分析与策略制定就是通过风险识别、估计、监控等一系列的活动来防范风险的发生。

94. 答案:BCDE

解析:人力资源预测的局限性在于:①环境可能与预期的情况不同,需要制订应急计划来应对。②企业内部的抵制,需要平衡新规划与旧方法之间的冲突。③预测的代价高昂。④知识水平的限制。

95. 答案:BCDE

解析:采用劳动效率定员法进行企业专门技能人员预测时,预测某一工种岗位人员的需求人数,通常利用公式预测出劳动定额完成率、实作工时总数、工时利用率、出勤率、作业率和需求人数等指标数值。

2012年11月

单选

32. 答案：B

解析：组织理论又被称为广义的组织理论或大组织理论，包括组织运行的全部问题，如组织运行的环境、目标、结构、技术、规模、权利、沟通等，都属于其研究对象。组织理论与组织设计理论在外延上是不等的，从逻辑上说，组织理论应该包括组织设计理论。组织设计理论是狭义的组织理论或小组织理论，主要研究企业组织结构的设计，而把环境、战略、技术、规模、人员等问题作为组织结构设计中的影响因素来加以研究。

组织设计理论又被分为静态的组织设计理论和动态的组织设计理论。现代组织设计理论无疑属于动态的组织设计理论。但在动态组织设计理论中，静态组织设计理论所研究的内容仍然占有主导的地位，依然是组织设计的核心内容。

34. 答案：C

解析：组织关系分析包括：①某个单位应同哪些单位和个人发生联系；②要求别人给予何种配合和服务；③它应对别的单位提供什么协作和服务。

36. 答案：D

解析：人员培训开发计划是企业通过对员工进行有计划的培训，引导员工的技能发展与企业的发展目标相适应的策略方案。其具体内容包括受训人员的数量、培训的目标、培训的方式方法、培训的内容、培训费用的预算等。

37. 答案：C

解析：人力资源预测是人员规划的一部分，是人员规划中定量分析最多的部分。

企业人力资源存量和增量预测是对企业现在和未来拥有的不同层次的人力资源的数量的推测与判断。企业人力资源存量主要是指企业人力资源的自然消耗（如自然减员）和自然流动（如专业转移、变动而引起的人力资源变动）；企业人力资源增量主要是指随着企业规模扩大、行业调整等发展变化带来的人力资源上的新的需求。

38. 答案：C

解析：对现实人力资源存量、未来的人员流失状况和未来的人力资源需求总量进行综合平衡和测算，得出未来预测期内企业整体的人力资源净需求总量。

39. 答案：A

解析：人员规划是指使企业稳定地拥有一定质量和必要数量的人力资源，以实现包括个人利益在内的该组织目标而拟定的一套措施，从而求得人员需求量和人员拥有量之间在企业未来发展过程中的相互匹配，包括三方面内容：①从组织的目标与任务出发，要求企业人力资源的质量、数量和结构符合其特定的生产资料和生产技术条件的要求；②在实现组织目标的同时，也要满足个人的利益；③保证人力资源与未来组织发展各阶段的动态适应。

人力资源预测是人员规划的一部分，是人员规划中定量分析最多的部分。

40．答案：D

解析：德尔菲法又称专家评估法，一般采用问卷调查的方式，听取专家对企业未来人力资源需求量的分析评估，并通过多次重复，最终达成一致意见。它是一种定性预测的方法。这种方法既可用于企业整体人力资源需求量的预测，也可用来预测部门人力资源需求。它也适用于对人力资源需求的长期趋势预测。

多选

91．答案：ABCE

解析：为了保证规划的正确性、科学性和有效性，应遵循以下原则：①确保人力资源需求。人力资源的供给保障问题是人员规划中应解决的核心问题。②与内外环境相适应。③与战略目标相适应。制定人员规划的首要前提是服从企业整体发展战略。④保持适度流动性。流动性过低，不利于发挥员工的积极性和创造性；流动性过高，造成人力资本的损耗，使企业生产经营成本增加。

92．答案：ABE

解析：企业人员供给计划包括人员招聘计划、人员晋升计划、人员内部调动计划。

93．答案：AE

解析：经济环境方面的各种变化在宏观上改变着企业员工队伍的数量、质量和结构，它对企业人力资源需求影响较大。主要体现在：①经济形势。当经济处于萧条期时，人力资源获得成本和人工成本较低，但是企业受到经济形势的影响，对人力资源的需求量减少；当经济处于繁荣期时，劳动力成本较高，但是企业处于扩张时期，对人力资源的需求量会增加。②劳动力市场的供求关系。劳动力市场上的各种人才的供求关系对企业获得各种人才的成本、难易程度都有较大的影响。

94．答案：ACDE

解析：影响人力资源需求预测的一般因素包括：①顾客需求的变化（市场需求）；②生产需求（企业总产值）；③劳动力成本趋势（工资状况）；④劳动生产率的变化趋势；⑤追加培训的需求；⑥每个工种员工的移动情况；⑦员工出勤率；⑧政府方针政策的影响（间接影响）；⑨工作时间的变化；⑩退休年龄的变化；⑪社会安全福利保障。

95．答案：ABCDE

解析：企业外部人力资源供给的主要渠道有：大中专院校应届毕业生、复员转业军人、失业人员和流动人员、其他组织在职人员。

2012年5月

单选

32．答案：C

解析：静态的组织设计理论主要研究组织的体制（权责结构）、机构（部门划分的形式和结构)和规章(管理行为规范)。

33. 答案:D

解析:专业成本中心是按职能(如市场研究、生产、调查、财务、人事、质量控制等)划分的专业参谋机构,它是多维立体组织结构中一类主要的管理组织机构系统。

34. 答案:C

解析:分公司和总公司模式较多地出现于由横向合并而形成的企业中,合并后各分公司保持了较大的独立性。

35. 答案:B

解析:企业组织结构整合是企业最常用的组织结构变革方式,是一种计划式变革。

36. 答案:D

解析:人员晋升计划是企业根据企业目标、人员需要和内部人员分布状况而制定的员工职务提升方案。它最直接的作用是激励员工,内容包括晋升条件、晋升比率、晋升时间等。

37. 答案:A

解析:影响企业人力资源活动的法律因素有:政府有关的劳动就业制度、工时制度、最低工资标准、职业卫生、劳动保护、安全生产、户籍制度、住房制度、社会保障制度等。

38. 答案:A

解析:竞争五要素分析模型是美国人迈克尔·波特在1980年出版的《竞争战略:分析行业和竞争对手的方法》一书中提出的一种分析模型。

39. 答案:B

解析:人力资源需求预测的方法一共有十三种,其中描述法、经验预测法和德尔菲法是定性的方法,其余十种均是定量的方法。

40. 答案:B

解析:德尔菲法既可用于企业整体的人力资源需求量的预测,也可用来预测部门人力资源需求,它的目标是通过综合专家们各自的意见来预测某一领域的发展状况,它适用于对人力需求的长期趋势预测。

转换比率法假定组织的劳动生产率是不变的,目的是将企业的业务量转换为对人员的需求,这是一种适用于短期需求预测的方法。这种方法存在两个缺陷:一是需要对数据进行精确的估计;二是只考虑了员工需求的总量,没有说明其中不同类别员工需求的差异。

多选

91. 答案:ABCE

解析:组织发展战略、行业所属阶段、组织结构这三者的对应关系如下:

组织发展战略	行业所属阶段	组织结构
增大数量战略	行业发展阶段	简单组织结构
扩大地区战略	行业进一步发展	职能部门结构
纵向整合战略	行业增长阶段后期	事业部制结构
多种经营战略	行业进入成熟期	矩阵结构/经营单位结构

92．答案：BDE

解析：为实现企业目标，在分析决策应当放在哪个层次或部门时，要考虑的因素有：①决策影响的时间；②决策对各职能的影响面；③决策者所需具备的能力；④决策的性质。

93．答案：ABCD

解析：核算计划期内各部门人员的需求量应根据各部门的特点，按照各类人员的工作性质，分别采用不同的方法。比如，企业生产部门是根据生产任务总量和劳动生产率、计划劳动定额以及有关定员标准来确定人员需求量的。

94．答案：ABC

解析：依据指标也就是影响预测的变量因素，这些因素主导着企业的活动，决定着人才的需求，是对预测进行定量分析的关键因素。它包括以下几个部分：

1．生产技术水平	投入量、产出量、完成的项目、交易
2．员工总数	学历、专业、职称
3．产量、产值、销售额、利润	
4．新项目投资	设备、设施、技术
5．科研工作量化	科研项目、科研经费、科研成果、研究成果获奖、科技成果转让
6．企业的管理水平	
7．企业的组织机构	
8．所从事工作如设计产品、设计工艺的种类及复杂程度	
9．劳动者素质	知识水平、创新能力、心理素质、生理素质、劳动能力、工作态度等

95．答案：BCD

解析：影响企业外部劳动力供给的地域性因素包括企业所在地的人力资源调整现状、所在地对人才的吸引程度、企业薪酬福利对所在地人才的吸引程度、企业本身对人才的吸引程度。企业外部劳动力供给的影响因素还包括全国性因素，如全国相关专业大学生毕业人数与分配情况、该行业全国范围内的人才供需状况、全国范围从业人员的薪酬水平和差异等。

2011年11月

单选

32. 答案：C

解析：组织理论是广义的组织理论或大组织理论，它包括组织运行的全部问题。组织设计理论是狭义的组织理论或小组织理论，它主要研究企业组织结构的设计，而把环境、战略、技术、规模、人员等问题作为组织结构设计中的影响因素来加以研究。

组织设计理论又被分为静态的组织设计理论和动态的组织设计理论。在动态组织设计理论中，静态组织设计理论所研究的内容仍然占有主导地位，依然是组织设计的核心内容。

33. 答案：D

解析：多维立体组织结构形成了三类主要的管理组织机构系统：①产品利润中心。按产品划分的事业部。②专业成本中心。按职能划分的专业参谋机构。③地区利润中心。按地区划分的管理机构。

35. 答案：C

解析：分析组织结构设计的影响因素，选择最佳的组织结构模式。组织结构设计的影响因素包括：①企业环境。企业面临的环境特点，对组织结构中职权的划分和组织结构的稳定性有较大的影响。②企业规模。组织结构的规模和复杂性是随着企业规模的扩大而相应增长的。③战略目标。企业战略目标与组织结构之间是作用与反作用的关系；企业在进行组织结构设计与调整时，只有对本企业的战略目标及其特点进行深入的了解和分析，才能正确选择企业组织结构的类型和特征。④信息沟通。信息沟通贯穿于管理活动的全过程，组织结构功能的大小在很大程度上取决于它能否获得信息、能否获得足够的信息以及能否及时地利用信息。

36. 答案：A

解析：企业组织结构整合是企业最常见的组织结构变革方式，是一种计划式变革。按照整分合原理，在总体目标指导下进行结构分化，明确各部门、各层次、各岗位的职能，这只是组织设计中的第一步；企业组织结构整合便是组织设计中的第二步工作。结构整合主要解决结构分化时出现的分散倾向和实现相互间的协调。

37. 答案：D

解析：人力资源规划有广义和狭义之分。狭义的人力资源规划特指企业人员规划。从时限上看，人力资源规划还可以区分为中长期计划以及按照年度编制的短期计划，一般来说，五年以上的可以称为规划。

狭义的人力资源规划包括：①人员配备计划。它是指企业按照内外环境的变化，采取不同的人员管理措施，以实现企业内部人员的最佳配置，如企业内部合理流动、岗位再设计。②人员补充计划。它是指企业根据组织运行的实际情况，对企业在中、长期内可能产生的空缺职位加以弥补，旨在促进人力资源数量、质量和结构的完整与改善，它和人员晋升计划相联系。③人员晋升计划。它是指企业根据企业目标、人员需要和内部人员分布状况而制定的员工职务提升方案,其最直接的作用是激励员工,内容包括晋升条件、晋升比率、晋升时间等。

38. 答案:B

解析:企业人员供给计划包括招聘计划、人员晋升计划和人员内部调动计划。

39. 答案:A

解析:人力资源预测是人员规划的一部分,是人员规划中定量分析方法用得最多的部分。

企业人力资源规划的作用是:

(1) 满足企业总体战略发展的要求。新产品、新技术的开发和运用造成企业机器设备与人员配置比例的变化,这就需要企业对其所有的人力资源进行不断的调整。

(2) 促进企业人力资源管理的开展。人员规划是企业开展具体的人力资源管理工作的依据,它为企业组织的招聘、录用、晋升、培训、人员调整以及人工成本的控制等人力资源管理活动提供准确的信息和依据,使企业人力资源管理工作更加有序、科学、准确、客观。

(3) 协调人力资源管理的各项计划。人员规划作为企业的战略性决策,是企业制定各种人事决策的依据和基础。企业通过人员规划可以将人员招聘计划、员工培训开发计划、薪酬福利计划和激励计划等有机地联系在一起。

(4) 提高企业人力资源的利用效率。人员规划还可以控制企业的人员结构,从而避免企业发展过程中因人力资源浪费而造成人工成本过高,也可以保证企业利用结构科学合理的、稳定的员工队伍去实现企业的生产经营目标。

(5) 使组织发展目标和个人发展目标相一致。以人为本的管理思想在企业管理中的地位越来越重要。人本管理理论要求企业在管理中既要注重生产经营效益,又要兼顾员工个人的利益、员工的发展。在人员规划的前提下,员工对自己在企业中的努力方向和发展方向是明确的,从而在工作中表现出较强的积极性和创造性。

40. 答案:A

解析:人力资源需求预测的方法一共有十三种,其中描述法、经验预测法和德尔菲法是定性的方法,其余十种均是定量的方法。

经验预测法可以采用"自下而上"和"自上而下"两种方式。

描述法不适用于长期预测,这是因为时间跨度长,对环境变化的各种不确定因素就更难以进行描述和假设。

德尔菲法既可用于企业整体的人力资源需求量的预测,也可用来预测部门的人力资源需求,它的目标是通过综合专家们各自的意见来预测某一领域的发展状况,适用于对人力资源需求的长期趋势预测。

多选

90. 答案:ABCE

解析:进行组织结构分析时要分析各种职能的性质及类别,包括:①产生成果的职能,如产品制造、销售和开发;②支援性职能,如质量和财务监督;③附属性业务,如医务卫生;④高层领导工作。

91. 答案:ABCE

解析:为了保证人力资源规划的正确性、科学性和有效性,应遵循以下原则:①确保人力资源需求。人力资源的供给保障问题是人员规划中应解决的核心问题。②与内外环境相适应。③与战略目标相适应,制定人员规划的首要前提是服从企业整体发展战略。④保持适度的流动性。流动性过低,不利于发挥员工的积极性和创造性;流动性过高,造成人力资本的损耗,使企业生产经营成本增加。

92. 答案:ABCDE

解析:特种人力资源往往与现代高科技发展紧密相连,在产业结构调整、新兴行业发展、支柱产业形成、提高科技含量和竞争力方面起着决定性的作用。

93. 答案:ABCD

解析:核算计划期内各部门人员的需求量应根据各部门的特点,按照各类人员的工作性质,分别采用不同的方法。比如,企业生产部门是根据生产任务总量和劳动生产率、计划劳动定额以及有关定员标准来确定人员的需求量。

94. 答案:ABC

解析:人力资源需求预测实际上是预测学的一部分,它遵循预测学的原理。在预测学中,一般运用以下原理:①惯性原理。$A-\longrightarrow A+$。②相关性原理。A、B、C 相关,$A=f(B,C)$,$B+$、$C+\longrightarrow A+$。③相似性原理。$At=\beta \cdot Bt$,其中 β 是修正系数。

95. 答案:ABCDE

解析:企业外部人力资源供给的主要渠道有:大中专院校应届毕业生、复员转业军人、失业人员和流动人员、其他组织在职人员。

2011年5月

单选

32. 答案:D

解析:组织设计是在组织设计理论的指导下进行的,组织设计理论是企业组织理论的一部分。组织理论又被称为广义的组织理论或大组织理论,它包括了组织运行的全部问题,如组织运行的环境、目标、结构、技术、规模、权利、沟通等,都属于其研究对象。组织设计理论则被称为狭义的组织理论或小组织理论,它主要研究企业组织结构的设计,而把环境、战略、技术、规模、人员等问题作为组织结构设计中的影响因素来加以研究。组织理论与组织设计理论在外延上是不同的,从逻辑上说,组织理论应该包括组织设计理论。

33. 答案:B

解析:为贯彻专业分工和协作这一原则,在组织设计中要十分重视横向协调问题。主要措施有:①实施系统管理,把职能性质相近或联系密切的部门归类,成立各个管理子系统,分别由各副总经理(副厂长、部长等)负责管辖;②设立一些必要的委员会及会议来实现协调;③创造协调的环境,提高管理人员的全局观念,增加相互间的共同语言。

34. 答案:D

解析:组织结构变革的方式分为三种:①改良式变革。即日常的小改小革,修修补补。这是企业常用的方式,符合企业实际需要,局部变革,阻力较小,如局部改变某个科室的职能,新设一个职位等。②爆破式改革。即短期内完成组织结构的重大的甚至根本性的变革,如两家企业合并,职能制结构改为事业部制结构。③计划式改革。即对改革方案进行系统研究,制订全面计划,然后有计划、分阶段地实施,如企业组织结构的整合。

35. 答案:C

解析:为实现企业目标,在分析决策权应当放在哪个层次或部门时,要考虑的因素有:①决策影响的时间;②决策对各职能的影响面;③决策者所需具备的能力;④决策的性质。

36. 答案:A

解析:人口环境因素主要包括社会或本地区的人口规模,劳动力队伍的数量、结构和质量等特征。

37. 答案:C

解析:在预测学中,一般应用以下原理:①惯性原理;②相关性原理;③相似性原理。

38. 答案:D

解析:①经验预测法:利用现有的情报和资料,根据有关人员的经验,结合公司的人员需求加以预测。②描述法:人力资源计划人员可以通过对本企业组织在未来某一时期的有关因素的变化进行描述和假设。③德尔菲法:又称专家评估法,一般采用问卷调查的方式,听取专家尤其是人事专家对企业未来人力资源需求量的分析评估,并通过多次重复,最终达成一致意见。④转换比率法:目的是将企业的业务量转换为对人员的需求,这是一种适用于短期需求预测的方法。

39. 答案:B

解析:①马尔可夫分析法:通过观察历年企业内部人数的变化,找出组织过去人事变动的规律,由此推断未来的人事变动趋势和状态,既可以预测企业的人力资源需求,也可以预测企业内部的人员供给情况。马尔可夫分析法实际上是一种转移概率矩阵法。②趋势外推法和回归分析法、灰色预测模型法本质上都是经济计量模型法。③灰色预测模型法能对既含有已知信息又含有未知或者非确定信息的系统进行预测。

40. 答案:A

解析:①回归分析法:依据事物发展变化的因果关系来预测事物未来的发展趋势,它是研究变量间相互关系的一种定量预测方法。②趋势外推法:又称时间序列法,其实质是根据人力资源历史的和现有的资料随时间变化的趋势具有连续性的原理,运用数学工具对该序列加以引申,即是从过去延伸来的。③人员比率法:首先应计算出企业历史上关键业务指标(如技术人员与管理人员)的比例,然后根据可预见变量计算出所需的各类人员。④经济计量模型法:先将公司的员工需求量与影响需求量的主要因素之间的关系用数学模型的形式表现出来,依此模型及主要因素变量来预测公司的员工需求。

多选

90. 答案:ABE

解析:有效管理幅度不是一个固定值,它受职务的性质、人员的素质、职能机构健全与否等条件的影响。

92. 答案:ACD

解析:狭义的人力资源规划,按照年度编制的计划主要有:①人员配备计划。它是指企业按照内外部环境的变化,采取不同的人员管理措施(如使员工在企业内部合理流动、对岗位进行再设计等),以实现企业内部人员的最佳配置。②人员补充计划。它是指企业根据组织运行的实际情况,对企业中、长期内可能产生的空缺职位加以弥补的计划,旨在促进人力资源数量、质量和结构的完整与改善。③人员晋升计划。它是指企业根据企业目标、人员需要和内部人员分布状况制定的员工职务提升方案,晋升计划的内容一般由晋升条件、晋升比率、晋升时间等指标组成。

93. 答案:ABC

解析:在实际工作中,应列入预算范围的人工费用很多,常见的有招聘费用、调配费用、奖励费用,以及其他非员工直接待遇但是与人力资源开发利用有关的费用。

94. 答案:ABCE

解析:(1)人力资源需求预测是估算组织未来需要的员工数量和能力的组合。它是公司编制人力资源规划的核心和前提,其直接依据是公司发展规划和年度预测。预测的基本原理是根据过去(经验或经验模型)推测未来。预测结果不是绝对的,可根据需要进行调整,并在调整中积累经验,提高准确性。此外,在人力资源需求预测中还需要注意需求和净需求的区别。需求通常指的是毛需求,即企业总的用人数量;净需求是指需求与企业供给的差,是企业需要招聘和配置的人数。

(2)人力资源供给预测是指企业根据既定的目标对未来一段时间内企业内部和外部各类人力资源补充来源情况的分析预测。人力资源供给预测需要研究组织内部的人力资源供给与组织外部的人力资源供给两个方面的因素。

95. 答案:ABCD

解析:解决企业人力资源过剩的常用办法有:①永久性辞退某些劳动态度差、技术水平低、劳动纪律观念差的员工;②合并和关闭某些臃肿的机构;③鼓励提前退休和内退;④提高员工整体素质;⑤加强培训工作,使企业员工掌握多种技能,增强他们的竞争力,鼓励部分员工自谋职业;⑥减少员工的工作时间,随之降低工资水平,这是西方企业在经济萧条时经常采用的一种解决企业临时性人力资源过剩的有效方法;⑦多个员工分担以前只需一个或少数几个人就可以完成的工作和任务,企业按照工作任务完成量来计发工资。

2010年11月

单选

32. 答案:A

解析:组织设计理论又被分为静态的组织设计理论和动态的组织设计理论。静态的组织设计理论主要研究组织的体制(权、责结构)、机构(部门划分的形式和结构)和规章(管理行为规范);而动态的组织设计理论除了包含上述基本内容之外,还加进了人的因素,加进了组织结构设计和组织在运行过程中的各种问题,诸如协调、信息控制、绩效管理、激励制度、人员配备及培训等。在动态组织设计理论中,静态组织设计理论所研究的内容仍然占有主导地位。

33. 答案:C

解析:多维立体组织结构又称多维组织、立体组织或多维立体矩阵制等,它是矩阵组织的进一步发展,它把矩阵组织结构与事业部组织结构有机地结合在一起。多维立体组织结构考虑了产品、地区与职能参谋机构,形成了三类主要的管理组织机构系统:①按产品划分的事业部,即产品利润中心;②按职能(如市场研究、生产、调查、财务、人事、质量、控制等)划分的专业参谋机构,即专业成本中心;③按地区划分的管理机构,即地区利润中心。

34. 答案:C

解析:企业发展到一定阶段,其规模、产品和市场都发生了变化,这时企业应采用适合的组织发展战略,对组织结构做出相应的调整。主要战略有:①扩大数量战略。在行业处于发展阶段时,只需采用简单的结构或形式。②扩大地区战略。随着行业进一步发展,要求企业将产品或服务扩展到其他地区。为了协调这些产品和服务,对其进行标准化和专业化,企业组织需要建立职能部门结构。③纵向整合战略。在行业增长阶段后期,竞争更加激烈,为了减少竞争的压力,企业会采取纵向整合战略。此时,组织应选择事业部制结构。④多种经营战略。在行业进入成熟期时,企业往往选择多种经营战略,这时企业应根据规模和市场的具体情况,分别采用矩阵结构或经营单位结构。

35. 答案:C

解析:组织结构整合是企业最常用的组织结构变革方式,是一种计划式变革。

36. 答案:D

解析:企业组织结构整合的过程包括:①拟定目标阶段。组织设计人员预先制定出组织的目标,以使结构分化有依据,它是整分合中的"整"的阶段。②规划阶段。由于组织结构分化已经出现了某些消极现象,需要通过组织规划和多余资源运用来达到整合的目的。③互动阶段。它是指执行规划的阶段。④控制阶段。当组织运行过程中出现某些人不合作的倾向时,进行有效的控制,以保证目标和规划的最终实现。

37. 答案:A

解析:人员晋升计划是企业根据企业目标、人员需要和内部人员分布状况制定的员工职务提升方案。晋升计划的内容一般由晋升条件、晋升比率、晋升时间等指标组成。

38. 答案:A

解析:人力资源需求预测是估算组织未来需要的员工数量和能力的组合。它是公司编制人力资源规划的核心和前提,其直接依据是公司发展规划和年度预测。

39. 答案:D

解析:定员定额分析法包括四种方法:①劳动定额分析法;②设备看管定额定员法;③效率定员法;④比例定员法。

40. 答案:D

解析:人力资源内部供给预测的方法有三种。

(1) 人力资源信息库:①技能清单。针对一般员工的特点,根据企业管理的需要,集中收集每个员工的岗位适合度、技术等级和潜力等方面信息,为人事决策提供可靠消息。②管理才能清单。反映管理者的管理才能(即管理业绩),为管理人员的流动决策提供有效信息。

(2) 管理人员接替模型:最简单而有效的方法。

(3) 马尔可夫模型:为分析组织人员流动的典型矩阵模型,其基本思想是通过发现组织人事变动的规律,推测组织在未来的人员供给情况。

多选

91. 答案:ABE

解析:企业各个管理和业务部门的组合方式有以下三种:①以工作和任务为中心的部门组合方式。包括直线制、直线职能制、矩阵制(任务小组)等。②以成果为中心的部门组合方式。包括事业部制、超事业部制、模拟分权制等。③以关系为中心的部门组合方式。包括多维立体组织模式、流程型和网络型组织结构等。

92. 答案:BCDE

解析:人力资源规划的外部环境包括:①经济环境。经济环境方面的各种变化在宏观上改变着企业员工队伍的数量、质量和结构,它对企业人力资源需求影响较大。②人口环境。人口环境因素主要包括社会或本地区的人口规模,劳动力队伍的数量、结构和质量等特征。③科技环境。科学技术对企业人员规划的影响是全方位的。④文化、法律等社会因素。社会文化反映社会民众的基本信念、价值观,对人力资源管理有间接的影响。影响人力资源活动的法律因素有:政府有关的劳动就业制度、工时制度、最低工资标准、职业卫生、劳动保护、安全生产等规定,以及户籍制度、住房制度、社会保障制度等。这些制度、政策、规定会影响到人力资源管理工作的全过程,当然也会影响到企业的人员规划。

93. 答案:ACDE

解析:在制定狭义的企业人力资源规划即企业各类人员规划时,为了保证规划的正确性、科学性和有效性,应遵循以下原则:①确保人力资源需求的原则;②与内外环境相适应的原则;③与战略目标相适应的原则;④保持适度流动性的原则。

94. 答案:ABCDE

解析:影响人力资源需求预测的一般因素包括:①顾客需求的变化(市场需求);②生产需求(或者企业总产值);③劳动力成本趋势(工资状况);④劳动生产率的变化趋势;⑤追加培训的需求;⑥每个工种员工的移动情况;⑦旷工趋向(或出勤率);⑧政府的方针政策的影响;⑨工作小时(工作时间)的变化;⑩退休年龄的变化;⑪社会安全福利保障。

95. 答案:BDE

解析:人力资源需求预测的定性方法有三种:①经验预测法。利用现有的情报和资料,根据有关人员的经验,结合公司的人员需求加以预测。②描述法。人力资源计划人员可以通过对本企业组织在未来某一时期的有关因素的变化进行描述和假设。③德尔菲法。又称专家评估法,一般采用问卷调查的方式,听取专家尤其是人事专家对企业未来人力资源需求量的分析评估,并通过多次重复,最终达成一致意见。

2010年5月

单选

32. 答案:C

解析:组织设计理论又被分为静态的组织设计理论和动态的组织设计理论,静态的组织设计理论主要研究组织的体制(权、责结构)、机构(部门划分的形式和结构)和规章(管理行为规范)。静态的组织设计理论是组织设计的核心内容。

34. 答案:B

解析:部门组合方式主要有直线制、直线职能制、事业部制、超事业部制、矩阵制等。常设机构不属于部门组合方式。

36. 答案:D

解析:晋升计划是狭义人力资源规划的一部分,是企业根据企业目标、人员需要和内部人员分布状况制定的员工职务提升方案。晋升计划的内容一般由晋升条件、晋升比率、晋升时间等指标组成。

37. 答案:C

解析:制订薪酬激励计划一方面是为了保证企业人工成本与企业经营状况之间的比例关系,另一方面是为了充分发挥薪酬的激励功能。企业通过薪酬激励计划,可以在预测的基础上,对未来的薪酬总额进行预测。

38. 答案:A

解析：人力资源预测的局限性有：①环境的不确定性；②企业内部的抵制；③预测的代价高昂；④知识水平的限制，因而要求预测者具有高度的想象力、分析能力和独创性。

39．答案：C

解析：人力资源预测的定性方法有三种：德尔菲法、经验预测法和描述法。定量预测方法有十种。

40．答案：D

解析：经济计量模型法是先将公司的员工需求量与影响需求量的主要因素之间的关系用数学模型的形式表示出来，依此模型及主要因素变量来预测公司的员工需求。

多选

90．答案：ABD

解析：在进行组织结构诊断时，需要进行组织结构调查、组织结构分析、组织决策分析和组织关系分析。其中组织关系分析主要是：分析某个单位应同哪些单位和个人发生联系？要求别人给予何种配合和服务？应对别的单位提供什么协作和服务？

91．答案：CDE

解析：人们反对变革的根本原因有：①改革冲击他们已习惯了的工作方法和已有的业务知识与技能，使他们失去工作安全感；②一部分领导与员工有因循守旧思想。

92．答案：BDE

解析：狭义的人力资源规划即企业的各类人员规划，作为人力资源管理的一项基础性活动，它的核心部分包括人力资源需求预测、人力资源供给预测及供需综合平衡三项工作。

93．答案：ABE

解析：竞争五要素分析法要求企业进行以下五项分析：对新加入竞争者的分析、对竞争策略的分析、对自己产品替代品的分析、对顾客群的分析、对供应商的分析。没有对市场环境的分析和对企业优、劣势的分析。

94．答案：ACDE

解析：此题全面考核考生对各种定量预测方法概念的掌握情况。①马尔可夫分析法通过观察历年企业内部人数的变化，找出组织过去人事变动的规律，由此推断未来的人事变动趋势和状态，既可以预测企业的人力资源需求，也可以预测企业内部的人员供给情况。它实际上是一种转移概率矩阵法。②趋势外推法和回归分析法本质上都是经济计量模型法。③灰色预测模型法的本质也是经济计量模型法。

95．答案：CE

解析：企业人员内部供给预测的方法是：①人力资源信息库。具体分为针对一般员工的技能清单和针对管理人员的管理才能清单。②管理人员接替模型。它是一种最简单而有效的方法。③马尔可夫模型。为分析组织人员流动的典型矩阵模型，其基本思想是通过发现组织人事变动的规律，推测组织在未来的人员供给情况。

2009年11月

单选

32. 答案:A

解析:组织设计理论又被分为静态的组织设计理论和动态的组织设计理论。静态的组织设计理论主要研究组织的体制(权、责结构)、机构(部门划分的形式和结构)和规章(管理行为规范)。而动态的组织设计理论除了包含上述基本内容之外,还加进了人的因素,加进了组织结构设计和组织在运行过程中的各种问题,诸如协调、信息控制、绩效管理、激励制度、人员配备及培训等。现代组织设计理论无疑属于动态组织设计理论,但是在动态组织设计理论中,静态组织设计理论所研究的内容仍然占有主导地位,是组织设计的核心内容。动态组织设计理论是静态组织设计理论的进一步发展,两者是相互依存的关系。

33. 答案:D

解析:多维立体组织结构又称多维组织、立体组织或多维立体矩阵制等,它是矩阵组织的进一步发展。它把矩阵组织结构形式与事业部组织结构形式有机地结合在一起,形成一种全新的管理组织结构模式。

34. 答案:B

解析:组织结构变革的第一步是进行组织结构诊断,诊断的第一步是实施组织结构调查。调查需要掌握的主要资料是"一书两图":工作岗位说明书、组织体系图和管理业务流程图。

35. 答案:B

解析:组织结构变革的方式分为三种:①改良式变革。即日常的小改小革,修修补补,这是企业常用的方式。它符合企业实际需要,局部变革,阻力较小,如局部改变某个科室的职能,新设一个职位等。②爆破式改革。即短期内完成组织结构的重大的甚至根本性的变革,如两家企业合并,职能制结构改为事业部制结构。③计划式改革。即对改革方案进行系统研究,制订全面计划,然后有计划、分阶段地实施,如企业组织结构的整合。

36. 答案:D

解析:人员培训开发规划是企业通过对员工进行有计划的培训,引导员工的技能发展与企业发展目标相适应的策略方案。其具体内容包括受训人员的数量、培训的目标、培训的方式方法、培训的内容和培训费用的预算。

37. 答案:A

解析:编制人员需求计划时,计划期内员工的补充需求量=计划期内员工总需求量-报告期期末员工总数+计划期内自然减员员工总数。

39. 答案:C

解析:此题涉及三组影响人员需求的参数:专门技能人员、专业技术人员和经营管理人员。三组参数中相同的部分是:企业战略、组织结构、销售收入(利润)、产值产量、总资产（净资产）、总成本、追加投资、人工成本、劳动生产率、出勤率。不同的部分是：①专门技能人员：能源消耗情况、定额工时、作业率和废品率。②专业技术人员：生产技术水平、新项目投资、科研项目、科研经费、科研成果、研究成果获奖以及科技成果转让。③经营管理人员：企业管理幅度、企业信息化程度、信息传送速度、决策速度以及企业其他各类人员的数量。

40. 答案：D

解析：由于企业人员供给包括内部供给和外部供给，所以其预测类型也包括两种：内部供给预测和外部供给预测。一般来说，企业未来内部人力资源供给是企业人力资源供给的主要部分（除新建企业外）。企业人力资源需求的满足应优先考虑内部人力资源供给。企业职位空缺不可能完全通过内部供给解决。

影响企业外部劳动力供给的因素包括：①地域性因素；②人口政策及人口现状；③劳动力市场发育程度；④社会就业意识和择业心理偏好；⑤严格的户籍制度。

多选

92. 答案：ABCDE

解析：企业组织结构变革的征兆包括：①企业经营业绩下降，如市场占有率缩小、产品质量下降、成本增加、顾客意见增多、缺少新产品和新战略等；②组织结构本身病征显露，如决策迟缓、指挥不灵、信息不畅、机构臃肿、管理跨度过大、扯皮增多、人事纠纷增加等；③员工士气低落，不满情绪增加，合理化建议减少，员工的旷工率、病假率、离职率增高等。

93. 答案：ABE

解析：人员晋升计划是企业根据企业目标、人员需要和内部人员分布状况制定的员工职务提升方案。晋升计划的内容一般由晋升条件、晋升比率、晋升时间等指标组成。

94. 答案：BCDE

解析：影响企业人力资源规划的外部环境因素包括经济环境、人口环境、科技环境和文化法律等社会因素。其中人口环境因素包括社会或本地区的人口规模、劳动力队伍的数量、质量和结构等特征。

95. 答案：BD

解析：劳动效率定员法是根据生产任务量和劳动效率来计算和确定定员人数的一种计算方法。

2009年5月

单选

32. 答案：D

解析：组织结构变革的方式分为三种：①改良式变革。即日常的小改小革，修修补补，这是企业常用的方式。它符合企业实际需要，局部变革，阻力较小，如局部改变某个科室的职能,新设一个职位等。②爆破式改革。即短期内完成组织结构的重大的甚至根本性的变革,如两家企业合并,职能制结构改为事业部制结构。③计划式改革。即对改革方案进行系统研究,制订全面计划,然后有计划、分阶段地实施,如企业组织结构的整合。

35. 答案:B

解析:组织结构分析主要有三个方面:①内外环境变化引起的企业经营战略和目标的改变,需要增加哪些新的职能?哪些原有职能需要加强?哪些陈旧职能可以取消或合并?②哪些是决定企业经营的关键性职能?明确后应将其置于组织结构的中心地位。③分析各种职能的性质及类别。

36. 答案:A

解析:人员配置计划的主要内容包括企业每个岗位的人员数量、人员的职务变动情况、职务空缺数量以及相应的填补办法。

37. 答案:D

解析:人力资源预测可以满足组织在生存发展过程中对人力资源的需求。在静态的组织条件下,人力资源预测并非必要,因为所有因素不变,人力资源的数量、质量和结构也不变化;在动态的组织条件下,人力资源预测非常重要。现实生活中的组织都是动态组织,而非静态组织。

38. 答案:D

解析:人力资源预测的定性方法有三种:德尔菲法、经验预测法和描述法。定量预测方法有十种。

39. 答案:C

解析:此题直接考核人力资源需求定量预测方法的定义。①转换比率法:将企业的业务量转换为对人员的需求,这是一种适用于短期需求预测的方法。②人员比率法:首先计算出企业历史上关键业务指标(如技术人员与管理人员)的比例,然后根据可预见变量计算出所需的各类人员。③趋势外推法:又称时间序列法,其实质是根据人力资源历史的和现有的资料随时间变化的趋势具有连续性的原理,运用数学工具对该序列加以引申,即是从过去延伸来的。④回归分析法:依据事物发展变化的因果关系来预测事物未来的发展趋势,它是研究变量间相互关系的一种定量预测方法,又称回归模型预测法或因果法。

40. 答案:B

解析:此题考核的仍然是人力资源需求预测的定量方法。趋势外推法和回归分析法本质上都是经济计量模型法。不同的是,趋势外推法最简单,其自变量只有一个;回归分析法也比较简单,不考虑不同自变量之间的相互影响;经济计量模型法则综合考虑多种因素,且考虑各因素间的相互作用。

马尔可夫分析法通过观察历年企业内部人数的变化,找出组织过去人事变动的规律,由此推断未来的人事变动趋势和状态,既可以预测企业的人力资源需求,也可以预测企业内部的人员供给情况。它实际上是一种转移概率矩阵法。

多选

91. 答案：AD

解析：结构整合的目的主要在于解决结构分化时出现的分散倾向问题和实现相互间协调的要求。因为经过结构分化，各部门、各层次、各岗位、各职位的职责明确，从而必然产生各自不同的要求。在这种情况下，就会出现某种程度的矛盾及相互间的重复交叉和冲突；组织成员间还会出现离散现象。这就需要通过有效的综合或整合，使企业组织上下畅通、左右协调。

92. 答案：ABCD

解析：人力资源规划有五个方面的作用：①满足企业总体战略发展的要求；②促使企业人力资源管理工作的开展；③协调人力资源管理的各项计划；④提高企业人力资源的利用效率；⑤使组织和个人发展目标相一致。

93. 答案：ACE

解析：影响人力资源活动的法律因素有：政府有关的劳动就业制度、工时制度、最低工资标准、职业卫生、劳动保护、安全生产等规定，以及户籍制度、住房制度、社会保障制度等。

94. 答案：ABCDE

解析：德尔菲法专家组里的专家可以来自组织内部，也可以来自组织外部；可以是管理人员，也可以是普通员工；可以是基层的管理人员，也可以是高层经理。总之，这里的专家不是学者意义上的，而是对所研究的问题有深入了解的人员，即对所研究的问题有发言权的人员。

95. 答案：BCD

解析：计算企业内部人力资源供给量时必须考虑以下因素：企业内部人员的自然流失（伤残、退休、死亡等）、内部流动（晋升、降职、平调）、跳槽（辞职、解聘）等。

专业能力部分的参考答案及评分标准

2014年5月

答：

企业组织结构需要进行变革的征兆包括：（每项2分）

①经营业绩下降，如市场占有率缩小、产品质量下降、成本增加等；

②组织结构本身病征显露，如决策迟缓、指挥不灵、信息不畅、机构臃肿、扯皮增多等；

③员工士气低落，不满情绪增加，合理化建议减少，员工的旷工率、病假率、离职率增高等。

组织结构变革的方式有:(每项3分)

①改良式,即日常的小改小革,修修补补,如局部改变某个科室的职能或新设一个职位。它是企业中常用的方式,符合企业实际需要,局部变革,阻力较小。

②爆破式,即短期内完成组织结构的重大的甚至根本性的变革,如两家企业合并或从职能制结构改为事业部制结构。常因考虑不周造成员工丧失安全感、阻力增大等后果,必须谨慎使用。

③计划式,即对改革方案进行系统研究,制订全面计划,然后有计划、分阶段地实施,如企业组织结构的整合。它是现代组织设计理论主张采用的方式。

2013年11月

答:

(1)(每项1分,最高10分)

三种定性预测方法:经验预测法、描述法、德尔菲法;十种定量预测方法:转换比率法、人员比率法、趋势外推法、回归分析法、经济计量模型法、灰色预测模型法、生产模型法、马尔可夫分析法、定员定额分析法、计算机模拟法。

(2)因为生产部门组织结构和生产效率不变,所以技能操作人员、专业技术人员和管理人员的人数比例一直稳定在6:3:1。(2分)

明年计划补充技能操作人员60人。

按照比例,最终需要补充的专业技术人员数 = $60 \times 3/6 = 30$(人)。

明年专业技术人员需求量 = $30 + 15 = 45$(人)。(3分)

按照比例,最终需要补充的管理人员数 = $60 \times 1/6 = 10$(人)。

明年管理人员需求量 = $10 + 8 + 5 = 23$(人)。(3分)

2013年5月

答:

影响企业人力资源需求预测的因素包括:(每项2分,最高16分,最好有适当论述)

①顾客的需求变化,即市场需求变化;

②生产需求(或企业总产值);

③劳动力成本趋势(或工资状况);

④劳动生产率的变化趋势;

⑤追加培训的需求;

⑥每个工种员工的移动情况;

⑦旷工趋向(或出勤率);

⑧政府方针政策的影响；
⑨工作时间的变化；
⑩退休年龄的变化；
⑪社会安全福利保障。

2012年11月

答：
①SWOT分析法：S代表优势（Strength），W代表劣势（Weakness），O代表机会（Opportunity），T代表威胁（Threat）。SWOT分析法实际上是对企业内外部条件各方面内容进行综合概括，分析企业组织的优、劣势以及面临的机会和威胁的一种方法。（4分）

其中优、劣势分析主要着眼于企业自身的实力及其与竞争对手的比较，而机会和威胁分析则将注意力放在外部环境的变化及其对企业的可能影响上。但是，外部环境的同一变化给具有不同资源和能力的企业带来的机会与威胁却可能完全不同，因此，必须将两者紧密地联系起来。（4分）

②竞争五要素分析法：它是美国人迈克尔·波特提出的一种分析模型。该模型理论要求企业要进行以下五项分析：对新加入竞争者的分析、对竞争策略的分析、对自己产品替代品的分析、对顾客群的分析、对供应商的分析。（6分）

波特认为，只要企业对以上五个方面做出了科学、客观、准确的分析，企业所做出的策略与规划将会使企业在竞争中立于不败之地。（2分）

2012年5月

答：
人力资源过剩是我国企业现在面临的主要问题，是我国现有企业人力资源规划的难点问题。（2分）

解决企业人力资源过剩的常用方法是：（每项2分）
①永久性辞退某些劳动态度差、技术水平低、劳动纪律观念差的员工；
②合并或关闭某些臃肿的机构；
③鼓励提前退休或内退，对一些接近但还未达退休年龄者，应制定一些优惠政策；
④加强培训工作，提高企业员工整体素质（全员轮训）；
⑤加强培训工作，使企业员工掌握多种技能，增强他们的竞争力；
⑥减少员工的工作时间，随之降低工资水平；
⑦由多个员工分担以前只需一个或少数几个人就可完成的工作和任务，企业按工作任务完成量来计发工资。

2011年11月

答：
(1) 该公司现有组织结构存在的主要问题是：(每项2分)

① 三个高层管理者分权不当，由总经理直接领导三个产品部，总经理不能集中精力考虑企业管理的战略问题。同时，总经理所管辖的这些部门较难与其他两位副总经理所主管的部门进行协调；而副总经理主管的部门之间也很难相互协调，难以适应市场的变化。

② 权力过于集中于上层领导，各生产部门缺乏必要的生产经营自主权。

③ 产品设计、销售与生产由职能部门和生产部门分别承担，职能与业务部门缺乏合理的分工，使生产经营的连贯性不够，很难根据客户需求研发产品并有效地进行生产、销售。

(2) 该公司组织结构应进行如下调整：(每项2分)

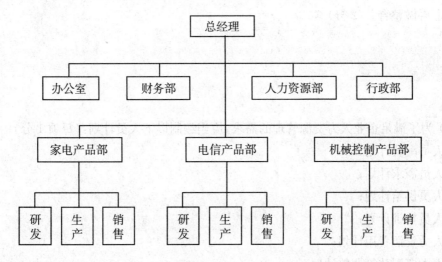

① 权力下放。在原有的三个产品部的基础上，按产品组建三个相对独立的事业部，并根据经营需要设置相应的职能部门，使各个事业部拥有经营管理的自主权。总公司高层管理者主要负责重大问题的决策，并通过利润指标对各事业部进行控制。

② 精简总部机构，由直线职能制变革为事业部制。将某些职能及相关人员转移到各个事业部中，各事业部可根据自己的产品及市场特点，设置产品研发、生产和销售部门。

③ 明确规定各个职能和业务部门的职责范围、业务分工和权限，保证各事业部实行高度专业化经营。

(3) 推进组织变革的措施包括：(每项2分)

① 让员工参加组织变革的调查、诊断和计划，使他们充分认识到变革的必要性和变革的责任感；

② 大力推行与组织变革相应的人员培训计划，使员工掌握新的业务知识和技能，适应变革后的工作岗位；

③ 大胆起用年富力强和具有开拓创新精神的人才，从组织方面减少变革的阻力。

2011年5月

答:
企业组织结构内部不协调的主要表现是:(每项2分)
①部门冲突;
②过多的委员会;
③高层充当下属的裁判和调解者;
④结构本身失去了相互协调的机能。
整合的对策有:如果现象不明显,整合可以在原有结构分解的基础上进行;或对原有结构分解仅做局部调整,重点放在协调措施的改进上。(4分)
如果上述现象严重,则应该首先按照结构分解的基本原则和要求重新进行结构分解,在此基础上再做整合。(2分)

2010年11月

答:
(1) 为了满足企业人力资源管理的需求,应当编制以下人员计划:(每项1分)
①人员配置计划;
②人员需求计划;
③人员供给计划;
④人员培训计划;
⑤人力资源费用计划;
⑥人力资源政策调整计划。
(2) 上述人员计划之间的关系是:(每项2分)
①企业的人员配置计划要根据企业的发展战略、结合企业的工作岗位分析所制作的工作岗位说明书和企业人力资源盘点的情况来编制;
②人员需求计划的形成必须参考人员配置计划;
③人员供给计划是人员需求计划的对策性计划;
④人员供给计划的实现需要人员培训计划的支持;
⑤人力资源费用计划的编写要以其他人员计划为基础。
(3) 为了确保上述计划的有效实施,应当:(每项2分)
①编制人力资源政策调整计划;
②对执行上述计划的风险进行评估并提出对策。

2010年5月

答：

(1) 该公司组织结构发生的变化有以下几方面：(每项2分)

①在组织结构模式上进行变革，以新型的企业网络组织取代了原有的矩阵式的组织结构，从而克服了矩阵制存在的种种缺点，如成员位置不固定，易有临时观念，有时责任心不够强；人员受双重领导，有时不易分清责任，等等。

②新的企业网络型组织结构更加充满活力，即具有更大的灵活性、虚拟性、动态协作性、组织柔性、信息交互性、无边界性、多元化和结构扁平化。

③减少了管理层次，精简了组织人员，如撤销了特别委员会和地区经理这一层级。同时，减少了董事会的名额，从15人压缩到7人。

④明确了各个层级的职责和权限，12位业务集团总裁在特定地区对其管理的产品负有完全的利润责任，而全球战略领导被明确地置于执委会一级，运营绩效则是业务集团的直接责任，从根本上解决了前期董事会管得过宽，"使自己过多地卷入了运营"，而不能集中精力研究企业发展战略等问题。

⑤进一步健全并完善该公司的组织结构。如建立了国际网络创新中心，由中心的专家负责集团的研究和发展工作；设置了产品和品牌网络（国际业务小组），负责在全球范围内协调品牌和营销。

(2) 重要的启示是：(每项2分)

①企业组织结构的功能在于分工和协调，是保证战略实施的必要手段。合适的组织结构可以发挥资源利用的整体优势，实现价值的最大化。因此，企业要想在激烈的市场竞争中克敌制胜，就必须高度重视企业组织结构变革。

②处在经济全球化快速变革的时代，企业必须从所处的外部环境和内部条件出发，适时地进行组织结构的变革，才能适应市场环境的剧烈变化，应对竞争对手的挑战。

③从案例中可以看出，该公司采用的是较为稳妥的计划式组织变革模式，有计划、分阶段、循序渐进地完成了组织结构的变革，没有产生大的动荡。现代组织设计理论主张尽量采用计划式的组织变革模式。

④实践证明，在市场经济条件下，采用以工作和任务为中心设计部门结构的方法，如矩阵制，其适用范围十分狭小；而采用以成果—利润为中心设计部门结构的方法，具有更强的适应性，如企业网络型组织。

2009年11月

答：

(1) 人力资源内部供给预测的方法是：

①人力资源信息库。(2分)

技能清单:针对一般员工的特点,根据企业管理的需要,集中收集每个员工的岗位适合度、技术等级和潜力等方面信息,为人事决策提供可靠消息。(1分)

管理才能清单:反映管理者的管理才能即管理业绩,为管理人员的流动决策提供有效信息。(1分)

②管理人员接替模型:最简单而有效的方法。(2分)

③马尔可夫模型:分析组织人员流动的典型矩阵模型,其基本思想是通过发现组织人事变动的规律,推测组织在未来的人员供给情况。(2分)

(2) 解决人力资源供不应求的措施有:(每项2分,最高10分)

①将符合条件而又处于相对富余状态的人调往空缺职位。

②如果高技术人员出现短缺,应拟定培训和晋升计划,在企业内部无法满足时,应拟定外部招聘计划。

③如果短缺现象不严重,且本企业的员工愿意延长工作时间,则可以根据劳动法等有关法规,制订延长工时适当增加报酬的计划,这只是一种短期应急措施。

④提高企业资本技术有机构成,提高工人的劳动生产率,形成机器替代人力资源的格局。

⑤制订聘用非全日制临时用工计划。

⑥制订聘用全日制临时用工计划。

2008 年 11 月

答:

制定企业各类人员规划的基本程序如下:(每项2分)

①调查、收集和整理涉及企业战略决策和经营环境的各种信息。

②根据企业或部门的实际情况确定其人员规划期限,了解企业现有人力资源状况,为预测工作准备精确而翔实的资料。

③在分析人力资源需求和供给的影响因素的基础上,采用定性和定量相结合、以定量为主的各种科学预测方法对企业未来人力资源供求进行预测。

④制订人力资源供求协调平衡的总计划和各项业务计划,并分别提出各种具体的调整供大于求或求大于供的政策措施。

⑤人员规划的评价和修正。

2008 年 5 月

答:

(1) 该公司主要存在的问题有:(每项2分)

①公司组织内部的横向管理十分薄弱,每个部门各自为政,相互之间协调困难,遇到交

叉性问题就都"矛盾上交",直接反映到总经理,使贾总越来越感到力不从心。

②公司各个部门的职责不清,导致出现问题时无法追究相应责任,制定的战略规划也不能贯彻执行。

③公司原有管理人员的素质不符合公司的发展要求,但由于是亲戚或朋友关系,给管理层人员的调整和撤换带来了困难。

④缺乏合理的绩效考核体系,公司人力资源部门单纯依靠上级考评来对所有员工进行绩效考核,不能达到择优汰劣的目的。

⑤导致公司出现"有米无法下锅"的困境,其根本原因在于:公司没有对人力资源管理工作给予足够的重视,没有根据公司总体发展战略的要求对公司人力资源做出全面的规划,没有对现有人员的素质和构成及时地进行分析、预测和调整。

(2) 具体的对策是:(每项2分)

①对公司的组织结构进行必要的调整,根据业务范围和职能的同类性与关联性,将公司原有职能部门划分为若干职能中心,如财务中心、人力资源中心、企管中心和技术中心等,每个中心由一名副总经理负责分管,适度归并职能部门,压缩决策层的管理幅度,缓解总经理的压力。

②建立健全人力资源管理的各项基础工作,通过工作岗位分析,撰写部门和岗位工作说明书。在定编定岗定员定额的基础上,明确各部门的职责范围和业务分工,界定各个部门之间的协作关系。

③在上述各种工作健全完善的基础上,通过公司内外部招聘等多种渠道,采用多种方法选拔和培养一批专门人才,逐步替代不合格的中高层业务主管,从而逐步建立起一支具有竞争优势的高素质的员工队伍。

④设计合理的绩效考核体系。根据现有的管理水平,采用更加科学、合理的绩效考核与激励员工的管理模式,充分发挥绩效管理的基础性作用。

⑤在完善公司总体发展战略规划的基础上,制订公司的人力资源规划,对现有人员的素质结构进行分析,对未来所需人员进行预测,制订出人员引进、替换和培养的计划,通过有效的规划来降低人力成本。

2007 年 11 月

答:

(1) 该公司现有组织结构存在的问题有:(每项2分)

①三个高层管理者分权不当,由总经理直接领导三个产品部,总经理不能集中精力考虑企业管理的战略问题。同时,总经理所管辖的这些部门较难与其他两位副总经理所主管的部门进行协调;而副总经理主管的部门之间也很难相互协调,难以适应市场的变化。

②权力过于集中于上层领导,各生产部门缺乏必要的生产经营自主权。

③产品设计、销售与生产由职能部门和生产部门分别承担,职能与业务部门缺乏合理的分工,使生产经营的连贯性不够,很难根据客户需求研发产品并有效地进行生产、销售。

(2) 组织结构应进行如下调整:(每项2分)

①权力下放。在原有的三个产品部的基础上,按产品组建三个相对独立的事业部,并根据经营需要设置相应的职能部门,使各个事业部拥有经营管理的自主权。总公司高层管理者主要负责重大问题的决策,并通过利润指标对各事业部进行控制。

②精简总部机构。将某些职能及相关人员转移到各个事业部中,各事业部可根据自己的产品及市场特点,设置产品研发、生产和销售部门。

③明确规定各个职能和业务部门的职责范围、业务分工和权限,保证各事业部实行高度专业化经营。

该公司调整后的组织结构如下图所示。

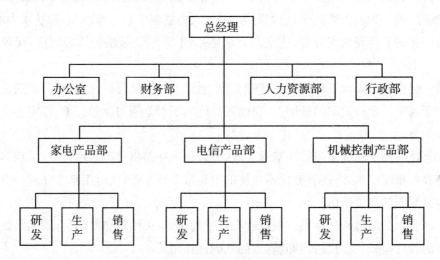

(3) 顺利推进组织变革的主要措施有:(每项2分,最高6分)

①让员工参加组织变革的计划、调查和诊断等活动,使他们充分认识变革的必要性,增强参与变革的责任感。

②大力推行与组织变革相应的人员培训计划,使员工掌握新的业务知识和专业技能,适应组织变革之后部门及其岗位的新要求。

③完善各项基础工作,健全各项规章制度,明确岗位责任与权限,规范员工的行为。

④培养和选拔中层技术和管理骨干,大胆起用年富力强、具有开拓创新精神的人才,从人事方面减少变革的阻力。

2007年5月

答:

(1) 该汽车集团可以采用事业部制组织结构模式。(2分)

集团下属有很多分厂,各个分厂实行厂长负责制,独立核算,分别构成各个独立的利润中心,因此可以分成四个事业部:总装厂、发动机厂、车身厂和变速器厂。(2分)

集团的组织结构如图1所示。

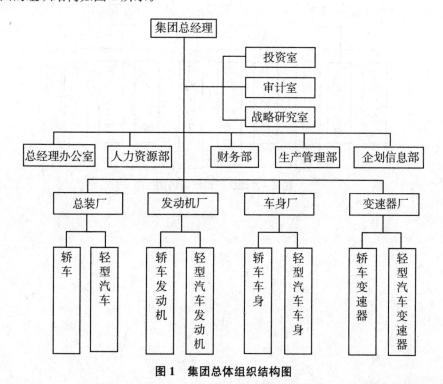

图1 集团总体组织结构图

组织结构图的评分标准是:层次分明,上下关系明确,结构完整,各2分,共6分,画到分厂一级即可。

(2) 发动机厂可以采用模拟分权的组织结构模式。(2分)

发动机厂的生产经营活动连续性很强,根据生产技术特点及其对管理的不同要求,可以将发动机厂分为三个组织单位:研发中心、生产中心和销售中心,将它们看成是相对独立的生产经营部门,赋予其尽可能大的经营自主权,拥有自己的职能结构,使每一单位负有"模拟性"的盈亏责任,实现"模拟"的独立经营权、独立核算,以此调动各个组织单位的生产积极性。(2分)

发动机厂的组织结构如图2所示。

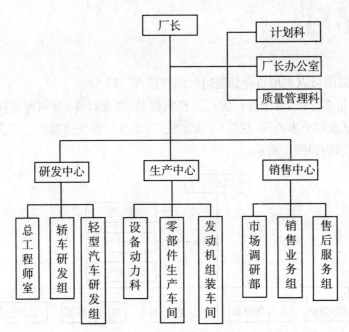

图2 发动机厂组织结构图

第二章　招聘与配置

理论知识部分

2014年5月

单选

41. 某公司要培训管理人员，培训前进行了一次综合素质测评，这属于（　　）测试。
    A. 开发性　　　　B. 诊断性　　　　C. 考核性　　　　D. 选拔性

42. 在某测量问卷中有一道题目："你对JAVA语言掌握的程度如何？"其选项为"A 精通；B 善于；C 尚可"，这些选项属于（　　）。
    A. 标度　　　　　B. 指标　　　　　C. 标记　　　　　D. 标准

43. 员工素质测评标准体系中，常模参照性标准通常是（　　）。
    A. 客观的、绝对的　　　　　　　　B. 客观的、相对的
    C. 主观的、绝对的　　　　　　　　D. 主观的、相对的

44. 员工素质测评过程的核心阶段是（　　）。
    A. 准备阶段　　　B. 实施阶段　　　C. 调整阶段　　　D. 评估阶段

45. 员工素质测评的准备阶段包括：①制定测评方案；②收集必要的资料；③组织强有力的测评小组，排序正确的是（　　）。
    A. ③①②　　　　B. ①②③　　　　C. ②①③　　　　D. ②③①

46. 面试中的常见问题不包括（　　）。
    A. 面试目的不明确　　　　　　　　B. 面试缺乏系统性
    C. 面试标准不具体　　　　　　　　D. 面试时间过长

47. 当上级对招聘结果有定额要求时，面试考官对应聘者的评价标准就容易偏高。面试考官的这种偏见属于（　　）。
    A. 第一印象　　　B. 对比效应　　　C. 晕轮效应　　　D. 录用压力

48. （　　）是指一定数量的一组被评人，在规定时间内就给定的问题进行讨论。
   A. 案例分析　　　　B. 公文筐测验　　　　C. 管理游戏　　　　D. 无领导小组讨论
49. 无领导小组讨论题目设计的一般流程包括：①向专家咨询；②编写初稿；③调查可用性；④试测；⑤选择题目类型；⑥反馈、修改、完善。排序正确的是（　　）。
   A. ①⑤②③④⑥
   B. ⑤②③①④⑥
   C. ①⑤②③⑥④
   D. ⑤②③①⑥④

多选

96. 员工素质测评的类型包括（　　）。
   A. 选拔性测评　　B. 淘汰性测评　　C. 开发性测评　　D. 诊断性测评
   E. 考核性测评
97. 关于 FRC 品德测评法的说法，正确的有（　　）。
   A. 需借助计算机分析技术　　　　B. 报告的方式可以是个别谈话
   C. 可以做出定性与定量评定　　　D. 报告的方式可以是班组座谈
   E. 属于考核性品德测评方法
98. 员工素质测评指导语的内容应包括（　　）。
   A. 测评目的　　　　　　　　　　B. 举例说明填写要求
   C. 强调测评与测验考试的一致性　D. 填表前的准备工作和填表要求
   E. 测评结果的保密、处理和反馈
99. 在面试提问中，背景性问题的内容包括（　　）。
   A. 个人背景　　B. 家庭背景　　C. 教育背景　　D. 工作背景
   E. 遗传病史
100. 人事测评小组的成员应包括（　　）。
   A. 公司高层管理人员　　　　　B. 招聘岗位资深任职人员
   C. 企业人力资源管理人员　　　D. 招聘岗位所在部门主管
   E. 企业选拔的优秀员工代表
101. 无领导小组讨论的缺点有（　　）。
   A. 对评价者和测评标准要求较高　B. 题目的质量影响测评质量
   C. 被测评者行为仍然有伪装可能　D. 需要准备大量的测评题目
   E. 应聘者的表现易受同组其他成员影响

2013 年 11 月

单选

41. （　　）素质测评的目的是了解员工素质现状或查找问题根源。
   A. 选拔性　　　B. 考核性　　　C. 开发性　　　D. 诊断性

42. （　　）的对象一般具有明显的数量关系,量化后的数据直接提示了测评对象的实际特征。
    A. 一次量化　　　B. 二次量化　　　C. 类别量化　　　D. 模糊量化
43. 对被测评者的回答或反应不做任何限制的品德测评技术是（　　）。
    A. 心理技术　　　B. FRC技术　　　C. 投射技术　　　D. 问卷技术
44. 对员工的学习能力进行测评,最简单、有效的方式是（　　）。
    A. 面试　　　　　B. 情境测验　　　C. 智力测验　　　D. 心理测验
45. （　　）不是员工素质测评结果的分析方法。
    A. 要素分析法　　B. 曲线分析法　　C. 综合分析法　　D. 岗位分析法
46. 面试考官根据面试开始阶段的感受对应聘者做出主观评价,这属于（　　）。
    A. 第一印象　　　B. 对比效应　　　C. 晕轮效应　　　D. 录用压力
47. "你好像不太适合我们这里的工作,你看呢?"属于（　　）面试问题。
    A. 压力性　　　　B. 知识性　　　　C. 思维性　　　　D. 经验性
48. 招聘过程中经常用到群体决策法。关于这种方法的论述,不正确的是（　　）。
    A. 需要组建决策团队　　　　　　　B. 由不同背景的人进行评价
    C. 增强了招聘的主观决策性　　　　D. 需要利用运筹学原理
49. 设计无领导小组讨论评分表时,评分指标应控制在（　　）以内。
    A. 5个　　　　　B. 10个　　　　　C. 30个　　　　　D. 40个

多选

96. 员工素质测评标准体系的要素包括（　　）。
    A. 标准　　　　　B. 标度　　　　　C. 标记　　　　　D. 数据
    E. 模型
97. 员工素质测评中,特殊能力测评的主要内容包括（　　）。
    A. 文书能力　　　B. 运动能力　　　C. 操作能力　　　D. 学习能力
    E. 机械能力
98. 员工素质测评结果处理的常用分析方法有（　　）。
    A. 集中趋势分析　　　　　　　　　B. 岗位分析
    C. 离散趋势分析　　　　　　　　　D. 因素分析
    E. 文字分析
99. （　　）属于面试中背景性问题的内容。
    A. 个人兴趣　　　B. 家庭情况　　　C. 法律常识　　　D. 工作经历
    E. 遗传病史
100. 下列关于无领导小组讨论的表述,不正确的是（　　）。
    A. 它有效地运用了密集性群体讨论的方式
    B. 它可以快速地诱发被评价者特定的行为

C. 它可用于选拔员工,也可以用于进行培训诊断

D. 它可以用来判断被评价者所具有的个性特征

E. 考官可以在现场临近观察并直接写出评定意见

101. 下列关于无领导小组讨论的表述,正确的有( )。

A. 评价指标应具有针对性

B. 面试场地的布置要肃穆,给人以压力感

C. 应从岗位分析中提取特定的评价指标

D. 设计评分表的重点是确定测评能力指标

E. 被测评者应以抽签的方式决定座位顺序

2013 年 5 月

单选

41. 下列关于人事测评的说法,不正确的是( )。
    A. 人的素质是有差异的   B. 先天因素可以造成素质差异
    C. 测评的内容是心理素质   D. 后天因素可以造成素质差异

42. 下列关于选拔性素质测评的表述,正确的是( )。
    A. 测评标准无区分功能   B. 强调定性描述测评结果
    C. 测评标准应具有弹性   D. 测评标准要尽可能精确

43. 美国教育学家布卢姆将教育认知目标由低到高分为多个层次,最低层次是( )。
    A. 理解   B. 应用   C. 记忆   D. 分析

44. 下列关于集中量数的说法,不正确的是( )。
    A. 它是描述数据集中趋势的指标
    B. 算术平均数和标准差都属于集中量数
    C. 它可以说明一组数据的某项特征
    D. 可以用它进行几组数据间的比较

45. 企业员工素质测评的准备阶段包括以下步骤:①制定测评方案;②组织强有力的测评小组;③收集必要的资料。正确的排序是( )。
    A. ③②①   B. ②③①   C. ②①③   D. ③①②

46. "您在什么类型的企业工作过?"属于结构化面试中的( )问题。
    A. 经验性   B. 情境性   C. 压力性   D. 背景性

47. 评价中心技术不包括( )。
    A. 公文筐测试   B. 管理游戏   C. 无领导小组讨论   D. 心理测评

48. "在企业人事管理中,物质激励更重要,还是精神激励更重要?"属于( )。
    A. 排序型   B. 双向式   C. 开放式   D. 两难式

49. 无领导小组讨论题目的设计流程包括：①向专家咨询；②编写初稿；③调查可用性；④试测；⑤选择题目类型；⑥反馈、修改、完善。排序正确的是（　　）。

　　A. ①⑤③②④⑥　　　　　　　　　　B. ⑤②③①④⑥

　　C. ①⑤②③⑥④　　　　　　　　　　D. ⑤③②①⑥④

多选

96. 下列关于员工素质诊断性测评的说法，正确的有（　　）。

　　A. 测评的结果不公开　　　　　　　B. 测评指标较灵活

　　C. 具有较强的系统性　　　　　　　D. 强调测评的区分功能

　　E. 测评的内容十分精细

97. 品德测评法包括（　　）。

　　A. 问卷法　　　B. 抽样法　　　C. 投射技术　　　D. 访谈法

　　E. FRC测评法

98. 员工素质测评中，能力测评的类型主要有（　　）。

　　A. 创造能力测评　　　　　　　　　B. 特殊能力测评

　　C. 学习能力测评　　　　　　　　　D. 综合能力测评

　　E. 一般能力测评

99. 员工素质测评指导语的内容应包括（　　）。

　　A. 素质测评的目的　　　　　　　　B. 强调测评与测验考试的不同

　　C. 举例说明填写要求　　　　　　　D. 填表前的准备工作和填表要求

　　E. 测评结果的保密和处理

100. 面试的发展趋势有（　　）。

　　A. 提问刚性化　　　　　　　　　　B. 面试考官的专业化

　　C. 面试的形式丰富多样　　　　　　D. 测评的内容不断扩展

　　E. 非结构化面试成为面试的主流

101. 下列关于无领导小组讨论的说法，正确的有（　　）。

　　A. 对评价者和测评标准的要求较高　B. 题目的质量影响测评的质量

　　C. 被评价者的表现易受同组成员影响　D. 被评价者无法掩饰自己的不足

　　E. 题目的数量对测评质量有显著影响

2012 年 11 月

单选

41. 便于横向比较员工素质的测评方式是（　　）。

　　A. 表面测评　　　B. 形式测评　　　C. 静态测评　　　D. 动态测评

42. 员工素质测评的（　　）采用"优、良、中、差"的刻度形式。

A. 量词式标度　　B. 数量式标度　　C. 定义式标度　　D. 等级式标度

43. (　　)是起源于临床心理学和精神病治疗法的品德评测方法。

A. 心理测试　　B. 品德测试　　C. 投射技术　　D. 问卷测评

44. 员工测评的(　　)是指测评人员以被测对象近期的表现代替整个测评时期的全部实际表现，导致测评结果产生的误差。

A. 晕轮效应　　B. 感情效应　　C. 近因误差　　D. 离散误差

45. 在相关分析中，$r = -1.00$ 表示两组测评数据(　　)。

A. 完全负相关　　　　　　　　B. 零相关
C. 完全正先关　　　　　　　　D. 无法确定相关关系

46. 面试考官过分强调应聘者的不利因素，以致不能全面了解应聘者，这属于面试考官偏见中的(　　)。

A. 第一印象　　B. 对比效应　　C. 晕轮效应　　D. 感情效应

47. "你认为一个人成功的标准有哪些？"这类问题属于(　　)。

A. 背景性问题　　B. 知识性问题　　C. 思维性问题　　D. 经验性问题

48. 在选拔具有较高人际沟通能力的员工时，宜采用(　　)的方法。

A. 案例分析　　B. 公文筐测验　　C. 闭卷笔试　　D. 无领导小组讨论

49. (　　)最不适合用无领导小组讨论的方法进行选拔。

A. 人力资源主管　　B. 财务管理人员　　C. 销售部门经理　　D. 公关部门经理

多选

96. 员工素质测评的基本原理不包括(　　)。

A. 个体差异原理　　B. 同素异构原理　　C. 工作差异原理　　D. 系统优化原理
E. 人岗匹配原理

97. 员工素质测评的类型包括(　　)。

A. 选拔性测评　　B. 补偿性测评　　C. 开发性测评　　D. 考核性测评
E. 诊断性测评

98. 在素质测评中，对员工进行分类的常用标准有(　　)。

A. 道德分类标准　　B. 调查分类标准　　C. 数学分类标准　　D. 性别分类标准
E. 能力分类指标

99. 面试考官应掌握的面试实施技巧包括(　　)。

A. 不带个人偏见　　　　　　B. 灵活提问
C. 可以发表结论性意见　　　D. 充分准备
E. 拒绝回答应聘者提出的问题

100. 结构化面试的开发不包括(　　)。

A. 测评标准的开发　　　　　B. 面试问题的设计
C. 评分标准的确定　　　　　D. 面试流程的优化

E. 面试方法的选择

101. 关于无领导小组讨论的说法，正确的有（　　）。
　　A. 考桌一般排成圆形或方形　　　　B. 讨论座位的安排无主次之分
　　C. 评价指标不能太多、太复杂　　　D. 测评的指标应该具有针对性
　　E. 考官的位置应尽可能靠近被评价者

2012 年 5 月

单选

41. （　　）素质测评可以鉴定一个人是否具备某种素质以及具备的程度。
　　A. 选拔性　　　B. 考核性　　　C. 开发性　　　D. 诊断性

42. （　　）可以将不同类别、不同质的素质测评对象进行比较。
　　A. 等距量化　　B. 当量量化　　C. 类别量化　　D. 模糊量化

43. 下列关于心理素质的说法，不正确的是（　　）。
　　A. 心理素质控制和调节人的能力发挥
　　B. 心理素质属于素质测评体系的结构性要素
　　C. 心理素质包括智能素质、品德素质和文化素质
　　D. 心理素质从动态的角度反映了人的素质及其功能

44. 测评学习能力的最简单、有效的方法是（　　）。
　　A. 心理测验　　B. 面试法　　C. 投射技术　　D. 情境测验

45. （　　）是当前人员招聘面试发展的主流。
　　A. 结构化面试　B. 非结构化面试　C. 单独面试　　D. 一次性面试

46. 在面试过程中，面试考官不恰当的行为是（　　）。
　　A. 向应聘者澄清一些疑问　　　　B. 就某一问题充分发表自己的意见
　　C. 向应聘者提问，时间不宜过长　D. 向应聘者提供企业和岗位的信息

47. "假如现在让你做公司的财务总监，你会怎么做？"这类面试问题属于（　　）。
　　A. 背景性问题　B. 情境性问题　C. 思维性问题　D. 经验性问题

48. （　　）被认为是当代人力资源管理中识别有才能管理者的最有效工具。
　　A. 评价中心　　B. 面试　　　　C. 心理测试　　D. 笔试

49. 下列关于无领导小组讨论的说法，不正确的是（　　）。
　　A. 对评价者和测评标准的要求较高　B. 题目的质量影响测评的质量
　　C. 应聘者的表现易受同组成员影响　D. 被评价者的行为没有伪装的可能

多选

96. 人岗匹配包括（　　）。
　　A. 岗位与岗位之间相匹配　　　　B. 员工与员工之间相匹配

C. 工作报酬与员工贡献相匹配 　　　　D. 工作要求与员工素质相匹配

E. 工作报酬与员工学历相匹配

97. 员工测评标准体系的行为环境要素包括员工的(　　)。

　　A. 工作表现　　B. 所处环境　　C. 身体素质　　D. 心理素质

　　E. 工作业绩

98. 对员工素质测评结果进行文字描述,所需材料包括(　　)。

　　A. 测评手册　　B. 测评说明　　C. 测评示范　　D. 测评理论

　　E. 影响因素分析

99. 企业员工招聘的下列观点或行为,正确的有(　　)。

　　A. 简历能代表应聘者的素质　　B. 学历比工作经历更重要

　　C. 要给应聘者更多的表现机会　　D. 不要忽视求职者的个性特征

　　E. 要让应聘者更多地了解企业

100. 无领导小组讨论的特点包括(　　)。

　　A. 具有生动的人际互动效应　　B. 组织的成本较大,效率较低

　　C. 讨论过程真实,易于客观评价　　D. 被评价者难以掩饰自己的特点

　　E. 无法在被评价者之间产生互动

101. 无领导小组讨论的前期准备工作包括(　　)。

　　A. 编制题目　　B. 设计评分表　　C. 确定讨论小组　　D. 编制计时表

　　E. 选定设备器具

2011 年 11 月

单选

41. 反映被测者素质性质的员工素质测评方法是(　　)。

　　A. 定性测评　　B. 定量测评　　C. 静态测评　　D. 动态测评

42. 可以对不同类别或并不同质的素质测评对象进行量化的方法是(　　)。

　　A. 等距量化　　B. 当量量化　　C. 类别量化　　D. 模糊量化

43. 测评试题的含义模糊不清、似是而非的测评技术是(　　)。

　　A. 访谈技术　　B. FRC 技术　　C. 投射技术　　D. 问卷技术

44. 以近期记忆代替整个测评期间的全部表现,这属于员工素质测评的(　　)。

　　A. 晕轮效应　　B. 感情效应　　C. 近因误差　　D. 离散误差

45. (　　)是促使面试顺利进行的指导方针。

　　A. 面试问题　　B. 面试评估　　C. 面试指南　　D. 面试结果

46. 在面试过程中,面试考官应(　　)。

　　A. 多听多说　　B. 多听少说　　C. 少听多说　　D. 少听少说

47. 关于应聘者过去所做过的事情的问题属于( )。
    A. 背景性问题　　B. 知识性问题　　C. 思维性问题　　D. 经验性问题
48. 以下方法中,适合为那些经常需要人际沟通的岗位选拔员工的是( )。
    A. 案例分析　　B. 公文筐测试　　C. 管理游戏　　D. 无领导小组讨论
49. 不属于无领导小组讨论类型的是( )。
    A. 无情境讨论　　　　　　　　B. 指定角色的讨论
    C. 情境性讨论　　　　　　　　D. 指定主持人的讨论

多选

96. 员工素质测评的基本原理不包括( )。
    A. 个体差异原理　　B. 同素异构原理　　C. 工作差异原理　　D. 目标导向原理
    E. 人岗匹配原理
97. 员工测评标准体系的结构性要素包括( )。
    A. 身体素质　　B. 智能素质　　C. 技能素质　　D. 品德素质
    E. 文化素质
98. 员工素质测评的文字描述所需材料包括( )。
    A. 测评手册　　B. 测评说明　　C. 测评示范　　D. 标准说明
    E. 专家资格
99. 在面试过程中要理解肢体语言的含义,其中目光接触的典型含义包括( )。
    A. 友好　　B. 紧张　　C. 真诚　　D. 自信
    E. 冷淡
100. 结构化面试的开发不包括( )。
    A. 测评标准的开发　　　　　　B. 面试问题的设计
    C. 评分标准的确定　　　　　　D. 面试流程的优化
    E. 面试方法的选择
101. 关于无领导小组讨论评分表的设计,以下说法正确的有( )。
    A. 应从岗位分析中提取评价指标　　B. 评价指标不能太多
    C. 以确定测评品德指标为重点　　　D. 测评指标具有针对性
    E. 对每一测评指标制定量化标准

2011年5月

单选

41. ( )作为测量"人"的尺度,在员工与岗位之间架起了桥梁。
    A. 岗位分析　　B. 员工素质测评　　C. 岗位评价　　D. 员工绩效评价
42. 作为员工素质测评量化的主要形式,类别量化与模糊量化都可以看作是( )。

A. 当量量化 B. 二次量化 C. 等距量化 D. 比例量化

43. 员工素质测评标准体系的构成要素不包括( )。

A. 结构性要素 B. 行为环境要素 C. 时间性要素 D. 工作绩效要素

44. 若选用集中方式对员工进行素质测评,则测评时间应该选在( )。

A. 星期一 B. 星期三 C. 星期五 D. 周末

45. ( )又称为序列化面试。

A. 单独面试 B. 小组面试 C. 一次性面试 D. 情境面试

46. "您还有什么事项需要补充说明的?"这类题目一般用于面试实施过程的( )。

A. 结束阶段 B. 导入阶段 C. 核心阶段 D. 确认阶段

47. 在招聘人事专员的过程中,关于劳动人事制度和法令的面试题属于( )问题。

A. 背景性 B. 知识性 C. 思维性 D. 经验性

48. 无领导小组讨论中,一组被评人的数量为( )。

A. 3~5人 B. 6~9人 C. 5~15人 D. 5~10人

49. 无领导小组讨论中,( )问题是让被评价者在两种互有利弊的选项中选择其中的一种。

A. 排序选择型 B. 开放式 C. 资源争夺型 D. 两难式

多选

96. 选拔性员工素质测评的主要特点包括( )。

A. 强调测评的区分功能 B. 测评的过程强调客观性
C. 测评指标具有灵活性 D. 结果体现为分数或等级
E. 测评标准具有机动性

97. 员工素质测评指标的标度形式有( )。

A. 量词式 B. 等级式 C. 测定式 D. 定义式
E. 综合式

98. 员工素质测评指导语的内容主要包括( )。

A. 阐明测评与一般测验无差异 B. 员工素质测评的目的
C. 填表前的准备工作与填表要求 D. 举例说明填写的要求
E. 测评结果保密、处理及反馈

99. 面试中常见的问题有( )。

A. 面试目的不明确 B. 面试标准不具体
C. 面试缺乏系统性 D. 问题设计不合理
E. 面试考官存在偏见

100. 结构化面试要求面试考官( )。

A. 了解组织状况和岗位要求 B. 有丰富的社会工作经验
C. 掌握相关的人事测评技术 D. 具备丰富的心理学知识

E. 具有良好的个人品德修养
101. 无领导小组讨论的题目应具备（　　）等特性。
    A. 科学性　　　B. 实用性　　　C. 可行性　　　D. 易评性
    E. 复杂性

2010 年 11 月

单选

41. 某公司要给管理人员做培训,培训前先做了一个综合素质测评,这属于（　　）测试。
    A. 开发性　　　B. 诊断性　　　C. 考核性　　　D. 选拔性
42. （　　）是员工测评与选拔活动的中心和纽带。
    A. 设计测评表　　　　　　　　B. 确定测评者
    C. 选定测评方法　　　　　　　D. 设计测评与选拔标准体系
43. 学习能力测评的方式不包括（　　）。
    A. 面试　　　B. 投射测验　　　C. 心理测验　　　D. 情境测验
44. 处理员工素质测评结果的常用数理统计方法不包括（　　）。
    A. 集中趋势分析　　　　　　　B. 综合分析
    C. 离散趋势分析　　　　　　　D. 相关分析
45. 作为员工素质测评结果分析的一种方法,要素分析法不包括（　　）。
    A. 结构分析法　　　　　　　　B. 归纳分析法
    C. 对比分析法　　　　　　　　D. 曲线分析法
46. 应聘者一进入面试现场,面试官就觉得他不错,这种面试偏见属于（　　）。
    A. 晕轮效应　　B. 首因效应　　C. 对比效应　　D. 录用压力
47. "你好像不适合我们这里的工作,你看呢?"这属于结构化面试中的（　　）。
    A. 背景性问题　　　　　　　　B. 知识性问题
    C. 思维性问题　　　　　　　　D. 压力性问题
48. 作为一种招聘决策方法,群体决策法的特点不包括（　　）。
    A. 决策人员来源广泛　　　　　B. 运用运筹学的原理
    C. 决策的客观性较高　　　　　D. 运用相关分析的方法
49. 评价中心技术不包括（　　）。
    A. 案例分析　　B. 公文筐测试　　C. 无领导小组讨论　　D. 结构化面试

多选

96. 选拔性员工素质测评的特点包括（　　）。
    A. 强调测评的区分功能　　　　B. 测评标准刚性弱
    C. 测评指标具有灵活性　　　　D. 测评标准刚性强

E. 强调测评过程的客观性

97. 素质测评标准体系的横向结构包括( )。
   A. 测评内容　　　B. 行为环境要素　　C. 测评目标　　　D. 工作绩效要素
   E. 结构性要素

98. 员工素质测评的基本原理包括( )。
   A. 个体差异原理　B. 企业差异原理　　C. 人岗匹配原理　D. 行业趋同原理
   E. 工作差异原理

99. 员工测评指标的标度有( )等几类。
   A. 数量式　　　　B. 等级式　　　　　C. 定义式　　　　D. 量词式
   E. 综合式

100. 员工素质测评中,能力测评一般包括( )。
   A. 创造能力测评　B. 特殊能力测评　　C. 学习能力测评　D. 综合能力测评
   E. 一般能力测评

101. 员工素质测评前的准备工作包括( )。
   A. 制定测评方案　B. 组织测评小组　　C. 选择测评环境　D. 动员测评对象
   E. 收集必要资料

2010年5月

单选

41. 以摸清情况、了解测评对象的优势和不足为目的的员工素质测评类型是( )。
   A. 选拔性测评　　B. 考核性测评　　　C. 开发性测评　　D. 诊断性测评

42. ( )的对象一般具有明显的数量关系,量化后的数据直接提示了测评对象的实际特征。
   A. 一次量化　　　B. 二次量化　　　　C. 模糊量化　　　D. 类别量化

43. 员工素质测评体系的横向结构不包括( )。
   A. 结构性要素　　B. 行为环境要素　　C. 测评指标要素　D. 工作绩效要素

44. 在素质能力测评中,最常使用的差异量数是( )。
   A. 平均数　　　　B. 中位数　　　　　C. 标准误差　　　D. 标准差

45. 面试考官应提一些应聘者一般有所准备的、比较熟悉的题目的面试实施阶段是( )。
   A. 结束阶段　　　B. 导入阶段　　　　C. 核心阶段　　　D. 确认阶段

46. 面试考官根据面试开始阶段的感受对应聘者做出主观评价,这属于( )。
   A. 第一印象　　　B. 对比效应　　　　C. 晕轮效应　　　D. 录用压力

47. "你怎么连这么简单的问题都不懂?"这个问题属于( )。
   A. 压力性问题　　B. 知识性问题　　　C. 思维性问题　　D. 经验性问题

48. 在员工招聘中通常使用的群体决策法,其特点不包括( )。
    A. 决策人员的来源广泛   B. 提高了决策的主动性
    C. 决策人员不是唯一的   D. 运用了运筹学的原理
49. 以下对无领导小组讨论场地选定的表述,不正确的是( )。
    A. 座次安排无主次之分   B. 考场布置要求庄重,使人产生压力感
    C. 桌子排成圆形或方形   D. 环境要满足安静、宽敞、明亮等条件

多选

96. 员工素质测评标准表示的形式包括( )。
    A. 评语短句式   B. 客观语句式   C. 方向指示式   D. 专管提问式
    E. 设问提示式
97. 员工素质测评中的能力测评一般包括( )。
    A. 一般能力测评   B. 特殊能力测评   C. 思维能力测评   D. 学习能力测评
    E. 创造能力测评
98. 员工素质测评中,常用测评结果的分析方法有( )。
    A. 要素分析法   B. 相关分析法   C. 综合分析法   D. 曲线分析法
    E. 直线分析法
99. 行为描述面试的假设前提为( )。
    A. 属于一种特殊的结构化面试   B. 面试的问题都是行为性问题
    C. 过去行为最能预示未来行为   D. 说和做是截然不同的两码事
    E. 用以识别关键性的工作要求
100. 评价中心技术主要包括( )。
    A. 公文筐测验   B. 案例分析   C. 控制力测验   D. 管理游戏
    E. 无领导小组讨论
101. 无领导小组讨论中,评分者的观察要点包括( )。
    A. 发言内容   B. 发言形式   C. 发言情态   D. 发言影响
    E. 发言时间

2009 年 11 月

单选

41. ( )是以了解员工素质现状或查找问题根源为目的的测评。
    A. 选拔性测评   B. 考核性测评   C. 开发性测评   D. 诊断性测评
42. 在素质测评标准体系的设计中,( )是将需要测评的员工素质的要素分解,并列出相应的项目。
    A. 平面结构   B. 立体结构   C. 横向结构   D. 纵向结构

43. 在员工素质测评标准体系中,国家公务员的选拔标准属于( )。
    A. 效标参照性标准　　　　　　　　B. 能力考核性标准
    C. 常模参照性标准　　　　　　　　D. 素质考核性标准

44. 在相关分析中,$r=1.00$ 表示两组测评数据( )。
    A. 完全负相关　　B. 零相关　　C. 完全正相关　　D. 不确定

45. 员工素质测评结果的文字描述的主要内容不包括( )。
    A. 基本素质　　B. 技术水平　　C. 业务能力　　D. 健康状况

46. 在面试实施的( ),面试考官会进一步核对核心阶段所获得的信息。
    A. 结束阶段　　B. 导入阶段　　C. 提问阶段　　D. 确认阶段

47. 行为描述的假设前提是( )。
    A. 它是一种特殊的结构化面试　　　B. 所有的提问都是行为性问题
    C. 说和做是截然不同的两码事　　　D. 实质是识别关键性工作要求

48. 人事小组的测评成员不包括( )。
    A. 企业优秀员工代表　　　　　　　B. 招聘岗位的资深任职人员
    C. 人力资源管理人员　　　　　　　D. 招聘岗位所在部门的主管

49. 设计无领导小组讨论评分表时,评价指标应该控制在( )以内。
    A. 5个　　B. 10个　　C. 30个　　D. 40个

多选

96. 在同一类别的测评对象中,常常需要对其中诸素质测评对象进行深层次量化,其量化形式包括( )。
    A. 等距量化　　B. 比例量化　　C. 类别量化　　D. 模糊量化
    E. 顺序量化

97. 员工素质测评中特殊能力测评主要包括( )。
    A. 文书能力测评　　　　　　　　　B. 体育能力测评
    C. 操作能力测评　　　　　　　　　D. 学习能力测评
    E. 机械能力测评

98. 面试准备阶段的工作主要包括( )。
    A. 制定面试指南　　　　　　　　　B. 准备面试问题
    C. 确定评估方式　　　　　　　　　D. 培训面试考官
    E. 统计面试结果

99. 结构化面试问题的类型包括( )。
    A. 背景性问题　　　　　　　　　　B. 知识性问题
    C. 思维性问题　　　　　　　　　　D. 技能性问题
    E. 情境性问题

100. 评价中心的主要作用包括( )。

A. 用于选拔员工 B. 用于绩效考核
C. 用于培训诊断 D. 用于人事任免
E. 用于员工技能发展

101. 以下关于无领导小组讨论的说法,正确的是( )。
A. 测评指标应具有针对性
B. 面试场地的布置要肃穆,给人以压力感
C. 应从岗位分析中提取特定的评价指标
D. 考官和被测评者应该保持一定的距离
E. 被测评者以抽签的方式决定座位顺序

2009 年 5 月

单选

41. ( )具有测评标准刚性强、测评指标灵活等主要特点。
    A. 选拔性测评　　B. 考核性测评　　C. 开发性测评　　D. 诊断性测评
42. 量化对象具有明显数量关系的量化形式是( )。
    A. 一次量化　　　B. 二次量化　　　C. 类别量化　　　D. 模糊量化
43. 对被测评者的回答或反应不做任何限制的品德测评法是( )。
    A. 心理技术　　　B. FRC 技术　　　C. 投射技术　　　D. 问卷技术
44. 在素质测评的结果处理中,最常用的集中趋势量数为( )。
    A. 几何平均数和中位数　　　　　B. 算术平均数和中位数
    C. 几何平均数和标准差　　　　　D. 算术平均数和标准差
45. 面试考官应消除应聘者的紧张情绪,创造轻松、友好的氛围的面试实施阶段是( )。
    A. 关系建立阶段　B. 导入阶段　　　C. 核心阶段　　　D. 确认阶段
46. 从某一优点或者缺陷出发去评价应聘者的其他方面,这属于( )。
    A. 第一印象　　　B. 对比效应　　　C. 晕轮效应　　　D. 录用压力
47. "你好像不太适合我们这里的工作,你看呢?"这类问题属于( )。
    A. 压力性问题　　B. 知识性问题　　C. 思维性问题　　D. 经验性问题
48. ( )是从多角度对个体行为进行标准化评估的各种方法的总称。
    A. 评价中心　　　B. 管理中心　　　C. 控制中心　　　D. 学习中心
49. 以下不适合用无领导小组讨论进行人员选拔的岗位是( )。
    A. 人力资源主管　B. 技术研发人员　C. 销售部门经理　D. 公关部门经理

多选

96. 员工素质测评的主要原则包括( )。
    A. 客观测评与主观测评相结合　　B. 定性测评与定量测评相结合

C. 静态测评与动态测评相结合　　D. 素质测评与绩效测评相结合
E. 定期测评与随机测评相结合

97. 员工素质测评标准体系的横向结构包括(　　)。
A. 结构性要素　　　　　　　　B. 行为环境要素
C. 时间性要素　　　　　　　　D. 工作绩效要素
E. 空间性要素

98. 以下各项不属于素质测评中对员工进行分类的标准的是(　　)。
A. 道德分类标准　　　　　　　B. 调查分类标准
C. 数学分类标准　　　　　　　D. 性别分类标准
E. 能力分类标准

99. 以下属于面试中背景性问题的是(　　)。
A. 个人兴趣　　B. 家庭情况　　C. 法律常识　　D. 工作经历
E. 遗传病史

100. 行为描述面试的实质是(　　)。
A. 特殊的结构化面试　　　　　B. 面试所提问都是行为性问题
C. 识别关键性的工作要求　　　D. 用过去行为预测未来行为
E. 探测行为样本

101. 无领导小组讨论包括(　　)等多种类型。
A. 无情境性讨论　　　　　　　B. 不定角色的讨论
C. 情境性讨论　　　　　　　　D. 指定角色的讨论
E. 无主题讨论

专业能力部分

2014 年 5 月

案例分析题

某大型起重设备公司准备从基层生产工人中选拔一批班组长后备人选。人力资源部决定采用结构化面试方法对符合条件者进行甄选,选拔过程分两轮进行:第一轮是笔试,时间为 90 分钟,主要是围绕操作技能和班组管理等相关知识进行综合测试;第二轮是复试,主要是采用基于选拔性素质模型的结构化面试方法,对通过笔试的候选人进行测试。

请结合本案例,回答以下问题:

(1) 在结构化面试前,应如何构建选拔性素质模型?(10 分)

(2) 如何设计结构化面试的提纲？（8分）

2013年11月

简答题

在员工素质测评的准备阶段需要完成哪些具体工作？（16分）

2013年5月

案例分析题

某家电集团公司拟招聘地区销售主管若干名。人力资源部决定用群体决策法进行面试并确定录用人选，为此成立了由销售副总经理、人力资源部经理、集团销售部经理、地区资深销售主管4人组成的面试小组。表1是面试小组对甲、乙、丙、丁、戊等5名候选人的评定结果。

表1 评分结果汇总表

面试考官	候选人					权重(%)
	甲	乙	丙	丁	戊	
1. 销售副总经理	80	80	75	75	85	20
2. 人力资源部经理	85	80	80	75	85	25
3. 集团销售部经理	90	85	85	85	80	30
4. 地区资深销售主管	85	85	75	80	80	25
最终得分						—

请根据上述资料，回答以下问题：

(1) 什么是群体决策法？具有哪些特点？（6分）

(2) 请运用群体决策法从5名候选人中选出最适合的录用人选。（12分）

2012年11月

简答题

在设计无领导小组讨论试题时，应当聘请哪些专家进行评审，并咨询哪些问题？（16分）

2012年5月

案例分析题

某家电销售公司计划招聘3名地区经营部销售主管。人力资源部通过发布广告、简历筛选、资格审查、笔试等一系列工作,选拔出24名候选人。人力资源部将所有候选人分成3组,拟采用无领导小组讨论的方式,考查候选人的计划能力、决策能力、组织协调能力、人际影响力、团队合作能力和语言表达能力。

假如您是该公司人力资源部招聘主管,请结合本案例,回答以下问题:

(1) 请为本次招聘设计一个资源争夺型无领导小组讨论题目。(8分)

(2) 请设计一份"无领导小组讨论评分表"。(10分)

2011年11月

案例分析题

某计算机网络技术有限公司拟为下属分公司客户服务部招聘5名客户经理,主要负责公司网络产品的市场推广和客户服务工作。人力资源专家通过对现有客户经理绩优者的素质分析,得到了客户经理的胜任能力模型,如表1所示。

表1 客户经理的胜任能力模型

能力指标	指标解释
沟通能力	口头语言准确,能简洁地表达自己的思想;能根据表述内容和沟通对象的特点采取适当表达方式;在人际交往中,能通过各种途径和线索准确地把握和理解对方的意图,并使别人接纳自己的建议和想法
应变能力	在有压力的情境下(如发生没有预料到的不利于目标实现的事件),能够随机应变,及时做出正确的判断和处理
影响力	能够通过引导、劝诱、说服等方式影响他人,以赢得他人的支持
成就动机	富有挑战精神,能够为自己树立新的目标,并坚持不懈地采取一定的行动去实现目标

该公司人力资源部准备采用面试方法对应聘者进行甄选。面试分两轮进行,第一轮初试,由一位HR招聘专员对求职者进行面试,每人面试时间不超过20分钟,评价的内容包括仪表、言谈举止、亲和力、语言表达、性格气质、逻辑条理性等;第二轮复试,采用结构化面试方法,考官根据求职者的应答表现,对其相关胜任素质做出相应的评价。

请结合本案例,回答下列问题:

(1) 在实施面试过程中面试考官应当注意掌握哪些技巧?(9分)

(2) 为"应变能力"指标设计情境性面试问题和评分标准,填写在表2中。(11分)

表2 "应变能力"指标的情境性问题和评分标准表

情境性问题：			
等级	评分标准	分值	评定结果
A级（优）			
B级（良）			
C级（中）			
D级（差）			
总分			

2011年5月

案例分析题

某知名家用电器公司每年都要招聘一定数量的应届毕业生，该公司选拔人才时，通常用笔试与面试两种方式。第一轮面试采取一对一的方式，面试考官由具有一定经验并受过面试培训的部门经理担任。第二轮面试是30分钟的复试，面试考官由用人部门高层经理组成。在面试过程中，面试考官按照预定的方案向应聘者提问，应聘者按要求作答；随着讨论逐渐进入尾声，面试考官会给应聘者一定时间，由应聘者提几个自己关心的问题。面试结束后，面试考官会立即整理记录，根据应聘者回答问题的情况及总体印象做出最终评定。在复试过程中，面试考官通常提出以下5个问题：

（1）请问您在哪些单位实习过？
（2）您认为职业成功的评价标准是什么？
（3）我们发现您的知识与技能结构不太适合我们公司的要求，您怎么看这个问题？
（4）如果您的上司给您一项任务，您必须去寻找相关的信息才能完成，您会怎么做？
（5）请举一个例子，说明您如何兑现对他人的承诺。

请根据本案例，回答下列问题：
（1）该公司在复试阶段采用了哪种类型的面试？（2分）
（2）该公司在复试中提出的5个问题各属于哪种类型的面试题？（10分）
（3）上述提问方式具有哪些优点？（4分）

2010年11月

案例分析题

某地一家知名电子科技研发公司，每年都要从高等院校的MBA毕业生中选拔一批后备的管理人才。经过认真的研究，公司人力资源部决定通过资格审查和笔试等方法，按照一定比例进行人员筛选,然后采用无领导小组讨论的方式进行精选,最终挑选出符合岗位要求的候选人。公司人力资源部经理安排招聘专员小李提出一个具体的实施方案,并做好各项前期准备工作。

请结合本案例,回答以下问题:
(1) 在组织无领导小组讨论前应做好哪些准备工作?(12分)
(2) 在编制无领导小组讨论的题目时应当注意哪些问题?(8分)

2010年5月

简答题

在面试的实施过程中,一般可分为几个工作阶段?每个阶段的主要任务是什么?(15分)

2009年11月

简答题

简述企业实施员工素质测评的具体步骤和程序。(16分)

2009年5月

案例分析题

某大型汽车销售公司计划2009年底前在全国增设10个营销分部,拟从现有的销售分公司中选拔一批后备人才,经过业绩考评和主管领导推荐,公司人力资源部已经提出20名候选人。为了切实保证这次人才的选拔质量,公司领导要求,对初选出来的候选人进行一次全面的素质测评,测评内容包括战略管理、团队建设、自我意识、市场意识、领导技能等多项指标。

请您为领导技能指标设计一份含A、B、C、D四个等级的评分标准表。(15分)

2008年11月

案例分析题

某电子产品销售公司拟在本年度内为下属地区销售部招聘20名营销经理。公司人力资源部王经理对新招聘来的大学生小章说:"这项重要任务就交给你了,你先提出一个招聘方案吧!"小章是刚刚从一所知名大学人力资源管理专业毕业的本科生,他欣然接受了任务,一周以后,他设计了一份详细的招聘计划草案,送到了王经理的面前。

在小章所提交的招聘计划草案中,提出:营销经理的招聘工作分初选、细选和终选三个阶段完成;在根据应聘人员的简历、求职表和推荐信等资料进行初选的基础上,应当对候选人进行一次选拔性的素质测评,把这次素质测评作为第二阶段的主要任务,然后再采用面试、无领导小组讨论等方法选拔出最终候选人。

请根据本案例,回答以下问题:(每问10分)
(1) 您认为对应聘者进行选拔性素质测评,应当做好哪些准备工作?
(2) 对营销经理的团队管理能力进行测评时,需要把握哪些测评要素?

2008年5月

案例分析题

YJ集团是一家以房地产为主产业链的跨地区、跨行业、跨国经营的产业集团,公司创建于1993年5月,历经十几年的拼搏,现已形成房地产开发、建筑施工、教育后勤、物业管理等为一体的连锁化、整体化、系统化、全新规模化产业,位居全国大型企业集团千强之列。集团现有资产50亿元,员工2万余人,在北京、上海、武汉及浙江等全国8个省(市)已打造出一批堪称房产典范、建筑精品的标志性建筑。

该集团公司非常重视人才的选拔与培养,集团领导决定在公司内部建立一支培训队伍。人力资源部在公司内部发布公告后,马上就有40多名符合报名条件的人员报了名,如何从这40多名应聘者中选出符合条件的培训师?面试是不可或缺的,但除了面试,是否还可以考虑其他的选拔方法呢?如笔试、无领导小组讨论等。这些问题一直困扰着大家,特别是人力资源部主管招聘工作的张副经理。

请根据本案例,回答以下问题:
(1) 企业选聘培训师的基本标准是什么?(14分)
(2) 在组织面试中应该注意避免哪些常见问题?(10分)
(3) 如果采用无领导小组讨论,它具有哪些优势?(10分)

2007年11月

案例分析题

某通信公司是一家正在高速发展的公司,由于市场份额不断扩大,人手不足,导致大量有价值的客户严重流失,人才短缺已经成为公司发展的主要障碍。因此,公司非常重视员工的选聘与培训工作。

该公司对应届毕业生特别是重点院校毕业生的招募给予足够的关注。公司人力资源部经理陈先生解释说,在重点高校招人,优秀学生的比例会更高,更有利于公司选聘到一流人才。针对大学生的选拔方法包括笔试、面试等。笔试包括三部分:能力测试、英文测试和专业技能测试。此外,公司研发部门的选拔还要求应聘者就某个技术问题做专题报告,并请公司资深科研人员进行评审,以考查其专业功底;对于申请公司其他部门的同学,则无需进行该项选拔程序。

面试分两轮。第一轮为初试,采取一对一面试,面试考官通常是有一定经验并受过专门培训的部门经理。通过第一轮面试的学生,该公司将出资请他们到外地的公司总部参加最后一轮面试。为了表示公司对应聘学生的诚意,公司除了提供免费往返机票外,还将面试全过程安排在一家四星级酒店进行。第二轮为复试,大约需要60分钟,面试考官至少有3人,由经过培训的各部门高层经理组成。面试的具体过程是:第一,相互介绍并营造轻松交流的氛围,为面试的实质阶段进行铺垫;第二,面试考官按照预定的方案向应聘者提问,应聘者按要求作答;第三,随着讨论问题的减少,在适当的时机将面试引向尾声,这时面试考官会给应聘者一定时间,由应聘者向考官提几个自己关心的问题;第四,面试结束后,面试人员立即整理记录,根据应聘者回答问题的情况及总体印象做出评定。

在第二轮复试中,考官提出了若干问题,例如:

(1) 请问你在哪些单位实习过?

(2) 你认为职业成功的评价标准是什么?

(3) 如果你的上司分配给你一项任务,你必须去寻找相关信息才能完成,你会怎么做?

(4) 请你举一个例子,说明你的一项有创意的建议曾对一项计划的成功起到了重要的作用。

请根据案例,回答以下问题:

(1) 该公司的人员选拔方法有哪些优点?(12分)

(2) 该公司采取的是什么复试方法?复试中提出的4个问题分别属于哪种类型的问题?采用这样的提问方式有哪些优点?(10分)

2007年5月

案例分析题

PS计算机网络技术有限公司是一家专门从事软件开发、电子商务、系统集成、计算机产品代理销售的IT高新企业。最近,PS公司招聘客户经理,主要从事网络产品的推广工作,工作中需要与客户进行沟通。该公司准备采用面试方法对应聘者进行甄选。面试分两轮进行。第一轮初试,由一位HR招聘专员对求职者进行面试,每人面试时间为10~15分钟,测评指标如下:仪表良好,言谈举止得体,具有亲和力,普通话标准,性格开朗,对岗位了解,逻辑条理清晰。第二轮复试,采用结构化面试方法,考官根据求职者的应答表现,对其相关胜任素质做出相应的评价。该职位有一重要的能力指标为沟通能力,对该指标的说明如表1所示。

表1 沟通能力指标说明

能力指标	指标说明
沟通能力	语言简洁,能准确地表达自己的思想;能根据表述内容和沟通对象的特点采取适当的表达方式;在人际交往中,能通过各种途径和线索准确地把握和理解对方的意图,并使别人接纳自己的建议和想法

(1) 在面试实施过程中应注意掌握哪些技巧？（10分）

(2) 根据上述资料,为沟通能力指标设计一个面试提问和评分标准。（10分）

理论知识部分的参考答案及注释

2014年5月

单选

41. 答案:A

解析:员工素质测评分为四类：

(1) 选拔性测评,指以选拔优秀员工为目的的测评。①强调测评的区分功能,即要把不同素质、不同水平的人区别开来；②测评标准刚性强,即测评标准应该精确,不能使人含糊不解；③测评过程强调客观性,即尽可能实现测评方法的数量化和规范化；④测评指标具有灵活性；⑤结果体现为分数和等级。

(2) 开发性测评,指以开发员工素质为目的的测评。为摸清情况,了解测评对象在哪些方面有优势和存在不足,从而为测评对象指出努力方向,为组织提供开发依据。

(3) 诊断性测评,指以了解现状或者查找根源为目的的测评。①测评内容或者十分精细,或者全面广泛；②结果不公开；③有较强的系统性。

(4) 考核性测评,指以鉴定或者验证某种素质是否具备以及具备的程度为目的的测评。①要具概括性；②要求结果有较高的信度与效度。

42. 答案:A

解析:素质测评标准体系由三个要素组成：

(1) 标准。测评标准体系的内在规定性,表现为各种素质规范化行为特征或表征的描述与规定。

(2) 标度。对标准的外在形式划分,表现为对素质行为特征或表现的范围、强度和频率的规定。

①量词式。用一些带有程度差异的形容词、副词、名词等修饰的词组刻画与揭示有关测评标志状态、水平变化与分布的情形。（多—较多——一般—较少—少）

②等级式。用一些等级顺序明确的字词、字母或数字揭示测评标志状态、水平变化的刻度形式。(优—良—中—差;甲—乙—丙—丁;A—B—C—D)

③数量式。以分数来揭示测评标志水平变化的一种刻度。

④定义式。用许多字词规定各个标志的范围与级别差异。

⑤综合式。综合上述两种或更多的标度形式来揭示测评标志不同状态与水平变化的情况。

(3) 标记。对应不同标度的符号表示,通常用字母 ABC、汉字甲乙丙或数字 123 来表示。标记没有独立意义,只有当它们与相应强度或频率的标度相联系时才有意义。

43. 答案:D

解析:测评标准体系的类型分为效标参照性标准体系和常模参照性指标体系。①效标参照性标准体系:依据测评内容与测评目的而形成的测评标准体系,一般是对测评对象内涵的直接描述或诠释。与测评客体本身无关,标准客观绝对。②常模参照性指标体系:通过对测评客体外延的比较而形成的测评标准体系。与测评客体直接相关,标准主观相对,是由参加选拔的所有候选人的一般水平决定的。

44. 答案:B

解析:企业员工素质测评的具体实施一共分为四个阶段,分别是准备阶段、实施阶段、测评结果调整和综合分析测评结果。其中,测评的实施阶段是测评小组对被测评对象进行测评、获取素质能力数据的过程,它是整个测评过程的核心。

45. 答案:D

解析:准备阶段分为三个大步骤:

(1) 收集必要的材料。

(2) 组织强有力的测评小组。对测评人员的具体要求是:①坚持原则,公正不偏;②有主见,善于独立思考;③有一定的测评工作经验;④有一定的文化水平;⑤有事业心,不怕得罪人;⑥作风正派,办事公道;⑦了解被测评对象的情况。

(3) 制定测评方案。①确定被测评对象范围和测评目的;②设计和审核员工素质能力测评的指标与参考标准;③编制或修订员工素质能力测评的参照标准;④选择合理的测评方法。

46. 答案:D

解析:面试中的五个常见问题是:

(1) 面试目的不明确。

(2) 面试标准不具体。

(3) 面试缺乏系统性。

(4) 面试问题设计不合理。

(5) 面试考官的偏见。①第一印象(首因效应);②对比效应;③晕轮效应(以点代面);④与我相似心理;⑤录用压力。

47. 答案:D

解析:面试考官的偏见包括:①第一印象(首因效应)。面试考官根据开始几分钟,甚至是面试前从资料中得到的印象对应聘者做出评价。②对比效应。即面试考官相对于前一个接受面试的应聘者来评价目前正在接受面试的应聘者而产生的效应。③晕轮效应(以点代面)。从某一优点或缺陷出发去评价应聘者的其他方面。④与我相似心理。⑤录用压力。

48. 答案:D

解析:无领导小组讨论是评价中心方法的主要组成部分,由一定数量(6~9人)的一组被评人,在规定时间内(约1小时)就给定的问题进行讨论,讨论中各个成员处于平等的地位,并不指定小组的领导者或主持人。

评价中心是从多角度对个体行为进行标准化评估的各种方法的总称,主要包括无领导小组讨论、公文筐测验、案例分析、管理游戏等。

49. 答案:B

解析:无领导小组讨论题目设计的步骤是:

(1) 选择题目类型。

(2) 编写试题初稿。①团队合作;②广泛收集资料:与人力资源部门沟通;与直接上级沟通;查询相关信息。

(3) 进行试题复查。

(4) 聘请专家审查。①题目是否与实际工作相联系,能否考查出被评价者的能力;②资源争夺型问题或两难式问题的案例是否能平衡;③题目是否需要继续修改、完善。

(5) 组织进行测试。①题目的难度;②平衡性。

(6) 反馈、修改和完善。①参与者的意见;②评分者的意见;③统计分析的结果。

多选

96. 答案:ACDE

解析:员工素质测评分为四类:

(1) 选拔性测评,指以选拔优秀员工为目的的测评。①强调测评的区分功能,即要把不同素质、不同水平的人区别开来;②测评标准刚性强,即测评标准应该精确,不能使人含糊不解;③测评过程强调客观性,即尽可能实现测评方法的数量化和规范化;④测评指标具有灵活性;⑤结果体现为分数和等级。

(2) 开发性测评,指以开发员工素质为目的的测评。为摸清情况,了解测评对象在哪些方面有优势和存在不足,从而为测评对象指出努力方向,为组织提供开发依据。

(3) 诊断性测评,指以了解现状或者查找根源为目的的测评。①测评内容或者十分精细,或者全面广泛;②结果不公开;③有较强的系统性。

(4) 考核性测评,指以鉴定或者验证某种素质是否具备以及具备的程度为目的的测评。①要具概括性;②要求结果有较高的信度与效度。

97. 答案:ABCE

解析:FRC品德测评法是用计算机辅助分析事实报告的考核性品德测评方法。其基本思路是借助计算机分析技术,从个体品德结构要素中确定一些基本要素,再从基本要素中选择一些表征行为和事实,然后要求被测者就自己是否具备这些表征行为与事实予以报告。报告方式可以是个别谈话,也可以是集体问卷。将每个人所表征的行为事实存储起来,用计算机进行分析并做出定性与定量评定。

98. 答案:ABDE

解析:测评指导语包括以下内容:①员工素质测评的目的;②强调测评与测验考试的不同;③填表前的准备工作和填表要求;④举例说明填写要求;⑤测评结果的保密、处理和反馈。

99. 答案:ABCD

解析:背景性问题包括个人背景、家庭背景、教育背景、工作背景等方面的问题,如个人兴趣爱好、家庭一般情况、在什么企业工作过。

100. 答案:ABCD

解析:构建选拔性素质模型分为五个步骤:①组建测评小组,测评小组应包含公司高层管理人员、人力资源管理人员、招聘岗位所在部门的主管、招聘岗位的资深任职者,并对测评小组实施培训;②从招聘岗位的优秀任职人员中选出一定的人员组成测验样本;③对测验样本进行人格测验,总结各个被测人员的组织特征;④将测评结果进行综合,列出招聘岗位选拔性素质表;⑤将岗位选拔性素质表中的各个素质进行分级,绘制选拔性素质线,构建选拔性素质模型。

101. 答案:ABCE

解析:无领导小组讨论的缺点有:①题目的质量影响测评的质量;②对评价者和测评标准的要求较高;③应聘者的表现易受同组其他成员影响;④被评价者的行为仍然有伪装的可能性。

2013年11月

单选

41. 答案:D

解析:员工素质测评分为四类:①选拔性测评,指以选拔优秀员工为目的的测评。②开发性测评,指以开发员工素质为目的的测评。为摸清情况,了解测评对象在哪些方面有优势和存在不足,从而为测评对象指出努力方向,为组织提供开发依据。③诊断性测评,指以了解现状或者查找根源为目的的测评。④考核性测评,指以鉴定或者验证某种素质是否具备以及具备的程度为目的的测评。

42. 答案:A

解析:员工素质测评量化技术包括一次量化、二次量化等多种形式。

(1) 一次量化。又称实质量化,是指对素质测评的对象进行直接的定量刻画且素质测评的量化过程可以一次性完成。一次量化的对象一般具有明显的数量关系,量化后的数据直接提示了测评对象的实际特征。

(2) 二次量化。又称形式量化,是指对素质测评的对象进行间接的定量刻画且素质测评的量化过程要分两次计量才能完成。量化对象一般没有明显的数量关系,但具有质量或程度差异的素质特征。第一次量化是纵向量化分权重,第二次量化是横向量化打评分。

43. 答案:C

解析:投射技术的特点包括:①测评目的的隐蔽性。②内容的非结构性与开放性。试题的含义是模糊不清的、似是而非的。一般来说,试题的结构性越弱、限制越少,就越能引发被测评者的内心。③反应的自由性。在投射技术中,一般对被测评者的回答或反应不做任何限制,完全是自由的反应。

44. 答案:D

解析:学习能力测评方式包括心理测验、面试、情境测验等,其中最简单、有效的是心理测验,具体的应用形式是笔试。

45. 答案:D

解析:测评结果分析方法包括:①要素分析法(结构分析法、归纳分析法和对比分析法);②综合分析法;③曲线分析法。

46. 答案:A

解析:面试考官的偏见包括:①第一印象(首因效应)。即面试考官根据开始几分钟的甚至是面试前从资料中得到的印象对应聘者做出评价。②对比效应。即面试考官相对于前一个接受面试的应聘者来评价目前正在接受面试的应聘者的倾向。③晕轮效应(以点代面)。即从某一优点或缺陷出发去评价应聘者的其他方面。④与我相似心理。⑤录用压力。

47. 答案:A

解析:结构化面试问题的类型一共有七类:①背景性问题,包括个人背景、家庭背景、教育背景、工作背景等;②知识性问题,指与应聘岗位相关的基本知识;③思维性问题,旨在考查应聘者的理解、分析、辨别、综合、评价和推断的能力;④经验性问题,指关于应聘者过去做过的事情的问题;⑤情境性问题,指将应聘者置于一个假设的情境之中,让其设想一下自己在这样的情境下会怎样做;⑥压力性问题,指将应聘者置于一个充满压力的情境中,观察其反应,以对其情绪稳定性、应变能力等进行考查;⑦行为性问题,它是围绕与工作相关的关键胜任能力来提问的,要求应聘者讲述一些关键的行为事例,面试考官对这些事件进行记录,并从中提取应聘者的胜任特征。

48. 答案:C

解析:群体决策法的特点如下:①决策人员的来源广泛,使得企业能从不同角度对应聘者进行评价,比较全面;②决策人员不唯一,提高了招聘决策的客观性;③运用运筹学原理,提高了招聘决策的科学性和有效性。

49．答案：B

解析：设计无领导小组讨论评分表时，有以下要求：①应从岗位分析中提取特定的评价指标；②评价指标不能太多、太复杂，通常应将评价指标控制在 10 个以内，否则测评者无法在短时间内准确给出评判；③确定各能力指标在整个能力指标中的权重及其所占分数，然后根据优、良、中、差四个等级分配分值。

多选

96．答案：ABC

解析：素质测评标准体系由三个要素组成：①标准。测评标准体系的内在规定性，表现为各种素质规范化行为特征或表征的描述与规定。②标度。对标准的外在形式划分，表现为对素质行为特征或表现的范围、强度和频率的规定。③标记。对应不同标度的符号表示，通常用字母 ABC、汉字甲乙丙或数字 123 来表示。标记没有独立意义，只有当它们与相应强度或频率的标度相联系时才有意义。

97．答案：ACE

解析：特殊能力测评主要是指对某些行业、组织和岗位特定能力的测评，具有专业特色与要求。它主要包括文书能力测试、操作能力测试和机械能力测试。

98．答案：ACD

解析：测评结果处理的常用分析方法有：①集中趋势分析，主要量数是算术平均数和中位数。②离散趋势分析，最常使用的差异量数是标准差。③相关分析，$r=1$，完全正相关；$r=-1$，完全负相关；$r=0$，零相关。④因素分析。

99．答案：ABD

解析：背景性问题包括个人背景、家庭背景、教育背景、工作背景等方面的问题，如个人兴趣爱好、家庭一般情况、在什么企业工作过。

100．答案：AE

解析：无领导小组讨论法运用松散群体讨论的形式，快速诱发人们的特定行为，并通过对这些行为的定性描述、定量分析以及人际比较来判断被评价者的个性特征。它属于评价中心方法中的一种，而评价中心具备三个方面的作用：选拔员工、培训诊断和员工技能发展。一般情况下，无领导小组讨论都要进行录像，然后评价人员根据录像内容进行评分。

101．答案：ACDE

解析：设计无领导小组讨论评分表时需要注意：①应从岗位分析中提取特定的评价指标，具有针对性，符合所招聘岗位的要求；②评价指标不能太多、太复杂，通常应将评价指标控制在 10 个以内，否则测评者无法在短时间内准确给出评判；③确定各能力指标在整个能力指标中的权重及其所占分数，然后根据优、良、中、差四个等级分配分值。

选定场地时注意考场布置整体要求庄重得体、朴素大方，不能让人产生压力感。考桌一般排成圆形或者方形。座位顺序以抽签方式决定。

2013 年 5 月

单选

41. 答案：C

解析：员工素质测评的基本原理是：①个体差异原理。人的素质有差异，这种差异是客观存在的。造成差异的因素是多方面的，既有先天的因素，也有后天的自然、社会因素。②工作差异原理。企业职位在工作任务、责任上有差异。③人岗匹配原理。根据人适其事、事宜其人的原则，做到人尽其才、物尽其用。

42. 答案：D

解析：选拔性测评是以选拔优秀员工为目的的测评。①强调测评的区分功能，即要把不同素质、不同水平的人区别开来；②测评标准刚性强，即测评标准应该精确，不能使人含糊不解；③测评过程强调客观性，即尽可能实现测评方法的数量化和规范化；④测评指标具有灵活性；⑤结果体现为分数和等级。

43. 答案：C

解析：布卢姆的教育认知目标分类学把认识目标由低到高分为六个层次，各层次体现了不同的知识要求。六个认知测评层次是：①知识，要求应试者对知识的记忆，是认知目标的最低层次。②理解，要求应试者对知识的叙述、解释、归纳。③应用，要求应试者对概念、原理、法则加以应用，测评应试者应用知识解决问题的能力。④分析，要求应试者把某一事实材料分解成若干组成部分，再阐述它们之间的内在联系，测评应试者分析问题的能力。⑤综合，要求应试者对各部分、各要素重新组合成一个更合理的新的整体，测评应试者创造性地解决问题的能力。⑥评价，要求应试者对某个结论、某种方法做出较深刻的理性判断，是在内在证据和外部标准基础上的逻辑推断。这是认知目标的最高层次。

44. 答案：B

解析：描述集中趋势的量数，在数理统计中叫集中量数，其功用有二：①它是一组数据的代表值，用来说明一组数据全貌的一个方面的特征；②可以用来进行组间比较。最常使用的集中趋势量数有算术平均数和中位数。

45. 答案：A

解析：员工素质测评的准备阶段分为三个大步骤：

(1) 收集必要的材料。

(2) 组织强有力的测评小组。对测评人员的具体要求是：①坚持原则，公正不偏；②有主见，善于独立思考；③有一定的测评工作经验；④有一定的文化水平；⑤有事业心，不怕得罪人；⑥作风正派，办事公道；⑦了解被测评对象的情况。

(3) 制定测评方案。①确定被测评对象范围和测评目的；②设计和审核员工素质能力测评的指标与参考标准；③编制或修订员工素质能力测评的参照标准；④选择合理的测评方法。

46. 答案:D

解析:结构化面试问题的类型一共有七类:①背景性问题,包括个人背景、家庭背景、教育背景、工作背景等;②知识性问题,指与应聘岗位相关的基本知识;③思维性问题,旨在考查应聘者的理解、分析、辨别、综合、评价和推断的能力;④经验性问题,指关于应聘者过去做过的事情的问题;⑤情境性问题,指将应聘者置于一个假设的情境之中,让其设想一下自己在这样的情境下会怎样做;⑥压力性问题,指将应聘者置于一个充满压力的情境中,观察其反应,以对其情绪稳定性、应变能力等进行考查;⑦行为性问题,它是围绕与工作相关的关键胜任能力来提问的,要求应聘者讲述一些关键的行为事例,面试考官对这些事件进行记录,并从中提取应聘者的胜任特征。

47. 答案:D

解析:评价中心是从多角度对个体行为进行标准化评估的各种方法的总称,主要包括无领导小组讨论、公文筐测验、案例分析、管理游戏等。

评价中心具备三个方面的作用:选拔员工、培训诊断和员工技能发展。

48. 答案:D

解析:无领导小组讨论题目的类型分为:①开放式,如"好的管理者应具备哪些素质?";②两难式,如"在企业中,好的管理者应更重公平,还是更重效率?";③排序选择型,大多数企业招聘采用这种题型,通常以情景模拟的形式出现;④资源争夺型;⑤实际操作型。

49. 答案:B

解析:无领导小组讨论题目设计的步骤是:

(1) 选择题目类型。

(2) 编写试题初稿。①团队合作;②广泛收集资料:与人力资源部门沟通;与直接上级沟通;查询相关信息。

(3) 进行试题复查。

(4) 聘请专家审查。①题目是否与实际工作相联系,能否考查出被评价者的能力;②资源争夺型问题或两难式问题的案例是否能平衡;③题目是否需要继续修改、完善。

(5) 组织进行测试。①题目的难度;②平衡性。

(6) 反馈、修改和完善。①参与者的意见;②评分者的意见;③统计分析的结果。

多选

96. 答案:ACE

解析:诊断性测评是以了解现状或者查找根源为目的的测评。①测评内容或者十分精细,或者全面广泛;②结果不公开;③有较强的系统性。

97. 答案:ACE

解析:品德测评法包括:①FRC品德测评法。它是用计算机辅助分析事实报告的考核性品德测评方法。②问卷法。采用问卷测验形式测评品德是一种实用、方便、高效的方法。具有代表性的有卡特尔16因素个性问卷(16PF)、艾森克个性问卷(EPQ)、明尼苏达多相个性问卷(MMPI)。③投射技术。

98. 答案:ABCE

解析:员工素质测评中,能力测试的类型主要有:①一般能力测评。分为个别智力测验和团体智力测验。②特殊能力测评。具有专业特色与要求,主要包括文书能力测试、操作能力测试和机械能力测试。③创造能力测评。比较著名的三个创造能力测评是指托兰斯创造性思维测评、威廉斯创造力测评和吉尔福德智力结构测评。④学习能力测评。方式包括心理测评、面试、情境测评等,其中最简单、有效的是心理测评,具体的应用形式是笔试。

99. 答案:ABCDE

解析:员工素质测评指导语包括以下内容:①员工素质测评的目的;②强调测评与测验考试的不同;③填表前的准备工作和填表要求;④举例说明填写要求;⑤测评结果的保密和处理,测评结果反馈。

100. 答案:BCD

解析:面试的发展趋势有:①形式丰富多彩;②结构化面试成为主流;③提问的弹性化;④测评的内容不断扩展;⑤考官的专业化;⑥理论和方法不断发展。

101. 答案:ABCD

解析:无领导小组讨论的优点有:①具有生动的人际互动效应;②能在被评价者之间产生互动;③讨论过程真实,易于客观评价;④被评价者难以掩饰自己的特点;⑤测评效率高。

它的缺点是:①题目的质量影响测评的质量;②对评价者和测评标准的要求较高;③被评价者的表现易受同组其他成员影响;④被评价者的行为仍然有伪装的可能性。

2012年11月

单选

41. 答案:C

解析:静态测评是指对被测评者已形成的素质水平的分析评判,它是以相对统一的测评方法在特定的时空下进行测评,不考虑素质前后的变化。静态测评的优点在于便于横向比较,可以看清被测评者之间的相互差异以及是否达到某种标准,但缺点是忽视了被测评者的原有基础与今后的发展趋向。

动态测评是根据素质形成与发展的过程而不是结果进行的素质测评,是从前后的变化情况而不是当前所达到的标准进行的素质测评。动态测评有利于了解被测评者素质的实际水平,有利于指导、激发被测评者的进取精神,但缺点是被测评者的测评结果不便于相互比较。

42. 答案:D

解析:标度:对标准的外在形式划分,表现为对素质行为特征或表现的范围、强度和频率的规定。

(1) 量词式。用一些带有程度差异的形容词、副词、名词等修饰的词组刻画与揭示有关测评标志状态、水平变化与分布的情形。（多—较多——般—较少—少）

(2) 等级式。用一些等级顺序明确的字词、字母或数字揭示测评标志状态、水平变化的刻度形式。（优—良—中—差；甲—乙—丙—丁；A—B—C—D）

(3) 数量式。以分数来揭示测评标志水平变化的一种刻度。

(4) 定义式。用许多字词规定各个标志的范围与级别差异。

(5) 综合式。综合上述两种或更多的标度形式来揭示测评标志不同状态与水平变化的情况。

43. 答案：C

解析：投射技术是起源于临床心理学和精神病治疗法的品德测评方法。广义的投射技术是指那些把真正的测评目的加以隐蔽的一切间接测评技术。狭义的投射技术是指把一些无意义的、模糊的、不确定的图形、句子、故事、动画片、录音、哑剧等呈现在被测评者面前，不给任何提示、说明或要求，然后问被测评者看到、听到或想到什么。

投射技术的特点包括：①测评目的具隐蔽性；②内容具非结构性与开放性；③反应具自由性。

44. 答案：C

解析：引起测评结果误差的原因有：①测评指标体系和参照标准不明确。②晕轮效应。亦称以点概面效应，由于某人某方面特征明显，使测评人员容易产生清晰、明显的错觉，从而忽视其他的品质和特征，做出片面的判断。③近因误差。指测评人员以被测对象近期的表现代替整个测评时期的全部实际表现，导致测评结果产生的误差。④感情效应。测评人员与被测对象之间的关系影响了测评结果。⑤测评人员训练不足。

45. 答案：A

解析：相关分析的情况有三种：$r=1$，完全正相关；$r=-1$，完全负相关；$r=0$，零相关。

46. 答案：C

解析：面试考官的偏见包括：①第一印象（首因效应）。即面试考官根据开始几分钟，甚至是面试前从资料中得到的印象对应聘者做出评价。②对比效应。即面试考官相对于前一个接受面试的应聘者来评价目前正在接受面试的应聘者的倾向。③晕轮效应（以点代面）。即从某一优点或缺陷出发去评价应聘者的其他方面。④与我相似心理。⑤录用压力。

47. 答案：C

解析：结构化面试问题的类型一共有七类：①背景性问题。包括个人背景、家庭背景、教育背景、工作背景等。②知识性问题。指与应聘岗位相关的基本知识。③思维性问题。旨在考查应聘者的理解、分析、辨别、综合、评价和推断的能力。④经验性问题。指关于应聘者过去做过的事情的问题。⑤情境性问题。指将应聘者置于一个假设的情境之中，让其设想一下自己在这样的情境下会怎样做。⑥压力性问题。指将应聘者置于一个充满压力的情境中，观察其反应，以对其情绪稳定性、应变能力等进行考查。⑦行为性问题。它是围绕与工作相关的关键胜任能力来提问的,要求应聘者讲述一些关键的行为事例,面试考官对这些事件进行记录,并从中提取应聘者的胜任特征。

48．答案:D

解析:无领导小组讨论具有生动的人际互动效应。针对小组要讨论的题目,各被评价者需要从与他人的沟通中得到信息并表现自己。这种交叉讨论、频繁互动的过程有利于评价者从整个讨论过程捕捉被评价者的语言表达能力、人际影响力、领导风格等。因此,无领导小组讨论适用于那些经常需要人际沟通的岗位员工的选拔,例如人力资源部主管、销售部经理等。

49．答案:B

解析:无领导小组讨论具有生动的人际互动效应。针对小组要讨论的题目,各被评价者需要从与他人的沟通中得到信息并表现自己。这种交叉讨论、频繁互动的过程有利于评价者从整个讨论过程捕捉被评价者的语言表达能力、人际影响力、领导风格等。因此,无领导小组讨论适用于那些经常需要人际沟通的岗位员工的选拔,例如人力资源部主管、销售部经理等。

多选

96．答案:BD

解析:员工素质测评的基本原理是:①个体差异原理。人的素质有差异,这种差异是客观存在的。造成差异的因素是多方面的,既有先天的因素,也有后天的自然、社会因素。②工作差异原理。企业职位在工作任务、责任上有差异。③人岗匹配原理。根据人适其事、事宜其人的原则,做到人尽其才、物尽其用。

97．答案:ACDE

解析:员工素质测评分为四类:①选拔性测评。指以选拔优秀员工为目的的测评。②开发性测评。指以开发员工素质为目的的测评。为摸清情况,了解测评对象在哪些方面有优势和存在不足,从而为测评对象指出努力方向,为组织提供开发依据。③诊断性测评。指以了解现状或者查找根源为目的的测评。④考核性测评。指以鉴定或者验证某种素质是否具备以及具备的程度为目的的测评。

98．答案:BC

解析:在员工素质测评实施步骤的第四步"综合分析测评结果"中有三种结果表述:①测评结果的描述,可以用数字描述、文字描述;②对员工进行分类的标准有调查分类标准和数学分类标准;③测评结果分析方法包括要素分析法(结构分析法、归纳分析法和对比分析法)、综合分析法和曲线分析法三种方法。

99．答案:ABD

解析:面试考官应掌握的面试实施技巧包括:①充分准备;②灵活提问;③多听少说;④善于提取要点;⑤进行阶段性总结;⑥排除各种干扰;⑦不要带个人偏见;⑧在倾听时注意思考;⑨注意肢体语言沟通。

100. 答案:DE

解析:由于企业外部环境的变化和企业本身的发展,企业对任职者的要求发生变化,需要对选拔性素质模型进行调整,对结构化的面试进行开发。

结构化面试的开发包括:①测评标准的开发;②结构化面试问题的设计;③评分标准的确定。

101. 答案:ABCD

解析:设计无领导小组讨论评分表时需要注意:①应从岗位分析中提取特定的评价指标,具有针对性,符合所招聘岗位的要求;②评价指标不能太多、太复杂,通常应将评价指标控制在10个以内,否则测评者无法在短时间内准确给出评判;③确定各能力指标在整个能力指标中的权重及其所占分数,然后根据优、良、中、差4个等级分配分值。

选定场地时注意考场布置整体要求庄重得体、朴素大方,不能让人产生压力感。考桌一般排成圆形或者方形。座位顺序以抽签方式决定,无主次之分。考官与被测评者应保持一定距离,以减轻被测评者的心理压力。

2012年5月

单选

41. 答案:B

解析:选拔性测评:指以选拔优秀员工为目的的测评。

开发性测评:指以开发员工素质为目的的测评,可以为人力资源开发提供依据。

诊断性测评:指以了解现状或者查找根源为目的的测评。

考核性测评:又称鉴定性测评,指以鉴定或者验证某种素质是否具备以及具备的程度为目的的测评,它经常穿插在选拔性测评中。

42. 答案:B

解析:当量量化实际上也是近似的等值技术。当量量化常常是一种主观量化形式,其作用是把不同类别、不同质的素质测评对象量化,使之能够相互比较和进行数值综合。

43. 答案:D

解析:心理素质主要包括智能素质、品德素质、文化素质等,这三个方面相互作用,共同形成内在的精神动力,控制和调节着员工能力的发挥程度与效率。它是素质测评体系的横向结构中的结构性要素。

结构性要素从静态的角度来反映员工素质及其功能行为的构成。

44. 答案:A

解析:测评学习能力的方法包括心理测验、面试、情境测验等,其中最简单有效的方法是心理测验,具体的应用形式是笔试。

45. 答案:A

解析：面试的发展趋势是：①形式丰富多彩；②结构化面试成为主流；③提问弹性化；④测评的内容不断扩展；⑤考官专业化；⑥理论和方法不断发展。

46．答案：B

解析：在面试过程中，面试考官应多听少说。一般而言，面试考官的提问时间不宜过长，可以向应聘者提问，了解应聘者的工作经历和取得的业绩，澄清某些疑问，向应聘者提供关于企业和岗位的信息，回答应聘者提出的问题。在应聘者回答问题时，面试考官应该全神贯注地倾听，不要发表任何结论性意见。

47．答案：B

解析：结构化面试问题的类型有：①背景性问题，包括个人背景、家庭背景、教育背景、工作背景等；②知识性问题，指与应聘岗位相关的基本知识；③思维性问题，旨在考查应聘者的理解、分析、辨别、综合、评价和推断的能力；④经验性问题，指关于应聘者过去做过的事情的问题；⑤情境性问题，指将应聘者置于一个假设的情境之中，让其设想一下自己在这样的情境下会怎样做；⑥压力性问题，指将应聘者置于一个充满压力的情境中，观察其反应，以对其情绪稳定性、应变能力等进行考查；⑦行为性问题，它是围绕与工作相关的关键胜任能力来提问的，要求应聘者讲述一些关键的行为事例，面试考官对这些事件进行记录，并从中提取应聘者的胜任特征。

48．答案：A

解析：评价中心是从多个角度对个体行为进行标准化评估的各种方法的总称（如无领导小组讨论、公文筐测验、案例分析、管理游戏等）。它使用多种测评技术，通过多名测试师对个体在特定的测评情境中表现出的行为做出判断，然后将所有测评师的意见通过讨论或统计的方法进行汇总，从而得出对个体的综合评估。它被认为是当代人力资源管理中识别有才能的管理者最有效的工具。

49．答案：D

解析：无领导小组讨论的缺点是：①题目的质量影响测评的质量；②对评价者和测评标准的要求较高；③被评价者的表现易受同组其他成员影响；④被评价者的行为仍然有伪装的可能性。

多选

96．答案：ABCD

解析：人岗匹配原理（人适其事、事宜其人）包括：①工作要求与员工素质相匹配；②工作报酬与员工贡献相匹配；③员工与员工相匹配；④岗位与岗位相匹配。

97．答案：AB

解析：行为环境要素从动态角度来反映员工素质及其功能行为的特征，主要是考查员工的实际工作表现及其所处的环境条件。

98．答案：ABCE

解析：对员工素质测评结果进行文字描述，所需材料包括：①测评手册；②独立的测评说明;③标准说明;④有效性研究;⑤阅读水平文件;⑥影响因素分析;⑦评分程序;⑧推荐使用的合格分数;⑨测评员工手册;⑩法律支持文件;⑪测评示范;⑫测评使用者培训方案;⑬测评出版者的资信证明;⑭支持性服务目录;⑮参考资料。

99. 答案:CDE

解析:进行员工招聘时的注意事项是:①简历并不能代表本人;②工作经历比学历更重要;③不要忽视应聘者的个性特征;④让应聘者更多地了解组织;⑤给应聘者更多的表现机会;⑥注意不忠诚和欠缺诚意的应聘者;⑦关注特殊应聘者;⑧慎重做决定;⑨面试考官要注意自身的形象。

100. 答案:ACD

解析:无领导小组讨论的优点是:①具有生动的人际互动效应;②能在被评价者之间产生互动;③讨论过程真实,易于进行客观评价;④被评价者难以掩饰自己的特点;⑤测评效率高。

101. 答案:ABCD

解析:无领导小组讨论的前期准备工作包括:①编制讨论题目;②设计评分表(重点:从岗位分析中提取出特定的评价指标,评价指标不能太多、太复杂);③编制计时表;④对考官进行培训;⑤选定场地;⑥确定讨论小组。

2011年11月

单选

41. 答案:A

解析:所谓的定性测评就是采取经验判断与观察的方法,着重从行为的性质方面对素质进行的测评;而定量测评就是采取量化的方法,着重从行为的数量特点方面对素质进行的测评。

42. 答案:B

解析:当量量化就是先选择某一中介变量,把诸种不同类别或并不同质的素质测评对象进行统一性的转化,对它们进行近似同类同质的量化(对各项测评指标的纵向加权)。当量量化实际上也是近似的等值技术。当量量化常常是一种主观量化形式,其作用是把不同类别或并不同质的素质测评对象进行量化,使之能够相互比较和进行数值综合。

43. 答案:C

解析:投射技术的特点包括:①测评目的的隐蔽性。②内容的非结构性与开放性。在投射技术中,试题的含义是模糊不清、似是而非的。③反应的自由性。

44. 答案:C

解析:引起测评结果误差的原因有:①测评的指标体系和参照标准不够明确。②晕轮效应。亦称以点概面效应(美国科学家桑戴克),指由于某人某方面的品质和特征特别明显,使观察者容易产生清晰、明显的错觉,而忽略某人其他的品质和特征,从而做出片面的判断。③近因误差。以近期的记忆代替整个测评时期的全部实际表现,导致产生测评结果的误差。

④感情效应。⑤参评人员训练不足。

45. 答案:C

解析:面试指南是促使面试顺利进行的指导方针,一般以书面形式呈现,主要包括以下内容:①面试团队的组建;②面试准备;③面试提问分工和顺序;④面试提问技巧;⑤面试评分方法。

46. 答案:B

解析:面试的实施技巧包括:①充分准备;②灵活提问;③多听少说;④善于提取要点;⑤进行阶段性总结;⑥排除各种干扰;⑦不要带有个人偏见;⑧在倾听时注意思考;⑨注意肢体语言沟通。

47. 答案:D

解析:结构化面试问题的类型有:①背景性问题,包括个人背景、家庭背景、教育背景、工作背景等;②知识性问题,指与应聘岗位相关的基本知识;③思维性问题,旨在考查应聘者的理解、分析、辨别、综合、评价和推断的能力;④经验性问题,指关于应聘者过去做过的事情的问题;⑤情境性问题,指将应聘者置于一个假设的情境之中,让其设想一下自己在这样的情境下会怎样做;⑥压力性问题,指将应聘者置于一个充满压力的情境中,观察其反应,以对其情绪稳定性、应变能力等进行考查;⑦行为性问题,它是围绕与工作相关的关键胜任能力来提问的,要求应聘者讲述一些关键的行为事例,面试考官对这些事件进行记录,并从中提取应聘者的胜任特征。

48. 答案:D

解析:此题考核无领导小组讨论的适用范围。因为无领导小组讨论具有生动的人际互动效应,所以适用于那些经常需要人际沟通的岗位员工的选拔,例如人力资源部主管、销售部经理等,而对于较少与人打交道的岗位,比如财务管理岗位和研发管理岗位,无领导小组讨论一般不适合。

49. 答案:D

解析:无领导小组讨论的类型包括:

(1) 根据讨论的主题有无情境性,可以分为:①无情境性讨论,一般针对某一个开放性的问题来进行;②情境性讨论,一般是把应聘者放在某个假设性的情境中进行。

(2) 根据是否给应聘者分配角色,可以分为:①不定角色的讨论,小组中的应聘者在讨论过程中不扮演任何角色,可以自由地就所讨论的问题发表自己的见解;②指定角色的讨论,小组中的应聘者分别被赋予一个固定的角色。

多选

96. 答案:BD

解析:员工素质测评的基本原理是:①个体差异原理。员工素质测评的对象是人的素质,只有人的素质存在而且具有区别时,员工素质测评才具有现实的客观基础。②工作差异原理。员工素质测评的另一个假设是不同的职位具有差异性。③人岗匹配原理。所谓的人岗匹配就是按照人适其事、事宜其人的原则,根据个体间不同的素质和岗位的不同要求,将个体安排在各自最适合的岗位上,保持个体素质与工作岗位要求的同构性,即保持个体需要与工作报酬的同构性,从而做到人尽其才、物尽其用。

97. 答案:ABDE

解析:结构性要素从静态的角度来反映员工素质及其功能行为的构成,它包括身体素质和心理素质。心理素质主要包括智能素质、品德素质、文化素质等。

98. 答案:ABCD

解析:对员工素质测评结果进行文字描述,所需材料包括:①测评手册;②独立的测评说明;③标准说明;④有效性研究;⑤阅读水平文件;⑥影响因素分析;⑦评分程序;⑧推荐使用的合格分数;⑨测评员工手册;⑩法律支持文件;⑪测评示范;⑫测评使用者培训方案;⑬测评出版者的资信证明;⑭支持性服务目录;⑮参考资料。

99. 答案:ACD

解析:目光接触的典型含义是友好、真诚、自信、果断。

100. 答案:DE

解析:结构化面试的开发包括:①测评标准的开发;②结构化面试问题的设计;③评分标准的确定。

101. 答案:ABDE

解析:设计评分表时,确定测评能力指标是重点,应注意:①从岗位分析中提取出特定的评价指标,测评指标应具有针对性,符合所招聘岗位的要求;②评价指标不能太多、太复杂;③应对每一测评指标制定量化标准。

2011年5月

单选

41. 答案:B

解析:通过员工素质测评对个体素质进行测量和评价,可以明确个体素质结构、素质水平和各自适宜的工作。因此可以说,员工素质测评作为测量人的尺度,在员工与岗位之间架起了桥梁。

42. 答案:B

解析:类别量化与模糊量化都可被看作是二次量化。类别量化就是把素质测评对象划分到事先确定的几个类别中去,然后对每个类别赋予不同的数字。模糊量化则要求把素质测评对象同时划分到事先确定的每个类别中去,根据该对象的隶属程度分别赋值。

43. 答案:C

解析:测评标准体系的设计可以被概括为结构性要素、行为环境要素和工作绩效要素三个方面。这三个方面从静态和动态的角度,比较全面地构成了员工素质测评要素体系的基本模式。

44．答案：B

解析：如果选用集中测评的方式，测评时间最好选在一周的中间，并在上午9:00左右进行。

45．答案：A

解析：根据面试实施的方式，面试可分为单独面试与小组面试。单独面试又称序列化面试，是指面试考官与每一位应聘者单独交谈的面试形式；小组面试又称同时化面试，是指面试考官同时对若干位应聘者进行面试的形式。

46．答案：A

解析：面试的实施阶段分为：①关系建立阶段。本阶段常用的是一些封闭性问题。②导入阶段。本阶段常用的是开放性问题。③核心阶段。通常采用的是一些行为问题，但一般与其他问题配合使用。④确认阶段。考官进一步对核心阶段所获得的信息进行确认，在本阶段常采用的是开放性问题，尽量避免使用封闭性问题。⑤结束阶段。面试考官应该给应聘者一个机会，询问应聘者是否还有问题要问、是否还有什么事项需要加以补充说明。

47．答案：B

解析：背景性问题：关于应聘者的个人背景、家庭背景、教育背景和工作背景等方面的问题。知识性问题：与应聘者的应聘岗位相关的基本知识，如人事经理应该了解劳动人事制度和法令。思维性问题：这类问题旨在考查应聘者的理解、分析、辨别、综合、评价和推断能力。经验性问题：关于应聘者过去所做的事情的问题。

48．答案：B

解析：无领导小组讨论是评价中心方法的主要组成部分，是指由一定数量的一组被评人（6～9人），在规定时间内（约1小时）就给定的问题进行讨论，讨论中各个成员处于平等地位，并不指定小组的领导者或主持人。

49．答案：D

解析：①开放式问题的答案范围可以很广，没有固定的答案。②两难式问题是指让被评价者在两种互有利弊的选项中选择其中一种，并说明理由。③排序选择型问题是指一个问题有若干个备选答案，让被评价者对其进行排序，或者从中选择符合某种条件的选项。目前大多数企业招聘采用这种题型，通常以情景模拟的形式出现。④资源争夺型问题是指给被评价者一些有限的资源且被分到各小组中，每个小组处于平等的地位，被评价者分别代表自己的利益或者所属团队的利益，设法获得更多分配的一种方式。

多选

96．答案：ABCD

解析：选拔性测评是指以选拔优秀员工为目的的测评，其主要特点如下：①强调测评的区分功能，即要把不同素质、不同水平的人区别开来；②测评标准刚性强，即测评标准应该精确，不能使人含糊不解；③测评过程强调客观性，即尽可能实现测评方法的数量化和规范化；

④测评指标具有灵活性；⑤结果体现为分数和等级。

97. 答案：ABDE

解析：标度即对标准的外在形式划分，常常表现为对素质行为特征或表现的范围、强度和频率的规定。测评指标的标度大致有量词式、等级式、数量式、定义式、综合式等。

98. 答案：BCDE

解析：测评指导语包括以下内容：①员工素质测评的目的；②强调测评与测验考试的不同；③填表前的准备工作和填表要求；④举例说明填写要求；⑤测评结果保密、处理及反馈。

99. 答案：ABCDE

解析：面试的常见问题有：①面试目的不明确；②面试标准不具体；③面试缺乏系统性；④面试问题设计不合理；⑤面试考官存在偏见。

100. 答案：ABCE

解析：结构化面试对面试官的要求是：①要求面试官具有相关的专业知识，了解组织状况和岗位要求，清楚每一个测评指标、测评标准、问卷题目及相关背景信息；②要求面试官有丰富的社会工作经验，善于观察，能客观地记录应聘者在面试过程中的各种反应，把握应聘者的特征；③要求面试官掌握相关的员工测评技术，能熟练运用各种面试技巧，把握面试的方向，不让应聘者偏离测评指标，有效地控制面试局面；④要求面试官具有良好的个人品德和修养，能保持和善、公正，避免评价偏差，遵守打分规则，确保应聘者机会平等。

101. 答案：ABCD

解析：在无领导小组讨论的前期准备阶段，编制讨论题目的要求是使测试题目及答案具备科学性、实用性、可行性和易评性的特点。

2010年11月

单选

41. 答案：A

解析：①选拔性测评：指以选拔优秀员工为目的的测评；②开发性测评：指以开发员工素质为目的的测评，可以为人力资源开发提供依据；③诊断性测评：指以了解现状或者查找根源为目的的测评；④考核性测评：又称鉴定性测评，是指以鉴定或者验证某种素质是否具备以及具备的程度为目的的测评，它经常穿插在选拔性测评中。

42. 答案：D

解析：测评与选拔标准体系设计是员工测评与选拔活动的中心与纽带。它把测评与选拔主体、客体、对象、方法和结果联为一体，同时也成为整个测评与选拔工作指向的中心，在测评与选拔过程中具有同样重要的作用和意义。

43. 答案：B

解析：学习能力测评是能力测评的一种。对于学习能力测评，可以有多种方式，如心理测验、面试、情境测验等,其中最简单有效的是心理测验,具体的应用形式是笔试。

　　44.答案:B

　　解析:测评结果处理的常用分析方法是:①集中趋势分析:算术平均数和中位数;②离散趋势分析:标准差;③相关分析;④因素分析。

　　45.答案:D

　　解析:要素分析法以要素分析为基础,又可分为结构分析法、归纳分析法和对比分析法。

　　46.答案:B

　　解析:面试考官的偏见主要有:①第一印象。也称为首因效应,即面试官根据开始几分钟得到的印象对应聘者做出评价。②对比效应。即考官相对于前一个应聘者来评价目前的应聘者的倾向。③晕轮效应。即从某一优点或缺陷出发去评价应聘者的其他方面。④录用压力。当上级对招聘结果有定额要求时或者招聘时间紧迫,面试考官会受到影响。⑤与我相似心理。

　　47.答案:D

　　解析:①背景性问题:关于应聘者的个人背景、家庭背景、教育背景和工作背景等方面的问题;②知识性问题:与应聘者的应聘岗位相关的基本知识,如人事经理应该了解劳动人事制度和法令;③思维性问题:这类问题旨在考查应聘者的理解、分析、辨别、综合、评价和推断能力;④压力性问题:这类问题将应聘者置于一个充满压力的情境中,观察其反应,以对其情绪稳定性、应变能力等进行考查。

　　48.答案:D

　　解析:群体决策法是指在招聘活动中组建决策团队,由具有不同背景的多个决策人员对应聘者进行评价和打分,最后综合各决策人员的评价意见,得出应聘者的最终评价结果的招聘决策方法。其特点如下:①决策人员来源广泛;②决策人员不唯一,在一定程度上削弱了决策者的主观因素对决策结果的影响,提高了招聘决策的客观性;③运用了运筹学的原理,提高了招聘决策的科学性和有效性。

　　49.答案:D

　　解析:评价中心技术主要包括无领导小组讨论、公文筐测验、案例分析、管理游戏等。

多选

　　96.答案:ACDE

　　解析:选拔性测评是指以选拔优秀员工为目的的测评,其主要特点如下:①强调测评的区分功能,即要把不同素质、不同水平的人区别开来;②测评标准刚性强,即测评标准应该精确,不能使人含糊不解;③测评过程强调客观性,即尽可能实现测评方法的数量化和规范化;④测评指标具有灵活性;⑤结果体现为分数和等级。

　　97.答案:BDE

　　解析:素质测评标准体系的横向结构的设计可被概括为结构性要素、行为环境要素和工作绩效要素三个方面。这三个方面从静态和动态的角度,比较全面地构成了员工素质测评要素体系的基本模式。

98．答案：ACE

解析：员工素质测评的基本原理是：①个体差异原理。员工素质测评的对象是人的素质，只有人的素质存在而且具有区别时，员工素质测评才具有现实的客观基础。②工作差异原理。员工素质测评的另一个假设是不同的职位具有差异性。③人岗匹配原理。按照人适其事、事宜其人的原则，根据个体间不同的素质和要求，将其安排在各自最合适的岗位上，保持个体素质与工作岗位要求的同构性，即保持个体需要与工作报酬的同构性，从而做到人尽其才、物尽其用。

99．答案：ABCDE

解析：标度即对标准的外在形式划分，常常表现为对素质行为特征或表现的范围、强度和频率的规定。测评指标的标度大致有量词式、等级式、数量式、定义式、综合式等。

100．答案：ABCE

解析：能力测评一般包括一般能力测评、特殊能力测评、创造能力测评和学习能力测评。

101．答案：ABE

解析：在具体实施企业员工素质测评前的准备阶段需要完成的工作如下：

(1) 收集必要的资料。

(2) 组织强有力的测评小组。

(3) 制定测评方案：①确定被测评对象范围和测评目的；②设计和审查员工素质能力测评的指标与参照标准；③编制或修订员工素质能力测评的参照标准；④选择合理的测评方法。

2010年5月

单选

41．答案：C

解析：员工素质测评的类型分为四类：

(1) 选拔性测评。以选拔优秀员工为目的的测评，其主要特点是：①强调测评的区分功能，即要把不同素质、不同水平的人区别开来；②测评标准刚性强，即测评标准应该精确，不能使人含糊不解；③测评过程强调客观性，即尽可能实现测评方法的数量化和规范化；④测评指标具有灵活性；⑤结果体现为分数和等级。

(2) 开发性测评。以开发员工素质为目的的测评，可以为人力资源开发提供依据。这类测评主要是为了摸清情况，了解测评对象在哪些方面有优势、在哪些地方存在不足，从而为测评对象指出努力方向，为组织提供开发依据。

(3) 诊断性测评。以了解现状或者查找根源为目的的测评，例如需求层次调查，其主要特点是：①测评内容或者十分精细，或者全面广泛；②结果不公开；③有较强的系统性。

(4)考核性测评。又称鉴定性测评,是指以鉴定或者验证是否具备某种素质以及具备的程度为目的的测评。它经常穿插在选拔性测评中,主要特点为:①具概要性;②要求结果有较高的信度与效度。

42. 答案:A

解析:一次量化是指对素质测评的对象进行直接的定量刻画。一次量化的对象一般具有明显的数量关系,量化后的数据直接提示了素质测评对象的实际特征,具有实质意义,因而也可称之为实质量化。

43. 答案:C

解析:测评标准体系的横向结构是指将需要测评的员工素质的要素进行分解,并列出相应的项目。测评标准体系的设计可以概括为结构性要素、行为环境要素和工作绩效要素三个方面。这三个方面从静态和动态的角度,比较全面地构成了员工素质测评要素体系的基本模式。

44. 答案:D

解析:测评结果处理的常用分析方法通常有四种:①集中趋势分析。它是指在大量测评数据分布中,测评数据向某点集中的情况。在素质测评中,最常使用的集中趋势量数是算术平均数和中位数。②离散趋势分析。在素质测评中,最常使用的差异量数是标准差。③相关分析。相关的情况有三种,即正相关、负相关和零相关。④因素分析。一般用于分析受多个因素影响的现象。

45. 答案:B

解析:面试的实施过程一般包括五个阶段:①关系建立阶段。面试考官从应聘者可以预料到的问题开始发问。本阶段常用的是一些封闭性问题。②导入阶段。面试考官提问一些应聘者一般有所准备的、比较熟悉的题目。本阶段常用的是开放性问题。③核心阶段。面试考官通常要求应聘者讲述一些关于核心胜任力的事例,通常采用的是一些行为性问题,但一般与其他问题配合使用。④确认阶段。面试考官进一步对核心阶段所获得的信息进行确认。在本阶段常采用的是开放性问题,尽量避免使用封闭性问题。⑤结束阶段。面试考官在完成了所有预计的提问之后,应该给应聘者一个机会,询问应聘者是否还有问题要问、是否还有什么事项需要加以补充说明。常用的问题是行为性问题和开放性问题。

46. 答案:A

解析:面试考官的偏见主要有:①第一印象。也称为首因效应,即根据开始几分钟得到的印象对应聘者做出评价。②对比效应。即相对于前一个应聘者来评价目前的应聘者。③晕轮效应。即从某一优点或缺陷出发去评价应聘者的其他方面。④录用压力。当上级对招聘结果有定额要求时或者由于招聘时间紧迫,面试考官会受到影响。⑤与我相似心理。

47. 答案:A

解析:结构化面试问题具体可分为七种类型:背景性问题、知识性问题、思维性问题、经验性问题、情境性问题、压力性问题、行为性问题。注意教材中列举出的每一种问题的例子。

比如压力性问题是将应聘者置于一个充满压力的情境中,观察其反应,以对其情绪稳定性、应变能力等进行观察。如:"你好像不太适合我们这里的工作,你看呢?""你怎么连这么简单的问题都不懂?"

48. 答案:B

解析:在员工招聘中,通常采用的群体决策法的特点有:①决策人员的来源广泛,使得企业能够从不同的角度对应聘者进行比较全面的评价,满足了企业选拔综合性人才的要求。②决策人员不唯一,在一定程度上削弱了决策者的主观因素对决策结果的影响,提高了招聘决策的客观性。③运用了运筹学的原理,提高了招聘决策的科学性与有效性。

49. 答案:B

解析:无领导小组讨论的场地要满足安静、宽敞、明亮等条件。考场布置整体要庄重得体、朴素大方,不能让人产生压力感。考桌一般为圆形或方形,被测评者之间的距离应适合所欲承担的工作任务的完成。座位之间的安排无主次之分。

多选

96. 答案:ACE

解析:素质测评标准体系一般由标准、标度和标记三个要素组成。其中标准的形式多种多样,从它揭示的内涵来看,有客观、主观、半主观半客观三种形式;从它的表现形式来看,有评语短句式、设问提示式与方向指示式三种。

97. 答案:ABDE

解析:能力测评包括:①一般能力测评,也就是通常所说的智力测验;②特殊能力测评,主要指对某些行业、组织与岗位特定能力的测评,包括文书能力测评、操作能力测评和机械能力测评;③创造能力测评(三个创造能力测验是指托兰斯创造性思维测验、威廉斯创造力测验系统和吉尔福德智力结构测验);④学习能力测评,如心理测验、面试、情境测验等,其中最简单有效的是心理测验,具体的应用形式是笔试。

98. 答案:ACD

解析:员工素质测评中,测评结果的分析方法包括三类:①要素分析法,又分为结构分析法、归纳分析法和对比分析法;②综合分析法;③曲线分析法。

99. 答案:CD

解析:行为描述面试的假设前提有两个:①一个人过去的行为最能预示其未来的行为;②说和做是截然不同的两码事。

100. 答案:ABDE

解析:评价中心是从多角度对个体行为进行标准化评估的各种方法的总称。评价中心的主要作用是:①用于选拔员工,重点在于挑选那些具有胜任岗位所必需的能力或潜质的员工;②用于培训诊断,重点分析员工优、劣势,明确员工需要在哪些方面加强,为培训提供参考依据;③用于员工技能发展,在培训诊断的基础上,改善并提高其能力。评价中心技术主要包括无领导小组讨论、公文筐测验、案例分析、管理游戏等。

101. 答案:ABD

解析:在无领导小组讨论的具体实施阶段的第二步,评分者的观察要点包括:①发言内容(应聘者说了什么);②发言的形式和特点(应聘者是怎么说的);③发言的影响(应聘者的发言对整个讨论的进程产生了哪些作用)。

2009 年 11 月

单选

41. 答案:D

解析:员工素质测评的类型分为四类:

(1) 选拔性测评。以选拔优秀员工为目的的测评。

(2) 开发性测评。以开发员工素质为目的的测评,可以为人力资源开发提供依据。这类测评主要是为了摸清情况,了解测评对象在哪些方面有优势、在哪些地方存在不足,从而为测评对象指出努力方向,为组织提供开发依据。

(3) 诊断性测评。以了解现状或者查找根源为目的的测评,例如需求层次调查。其主要特点是:①测评内容或者十分精细,或者全面广泛;②结果不公开;③有较强的系统性。

(4) 考核性测评。又称鉴定性测评,是指以鉴定或者验证员工是否具备某种素质以及具备的程度为目的的测评。它经常穿插在选拔性测评中,主要特点为:①具有概要性;②要求结果有较高的信度与效度。

42. 答案:C

解析:素质测评标准体系设计分为横向结构和纵向结构两个方面。横向结构是指将需要测评的员工素质的要素进行分解,并列出相应的项目;纵向结构是指将每一项素质用规范化的行为特征或表征进行描述与规定,并按层次细分。

43. 答案:C

解析:测评标准体系的类型分为:①效标参照性标准体系。它是指依据测评内容与测评目的而形成的测评标准体系,一般是对测评对象内涵的直接描述或诠释,例如飞行员的选拔标准。②常模参照性标准体系。它是通过对测评客体外延的比较而形成的测评标准体系。效标参照性标准体系与测评客体无关,而常模参照性标准体系与测评客体直接相关,例如国家公务员的选拔标准属于常模参照性标准。

44. 答案:C

解析:在相关分析中,根据两组测评数据的变动方向是否相同,相关的情况有三种:正相关、负相关和零相关。相关系数的取值范围为 $-1.00 \leqslant r \leqslant 1.00$,$r=1.00$ 表示完全正相关,$r=-1.00$ 表示完全负相关,$r=0$ 表示零相关,即不相关。

45. 答案:D

解析:测评结果的描述分为两种:数字描述和文字描述。其中文字描述以企业科技人员为例,主要从基本素质、技术水平、业务能力和工作成果四个方面来描述。

46. 答案:D

解析:面试的实施过程一般包括五个阶段:①关系建立阶段。面试考官从应聘者可以预料到的问题开始发问。本阶段常用的是一些封闭性问题。②导入阶段。面试考官提问一些应聘者一般有所准备的、比较熟悉的题目。本阶段常用的是开放性问题。③核心阶段。面试考官通常要求应聘者讲述一些关于核心胜任力的事例,通常采用的是一些行为性问题,但一般与其他问题配合使用。④确认阶段。面试考官进一步对核心阶段所获得的信息进行确认。在本阶段常采用的是开放性问题,尽量避免使用封闭性问题。⑤结束阶段。面试考官在完成了所有预计的提问之后,应该给应聘者一个机会,询问应聘者是否还有问题要问、是否还有什么事项需要加以补充说明。常用的问题是行为性问题和开放性问题。

47. 答案:C

解析:行为描述的假设前提有两个:①一个人过去的行为最能预示其未来的行为;②说和做是截然不同的两码事。

48. 答案:A

解析:人事小组的测评人员应包含公司高层管理人员、人力资源管理人员、招聘岗位所在部门的主管、招聘岗位的资深任职者。

49. 答案:B

解析:设计无领导小组讨论评分表要注意三个方面:①应从岗位分析中提取特定的评价指标。②评价指标不能太多、太复杂,通常应将评价指标控制在 10 个以内,否则测评官无法在短时间内准确给出评判。③确定各能力指标在整个能力指标中的权重及其所占的分数,然后根据优、良、中、差 4 个等级分配分值;应对每一测评指标制定量化标准,确保公平。

多选

96. 答案:ABE

解析:在同一类别的测评对象中,常常需要对其中的诸素质测评对象进行深层次的量化,这就是顺序量化、等距量化与比例量化,它们也都可被看作是二次量化。①顺序量化是指先依据某一素质特征或者标准,将所有的素质测评对象两两比较排成序列,然后一一给每个测评对象赋予相应的顺序数值;②等距量化比顺序量化更进一步,不但要求素质测评对象的排列有强弱、大小、先后等顺序的关系,而且要求任何两个素质测评对象间的差异相等,然后在此基础上才一一给每个测评对象赋值;③比例量化比等距量化再进一步,要求素质测评的排列不但要有顺序等距变化关系,而且还要存在倍数关系。

97. 答案:ACE

解析:特殊能力测评主要指对某些行业、组织与岗位特定能力的测评,这种测评具有专业特色与要求。主要包括文书能力测评、操作能力测评和机械能力测评。

98. 答案:ABCD

解析:面试准备阶段有四个步骤:

(1) 制定面试指南：①面试团队的组建；②面试准备；③面试提问分工和顺序；④面试评分技巧；⑤面试评分办法。

(2) 准备面试问题：①确定岗位才能的构成和比重；②提出面试问题。

(3) 确定评估方式：①确定面试问题的评估方式和标准；②确定面试评分表。

(4) 培训面试考官。

99．答案：ABCE

解析：结构化面试问题具体可分为七种类型：背景性问题、知识性问题、思维性问题、经验性问题、情境性问题、压力性问题、行为性问题。

100．答案：ACE

解析：评价中心是从多角度对个体行为进行标准化评估的各种方法的总称。评价中心的主要作用是：①用于选拔员工，重点在于挑选那些具有胜任岗位所必需的能力或潜质的员工；②用于培训诊断，重点分析员工优、劣势，明确员工需要在哪些方面加强，为培训提供参考依据；③用于员工技能发展，在培训诊断的基础上，改善并提高其能力。评价中心技术主要包括无领导小组讨论、公文筐测验、案例分析、管理游戏等。

101．答案：ACDE

解析：此题属于综合性考核问题，考核被测评者对无领导小组讨论组织实施的总体认识，主要集中在前期准备阶段设计评分表和场地选择两部分内容上。

无领导小组讨论的前期准备包括：

(1) 编制讨论题目。

①对所招聘岗位进行工作分析，了解拟任岗位的员工应具备的特点、技能，根据这些特点和技能收集和编制有关试题。

②讨论题目必须要有争论性，题材要为大家所熟悉。

③题目不会诱发被测评者的防御心理。

④使题目真正具备科学性、实用性、可评性、易评性。

(2) 设计评分表。

评分表包括评分标准及评分范围。评分范围给出各测评能力指标在总分中的权重和具体分值，以及该能力优、良、中、差四个等级的评分区间。设计评分表是确定测评能力指标的重点。

①应从岗位分析中提取特定的评价指标。

②评价指标不能太多、太复杂。

③确定各能力指标在整个能力指标中的权重及其所占的分数，然后根据优、良、中、差四个等级分配分值；应对每一测评指标制定量化标准，确保公平。

(3) 编制计时表。

(4) 对考官的培训。

(5) 选定场地。

无领导小组讨论的场地要满足安静、宽敞、明亮等条件。考场布置整体要庄重得体、朴素大方,不能让人产生压力感。考桌一般为圆形或方形,被测评者之间的距离应适合所欲承担的工作任务的完成。被测评者在考前以抽签方式决定座位顺序,座位之间的安排无主次之分。考官和被评价者应该保持一定距离,以减轻应聘者的心理压力。

(6) 确定讨论小组。

2009年5月

单选

41. 答案:A

解析:员工素质测评的类型分为四类:

(1) 选拔性测评。以选拔优秀员工为目的的测评,其主要特点是:①强调测评的区分功能,即要把不同素质、不同水平的人区别开来;②测评标准刚性强,即测评标准应该精确,不能使人含糊不解;③测评过程强调客观性,即尽可能实现测评方法的数量化和规范化;④测评指标具有灵活性;⑤结果体现为分数和等级。

(2) 开发性测评。以开发员工素质为目的的测评,可以为人力资源开发提供依据。这类测评主要是为了摸清情况,了解测评对象在哪些方面有优势、在哪些地方存在不足,从而为测评对象指出努力方向,为组织提供开发依据。

(3) 诊断性测评。以了解现状或者查找根源为目的的测评,例如需求层次调查,其主要特点如下:①测评内容或者十分精细,或者全面广泛;②结果不公开;③有较强的系统性。

(4) 考核性测评。又称鉴定性测评,是指以鉴定或者验证是否具备某种素质以及具备的程度为目的的测评。它经常穿插在选拔性测评中,主要特点为:①具有概要性;②要求结果有较高的信度与效度。

42. 答案:A

解析:一次量化是指对素质测评的对象进行直接的定量刻画。一次量化的对象一般具有明显的数量关系,量化后的数据直接提示了素质测评对象的实际特征,具有实质意义,因而也可称之为实质量化。

43. 答案:C

解析:品德测评法包括三类:

(1) FRC品德测评法。用计算机辅助分析事实报告的考核性品德测评方法。

(2) 问卷法。采用问卷测验形式测评品德是一种实用、方便、高效的方法。有代表性的是卡特尔16因素个性问卷、艾森克个性问卷、明尼苏达多相个性问卷等。

(3) 投射技术。广义的投射技术是指那些把真正的测评目的加以隐蔽的一切间接测评技术;狭义的投射技术是指把一些无意义的、模糊的、不确定的图形、句子、故事、动画片、录音、哑剧等呈现在被测评者面前,不给任何提示、说明或要求,然后问被测评者看到、听到或想到什么。投射技术的特点包括：①测评目的具隐蔽性；②内容具非结构性与开放性；③反应具自由性。一般对被测评者的回答或反应不做任何限制，其反应完全是自由性的。

44．答案：B
解析：在素质测评中，最常使用的集中趋势量数有算术平均数和中位数。

45．答案：A
解析：面试的实施过程一般包括五个阶段：①关系建立阶段。面试考官从应聘者可以预料到的问题开始发问，以消除应聘者的紧张情绪，创造轻松、友好的氛围。本阶段常用的是一些封闭性问题。②导入阶段。面试考官提问一些应聘者一般有所准备的、比较熟悉的题目，以进一步缓解应聘者的紧张情绪。本阶段常用的是开放性问题。③核心阶段。面试考官通常要求应聘者讲述一些关于核心胜任力的事例，通常采用的是一些行为性问题，但一般与其他问题配合使用。④确认阶段。面试考官进一步对核心阶段所获得的信息进行确认。在本阶段常采用的是开放性问题，尽量避免使用封闭性问题。⑤结束阶段。面试考官在完成了所有预计的提问之后，应该给应聘者一个机会，询问应聘者是否还有问题要问、是否还有什么事项需要加以补充说明。常用的问题是行为性问题和开放性问题。

46．答案：C
解析：面试考官的偏见主要有：①第一印象。也称为首因效应，即根据开始几分钟得到的印象对应聘者做出评价。②对比效应。即相对于前一个应聘者来评价目前的应聘者。③晕轮效应。即从某一优点或缺陷出发去评价应聘者的其他方面。④录用压力。当上级对招聘结果有定额要求时或者由于招聘时间紧迫，面试考官会受到影响。⑤与我相似心理。

47．答案：A
解析：结构化面试问题具体可分为七种类型：背景性问题、知识性问题、思维性问题、经验性问题、情境性问题、压力性问题、行为性问题。注意教材中列举出的每一种问题的例子。比如压力性问题是将应聘者置于一个充满压力的情境中，观察其反应，以对其情绪稳定性、应变能力等进行观察。如："你好像不太适合我们这里的工作，你看呢？""你怎么连这么简单的问题都不懂？"

48．答案：A
解析：评价中心是从多角度对个体行为进行标准化评估的各种方法的总称。评价中心的主要作用是：①用于选拔员工，重点在于挑选那些具有胜任岗位所必需的能力或潜质的员工；②用于培训诊断，重点分析员工优、劣势，明确员工需要在哪些方面加强，为培训提供参考依据；③用于员工技能发展，在培训诊断的基础上，改善并提高其能力。评价中心技术主要包括无领导小组讨论、公文筐测验、案例分析、管理游戏等。

49．答案：B
解析：此题考核无领导小组讨论的适用范围。无领导小组讨论适用于那些经常需要人际沟通的岗位员工的选拔，例如人力资源部主管、销售部经理等，而对于较少与人打交道的岗位，比如财务管理岗位和研发管理岗位，无领导小组讨论一般不适合。

多选

96. 答案：ABCD

解析：员工素质测评的主要原则包括：①客观测评与主观测评相结合；②定性测评与定量测评相结合；③静态测评与动态测评相结合；④素质测评与绩效测评相结合；⑤分项测评与综合测评相结合。

97. 答案：ABD

解析：员工素质测评标准体系的横向结构是指将需要测评的员工素质的要素进行分解，并列出相应的项目。测评标准体系的设计可以概括为结构性要素、行为环境要素和工作绩效要素三个方面。这三个方面从静态和动态的角度，比较全面地构成了员工素质测评要素体系的基本模式。

98. 答案：ADE

解析：对员工进行分类的标准有两种：调查分类标准和数学分类标准。

99. 答案：ABD

解析：背景性问题是指关于应聘者的个人背景、家庭背景、教育背景和工作背景等方面的问题，如个人兴趣爱好、家庭的一般情况、在什么企业工作过等。

100. 答案：CDE

解析：行为描述面试的实质是：①用过去的行为预测未来的行为；②识别关键性的工作要求；③探测行为样本。

101. 答案：ABCD

解析：无领导小组讨论法的类型有：①根据讨论的主题有无情境性，可分为无情境性讨论和情境性讨论；②根据是否给应聘者分配角色，可以分为不定角色的讨论和指定角色的讨论。

专业能力部分的参考答案及评分标准

2014 年 5 月

答：

(1) 构建选拔性素质模型的步骤如下：(每项2分)

①组建测评小组；

②从招聘岗位的优秀任职人员中选出一定的人员组成测验样本；

③对测验样本进行人格测验，总结各个被测人员的组织特征；

④将测评结果进行综合，列出招聘岗位选拔性素质表；

⑤将岗位选拔性素质表中的各个素质进行分级,绘制选拔性素质线,构建选拔性素质模型。

(2) 设计结构化面试的提纲的步骤如下:(每项2分)

①将选拔性素质模型分解为一组选拔性素质,每一个选拔性素质就是一个测评指标;

②请专家针对每一个测评指标设计出一系列的问题,并对这些问题进行修改、完善,形成问卷;

③将问卷法发放给该岗位的部分员工,进行预先测评,检验其有效性;

④编写结构化面试大纲。

2013年11月

答:

准备阶段需要完成的工作有:

(1) 收集必要的资料。(2分)

(2) 组织强有力的测评小组。(8分)

测评人员的质量和数量对整个测评起着举足轻重的作用。测评人员必须:①坚持原则,公正不偏;②有主见,善于独立思考;③有一定的测评工作经验;④有一定的文化水平;⑤有事业心,不怕得罪人;⑥作风正派,办事公道;⑦了解被测对象的情况。

(3) 测评方案的确定。(6分)

①确定被测评对象范围和测评目的;

②设计和审查员工素质能力测评的指标与参照标准;

③编制或修订员工素质能力测评的参照标准;

④选择合理的测评方法。

2013年5月

答:

(1) 群体决策法是指在招聘活动中组建决策团队,由不同背景的多个决策人员对应聘者进行评价,最后综合各决策人员的评价,得出应聘者最终评价结果的招聘决策方法。(2分)

群体决策法的特点如下:(4分)

①决策人员的来源广泛;

②决策人员不唯一;

③运用运筹学的原理。

(2) 可按照如下步骤选定录用人员:

①处理表1中的数据,即将表1中的每行数值减去该行最小值,得到如下矩阵,如表2

所示。(4分)

表2 群体决策法过程表一

面试考官	候选人					权重(%)
	甲	乙	丙	丁	戊	
1. 销售副总经理	5	5	0	0	10	20
2. 人力资源部经理	10	5	5	0	10	25
3. 集团销售部经理	10	5	5	5	0	30
4. 地区资深销售主管	10	10	0	5	5	25

②根据表1中各面试官的打分权重,计算各候选人的最后得分,如下所示:(8分)
候选人甲的最后得分:5×20%＋10×25%＋10×30%＋10×25%＝9;
候选人乙的最后得分:5×20%＋5×25%＋5×30%＋10×25%＝6.25;
候选人丙的最后得分:0×20%＋5×25%＋5×30%＋0×25%＝2.75;
候选人丁的最后得分:0×20%＋0×25%＋5×30%＋5×25%＝2.75;
候选人戊的最后得分:10×20%＋10×25%＋0×30%＋5×25%＝5.75。
③进行招聘决策,参见表3。

表3 群体决策法过程表二

面试考官	候选人					权重(%)
	甲	乙	丙	丁	戊	
1. 销售副总经理	5	5	0	0	10	20
2. 人力资源部经理	10	5	5	0	10	25
3. 集团销售部经理	10	5	5	5	0	30
4. 地区资深销售主管	10	10	0	5	5	25
最终得分	9	6.25	2.75	2.75	5.75	—
排名	1	2	4	4	3	

通过以上核算,可知候选人甲的得分最高,应予录用。

2012年11月

答:
专家的人选一般是心理学家或者是测评专家,还可以是企业的部门主管。(3分)
心理学家或测评专家侧重审核选择的案例或者话题是否能够考查出需要考查的素质。(3分)
部门主管侧重审核案例或者话题是不是在某种程度上和实际工作相关,是否适合从事

此类工作的人员进行讨论。(3分)

注意咨询以下问题:(7分)

①题目是否与实际工作相联系,能否考查出被评价者的能力;

②资源争夺型问题或两难式问题的案例是否能平衡;

③题目是否需要继续修改、完善。

2012年5月

(备注:资源争夺型讨论题目,建议依照教材上的案例,修改后直接使用;也可以根据自己实际接触过的题目结合案例来设计。注意是资源争夺型,不是排序或者两难式。)

答:

(1) 资源争夺型无领导小组讨论题目:(每项2分)

①你们8人是公司在各地区营销部的销售主管,同时也是公司销售培训委员会的代表。现在公司决定将一笔销售培训费作为奖励奖给8个地区中工作出色的4名员工。你们所在的8个分公司各推选了1名候选人。

②这笔培训奖金的总金额是8万元。这笔奖金分配给4人,一等奖1人,奖4万元;二等奖1人,奖2万元;三等奖2人,各奖1万元。

③你会得到你所代表的地区候选人的资料。在委员会的讨论中,你的任务是为你的候选人争取奖金,同时帮助销售培训委员会做出合理的奖金分配决定。

④其他7人的任务与你相同。在讨论之前,有10分钟的时间熟悉资料,然后50分钟的时间用于讨论。讨论结束时,必须拿出一个一致性方案,并推举1人陈述。如果没有一致性方案,每个人都会被扣除一定分数。

(2) 无领导小组讨论评分表如下:(每一行代表一项,每项2分)

评分标准	计划能力	组织协调能力	决策能力	人际影响力	团队合作能力	语言表达能力
权重(%)	30	20	15	15	10	10
评分						
加权得分						
评分标准:优—10,良—7,中—4,差—1					合计总分	

2011年11月

答:

(1) 面试实施技巧有:(每项1分)

①充分准备;

②灵活提问；
③多听少说；
④善于提取要点；
⑤进行阶段性总结；
⑥排除各种干扰；
⑦不要带有个人偏见；
⑧在倾听时注意思考；
⑨注意肢体语言信息。
(2) 评分标准：
①提出的问题是行为性的问题；(2分)
②所设计的问题内容应针对应变能力，与指标说明内容密切相关；(2分)
③所设计的评分标准应针对应变能力的指标内容，评分等级数量不少于3个；(2分)
④各评分等级之间有明显的区别，易于评定；(2分)
⑤每个评分等级要有相应的分值；(2分)
⑥有回答问题的时间限定。(1分)

表2 "应变能力"指标的情境性问题和评分标准表（参见教材第119页）

情境性问题：你有个朋友生病在家，你带着礼物前去看望，偏巧在楼道里遇见了你领导的爱人，对方以为你是来看你的领导的，接下礼物并连连道谢。这时你如何向对方说明你的真正来意，又不伤害对方的面子？

等级	评分标准	分值	评定结果
A级（优）	应聘者回答情绪稳定，思维敏捷，设想得体	10	
B级（良）	应聘者回答情绪基本稳定，设想基本得体	8	
C级（中）	应聘者回答不知所措，窘迫、紧张，或设想的言行不得体	6	
D级（差）	应聘者回答不知所措，非常窘迫、紧张，或设想的言行很不得体，甚至让对方下不了台	4	
总分			

2011年5月

答：
(1) 该公司在复试阶段采用的是结构化面试，又称规范化面试，是指依照预先确定的题目程序和评分标准实施面试，要求做到程序、题目和评分的三个结构化。(2分)

(2) 第一个问题属于背景性问题，即关于应聘者个人背景、家庭背景、教育背景和工作背景等方面的问题。(2分)

第二个问题属于思维性问题，这类问题旨在考查应聘者理解、分析、辨别、综合、评价、推

断的能力。(2分)

第三个问题属于压力性问题,这类问题将应聘者置于充满压力的环境中,观察其反应,以对其情绪稳定性、应变能力等进行考查。(2分)

第四个问题属于情境性问题,这类问题将应聘者置于一个假设的情境之中,让他设想一下自己在这样的情境下会怎样做。(2分)

第五个问题属于行为性问题,这类问题是围绕与工作相关的关键胜任能力来提问的,它要求应聘者讲述一些关键的事例,面试考官对这些事件进行记录,并从中提取出应聘者的胜任特征。(2分)

(3) 上述提问方式的优点是:(每项2分)
①有利于预测应聘者的素质状况,有较高的效度;
②让应聘者无法事先杜撰或者掩饰,更能反映应聘者的真实情况。

2010年11月

答:

(1) 组织无领导小组讨论的前期准备工作包括:(每项2分)
①编制讨论题目;
②设计评分表;
③编制计时表;
④对考官进行培训;
⑤选定场地;
⑥确定讨论小组。

(2) 在编制无领导小组讨论的题目时,应当注意以下问题:(每项2分)
①首先要对所招聘岗位进行工作分析,了解拟任岗位所需员工应该具备的特点、技能;
②讨论题目需具有争论性,题材要为大家所熟悉,且题目不会诱发被评人的防御心理;
③如果采用案例型题目,应筛选出难度适中、内容合适、典型性和现实性均好的案例;
④对所编制出的备选题目进行甄别、筛选,确定出最符合本岗位工作特点的题目。

2010年5月

答:

面试的实施过程一般包括五个阶段:关系建立阶段、导入阶段、核心阶段、确认阶段和结束阶段。

①关系建立阶段:本阶段的任务是消除应聘者的紧张情绪,创造轻松、友好的氛围,为下一步面试沟通创造机会。本阶段常用的是一些封闭性问题。(3分)

②导入阶段:本阶段的主要任务是提问一些应聘者有所准备的、比较熟悉的题目,以进一步缓解应聘者的紧张情绪,为进一步面试做好准备。本阶段常用的是开放性问题。(3分)

③核心阶段:本阶段的主要任务是要求应聘者讲述一些关于核心胜任力的事例,面试考官将基于这些事实做出基本的判断,对应聘者的核心胜任能力做出评价,为最终的录用决策提供重要依据。通常采用的是一些行为性问题,但一般与其他问题配合使用。(3分)

④确认阶段:考官进一步对核心阶段所获得的信息进行确认,在本阶段常采用的是开放性问题,尽量避免使用封闭性问题。(3分)

⑤结束阶段:应该给应聘者一个机会,询问其是否还有问题要问等。不管是否录用,均应在友好的气氛中结束面试。常用的问题是行为性问题和开放性问题。(3分)

2009 年 11 月

答:

(1)准备阶段。(1分)

①收集必要的资料;(1分)

②组织强有力的测评小组;(1分)

③测评方案的制定。(1分)

(2)实施阶段:它是整个测评过程的核心。(1分)

①测评前的动员;(1分)

②测评时间和环境的选择;(1分)

③测评操作程序。(1分)

(3)测评结果调整。(1分)

①引起测评结果误差的原因;(1分)

②测评结果处理的常用分析方法;(1分)

③测评数据处理。(1分)

(4)综合分析测评结果。(1分)

①测评结果的描述;(1分)

②员工分类;(1分)

③测评结果分析方法。(1分)

2009年5月

答:

测试指标	指标等级	指标等级定义	等级分数
领导技能	D级	不善于授权,很少给员工发挥能力的机会	1
	C级	能够从长远角度出发考虑问题,并给予员工发挥能力的机会	2
	B级	能够通过个人努力影响下属员工,并适当授权,给予员工发挥能力的机会	3
	A级	具有强烈的领导欲和影响力,能够及时带领下属员工做出努力,给员工创造充分发挥其才能的机会,最大限度地调动员工的积极性、主动性和创造性	4

本题评分标准是:

①在"指标等级定义"栏中,每答对一项给3分,四栏共12分;
②在"等级分数"栏中,合理列出分值的给3分。

2008年11月

答:

(1) 为了保证人员选拔的质量,应做好以下准备工作:

①收集必要的相关资料和数据;(2分)

②组织强有力的测评小组;(2分)

③制定测评方案。(2分)

a. 确定被测评对象范围和测评目的;(1分)

b. 设计和审查员工素质能力测评的指标与参照标准;(1分)

c. 编制或修订员工素质能力测评的参照标准;(1分)

d. 选择合理的测评方法。(1分)

(2) 对"团队管理能力"进行测评时,需要把握的测评要素有:(每项2分,最高10分)

①沟通协作;

②组织能力;

③监控;

④培养与指导他人;

⑤团队精神;

⑥激励下属;

⑦绩效导向。

2008年5月

答：

(1) 本小题是第三章的知识,在此不赘述。

(2) 面试中应该注意避免的常见问题有：(每项2分)

①面试目的不明确；

②面试标准不具体；

③面试缺乏系统性；

④面试问题设计不合理；

⑤面试考官的偏见。

(3) 无领导小组讨论的优势包括：(每项2分,最高10分)

①应用范围广,能测试出笔试和其他单一面试不能检测出的能力和素质；

②能观察到被试之间的相互影响；

③能依据被试的行为特性来对其进行更加全面、合理、客观的评价；

④能依据被试的多种能力要素和个性特质；

⑤能使被试在相对无意之中暴露自己的优势和不足,因此,它在预测团队的行为时具有很高的效率；

⑥能使被试有平等的发挥机会,从而很快地表现出个体上的差异；

⑦能节省时间,测评的效率很高；

⑧能对竞争同一岗位的被试的表现进行同时比较(横向比较)。

2007年11月

答：

(1) 该公司的人员选拔方法的优点有：(每项2分)

①该公司高度重视人员招聘工作,紧紧抓住选聘合格人才的关键；

②在人员选拔过程中对应聘者进行多次测评,从而提高了人员招聘的质量；

③复试的过程分成四个阶段,面试问题由专家统一设计,事先对考官进行培训,规范合理,有较高的信度和效度；

④面试结束前,留出应聘者提问的时间,充分尊重应聘者；

⑤针对申请不同部门的应聘者,公司采用不同的选拔方法,如研发部门采用专题报告评审的方式筛选应聘者；

⑥给应聘者报销往返路费,体现出尊重和关爱,有利于公司形象的塑造。

(2) 复试方法、题目类型及优点:

①该公司在复试阶段采用的是结构化面试方法。(2分)

②复试题目的类型依次为:(每项1分)

第一个问题属于背景性问题;

第二个问题属于思维性问题;

第三个问题属于情境性问题;

第四个问题属于经验性、行为性问题。

③采用以上提问方式的优点有:(每项2分)

a. 有利于预测应聘者的素质状况,有较高的效度;

b. 让应聘者无法事先杜撰或者掩饰,更能反映应聘者的真实情况。

2007 年 5 月

答:

(1) 面试实施过程中的技巧有:(每项1分)

①充分准备;

②灵活提问;

③多听少说;

④善于提取要点;

⑤进行阶段性总结;

⑥排除各种干扰;

⑦不要带有个人偏见;

⑧在倾听时注意思考;

⑨注意肢体语言信息;

⑩创造和谐的面试气氛。

(2) 评分标准:(每项2分,最高10分)

①提出的问题是行为性的问题;

②所设计的问题内容应针对沟通能力,与指标说明内容密切相关;

③所设计的评分标准应针对沟通能力的指标内容,评分等级数量不少于3个;

④各评分等级之间有明显的区别,易于评定;

⑤每个评分等级要有相应的分值;

⑥有回答问题的时间限定。

提问与评分标准举例:

问题:在与他人的交往中,你遇到过令你非常尴尬的事情吗?你通常如何处理?(回答时间为5分钟)

等级	评分标准	分值
A级	例子真实,处理得当,化尴尬于无形,沟通能力优秀	10
B级	例子真实,勉强处理好,沟通能力良好	8
C级	善于避免尴尬环境,沟通能力一般	6
D级	难以处理该事情,沟通能力弱	4

第三章 培训与开发

理论知识部分

2014年5月

单选

50. （　　）不是培训教学计划的基本内容。
    A. 教学对象　　　B. 课程设置　　　C. 教学目标　　　D. 教学形式

51. （　　）不是企业制定培训总体目标的依据。
    A. 企业人力资源总体规划　　　　　B. 企业总体战略目标
    C. 所在行业发展总体趋势　　　　　D. 企业培训需求分析

52. 在培训课程设计文件中，导言部分的内容不包括（　　）。
    A. 教学顺序　　　B. 项目名称　　　C. 项目范围　　　D. 课程评估

54. 运用角色扮演法培训管理人员的步骤，包括：①选取某种情境；②组织全体讨论；③集合受训人员；④即兴进行情境表演。排序正确的是（　　）。
    A. ③①④②　　　B. ③①②④　　　C. ①③④②　　　D. ①③②④

55. 在培训效果评估的层级体系中，第一级评估是（　　）。
    A. 行为评估　　　B. 学习评估　　　C. 反应评估　　　D. 结果评估

56. 对培训效果进行行为评估的时间应为（　　）。
    A. 培训课程开始时　　　　　　B. 培训结束3个月或半年以后
    C. 培训课程结束　　　　　　　D. 培训结束6个月或一年以后

多选

102. 起草企业培训规划应做好的工作包括（　　）。
    A. 描述培训目标　　　　　　　B. 进行综合平衡
    C. 分配培训资源　　　　　　　D. 确定具体项目子目标

E. 制定培训的总体目标

103. 培训课程中,提高时间利用率的途径主要包括(　　)。
    A. 巧妙地分配课程时间　　　　　　B. 使学员积极参与
    C. 科学地安排课后作业　　　　　　D. 尽量选择内部培训师
    E. 尽可能安排脱产学习

104. 在培训过程中,岗位指南的作用包括(　　)。
    A. 强调课程重点　　　　　　　　　B. 提高学习效果
    C. 明确培训目标　　　　　　　　　D. 节约培训成本
    E. 帮助学员记忆操作规程

105. 与中层管理者相比,基层管理人员更应具备的能力有(　　)。
    A. 协调能力　　B. 指导能力　　C. 判断能力　　D. 理解能力
    E. 概念归纳能力

106. 对培训效果进行行为评估的难点有(　　)。
    A. 占用时间较多,人员不配合
    B. 培训一开始就要评估,时间紧张
    C. 问卷设计非常重要且难度较大
    D. 评估带来的压力使员工参加培训的积极性不高
    E. 员工的表现多因多果,难以剔除不相干因素的干扰

107. 设定培训评价指标和标准时,应注重评价指标和标准的(　　)。
    A. 相关性　　B. 可靠性　　C. 精确度　　D. 可行性
    E. 区分度

2013 年 11 月

单选

52. 企业在成立初期,培训力量应集中于(　　)。
    A. 组建管理团队　　　　　　　　　B. 提高创业者的营销公关能力
    C. 提高员工对企业的认同感　　　　D. 提高中层管理人员的管理能力

55. 企业需要对培训效果进行建设性评估,下列说法不正确的是(　　)。
    A. 建设性评估是非正式评估
    B. 建设性评估是主观性评估
    C. 建设性评估的结果决定了培训项目是否保留
    D. 建设性评估让培训对象认识到自己是否进步

56. 对培训效果进行行为评估的方法不包括(　　)。
    A. 任务项目法　　　　　　　　　　B. 问卷调查法

C. 笔试法　　　　　　　　　　　D. 行为观察法

57. 员工培训的认知成果是( )的主要对象和内容。
   A. 学习评估　　B. 反应评估　　C. 结果评估　　D. 行为评估

多选

102. 在企业员工培训活动中,教学形式受( )等因素的影响。
   A. 教师　　B. 时间　　C. 教材　　D. 课程
   E. 教案

103. 一般来说,企业外部培训资源的开发途径包括( )。
   A. 聘请专职的培训师　　　　　　B. 聘请本专业的专家、学者
   C. 从高校毕业生中进行招聘　　　D. 从高校或技术学院聘请教师
   E. 从顾问公司聘请培训顾问

104. 培训中评估的内容包括( )。
   A. 培训内容　　　　　　　　　　B. 培训环境
   C. 培训活动的参与状况　　　　　D. 培训机构和培训人员
   E. 培训进度与中间效果

105. 对培训效果进行正式评估的优点包括( )。
   A. 不会给受训者带来太大压力
   B. 使得评估结论更具有说服力
   C. 简便易行,不需投入过多成本
   D. 在数据和事实的基础上做出判断,客观性较强
   E. 可将评估结论与最初计划比较核对,易发现问题

106. 对新的培训方式进行效果评估,则评估的侧重点在于( )。
   A. 课程组织　　B. 培训教材　　C. 教学人员　　D. 课程设计
   E. 应用效果

2013年5月

单选

50. ( )属于企业培训的直接成本。
   A. 培训教室租赁费　　　　　　　B. 培训项目设计费
   C. 培训项目管理费　　　　　　　D. 培训主管的工资

51. 企业培训课程设计的原则是( )。
   A. 流行什么,就培训什么　　　　B. 最前沿是什么,就培训什么
   C. 需要什么,就培训什么　　　　D. 员工要求培训什么,就培训什么

52. 关于"岗位指南"这种培训材料的说法,正确的是( )。

A. 岗位指南就是岗位说明书
B. 岗位指南必须像技术手册那样精确
C. 岗位指南使包含许多复杂步骤的任务简单化
D. 岗位指南无法代替培训,它增加了培训成本

53. 对于基层管理人员而言,(　　)是最重要的。
A. 业务技能　　　B. 人际技能　　　C. 概念技能　　　D. 协调技能

55. 下列关于培训的非正式评估的说法,不正确的是(　　)。
A. 不会给受训者造成太大压力　　　B. 评估时需要大量的事实与数据
C. 评估过程较为方便,成本较低　　　D. 建立在评估者主观看法之上

56. 对培训效果进行行为评估,评估单位应为(　　)。
A. 培训单位　　　　　　　　　　　B. 受训者的直接主管
C. 培训教师　　　　　　　　　　　D. 受训者的单位主管

58. 某企业通过员工培训降低了事故发生率,节约了生产成本。这属于培训的(　　)。
A. 认知成果　　　B. 技能成果　　　C. 情感成果　　　D. 绩效成果

多选

102. 在制定培训规划时,必须保证培训规划的(　　)。
A. 普遍性　　　B. 有效性　　　C. 标准化　　　D. 多样性
E. 系统性

104. 在企业内部开发培训师的缺点有(　　)。
A. 开发成本高
B. 培训过程较难控制
C. 内部教师不易于在学员中树立威望
D. 选择范围较小,不易开发出高质量的教师队伍
E. 受环境限制,内部教师很难上升到新的高度来看待问题

105. 与高、基层管理人员相比,中层管理人员更应具备的能力有(　　)。
A. 目标设定能力　　　　　　　　　B. 协调能力
C. 教练与咨询能力　　　　　　　　D. 批判能力
E. 计划与控制能力

106. 培训效果评估的内容包括(　　)。
A. 培训的综合效果　　　　　　　　B. 培训报告完成情况
C. 培训目标达成情况　　　　　　　D. 培训计划执行情况
E. 培训主管的工作绩效

107. 在设定培训评价标准时,应当注重评估指标和标准的(　　)。
A. 相关度　　　B. 前沿性　　　C. 区分度　　　D. 可行性
E. 动态性

2012 年 11 月

单选

50. 以下关于培训费用的说法,错误的是( )。
    A. 是指企业在员工培训过程中所发生的一切费用之和
    B. 间接培训成本是企业在培训实施过程之外付的一切费用总和
    C. 由培训之前的准备工作和培训实施过程中各项活动的费用构成
    D. 直接培训成本是在培训实施过程中培训者与受训者的一切费用总和

51. 培训课程的各要素中,( )是指学习活动的安排和教学方法的选择。
    A. 教学模式　　　B. 教学组织　　　C. 教学策略　　　D. 教学安排

52. 在培训课程设计文件中,内容大纲不包括( )。
    A. 课程时间长度　B. 资料的结构　　C. 课程目标和内容　D. 教学顺序和活动

53. ( )不属于外部聘请培训师的优点。
    A. 选择范围较大　B. 带来全新理念　C. 提高培训档次　D. 师资费用较低

55. ( )是在培训结束时,对受训者的学习效果和培训项目本身的有效性进行评估。
    A. 正式评估　　　B. 建设性评估　　C. 非正式评估　　D. 总结性评估

56. 对培训效果进行行为评估的时间应为( )。
    A. 课程开始时　　　　　　　　　　B. 培训结束三个月或半年以后
    C. 课程结束时　　　　　　　　　　D. 培训结束半年或一年以后

57. ( )不宜用作培训认知成果的评估标准。
    A. 作业操作规范　B. 财务核算原理　C. 绩效考核步骤　D. 企业管理理论

多选

102. 培训教学计划的基本内容包括( )。
    A. 教学形式　　　B. 教学目标　　　C. 教师配备情况　D. 教学环节
    E. 教学时间安排

103. 制作培训课程内容的注意事项包括( )。
    A. 应将课外阅读资料与课堂教材分开
    B. 应该尽量涵盖教师讲授、表达的内容
    C. 教材应该简洁、直观,按统一的格式和版式制作
    D. 教材的内容不能多而杂,以防分散学员的注意力
    E. 教材以提示重点、要点和强化受训者认知为重要功能

104. 培训教师的选配标准包括( )。
    A. 对培训所涉及的内容有实际工作经验　B. 具有良好的交流沟通能力
    C. 尽量从企业内部培养以节约培训成本　D. 拥有培训热情和教学愿望
    E. 能够熟练运用培训教材和培训工具

105. 培训前效果评估的作用包括（　　）。
　　A. 确保计划与实际需求合理衔接　　B. 保证培训需求确认的科学性
　　C. 帮助实现培训资源的合理配置　　D. 保证培训效果测定的科学性
　　E. 保证培训活动按照计划进行
106. 对培训效果进行学习评估的时间应为（　　）。
　　A. 半年或一年以后　　B. 课程结束时
　　C. 三个月或半年以后　　D. 课程进行时
　　E. 公司进行绩效评估时
107. 撰写培训效果评估报告时，概述评估实施的过程部分要交代清楚评估方案的（　　）。
　　A. 设计方法　　B. 抽样统计方法
　　C. 原始数据　　D. 资料收集方法
　　E. 量度指标

2012 年 5 月

单选

50. （　　）不属于员工培训的直接培训成本。
　　A. 教室设备的租赁费用　　B. 培训教师的课酬
　　C. 培训项目的管理费用　　D. 教材印发购置费用
51. 培训课程系列计划以（　　）为导向。
　　A. 培训目标　　B. 培训过程　　C. 培训方法　　D. 培训结果
53. 下列关于企业外部培训师的说法，正确的是（　　）。
　　A. 可以从大中专院校聘请　　B. 培训师对企业了解，降低了培训风险
　　C. 培训成本比较低　　D. 有丰富实践经验，不易导致"纸上谈兵"
54. 企业培训前评估的内容不包括（　　）。
　　A. 培训环境评估　　B. 培训需求整体评估
　　C. 培训计划评估　　D. 培训对象知识水平评估
55. 下列关于培训效果正式评估的说法，不正确的是（　　）。
　　A. 无法将评估结论与最初计划相比较
　　B. 对评估者自身素质的要求降低了
　　C. 在数据和事实的基础上做出评判
　　D. 有详细的评估方案、测试工具和评判标准
56. 在培训效果的层级体系中，反应评估的内容是（　　）。
　　A. 受训者在工作过程中行为方式的改变
　　B. 受训者取得的生产经营或技术方面的业绩

C. 受训者在技能、态度、行为等方面的收获

D. 受训者对培训项目的主观感觉或满意程度

57. 利用（　　）无法进行培训效果的反应评估。

A. 访谈法　　　　　　　　　　　　B. 电话调查法

C. 心得报告法　　　　　　　　　　D. 综合座谈法

58. 行为观察法是一种培训效果评估方法，对其论述不正确的是（　　）。

A. 能够向学员当场反馈学习的进展　　B. 能够考核培训后学员的能力进步

C. 能够检验培训项目设置是否合理　　D. 能够测量和评价学员的行为变化

多选

102. 制定培训规划的过程必须达到（　　）的要求。

A. 标准化　　B. 系统性　　C. 普遍性　　D. 同一化

E. 有效性

103. 在制定培训规划时，应在（　　）之间进行综合平衡。

A. 培训项目与培训完成期限　　　　B. 培训费用与企业人工成本

C. 企业正常生产与培训项目　　　　D. 培训费用与员工培训意愿

E. 员工培训与个人职业生涯规划

105. 一般来说，基层管理人员培训的重点内容包括（　　）。

A. 管理理念　　B. 管理前沿理论　　C. 管理知识技巧

D. 管理工作的实施技能　　　　　　E. 企业管理面临的内外部环境

106. 培训评估结果应反馈给（　　）。

A. 人力资源培训专员　　　　　　　B. 外部客户

C. 管理层　　　　　　　　　　　　D. 学员本人

E. 学员的直接上司

107. （　　）可以测量员工培训的技能成果。

A. 工作抽样　　B. 原始记录　　C. 现场观察　　D. 统计日报

E. 态度调查

2011 年 11 月

单选

50. 以下属于员工培训直接培训成本的是（　　）。

A. 培训项目的设计费用　　　　　　B. 教材印发购置的费用

C. 培训项目的评估费用　　　　　　D. 培训项目的管理费用

51. 在培训课程项目系列中，课程系列计划以（　　）为导向，将看似独立的相关课程联系在一起。

A. 目标　　　B. 过程　　　C. 方法　　　D. 结果

52. 培训的印刷材料中,( )是培训中的指导和参考材料。

A. 工作任务表　B. 岗位指南　C. 培训者指南　D. 学员手册

53. ( )不属于外部聘请师资的优点。

A. 选择范围较大　　　　　B. 带来全新理念

C. 提高培训档次　　　　　D. 培训易于控制

55. 以下关于培训效果正式评估的说法,不正确的是( )。

A. 完全排除评估者主观因素的影响

B. 对评估者自身素质的要求降低了

C. 容易将评估的结论用书面的形式表现出来

D. 有详细的评估方案、测试工具和评判标准

56. 对培训效果进行结果评估的时间应为( )。

A. 课程开始时　　　　　　B. 三个月或半年以后

C. 课程结束时　　　　　　D. 半年或一年以后

多选

102. 制定培训规划的有效性就是要求制定过程必须体现出( )。

A. 可靠性　　　B. 相关性　　　C. 针对性　　　D. 普遍性

E. 高效性

103. 在制定培训规划时,应进行综合平衡,即平衡( )。

A. 培训项目与培训完成期限　　B. 员工培训需求与师资来源

C. 企业正常生产与培训项目　　D. 培训费用与员工培训意愿

E. 员工培训与职业生涯规划

104. 以下关于培训教材开发的说法,正确的有( )。

A. 应切合学员的实际需要

B. 设计视听教材增加趣味

C. 可采用建设"教材资料包"的方法来组织

D. 利用一切可开发的学习资源组成活的教材

E. 尽可能使用国外比较先进的原版培训教材

105. 培训前效果评估的作用包括( )。

A. 确保计划与实际需求合理衔接　　B. 保证培训需求确认的科学性

C. 帮助实现培训资源的合理配置　　D. 保证培训效果测定的科学性

E. 找出不足,发现新的培训需要

106. 培训效果行为评估的具体方法有( )。

A. 访谈法　　　B. 绩效评估　　　C. 提问法　　　D. 行为观察

E. 笔试法

2011年5月

单选

50. 员工培训规划的（　　），是指规划必须体现可靠性、针对性、相关性和高效性等。
    A. 系统性　　　　B. 标准化　　　　C. 有效性　　　　D. 普遍性

52. 在培训课程设计文件中，内容大纲不包括（　　）。
    A. 教学资源　　　B. 交付时间　　　C. 资料结构　　　D. 课程评估

53. 不同的培训课程需要利用不同的培训方法，以下最适合于态度培训的方法是（　　）。
    A. 课堂讲授　　　B. 情景模拟　　　C. 示范模拟　　　D. 角色扮演

55. 在培训效果评估过程中，（　　）是以改进而不是以是否保留培训项目为目的的评估。
    A. 建设性评估　　B. 正式的评估　　C. 非正式评估　　D. 总结性评估

56. 在培训效果评估的层级体系中，反应评估的评估内容是（　　）。
    A. 受训者在工作过程中行为方式的变化和改进等
    B. 受训者在技能、态度、行为方式等方面的收获
    C. 受训者取得的生产经营或技术管理方面的业绩
    D. 受训者对培训项目的主观感觉或满意程度如何

57. 对培训结果进行评估，评估单位应为（　　）。
    A. 培训单位　　　　　　　　　　B. 学员的单位主管
    C. 培训教师　　　　　　　　　　D. 学员的直接主管

多选

102. 以下不属于企业直接培训成本的是（　　）。
    A. 教室设备的租赁费用　　　　　B. 培训教师的费用
    C. 培训项目的设计费用　　　　　D. 学员的交通费用
    E. 培训对象受训期间的工资福利

104. 在培训所使用的各种媒体中，岗位指南的优点包括（　　）。
    A. 查阅快捷　　　B. 重点突出　　　C. 使用简易　　　D. 记忆方便
    E. 复杂全面

2010年11月

单选

50. 以下关于员工培训规划的说法，不正确的是（　　）。
    A. 建立在培训需求分析的基础上　　B. 需从企业总体发展战略出发
    C. 需考虑企业培训资源配置情况　　D. 对培训与技能开发起辅助作用

51. 教学计划是实施培训的执行性计划，它的内容不包括（　　）。

A. 教师选定　　　B. 教学目标　　　C. 教学形式　　　D. 课程设置

55. 在培训效果的评估体系中,( )是第四级评估。

A. 行为评估　　　B. 学习评估　　　C. 反应评估　　　D. 结果评估

56. 对培训效果进行反应评估的方法不包括( )。

A. 访谈法　　　B. 综合座谈　　　C. 笔试法　　　D. 电话调查

57. 对培训效果进行行为评估,评估者应为( )。

A. 培训单位　　　　　　　　　B. 学员的直接主管

C. 培训教师　　　　　　　　　D. 学员的单位主管

多选

102. 在企业培训规划中,培训目标是结合培训资源配置的情况,将培训目的( )。

A. 具体化　　　B. 指标化　　　C. 数量化　　　D. 标准化

E. 专业化

103. 培训课程计划的内容主要包括( )。

A. 培训目标的选择　　　　　　B. 培训范围的确定

C. 开发时间的估算　　　　　　D. 主要课题的界定

E. 课程开发费用的初步估算

104. 作为企业培训过程中的重要印刷材料,工作任务表的作用包括( )。

A. 强调课程重点　　　　　　　B. 提高学习效果

C. 关注信息反馈　　　　　　　D. 明确操作规程

E. 节约培训成本

105. 与高层和基层管理人员相比,中层管理人员更应具备的能力有( )。

A. 目标设定能力　　　　　　　B. 业绩考核能力

C. 教练与咨询能力　　　　　　D. 表达能力

E. 决策能力

106. 培训效果评估的作用主要包括( )。

A. 可以检查出培训的费用效益

B. 可以客观评价培训者的工作

C. 可以为管理者决策提供所需的信息

D. 可以对培训效果进行正确、合理的判断

E. 可以找出不足,发现新的培训需求

107. 对培训效果进行定性评估的优点包括( )。

A. 简单易行　　　　　　　　　B. 需要的数据资料少

C. 综合性强　　　　　　　　　D. 可充分利用评估者的经验

E. 结果真实

2010年5月

单选

52. ( )不属于培训课程内容选择的基本要求。
    A. 价值性　　　B. 相关性　　　C. 有效性　　　D. 普遍性

53. 培训的印刷材料中,岗位指南的作用不包括( )。
    A. 节约培训成本　B. 提高学习效果　C. 明确培训目标　D. 掌握操作规程

55. 在培训效果评估的层次体系中,第三级评估是( )。
    A. 行为评估　　　B. 学习评估　　　C. 反应评估　　　D. 结果评估

56. 对培训效果进行学习评估时,不宜采用的评估方法是( )。
    A. 笔试法　　　B. 心得报告　　　C. 提问法　　　D. 行为观察

57. 培训的五大类成果中,( )的评估标准是工作态度、行为方式和对培训的满意度。
    A. 技能成果　　　B. 认知成果　　　C. 情感成果　　　D. 绩效成果

多选

102. 在企业员工培训活动中,教学形式受( )因素的影响。
     A. 教师　　　B. 教材　　　C. 课程　　　D. 课件
     E. 教案

103. 开发企业内部的培训资源,其优点包括( )。
     A. 培训交流顺畅　　　　　　B. 培训更具有针对性
     C. 培训易于控制　　　　　　D. 内部开发成本较低
     E. 易于营造气氛

105. 培训中效果评估的作用包括( )。
     A. 保证培训活动按照计划去进行　　B. 有助于科学解释培训的实际效果
     C. 帮助实现培训资源的合理配置　　D. 培训执行情况和培训调整
     E. 找出不足,发现新的培训需求

106. 培训效果非正式评估的优点包括( )。
     A. 方便易行
     B. 几乎不要耗费额外的时间和资源
     C. 容易将评估的结论用书面的形式表现出来
     D. 减少了一般评估给受训者带来的紧张不安
     E. 增强了信息资料的真实性和评估结论的客观性

107. 对培训进行结果评估的具体方法有( )。
     A. 360度评估　B. 离职率分析　C. 电话访谈法　D. 缺勤率分析
     E. 成本效益分析

2009 年 11 月

单选

51. 企业在不同发展阶段应确定不同的培训内容,在企业发展期企业应集中力量(　　)。
    A. 扩张经营范围　　　　　　　　B. 提高创业者的营销公关能力
    C. 建设企业文化　　　　　　　　D. 提高中层管理人员管理能力

52. 在选择培训方法时,知识的传授多以(　　)方法为主。
    A. 课堂授课　　B. 示范模拟　　C. 角色扮演　　D. 情景模拟

54. 以下关于培训评估对象的说法,错误的是(　　)。
    A. 受培训成本的限制,无需对所有培训活动进行评估
    B. 新开发的课程应着重于课程设计、应用效果等方面
    C. 新的培训方式应着重于培训目标、受训人员等方面
    D. 新教员的课程应着重于教学方法、质量等综合能力方面

55. 对培训效果进行反应评估,培训的主持者应为(　　)。
    A. 培训的单位　　　　　　　　　B. 学员的直接主管
    C. 培训教师　　　　　　　　　　D. 学员的单位主管

56. (　　)是指对培训项目所取得的成效进行测试时,其测量结果的长期稳定程度。
    A. 相关度　　B. 信度　　C. 区分度　　D. 效度

57. 在评估培训成果时,在调查问卷中,"您对该培训项目满意吗?"的提问属于(　　)的信息。
    A. 反应成果　　B. 技能成果　　C. 认知成果　　D. 绩效成果

58. 培训成果的评估方法中,以下不适于用问卷调查法了解的信息是(　　)。
    A. 了解学员偏爱的学习方法
    B. 让学员清楚了解到自己的观念
    C. 检查培训目标与工作任务的匹配度
    D. 评价学员在工作中对培训内容的应用情况

多选

103. 在课程设计文件中,导言部分包括(　　)等项内容。
    A. 班级规模　　　　　　　　　　B. 项目的组成部分
    C. 课件意图　　　　　　　　　　D. 学员的必备条件
    E. 教学资源

104. 培训中,对培训机构和培训人员监测评估的内容包括(　　)。
    A. 培训机构的规模和结构特征　　B. 培训组织的准备工作
    C. 培训机构的沟通和协调机制　　D. 培训师的素质和能力
    E. 现代培训设施应用情况

105. 培训效果正式评估的优点包括( )。
    A. 在数据和事实的基础上做出判断　　B. 使得评估结论更具有说服力
    C. 容易将评估结论用书面形式表现　　D. 不会给受训者带来太大的压力
    E. 可将评估结论与最初计划比较核对
107. 对培训效果进行结果评估的缺点有( )。
    A. 需要花费较长时间
    B. 必须取得管理层合作
    C. 相关经验少,评估技术不完善
    D. 评估带来的压力影响学员学习的积极性
    E. 员工的表现多因多果,简单的对比数字意义不大

2009 年 5 月

单选

50. 培训规划时要选择适用的培训方式方法,高层培训、管理培训、员工培训、员工文化素质培训等宜采用( )的培训方式。
    A. 分散　　　　　B. 边实践边学习　　C. 集中　　　　　D. 完全脱产学习
53. 培训的印刷材料中,工作任务表的作用不包括( )。
    A. 强调课程重点　B. 提高学习效果　　C. 关注信息反馈　D. 节约培训时间
54. 不同层次的管理人员所应具有的技能是不同的,对于高层管理人员而言,( )是最重要的。
    A. 业务技能　　　B. 概念技能　　　　C. 人际技能　　　D. 协调技能
55. 培训效果的建设性评估的优点不包括( )。
    A. 有助于培训对象改进自己的学习　　B. 帮助培训对象明白自己的进步
    C. 在数据和事实的基础上做出判断　　D. 使受训者产生满足感和成就感
56. 在培训效果的层级体系中,行为评估的评估内容是( )。
    A. 受训者在工作中态度、行为方式的变化和改进
    B. 受训者在技能、态度、行为方式等方面的收获
    C. 受训者取得的生产经营或技术管理方面的业绩
    D. 受训者对培训项目的主观感觉或满意程度如何

多选

103. 外部培训资源的开发途径包括( )。
    A. 聘请专职的培训师　　　　　　　　B. 聘请本专业的专家、学者
    C. 从大中专院校聘请教师　　　　　　D. 在网络上寻找并联系教师
    E. 从顾问公司聘请培训顾问

104. 管理技能培训开发的一般方法包括( )。
   A. 职务轮换　　　B. 替补训练　　　C. 设立副职　　　D. 敏感性训练
   E. 管理游戏法
105. 培训前效果评估的内容包括( )。
   A. 培训环境评估　　　　　　　　B. 培训对象工作成效及行为评估
   C. 培训计划的可行性评估　　　　D. 培训对象知识和工作态度评估
   E. 培训需求整体评估
106. 对培训效果进行学习评估的具体方法有( )。
   A. 访谈法　　　B. 角色扮演　　　C. 演讲法　　　D. 行为观察
   E. 笔试法

专业能力部分

2014 年 5 月

简答题

简述培训项目成本的构成。(16 分)

2013 年 11 月

简答题

根据培训效果四级评估体系的主要内容和评估方法,填写下表。(16 分)

	评估层级	评估内容	评估方法
第一级			
第二级			
第三级			
第四级			

2013 年 5 月

简答题

简述管理培训课程体系的基本组成以及管理技能培训开发的方法。(16 分)

2012年5月

简答题

企业选配培训教师的基本标准有哪些？（16分）

2011年11月

简答题

简述撰写培训评估报告的步骤。（12分）

2010年5月

案例分析题

K（中国）公司深刻认识到：先进的管理只有依靠优秀的人才才能实现，人才培训则是造就优秀人才的必要途径。18年来，该公司已经累计培训员工20万人次，基本培训资金投入超过2.4亿元。作为世界最大的餐饮连锁企业，该公司不仅给中国带来了异国风味的美味食品、上万个就业机会，还提供了一套全新的具有国际化标准的人员培训和管理系统。从每一个新员工踏进公司大门的那一刻起，公司就根据未来发展和运营的需要，为他们量身定制了培训与发展计划，而且设计了多方面、多层次的培训开发课程。例如，新进公司的每个餐厅服务员，都会有一个平均200小时的"新员工培训计划"；餐厅管理人员不但要学习入门的分区管理手册，还要接受公司的高级知识技能培训，并会被送往国外考察进修，接受新观念以开拓思路；由于餐厅经理是直接面对顾客的最重要管理人员，公司会安排其参加各种有趣的竞赛和活动，如每年的"餐厅经理年会""餐厅经理擂台赛"等，使餐厅经理们既有机会交流学习，同时也具有昂扬、积极、向上的风貌。从最基本的人际关系管理技巧，到岗位技能培训、分区管理技巧乃至高级知识技能培训，该公司设计的每项课程都具有很强的针对性，从而起到事半功倍的作用。

餐厅是K（中国）公司的基本业务单位，因此针对餐厅管理人员的"教育培训系统"是该公司人力资源培训战略的重要环节，这套系统被某些业内人士称为"制造核心竞争力的永动车"。1996年，公司专门建立了对餐厅管理人员进行训练的专业基地——教育发展中心，每年为来自全国各地2000多名该公司餐厅管理人员提供上千次的培训课程，使他们从一个丝毫不了解餐饮行业、不了解餐厅管理的外行人，发展成餐厅经理中的精英。在这个过程中，企业提供的不同培训课程以及量身定制的长远规划功不可没。

请您结合本案例，回答以下问题：

(1) K（中国）公司的员工培训开发系统具有哪些特点？（10分）

(2) K（中国）公司的员工培训制度对我们有哪些启示？（8分）

2009年11月

简答题

简述采用访谈法进行培训效果评估的具体步骤。(15分)

2009年5月

简答题

企业组织培训评估时,应根据哪些培训成果提出培训评估的标准和衡量方法?(15分)

2008年11月

案例分析题

这是一次为SH物流公司开的培训课。课堂上,培训师时而长篇大论地讲述,时而在白板上书写,但是讲台下面却很混乱。中间下课休息时,学员聚集在一起议论,仓储主管小李说:"你们觉得这位名师如何?我可是耐着性子听了这两天半的课了,本以为他可能会讲些实用的内容,可是这三天的培训课快完了,我也没听到与我工作相关的内容!"而货运主管小齐大声说道:"主管在培训前可是发话啦,受训完回岗可是有任务的!我是做运输的,我想知道如何解决运输中的突发事故,比如遇到发错货了、途中遭劫或货物被人做手脚了等问题时应该如何处理,结果听了半天,还没有摸到门道!""这可不行啊,我们可是花了大价钱请他来上课的!平常工作这么忙,能坐到这里听课多不容易啊!要不是看他斯斯文文的样子,我早就提议大家将他赶下台了!"检验员小杨也急切地插话。仓储主管小李又接着说:"我们抱怨也没用啊,还是快想想办法吧。要不我们将这些情况向HR经理反映一下。"货运主管小齐说:"对!对!我们花钱并不是坐在这里听听课就行了,他虽然讲的都没错,但对我们没有用啊!这些想法一定要讲出来,一定要讲出来!"

在企业人力资源管理活动过程中,这种令人失望的事并不少见,只是程度不同而已。

请结合本案例,回答以下问题:

(1) 请分析说明是什么原因导致上述教学质量问题的发生。(8分)

(2) 为了提高培训师的教学质量和效果,应当注重抓好哪些工作?(12分)

2008年5月

案例分析题

YJ集团是一家以房地产为主产业链的跨地区、跨行业、跨国经营的产业集团,公司创建于1993年5月,历经十几年的拼搏,现已形成房地产开发、建筑施工、教育后勤、物业管理等为一体的连锁化、整体化、系统化、全新规模化产业,位居全国大型企业集团千强之列。集团现有资产50亿元,员工2万余人,在北京、上海、武汉及浙江等全国8个省(市)已打造出一批堪称房产典范、建筑精品的标志性建筑。

该集团公司非常重视人才的选拔与培养,集团领导决定在公司内部建立一支培训师队伍。人力资源部在公司内部发布公告,马上就有40多名符合报名条件的人员报了名,如何从这40名应聘者中选出符合条件的培训师?面试是不可或缺的,除了面试,是否还可以考虑其他的选拔方法呢?如笔试、无领导小组讨论等。这些问题一直困扰着大家,特别是人力资源部主管招聘工作的张副经理。

请根据本案例,回答以下问题:
(1) 企业选配培训师的基本标准是什么?(14分)
(2) 在组织面试中应该注意避免哪些常见问题?(10分)
(3) 如何采用无领导小组讨论?它具有哪些优势?(10分)

2007年11月

简答题

简述培训评估报告的撰写步骤。(10分)

理论知识部分的参考答案及注释

2014年5月

单选

50. 答案:A

解析:教学计划是实施培训计划,提高教学质量,确保教学工作顺利进行,实现培训总体目标的具体的执行性和操作性计划,其主要内容包括:

(1) 教学目标。这是在员工培训中开展各种教学活动所要达到的标准和要求。

(2) 课程设置。根据教学计划的要求,确定教学内容,建立合理的培训课程体系的活动过程。

(3) 教学形式。主要是指在教学过程中所要采用的教学方式,即如何组织讲师与受训者之间的教与学的活动。

(4) 教学环节。在教学计划中,教学环节是指整个培训的教学活动过程中各项关联的环节。

(5)教学时间安排。教学计划中的时间安排,一般包括以下因素:①整个教学活动所采用的时间;②为完成某门课程所需要的时间;③周学时设计;④总学时设计;⑤教学形式、教学环节中涉及的各类课程的讲授、复习、实验、参观、讨论、自习、测验、考查等各环节的时间的比例。

51. 答案:C

解析:起草培训规划时,制定培训总体目标的主要依据是:企业的总体战略目标、企业人力资源的总体规划和企业培训需求分析。

52. 答案:A

解析:导言部分包括以下内容:①项目名称,包括课程名称、课程的发布、版本或修改次数序号;②项目范围,描述项目涉及的领域;③项目的组成部分,包括培训解决方案的构成(包括印刷资料和电子资料);④班级规模,描述班级的最大、最小和最优化规模;⑤课程时间长度,估算学员完成课程所需的时间;⑥学员的必备条件,描述学员完成本课程所需的时间;⑦学员,描述培训对象的特点,如岗位职务、工作责任、服务年限、社会背景、工作经验、现有能力、教育程度、态度、学习习惯、思想作风、兴趣偏好、具备的条件以及对课程的期望值等;⑧课件意图,介绍课程的目标、培训的意图、培训如何与课程相协调(如果培训适用的话)、培训如何使学员受益、培训成功的绩效指标等;⑨课程评估,根据培训方案的要求对培训课程的内容和实效做出的全面分析,包括学员对培训活动过程的反馈和学员对学习层次的判断,对学员进行测试,并根据绩效目标来确定他们的学习层次(高、中、低)。

54. 答案:A

解析:角色扮演也是一种管理人员开发的常用方法,即把一组主管人员集合在一起,设定某种带有普遍性、比较棘手的情况,让几个人分别饰演其中的角色,把事件的过程表演出来。其他成员在一旁进行观摩、思考和讨论。模拟结束后,也可请另外一些人模拟表演,最后组织全体讨论。

55. 答案:C

解析:在培训效果评估的层级体系中,第一级评估是反应评估,第二级是学习评估,第三级是行为评估,第四级是结果评估。

56. 答案:B

解析:

评估层级	评估内容	评估方法	评估时间	评估单位
反应评估	受训者对培训的满意程度	问卷调查、电话调查、综合座谈、访谈法、观察法	课程结束时	培训单位
学习评估	衡量学员对于培训内容、技巧、概念的吸收与掌握程度	提问法、角色扮演、笔试法、口试法、演讲、模拟练习与演示、心得报告与文章发表	课程进行时、课程结束时	培训单位

(续表)

评估层级	评估内容	评估方法	评估时间	评估单位
行为评估	衡量学员在培训后的行为改变是否因培训导致	问卷调查、行为观察、访谈法、绩效评估、管理能力评鉴、任务项目法、360度评估	三个月或半年后	学员直接主管上级
结果评估	衡量学员给公司业绩带来的影响	个人与组织绩效指标、组织气候等资料分析、成本效益分析、生产率、缺勤率、离职率、客户与市场调查、360度满意度调查	半年或一两年后,员工以及公司的绩效评估时	学员单位主管

多选

102. 答案:BCDE

解析:起草企业培训规划应做好的工作包括:

(1) 制定培训的总体目标。

主要依据是:企业的总体战略目标、企业人力资源的总体规划、企业培训需求分析。

(2) 确定具体项目的子目标。

根据具体培训项目及阶段来制定的子项目或阶段性培训规划,包括实施过程、时间跨度、阶段、步骤、方法、措施、要求和评估方法。

(3) 分配培训资源。

按轻重缓急分配培训资源,以确保各项目标都有相应的人力、物力和财力的支持。

(4) 进行综合平衡。

主要从四个方面进行综合平衡:①在培训投资与人力资源规划之间进行平衡;②在企业正常生产与培训项目之间进行平衡;③在员工培训需求与师资来源之间进行平衡;④在员工培训与个人职业生涯规划之间进行平衡。

103. 答案:ABC

解析:提高时间的利用率一般有以下几个途径:①课程设计者要巧妙地配置有限的课程时间;②教师要使学员在整个课程执行期间积极地参与学习活动,提高学习效率;③科学地安排课后作业,有利于提高课堂时间的利用率。

104. 答案:CDE

解析:岗位指南具有重点突出、使用简易、查阅快捷、记忆方便等优点。它的作用是:①迫使有关专家对理想的操作做出界定,进一步明确培训目标;②有助于记忆在培训中学到的操作规程,便于日后随时查阅;③可代替培训或减少培训时间,节约成本。

105. 答案:BD

解析:

管理层次	能力组合
高层管理人员	洞察、决策、创造、统筹、批判、发展他人、个人品德、自我控制力、自我学习力、概念思维、战略眼光、团队领导等
中层管理人员	判断、领导、协调、沟通、专业、目标设定、业绩考核、教练与咨询、解决团队问题、向高层经营者提供信息等
基层管理人员	经营管理的基本内容和沟通方式：专业、计划、指导、沟通、理解等

106．答案：ACE

解析：对培训效果进行行为评估的难点有：①实施时间是在培训结束后的几周或几个月之后，要花费很多时间和精力；②因为要占用相关人员较多时间，所以大家可能不太配合；③问卷设计非常重要却比较难做；④员工的表现多因多果，难以剔除不相干因素的干扰。

107．答案：ABDE

解析：在设定培训评价指标和标准时，应注重评价指标和标准的相关度、信度、区分度和可行性。

2013 年 11 月

单选

52．答案：B

解析：企业培训课程设计的特征有：①创业初期。企业在这一时期的当务之急是发现客户、推动企业快速成长，企业应集中力量提高创业者的营销公关能力、客户沟通能力。②发展期。企业应集中力量提高中层管理人员的管理能力，如培养并影响他们的管理风格和思维习惯，使之适应企业的要求；提高他们的管理知识，加深他们对行业发展的认识，以建立适应企业未来发展的管理体制；培养他们的管理观念和管理技能，促进企业的长远发展。③成熟期。企业应集中力量建设企业文化，将企业长期发展所必需的观念、规则和态度传播到每一个员工中去，并提升员工对企业目标的认同感和对企业的归属感。

55．答案：C

解析：建设性评估是在培训过程中以改进而不是以是否保留培训项目为目的的评估，经常是一种非正式的主观评估。它的优点是有助于培训对象学习的改进，帮助培训对象明白自己的进步，从而使其产生某种满足感和成就感。

56．答案：C

解析：行为评估的方法有问卷调查、行为观察、访谈法、绩效评估、管理能力评鉴、任务项目法、360 度评估。

57．答案：A

解析：认知成果可以用来衡量受训者对培训项目所强调的基本原理、程序、步骤、方式、方法或过程等理解、熟悉和掌握的程度。员工培训的认知成果是上述四个层级体系中的第二层级——学习评估的主要对象和内容。一般采用笔试或口试的方法来评判。

多选

102. 答案：ACDE

解析：在企业员工培训活动中，教学形式主要受到教师、课程、教材、教案等各种因素的影响。

103. 答案：ABDE

解析：一般来说，企业外部培训资源的开发途径包括：①从大中专院校聘请教师；②聘请专职的培训师；③从顾问公司聘请培训顾问；④聘请本专业的专家、学者；⑤在网络上寻找并联系培训教师。

104. 答案：ABCDE

解析：企业培训全程评估可以分为三个阶段，即培训前评估、培训中评估和培训后评估。其中，培训中评估的主要内容是：①培训活动参与状况检测；②培训内容检测；③培训进度与中间效果检测；④培训环境检测；⑤培训机构和培训人员检测。

105. 答案：BDE

解析：正式评估往往具有详细的评估方案、测度工具和评判标准。它的优点是：①在数据和事实的基础上做出判断，使评估结论更有说服力；②更容易将评估结论以书面形式表现出来；③可将评估结论与最初计划比较核对。

106. 答案：ABDE

解析：不一定要对所有培训进行评估，要选定合适的培训评估对象：①新开发的课程应着重于培训需求、课程设计、应用效果等方面；②新教员的课程应着重于教学方法、质量等综合能力方面；③新的培训方式应着重于课程组织、教材、课程设计、应用效果等方面。

2013年5月

单选

50. 答案：A

解析：培训成本是指企业在员工培训的过程中所发生的一切费用，包括培训之前的准备工作、培训实施过程以及培训结束之后的效果评估等与之相关活动的各种费用的总和。可分为直接培训成本和间接培训成本。

直接培训成本是指在培训组织实施过程之中培训者与受训者的一切费用总和。如培训师的费用，学员的往来交通、食宿费用，教室设备的租借费用，教材印刷购置的费用，以及培训实施过程中其他各项的花费等。

间接培训成本是指在培训组织实施过程之外企业所支付的一切费用总和。如培训项目的设计费用、培训项目的管理费用、培训对象受训期间的工资福利以及培训项目的评估费用等。

51. 答案:C

解析:培训课程设计的基本原则是:①培训课程设计的根本任务是满足企业与学习者的需求;②培训课程设计的基本要求是应体现成年人的认知规律;③培训课程设计的主要依据是现代系统理论的基本原则。

52. 答案:C

解析:岗位指南是对最常用最关键任务的描述,使包含许多复杂步骤的任务简单化,具有重点突出、使用简易、查阅快捷、记忆方便等优点。它在培训中具有以下作用:①迫使有关专家对理想的操作做出界定,进一步明确培训目标;②有助于记忆在培训中学到的操作规程,便于日后随时查阅;③可代替培训或减少培训时间,节约成本。

53. 答案:A

解析:管理者一般应具备三种最主要的技能,即业务技能、人际技能和概念技能。相比较而言,基层管理者需要有较强的业务技能,高层管理者需要有较强的概念技能,而所有层次上的管理者都需要人际沟通技能。

55. 答案:B

解析:非正式评估是指评估者依据自己的主观性的判断,而不是用事实和数字来加以证明。它的优点是:①可以使评估者能够在培训对象不知不觉的自然态度下进行观察,增强了信息资料的真实性和评估结论的客观性与有效性;②方便易行;③不会给受训者造成太大的压力,能给培训者意料不到的结果。

56. 答案:B

解析:

评估层级	评估内容	评估方法	评估时间	评估单位
行为评估	衡量学员在培训后的行为改变是否因培训导致	问卷调查、行为观察、访谈法、绩效评估、管理能力评鉴、任务项目法、360度评估	三个月或半年后	学员直接主管上级

58. 答案:D

解析:绩效成果可以用来评价受训者通过该项目培训对个人或组织绩效所产生的影响程度,同时也可以为企业人力资源开发及培训费用计划等决策提供依据。它包括由于员工流动率或事故发生率的下降引起的成本降低,一级产品产量、质量的提高或顾客服务水平的改善。

多选

102. 答案:ABCE

解析:企业员工培训规划制定的要求是:①系统性;②标准化;③有效性(可靠性、针对性、相关性、高效性);④普遍性(适应不同工作任务、不同对象、不同培训需要)。

104. 答案:CDE

解析:在企业内部开发培训师的缺点有:①内部人员不易在学员中树立威望,可能影响学员在培训中的参与态度;②内部选择范围较小,不易开发出高质量的教师队伍;③内部教师看待问题受环境决定,不易上升到新的高度。

105. 答案:ABC

解析:

管理层次	能力组合
高层管理人员	洞察、决策、创造、统筹、批判、发展他人、个人品德、自我控制力、自我学习力、概念思维、战略眼光、团队领导等
中层管理人员	判断、领导、协调、沟通、专业、目标设定、业绩考核、教练与咨询、解决团队问题、向高层经营者提供信息等
基层管理人员	经营管理的基本内容和沟通方式:专业、计划、指导、沟通、理解等

106. 答案:ACE

解析:培训效果评估的主要内容包括:①培训目标达成情况的评估;②实施培训效果、效益的综合评估;③培训主管的工作绩效评估;④受训者知识技能的提高与接受培训的相关度评估。

107. 答案:ACD

解析:在设定培训评价指标和标准时,应注重评价指标和标准的相关度、信度、区分度和可行性。

2012年11月

单选

50. 答案:C

解析:培训成本是指企业在员工培训的过程中所发生的一切费用,包括培训之前的准备工作、培训实施过程以及培训结束之后的效果评估等与之相关活动的各种费用的总和。可分为直接培训成本和间接培训成本。

51. 答案:A

解析:培训课程的要素包括:①课程目标。学习方向和学习过程中各个阶段应达到的标准,应根据环境的需求来确定。②课程内容。学科领域内概念、原理、方法和技能技巧或过程、程序、步骤、规范和标准。③课程教材。将学习的内容呈现给学员的载体。④教学模式。学习活动的安排和教学方法的选择,与课程目标直接相关。⑤教学策略。教学程序的选择和教学资源的利用,它与学习活动密切相关,是学习活动的一个组成部分。⑥课程评价。用来评估学员对学习内容掌握的广度、深度以及课程目标完成的程度。⑦教学组织。面向学员的班级授课制和分组式授课制。⑧课程时间。课程设计者要巧妙地配置有限的课程时间。⑨课程空间。⑩培训教师。根据培训课程的目标和内容要求而定,是培训课程的执行者。⑪学员。培训课程的主体,不但是课程的接受者,同时也是一种可利用的学习资源。

52. 答案:A

解析:在培训课程设计文件中,内容大纲包括:①教学资源。列举了提供给学员、教师和考官的课程资料和表格,其中包括印刷资料或电子资料,以及得到资料的前提条件,如网络连接、邮寄等。②资料的结构。描述了构成课程的每个部分,如单元、章节、课时和练习。③课程目标和绩效目标。说明课程的目标,并列出课程的所有绩效目标。④教学顺序和活动。描述课程题目的次序,并对每个课题做简短的概念性描述。⑤内容。描述每个内容片段,其中包含课程结构的所有层次,如单元、章节、课时、练习,为了清晰地表明课程的内容,应该在本部分列出课程所涉及的项目清单。⑥交付时间。说明交付课程的时间,包括完成每个内容片段所需的预期时间,也就是课程交付的时间。

课程时间长度属于培训课程设计文件中的导言部分。

53. 答案:D

解析:外部聘请培训师的优点有:①选择范围大,可获取到高质量的培训教师资源;②可带来许多全新的理念;③对学员具有较大的吸引力;④可提高培训档次,引起企业各方面的重视;⑤容易营造气氛,获得良好的培训效果。

55. 答案:D

解析:非正式评估与正式评估的比较:

①非正式评估:评估者依据自己的主观性的判断,而不是用事实和数字来加以证明。

②正式评估:往往具有详细的评估方案、测度工具和评判标准。其优点是:在数据和事实的基础上,有说服力;以书面形式表现,可将评估结论与最初计划核对。

建设性评估与总结性评估的比较:

①建设性评估:就是在培训过程中以改进而不是是否保留培训项目为目的的评估。其优点是:有助于学习改进,产生满足感和成就感,有激励效果。

②总结性评估:在培训结束后,对受训者的学习效果和培训项目本身的有效性的评估。这种评估经常是正式的和客观的。

56. 答案:B

解析:

评估层级	评估内容	评估方法	评估时间	评估单位
行为评估	衡量学员在培训后的行为改变是否因培训导致	问卷调查、行为观察、访谈法、绩效评估、管理能力评鉴、任务项目法、360度评估	三个月或半年后	学员直接主管上级

57. 答案:A

解析:认知成果可以用来测量受训者对培训项目中所强调的基本原理、程序、步骤、方式、方法或过程等所理解、熟悉和掌握的程度。即衡量受训者从培训项目中学到了哪些基本概念、基本原理和基本方法。

多选

102. 答案：ABDE

解析：教学计划是实施培训计划，提高教学质量，确保教学工作顺利进行，实现培训总体目标的具体的执行性和操作性计划，其主要内容包括：①教学目标。这是在员工培训中开展各种教学活动所要达到的标准和要求。②课程设置。根据教学计划的要求，确定教学内容，建立合理的培训课程体系的活动过程。③教学形式。主要是指在教学过程中所要采用的教学方式，即如何组织讲师与受训者之间的教与学的活动。④教学环节。教学环节是指整个培训的教学活动过程中各项关联的环节。⑤教学时间安排。

103. 答案：ACDE

解析：制作培训课程内容时的注意事项包括：①培训教材是培训师的辅助材料，因此，教材的内容不能多而杂，否则会分散学员的注意力；②凡是培训师讲授、表达的内容，教材不必重复；③教材以提示重点、要点和强化学员认知为重要功能；④应将课外阅读资料、课堂教材分开；⑤教材应简洁、直观，按照统一的格式和版式制作；⑥制作时用"教材制作清单"进行控制和核对。

104. 答案：ABDE

解析：培训教师的选配标准包括：①具备经济管理类和培训内容方面的专业理论知识；②对培训内容所涉及的问题应有实际工作经验；③具有培训授课经验和技巧；④能够熟练运用培训中所需要的培训教材和工具；⑤具有良好的交流与沟通能力；⑥具有引导学员自我学习的能力；⑦善于在课堂上发现问题并解决问题；⑧积累与培训内容相关的案例与资料；⑨掌握培训内容所涉及的一些相关前沿问题；⑩拥有培训热情和教学愿望。

105. 答案：ABCD

解析：培训前效果评估的作用是：①保证培训需求确认的科学性；②确保培训计划与实际需求的合理衔接；③帮助实现培训资源的合理配置；④保证培训效果测定的科学性。

106. 答案：BD

解析：

评估层级	评估内容	评估方法	评估时间	评估单位
学习评估	衡量学员对于培训内容、技巧、概念的吸收与掌握程度	提问法、角色扮演、笔试法、口试法、演讲、模拟练习与演示、心得报告与文章发表	课程进行时、课程结束时	培训单位

107. 答案：ABDE

解析：撰写培训效果评估报告的步骤如下：

(1) 导言。①说明评估实施的背景；②介绍评估目的和评估性质；③说明此评估方案实施以前是否有过类似的评估。

(2) 概述评估实施过程。撰写者要交代清楚评估方案的设计方法、抽样及统计方法、资料收集方法和评估所依据的量度指标。

(3) 阐明评估结果。

(4) 解释、评论评估结果和提供参考意见。

(5) 附录。

(6) 报告提要。

2012 年 5 月

单选

50. 答案:C

解析:培训的费用即培训成本,是指企业在员工培训的过程中所发生的一切费用,包括培训之前的准备工作、培训实施过程以及培训结束之后的效果评估等与之相关的各种费用的总和。培训成本分为直接培训成本和间接培训成本:①直接培训成本是指在培训组织实施过程之中培训者与学员的一切费用总和,如培训师的费用,学员的往来交通、食宿费用,教室设备的租借费用,教材印刷购置的费用,以及培训实施过程中其他各项的花费等;②间接培训成本是指在培训组织实施过程之外企业所支付的一切费用总和,如培训项目的设计费用、培训项目的管理费用、培训对象受训期间的工资福利以及培训项目的评估费用等。

51. 答案:A

解析:课程系列计划是指按照一定的顺序组合起来的目标一致的课程组合。课程系列计划以目标为导向,将看似独立的相关课程联系在一起,即把所有培训工作都集中到一个学习方向上。

53. 答案:A

解析:外部培训资源的开发途径包括:①从大中专院校聘请教师;②聘请专职的培训师;③从顾问公司聘请培训顾问;④聘请本专业专家、学者;⑤在网络上寻找并联系培训教师。

外部聘请师资的优点是:①选择范围大,可获取到高质量的培训教师资源;②可带来许多全新的理念;③对学员有较大的吸引力;④可提高培训档次,引起企业各方面的重视;⑤容易营造气氛,获得良好的培训效果。

外部聘请师资的缺点是:①企业与其之间缺乏了解,加大了培训风险;②外部教师对企业及学员缺乏了解,可能使培训适用性降低;③可能会由于缺乏实际工作经验,导致培训只是"纸上谈兵";④外部聘请教师成本较高。

54. 答案:A

解析:培训前评估的内容主要是:①培训需求整体评估;②培训对象知识、技能和工作态度评估;③培训对象工作成效及行为评估;④培训计划评估。

55. 答案:A

解析:培训效果正式评估具有详细的评估方案、测度工具和评判标准。在正式评估中,对评估者自身素质的要求降低了,起关键作用的因素不再是评估者本身,而是评估方案和测试工具的选择是否恰当。

培训效果正式评估的优点是:①在数据和事实的基础上做出判断,使评估结论更有说服力;②更容易将评估结论用书面形式表现出来,如记录和报告等;③可将评估结论与最初计划比较核对。

56. 答案:D

解析:反应评估衡量学员对培训的满意程度;学习评估衡量学员对于培训内容、技巧、概念的吸收与掌握程度;行为评估衡量学员在培训后的行为改变是否因培训导致;结果评估衡量学员给公司业绩带来的影响。

57. 答案:C

解析:反应评估的方法是问卷调查法、电话调查法、综合座谈法、访谈法、观察法。心得报告法是学习评估的方法。

58. 答案:C

解析:行为观察法能够向学员当场反馈学习进展,考核学员培训后的能力,测量和评价学员培训前后的行为变化。

多选

102. 答案:ABCE

解析:培训规划作为实现企业人力资源开发的目标、满足员工培训需求的活动实施方案,其制定过程必须达到四点要求:系统性、标准化、有效性和普遍性。

103. 答案:CE

解析:在制定培训规划时,主要从四个方面进行综合平衡:①在培训投资与人力资源规划之间进行平衡;②在企业正常生产与培训项目之间进行平衡;③在员工培训需求与师资来源之间进行平衡;④在员工培训与个人职业生涯规划之间进行平衡。

105. 答案:CD

解析:基层管理人员培训的重点内容包括管理知识技巧和管理工作的实施技能。

106. 答案:ACDE

解析:在培训评估过程中,反馈评估结果对培训项目来说具有非常积极的意义。一般四类人员必须得到培训评估结果,即人力资源培训专员、管理层、学员的直接上司和学员本人。

107. 答案:AC

解析:员工培训技能成果的确定方法包括现场观察、工作抽样。

2011年11月

单选

50. 答案:B

解析:培训的费用即培训成本,是指企业在员工培训的过程中所发生的一切费用,包括培训之前的准备工作、培训实施过程以及培训结束之后的效果评估等与之相关的各种费用的总和。培训成本分为直接培训成本和间接培训成本:①直接培训成本是指在培训组织实施过程之中培训者与学员的一切费用总和,如培训师的费用,学员的往来交通、食宿费用,教室设备的租借费用,教材印刷购置的费用,以及培训实施过程中其他各项的花费等;②间接培训成本是指在培训组织实施过程之外企业所支付的一切费用总和,如培训项目的设计费用、培训项目的管理费用、培训对象受训期间的工资福利以及培训项目的评估费用等。

51. 答案:A

解析:课程系列计划是指按照一定的顺序组合起来的目标一致的课程组合。课程系列计划以目标为导向,将看似独立的相关课程联系在一起,即把所有培训工作都集中到一个学习方向上。

52. 答案:D

解析:学员手册是培训中的指导和参考材料。

53. 答案:D

解析:外部聘请师资的优点是:①选择范围大,可获取到高质量的培训教师资源;②可带来许多全新的理念;③对学员有较大的吸引力;④可提高培训档次,引起企业各方面的重视;⑤容易营造气氛,获得良好的培训效果。

55. 答案:A

解析:培训效果正式评估具有详细的评估方案、测度工具和评判标准。在正式评估中,对评估者自身素质的要求降低了,起关键作用的因素不再是评估者本身,而是评估方案和测试工具的选择是否恰当。

培训效果正式评估的优点是:①在数据和事实的基础上做出判断,使评估结论更有说服力;②更容易将评估结论用书面形式表现出来,如记录和报告等;③可将评估结论与最初计划比较核对。

56. 答案:D

解析:对培训效果进行结果评估的时间应为半年或一两年后。

多选

102. 答案:ABCE

解析:制定培训规划的有效性就是要求员工培训规划的制定必须体现出可靠性、针对性、相关性和高效性等四个方面的基本特点。

103. 答案:BCE

解析:在制定培训规划时,主要从四个方面进行综合平衡:①在培训投资与人力资源规划之间进行平衡;②在企业正常生产与培训项目之间进行平衡;③在员工培训需求与师资来源之间进行平衡;④在员工培训与个人职业生涯规划之间进行平衡。

104. 答案:ABCD

解析:培训教材开发的方法和要求有:①培训课程教材应切合学员的实际需求,而且必须是足够能反映该领域内最新信息的材料;②资料包的使用;③利用一切可开发的学习资源组成活的教材;④尽可能地开发一切所能利用的信息资源;⑤设计视听材料。

105. 答案:ABCD

解析:培训前效果评估的作用是:①保证培训需求确认的科学性;②确保培训计划与实际需求的合理衔接;③帮助实现培训资源的合理配置;④保证培训效果测定的科学性。

106. 答案:ABD

解析:培训效果行为评估的方法有:问卷调查、行为观察、访谈法、绩效评估、管理能力评鉴、任务项目法、360度评估。

2011年5月

单选

50. 答案:C

解析:培训规划作为实现企业人力资源开发的目标、满足员工培训需求的活动实施方案,其制定过程必须达到以下几点要求:①系统性。要求培训规划从目标设立到实施的程序和步骤,从培训对象的确定到培训的内容、培训方式方法的选择、培训师的指派,乃至评估标准的制定都应当保持统一性和一致性。②标准化。要求整个培训规划的设计过程,确定并执行正式的培训规则和规范。如果培训规划仅凭个人的经验或依赖于少数人的决断,那么培训规划就会受到设计者个人的经验、知识水平、专业技术等方面局限性的影响,导致培训规划的目标出现偏差。③有效性。就是要求员工培训规划的制定必须体现出可靠性、针对性、相关性和高效性等四个方面的基本特点。④普遍性。要求培训规划的制定必须适应不同的工作任务、不同的培训对象和不同的培训需要。

52. 答案:D

解析:在培训课程的设计文件中,内容大纲包括:①教学资源。列举提供给学员、教师和考官的课程资料和表格,其中包括印刷资料或电子资料以及得到资料的前提条件,如网络连接、邮寄等。②资料的结构。描述构成课程的每个部分,如单元、章节、课时和练习。③课程目标和绩效目标。说明课程的目标,并列出课程的所有绩效目标。④教学顺序和活动。描述课程题目的次序,并对每个课题做简短的概念性描述。⑤内容。描述每个内容片段,其中包含课程结构的所有层次,如单元、章节、课时、练习,为了清晰地表明课程的内容,应该在本部分列出课程所涉及的项目清单。⑥交付时间。说明交付课程的时间,包括完成每个内容片段所需的预期时间,也就是课程交付的时间。

53. 答案:B

解析:不同的培训课程需要利用不同的培训方法进行培训。如知识的传授多以课堂讲授或讨论等方法为主;技能学习以示范模拟、角色扮演等方法较为有效;态度培训则以情景模拟、测量工具和个人及小组成长等方法为主。

55. 答案:A

解析:培训效果评估的形式有:①非正式评估。评估者依据自己的主观性的判断,而不是用事实和数字来加以证明。②正式评估。往往具有详细的评估方案、测度工具和评判标准。在正式评估中,对评估者自身素质的要求降低了,起关键作用的因素不再是评估者本身,而是评估方案和测试工具的选择是否恰当。其优点是在数据和事实的基础上做出判断,有说服力;以书面形式表现;可将评估结论与最初计划比较核对。③建设性评估。就是在培训过程中以改进而不是保留培训项目为目的的评估,其优点是有助于学习改进,产生满足感、成就感,有激励效果。④总结性评估。在培训结束后,对受训者的学习效果和培训项目本身的有效性的评估。这种评估经常是正式的和客观的。

56. 答案:D

解析:培训结果的四级评估是:①反应评估。是第一级评估,即在课程刚结束时,了解学员对培训项目的主观感觉或满意程度。②学习评估。是第二级评估,着眼于对学习效果的量度,即评估学员在知识、技能、态度或行为方式方面的收获。③行为评估。是第三级评估,主要评估学员在工作中的行为方式改变的程度。④结果评估。是第四级评估,通过对质量、数量、安全、销售额、成本、利润、投资回报率等企业或学员上司关注的可量度的指标进行考核,与培训前进行对照,判断培训效果的转化情况。

57. 答案:B

解析:反应评估的评估单位是培训单位;学习评估的评估单位是培训单位;行为评估的评估单位是学员的直接上级主管;结果评估的评估单位是学员的单位主管。

多选

102. 答案:CE

解析:培训的费用即培训成本,是指企业在员工培训的过程中所发生的一切费用,包括培训之前的准备工作、培训实施过程以及培训结束之后的效果评估等与之相关的各种费用的总和。培训成本分为直接培训成本和间接培训成本:①直接培训成本是指在培训组织实施过程之中培训者与学员的一切费用总和,如培训师的费用,学员的往来交通、食宿费用,教室设备的租借费用,教材印刷购置的费用,以及培训实施过程中其他各项的花费等;②间接培训成本是指在培训组织实施过程之外企业所支付的一切费用总和,如培训项目的设计费用、培训项目的管理费用、培训对象受训期间的工资福利以及培训项目的评估费用等。

104. 答案:ABCD

解析:岗位指南是对最常用、最关键的任务的描述,使包含许多复杂步骤的任务简单化。岗位指南不像技术手册那么复杂,它具有重点突出、使用简易、查阅快捷、记忆方便等优点。

2010年11月

单选

50．答案：D

解析：员工培训规划在企业培训管理活动中具有极为重要的地位和作用。它是在培训需求分析的基础上，从企业总体发展战略的全局出发，根据企业各种培训资源的配置情况，对计划期内的培训目标、对象和内容，培训的规模和时间，培训评估的标准，负责培训的机构和人员，培训师的指派，培训的费用预算等一系列工作所做出的统一安排。

51．答案：A

解析：教学计划是实施培训计划，提高教学质量，确保教学工作顺利进行，实现培训总体目标的具体的执行性和操作性计划，其主要内容包括：

（1）教学目标。这是在员工培训中开展各种教学活动所要达到的标准和要求。

（2）课程设置。根据教学计划的要求，确定教学内容，建立合理的培训课程体系的活动过程。

（3）教学形式。主要是指在教学过程中所要采用的教学方式，即如何组织讲师与受训者之间的教与学的活动。

（4）教学环节。它是指整个培训的教学活动过程中各项关联的环节。

（5）时间安排。教学计划中的时间安排，一般包括以下因素：①整个教学活动所占用的时间；②完成某门课程所需要的时间；③周学时设计；④总学时设计；⑤教学形式、教学环节中涉及的各类课程的讲授、复习、实验、参观、讨论、自习、测验、考查等各环节所用时间的比例。

55．答案：D

解析：①反应评估是第一级评估，即在课程刚结束时，了解学员对培训项目的主观感觉或满意程度；②学习评估是第二级评估，着眼于对学习效果的量度，即评估学员在知识、技能、态度或行为方式方面的收获；③行为评估是第三级评估，主要评估学员在工作中的行为方式有改变的程度；④结果评估是第四级评估，通过对质量、数量、安全、销售额、成本、利润、投资回报率等企业或学员上司关注的可量度的指标进行考核，与培训前进行对照，判断培训效果的转化情况。

56．答案：C

解析：进行反应评估的主要评估方法是问卷调查、电话调查、访谈法、观察法和综合座谈。

57．答案：B

解析：反应评估的评估单位是培训单位；学习评估的评估单位是培训单位；行为评估的评估单位是学员的直接上级主管；结果评估的评估单位是学员的单位主管。

多选

102．答案：ABCD

解析：培训的目标主要是解决员工培训应达到什么样的标准。它是根据培训的目的，结合培训资源配置的情况，将培训目的具体化、数量化、指标化和标准化。

103．答案：BCDE

解析：培训课程项目系列是有效实施培训课程的基础，包括三个层次：①企业培训课程大纲。②培训课程系列计划。是指按一定的顺序组合起来的目标一致的课程组合。③培训课程计划。是对某一课程的详细描述，主要包括课程题目的暂定、培训范围的确定、学员的确定、主要课题的界定、开发时间的估算、必需的资源、课程的期限和课程开发费用的初步预算。

104．答案：ABC

解析：工作任务表的作用是：①强调课程重点；②提高学习效果；③关注信息反馈。

105．答案：ABC

解析：中层管理人员需要具备的能力组合是判断能力、领导能力、协调能力、沟通能力、专业能力、目标设定能力、业绩考核能力、教练与咨询能力、解决团队问题能力、向高层经营者提供信息的能力等。

106．答案：ABCD

解析：培训效果评估的作用主要包括：①可以对培训效果进行正确、合理的判断，以便了解某一项目是否达到原定的目标和要求，受训者知识技术能力的提高或行为表现的改变是否直接来自培训的本身；②可以检查出培训的费用效益，评估培训活动的支出与收入的效益如何，有助于使资金得到更加合理的配置；③可以较客观地评价培训者的工作；④可以为管理者决策提供所需的信息。

107．答案：ABCD

解析：定性评估方法的优点是：简单易行，综合性强，需要的数据资料少，可以考虑到很多因素，评估过程中评估者可以充分利用自己的经验。定性评估方法的缺点是：评估结果受评估者的主观因素、理论水平和实践经验的影响很大；不同评估者的工作岗位不同、工作经历不同、掌握的信息不同、理论水平和实践经验存在差异，以及对问题的主观看法不同，因此不同评估者对同一问题很可能做出不同的判断。

2010年5月

单选

52．答案：D

解析：培训课程内容选择的基本要求是相关性、有效性和价值性。

53．答案：B

解析:岗位指南在培训中具有以下作用:①迫使有关专家对理想的操作做出界定,进一步明确培训的目标;②有助于记忆在培训中学到的操作规程,也便于在以后的工作中随时查阅;③有时可以代替培训或减少培训时间,节约成本。

55. 答案:A

解析:培训的四级评估依次是:第一级反应评估,第二级学习评估,第三级行为评估,最后一级结果评估。

56. 答案:D

解析:学习评估是第二级评估,着眼于对学习效果的量度,即评估学员在知识、技能、态度或行为方式方面的收获。学习层面的评估法包括提问法、角色扮演、笔试法、口试法、演讲、模拟练习与演示、心得报告与文章发表。

57. 答案:C

解析:培训的五大类成果是:①认知成果。可以用来衡量受训者对培训项目中所强调的基本原理、程序、步骤、方式、方法或过程等的理解、熟悉和掌握程度。②技能成果。可以用来评价受训者对培训项目中所强调的操作技巧、技术或技能以及行为方式等所达到的水准。③情感成果。可以用来测量受训者对培训项目的态度、动机以及行为等方面的特征,例如受训者对培训项目的各种反应。④绩效成果。可以用来评价受训者通过该项目培训对个人或组织绩效所产生的影响程度,同时也可以为人力资源开发及培训费用计划等的决策提供依据。⑤投资回报率。它是指培训项目的货币收益和培训成本的比较。

多选

102. 答案:ABCE

解析:在企业员工培训活动中,教学形式主要受到教师、课程、教材、教案等各种因素的影响。

103. 答案:ABCD

解析:开发内部培训资源的优点是:①对各方面比较了解,使培训更具有针对性,有利于提高培训的效果;②与学员相互熟识,能保证培训班中交流的顺畅;③培训相对易于控制;④内部开发教师资源成本低。

105. 答案:ABDE

解析:全程评估可以分为三个阶段,即培训前评估、培训中评估和培训后评估。其中培训中评估的作用是:①保证培训活动按计划进行;②有利于培训执行情况的反馈和培训计划的调整;③可以找出培训的不足,归纳出教训,以便改进今后的培训,同时能发现新的培训需求,从而为下一轮的培训提供重要依据;④过程监测和评估有助于科学解释培训的实际效果。

106. 答案:ABDE

解析:非正式评估是指评估者依据自己的主观性的判断,而不是用事实和数字来加以证明。它的优点是:①可以使评估者能够在培训对象不知不觉的自然态度下进行观察,减少了一般评估给培训对象带来的紧张不安,从而在某种意义上增强了信息资料的真实性和评估结论的有效性与客观性;②方便易行,几乎不需要耗费什么额外的时间和资源;③可以更真实而准确地反映出培训对象的态度变化。

107. 答案:BDE

解析:结果评估是第四级评估,通过对质量、数量、安全、销售额、成本、利润、投资回报率等企业或学员上司关注的可量度的指标进行考核,与培训前进行对照,判断培训成果的转化情况。结果评估的具体方法是:个人与组织绩效指标、生产率、缺勤率、离职率、成本效益分析、组织气候等资料分析、客户与市场调查、360度满意度调查。

2009年11月

单选

51. 答案:D

解析:企业在发展的不同阶段应采取不同的培训内容:①创业初期,应集中力量提高创业者的营销公关能力和客户沟通能力;②发展期,应集中力量提高中层管理人员的管理能力;③成熟期,应集中力量建设企业文化,提升员工对企业目标的认同感和对企业的归属感。

52. 答案:A

解析:不同的课程内容需要利用不同的培训方法进行培训,如知识的传授多以课堂讲授或讨论等方法为主;技能学习以示范模拟、角色扮演等方法较为有效;态度培训则以情景模拟、测量工具和个人及小组成长等方法为主。

54. 答案:C

解析:受到成本的限制,不一定要对所有的培训进行评估,因此选定培训评估的对象要有针对性:①新开发的课程应着重于培训需求、课程设计、应用效果等方面;②新教员的课程应着重于教学方法、质量等综合能力方面;③新的培训方式应着重于课程组织、教材、课程设计、应用效果等方面。

55. 答案:A

解析:反应评估的评估单位是培训单位;学习评估的评估单位是培训单位;行为评估的评估单位是学员的直接主管;结果评估的评估单位是学员的单位主管。

56. 答案:B

解析:信度是指对培训项目所取得的成效进行测试时,其测量结果的长期稳定程度。

57. 答案:A

解析:情感成果可以用来测量受训者对培训项目的态度、动机以及行为等方面的特征,例如受训者对培训项目的各种反应。反应成果是情感成果的一种具体类型。反应成果信息通常是在课程结束之后,运用调查问卷法采集的。调查问卷一般会提出以下问题,如:"您对该培训项目满意吗?""培训符合您的个人期望吗?"

58. 答案:B

解析:问卷调查法主要用于对培训师、培训场地、培训教材等主要环节的调查。如检查培训目标与工作任务的匹配度,评价学员在工作中对培训内容的应用情况,了解学员偏爱的学习方法,了解学员对培训师所使用的教学方法的态度等。

多选

103. 答案:ABCD

解析:导言部分的内容包括:①项目名称,包括课程名称、课程的发布、版本或修改次数序号;②项目范围,描述项目涉及的领域;③项目的组成部分,包括培训解决方案的构成(包括印刷资料和电子资料);④班级规模,描述班级的最大、最小和最优化规模;⑤课程时间长度,估算学员完成课程所需的时间;⑥学员的必备条件,描述学员完成本课程所需准备的事项;⑦学员,描述培训对象的特点,如岗位职务、工作责任、服务年限、社会背景、工作经验、现有能力、教育程度、态度、学习习惯、思想作风、兴趣偏好、具备的条件以及对课程的期望值等;⑧课件意图,介绍课程的目标、培训的意图、培训如何与课程相协调(如果培训适用的话)、培训如何使学员受益、培训成功的绩效指标等;⑨课程评估,根据培训方案的要求对培训课程的内容和实效做出的全面分析,包括学员对培训活动过程的反馈和对学习层次的判断,对学员的测试并根据绩效目标来确定他们的学习层次(高、中、低)。

教学资源在内容大纲部分。

104. 答案:ACD

解析:在培训中,对培训机构和培训人员监测评估的内容包括培训机构的规模和结构特征、内部分工状况、服务网点分布,培训机构的领导体制以及沟通能力和协调机制,培训师的素质和能力,培训课程的安排和培训师的工作态度等。

105. 答案:ABCE

解析:培训效果正式评估具有详细的评估方案、测度工具和评判标准。它的优点是:①在数据和事实的基础上做出判断,使评估结论更有说服力;②更容易将评估结论用书面形式表现出来,如记录和报告等;③可将评估结论与最初计划比较核对。

107. 答案:ABCE

解析:结果评估的缺点有:时间长;相关经验少,评估技术不完善;必须取得管理层的合作;多因多果,必须分辨哪些结果与要评估的课程有关。

2009年5月

单选

50. 答案:C

解析:培训的方式方法是实现员工培训规划各项目标的重要保障。培训规划需要根据实际情况选择合适的培训方法。如高层培训、管理培训、员工文化素质培训、某些基本技能培训宜采用集中的方式；专业技能培训应采用边实践边学习的方法。

53．答案：D

解析：工作任务表的作用有三个：①强调课程的重点；②提高学习的效果；③关注信息的反馈。

54．答案：B

解析：不同管理层次的管理者具有不同的工作目标，需要不同的管理技能。管理者一般具备三种最主要的技能，即业务技能、人际技能和概念技能。相比较而言，基层管理者需要有较强的业务技能，高层管理者需要有较强的概念技能，而所有层次上的管理者都需要人际沟通技能。

55．答案：C

解析：建设性评估是在培训过程中以改进而不是以保留培训项目为目的的评估。它的优点是有助于培训对象学习的改进，帮助培训对象明白自己的进步，从而使其产生某种满足感和成就感。

56．答案：A

解析：行为评估主要评估学员在工作中的行为方式改变的程度。

多选

103．答案：ABCDE

解析：外部培训资源的开发途径包括：①从大中专院校聘请教师；②聘请专职的培训师；③从顾问公司聘请培训顾问；④聘请本专业专家、学者；⑤在网络上寻找并联系培训教师。

104．答案：BD

解析：主要考核的是管理技能培训开发的一般方法：

在职培训的主要方法	职务轮换	设立副职	临时提升	
管理技能培训开发的一般方法	替补训练	敏感性训练	案例评点法	事件过程法
	理论培训	专家演讲学习班	大学管理学习班	阅读训练
管理技能培训开发的新方法	文件事务处理训练法	角色扮演法	管理游戏法	无领导小组讨论法

105．答案：BCDE

解析：全程评估可以分为三个阶段，即培训前评估、培训中评估和培训后评估。培训前评估的内容主要是：①培训需求整体评估；②培训对象知识、技能和工作态度评估；③培训对象工作成效及行为评估；④培训计划的可行性评估。

106．答案：BCE

解析：学习评估是第二级评估，着眼于对学习效果的量度，即评估学员在知识、技能、态度或行为方式方面的收获。学习层面的评估包括提问法、角色扮演、笔试法、口试法、演讲、模拟练习与演示、心得报告与文章发表。

专业能力部分的参考答案及评分标准

2014 年 5 月

答：

培训项目成本是指企业在员工培训的过程中所发生的一切费用，包括培训之前的准备工作、培训实施过程以及培训结束之后的效果评估等与之相关的各种费用的总和。（4 分）

培训项目成本可分为直接培训成本和间接培训成本：

①直接培训成本是指在培训组织实施过程之中培训者与学员的一切费用总和。如培训师的费用，学员的往来交通、食宿费用，教室设备的租借费用，教材印刷购置的费用，以及培训实施过程中其他各项的花费等。（6 分）

②间接培训成本是指在培训组织实施过程之外企业所支付的一切费用总和。如培训项目的设计费用、培训项目的管理费用、培训对象受训期间的工资福利以及培训项目的评估费用等。（6 分）

2013 年 11 月

答：

（前两列每项 1 分，最后一列每项 2 分，合计 16 分。）

评估层级		评估内容	评估方法
第一级	反应评估	衡量学员对具体培训课程、培训师与培训组织的满意度	问卷调查、电话调查、访谈法、观察法、综合座谈
第二级	学习评估	衡量学员对培训内容、技巧、概念的吸收和掌握程度	提问法、角色扮演、笔试、口试、演讲、模拟练习与演示、心得报告与文章发表
第三级	行为评估	衡量学员在培训后的行为改变是否因培训导致	问卷调查、行为观察、访谈法、绩效评估、管理能力评鉴、任务项目法、360 度评估
第四级	结果评估	衡量培训给公司业绩带来的影响	个人与组织绩效指标、组织气候等资料分析、成本效益分析、生产率、缺勤率、离职率、客户与市场调查、360 度满意度调查

2013年5月

答:

管理培训课程体系由四部分组成:①系统性的常规管理知识和技能培训;②岗位管理知识培训;③现代管理技能培训;④管理人员心智能力培训。(4分)

管理技能培训开发的方法有:

①在职培训的主要方法,包括职务轮换、设立副职、临时提升;(3分)

②管理技能培训开发的一般方法,包括替补训练、敏感性训练、案例评点法、事件过程法、理论培训、专家演讲学习班、大学管理学习班、阅读训练;(6分)

③管理技能培训开发的新方法,包括文件事务处理训练法、角色扮演法、管理游戏法、无领导小组讨论法。(3分)

2012年5月

答:

企业选配培训教师的基本标准如下:(每项2分,最高16分)

①具备经济管理类和培训内容方面的专业理论知识;

②对培训内容所涉及的问题应有实际工作经验;

③具有培训授课经验和技巧;

④能够熟练运用培训中所需要的培训教材和工具;

⑤具有良好的交流与沟通能力;

⑥具有引导学员自我学习的能力;

⑦善于在课堂上发现问题并解决问题;

⑧积累与培训内容相关的案例和资料;

⑨掌握培训内容所涉及的一些相关前沿问题;

⑩拥有培训热情和教学愿望。

2011年11月

答:

撰写评估报告的步骤大致如下:(每项2分)

(1) 导言。

首先,说明评估实施的背景,即被评估的培训项目的概况。

其次,撰写者要介绍评估目的和评估性质。

再次,撰写者必须说明此评估方案实施以前是否有过类似的评估。

(2) 概述评估实施的过程。

评估实施过程是评估报告的方法论部分。

(3) 阐明评估结果。

结果部分与方法论部分是密切相关的,撰写者必须保证两者之间的因果关系,不能出现牵强附会的现象。

(4) 解释、评论评估结果和提供参考意见。

这部分涉及的范围较宽泛。

(5) 附录。

附录的内容包括收集和分析资料用的图表、问卷、部分原始资料等。

(6) 报告提要。

提要是对报告要点的概括,是为了帮助读者迅速掌握报告要点而写的,要求简明扼要。

2010 年 5 月

答:

(1) 该公司的员工培训开发系统具有如下特点:(每项 2 分)

①该公司高度重视人力资本投资,18 年来,累计培训员工 20 万人次,基本培训资金投入超过 2.4 亿元。

②该公司构建了具有国际化标准的人力资源培训开发体系,为企业人才的培养奠定了基础。

③根据不同培训对象的培训需求,制定了详尽的多方面、多层次的员工培训规划,并设计了具有很强针对性的培训课程。

④提高核心竞争力,强调培训的动态性,为员工设计了富有激励效应的阶梯形职业发展道路,营造了全新的人性化的管理模式。将员工个人的愿景与公司发展目标相结合,不但帮助新员工量身定制个人培训发展计划,还能根据员工不同的发展阶段,有针对性地对其进行岗位管理技能培训,不断地提高员工队伍的素质。

⑤该公司设计的培训体系内容新颖,方式、方法灵活多样,生动活泼。不仅有传统的专业知识、管理技能的培训,还组织员工参加各种有趣的竞赛和活动,例如"餐厅经理年会"和"餐厅经理擂台赛",还将具备条件的员工派往国外进修实习。

(2) 该公司的员工培训制度给我们的启示有:(每项 2 分,最高 8 分)

①企业要发展壮大,就应当始终将员工培训开发放在企业发展战略的高度上来认识。该公司的成功之处,首先就在于它具有正确的培训价值观,不仅把培训看成提高员工基本技能的手段,也使其成为公司创造智力资本的基本途径,因而努力将企业构建成一个有利于员工与企业共同发展的学习型组织。

②"识人"环节重要,"育人"环节更为重要,该公司的实践充分证明:有竞争力的培训越

来越成为企业吸引、留住人才的重要前提。重视培训,不仅可以更好地满足企业长远的战略发展需求,还可以满足员工的职业生涯发展需要,有效地留住人才。

③应当高度重视员工培训需求的分析。如前所述,该公司的培训体系具有很强的针对性,正是因为它是建立在对各类培训对象进行全面的培训需求分析的基础之上的。

④应当重视对企业培训资源进行必要评估和全面整合。一个良好的培训开发体系,需要有一定的人力、物力和财力等物质基础的支持。在制定员工培训开发中远期规划时,必须考虑充分开发利用各种教学资源,既要统筹规划培训经费,组建培训师队伍,还要改善培训场地和设施,搭建培训所必需的人、财、物的平台,才能最终实现企业培训规划的目标。

⑤应当对各类员工培训课程进行精心设计,使培训课程体系目标明确、重点突出、不断创新。该公司培训开发体系之所以在员工队伍素质建设中发挥了重要的作用,与他们所开设培训课程具有很强的实用性、适应性、导向性和科学性密切相关。

⑥成功的培训需要建立严格的培训评估体系。为了提高员工培训投资的效益,企业必须建立培训评估的跟踪系统,对培训的全过程进行监督控制,以确保实现培训目标。

2009 年 11 月

答:
采用访谈法进行培训效果评估的具体步骤是:(每项3分)
①明确要采集的信息。
②设计访谈方案。访谈方案是评估人员在访谈中所提问题的清单,与调查问卷的设计类似。
③测试访谈方案。在访谈实施前进行依次测试,可以对访谈方案进行修改和完善,还可以提高访谈者的访谈技能。
④全面实施访谈。
⑤对资料进行分析,编写访谈报告。

2009 年 5 月

答:
(1) 认知成果。它可以用来测量受训者对培训项目中所强调的基本原理、程序、步骤、方式、方法或过程等所理解、熟悉和掌握的程度。(3分)
(2) 技能成果。它可以用来评价受训者对培训项目中所强调的操作技巧、技术或技能以及行为方式等所达到的水准。(3分)
(3) 情感成果。它可以用来测量受训者对培训项目的态度、动机以及行为等方面的特征,例如受训者对培训项目的各种反应。(3分)

(4) 绩效成果。它可以用来评价受训者通过该项目培训对个人或组织绩效所产生的影响程度，同时也可以为企业人力资源开发及培训费用计划等决策提供依据。(3分)

(5) 投资回报率。投资回报率是指培训项目的货币收益和培训成本的比较。(3分)

2008年11月

答：

(1) 主要原因：(每项2分，最高8分)

① 培训需求调研没有开展，没有把握好学员的培训需求。

② 培训计划没有仔细制订。

③ 培训师不具备聘任的资格和条件，在培训师的选配上出现严重失误。

④ 培训主管事前没有与培训师进行深入沟通、说明培训的内容和提出具体的要求。

⑤ 培训课程的设计可能存在着一些问题和不足，使培训内容缺乏实用性和适应性。

⑥ 培训在实施过程中也需要进行监控。当培训师出现偏离教案等一些不良情况时，如果培训主管能够实施培训过程控制，及时地指出，并予以纠正，也不致出现严重过失。

(2) 为了提高培训师的教学质量和效果，应注重抓好以下工作：(每项2分，最高12分)

① 在进行培训需求分析的基础上，根据企业员工培训开发规划的要求，聘请企业外部或者内部的专家进行培训课程的设计，从根本上保证课程教学的质量。

② 按照培训师的聘任条件和标准，严格把关，精心选拔聘用培训师。

③ 培训课程实施计划如果是由培训公司或者本企业培训主管设计的，应当将设计方案出示给培训师，要求培训师提出具体的课堂教学实施方案；如果是由培训师设计的，培训主管应当对其进行审定，经过审批后才能执行。

④ 应在培训1~2周之前，围绕培训的内容、目标、方式、方法、要求以及学员的基本情况与培训师进行充分的沟通，使其做好培训前的各种准备工作。

⑤ 在培训过程中，培训主管应对培训师及其教学质量进行全面评估，发现问题及时纠正，如发放调查问卷、召开座谈会等，听取学员的意见，并及时反馈给培训师，要求其取长补短，改进教学。

⑥ 建立完善内外部的培训师队伍。外部培训师建立师资库，把好选聘关，定期开展对内部培训师的培训，不断提高内部培训师的素质，并建立奖勤罚懒、优胜劣汰的教师聘任制度。如果企业不具备条件，亦可聘请资质合格的培训公司，通过合作协议等方式，切实保证培训质量和效果。

⑦ 建立多层次的培训效果评估体系，高度重视培训前、培训中乃至培训后的质量和效果的评估，发现问题及时纠正。

2008年5月

答：
(1) 企业选配培训师的基本标准是：(每项2分，最高14分)
①具备经济管理类和培训内容方面的专业理论知识；
②对培训内容所涉及的问题应有实际工作经验；
③具有培训授课经验和技巧；
④能够熟练运用培训中所需要的培训教材与工具；
⑤具有良好的交流与沟通能力；
⑥具有引导学员自我学习的能力；
⑦善于在课堂上发现问题并解决问题；
⑧积累与培训内容相关的案例和资料；
⑨掌握培训内容所涉及的一些相关前沿问题；
⑩拥有培训热情和教学愿望。
(2)和(3)是第二章的知识，在本书前面已有解答。

2007年11月

答：
撰写培训评估报告的步骤如下：(每项2分，最高10分)
①撰写导言。即介绍评估实施的背景、评估目的和评估性质，并说明此评估方案以往的实施情况。
②概述评估实施的过程。清楚交代评估方案的设计方法、抽样及统计方法、资料收集方法和评估所依据的量度指标，这是评估报告的方法论部分。
③阐明评估结果，应与方法论密切相关。
④解释、评论评估结果和提供参考意见。
⑤撰写附录。主要包括收集和分析资料使用的图表、问卷、部分原始资料等。
⑥撰写报告提要。对报告要点进行概述，使读者能掌握报告要点。

第四章 绩效管理

理论知识部分

2014年5月

单选

61. 在绩效考评过程中,克服考评结果分布误差的最佳方法是（　　）。
    A. 目标管理法　　　B. 配对比较法　　　C. 强迫分布法　　　D. 评价中心法
62. 绩效考评过程中的（　　）表现为人格上的某一特征掩盖了其他特征。
    A. 个人偏见　　　　B. 晕轮误差　　　　C. 相似偏差　　　　D. 评价中心法
63. 设计绩效考评指标体系时无需遵循（　　）。
    A. 明确性原则　　　B. 通用性原则　　　C. 针对性原则　　　D. 科学性原则
64. 绩效考评指标体系设计的程序包括：①理论验证；②工作分析；③修改调整；④指标调查。排序正确的是（　　）。
    A. ①③②④　　　　B. ①②③④　　　　C. ②①④③　　　　D. ①④②③

多选

108. 综合型的绩效考评方法包括（　　）。
    A. 合成考评法　　　　　　　　　B. 加权量表法
    C. 目标管理法　　　　　　　　　D. 图解式评价量表法
    E. 评价中心法
110. 根据组织工作性质的不同,组织绩效考评可分为（　　）。
    A. 生产性组织的绩效考评　　　　B. 开发性组织的绩效考评
    C. 技术性组织的绩效考评　　　　D. 管理性组织的绩效考评
    E. 服务性组织的绩效考评
111. 工作结果型的绩效考评指标包括（　　）。

A. 专业知识面　　B. 客户投诉率　　C. 产品合格率　　D. 产品销售量
E. 事业进取心

112. 以下关于战略导向的KPI体系的说法,正确的有(　　)。
A. KPI体系是以控制为中心的　　　　B. 将财务和非财务指标相结合
C. 战略目标自上向下分解　　　　　　D. 能最大限度激发员工斗志
E. 强调对员工行为的激励

113. 一般来说,KPI可分为(　　)等几种类型。
A. 数量指标　　B. 质量指标　　C. 成本指标　　D. 时限指标
E. 综合指标

2013年11月

单选

59. 劳动定额法属于(　　)绩效考评方法。
A. 品质导向型　　B. 结果导向型　　C. 行为导向型　　D. 综合型

62. 对于科技人员进行绩效考评,主要考评(　　)方面的指标。
A. 个人绩效　　B. 人员素质　　C. 工作流程　　D. 工作过程和成果

63. "获得专利权的项目数"属于(　　)的绩效考评指标。
A. 行为过程型　　B. 品质特征型　　C. 工作结果型　　D. 工作方式型

64. 战略导向的KPI体系更加强调对员工(　　)的激励。
A. 目标　　B. 行为　　C. 心理　　D. 学习

65. 关键绩效指标法的核心是(　　)。
A. 考评标准的确立　　　　　　B. 新型激励机制的构建
C. KPI指标的提取　　　　　　　D. 企业战略目标的明确

67. (　　)是指能将绩效优秀者与绩效一般者区分开来的个体潜在的深层次特征。
A. 行为特征　　B. 胜任特征　　C. 心理特征　　D. 业绩特征

多选

110. 绩效考评造成宽厚误差的原因主要有(　　)。
A. 考评标准和方法的主观性强　　B. 评价标准过低
C. 拟压缩提薪或奖励人数比例　　D. 评价标准过高
E. 为缓和上下级关系,给被考评者过高的评价

111. 下列关于比率量表的说法,正确的有(　　)。
A. 量表中没有绝对零点　　　　B. 采用的统计方法较为单一
C. 是测量水平最高的量表　　　D. 测量结果可以进行四则运算
E. 测量结果可以计算几何平均数

2013年5月

单选

59. (　　)效标更适用于评价人际交往频繁的工作岗位。
    A. 行为　　　　　B. 结果　　　　　C. 特征　　　　　D. 综合

60. (　　)不属于绩效考评结果的分布误差。
    A. 宽厚误差　　　B. 苛严误差　　　C. 中间倾向　　　D. 相似偏差

61. 考评的(　　)是指评定结果呈负偏态分布,大多数员工被评为优良。
    A. 偏紧误差　　　B. 中间倾向　　　C. 宽松误差　　　D. 标准误差

62. (　　)不是由考评者的主观性带来的。
    A. 对比偏差　　　　　　　　　　　B. 自我中心效应
    C. 分布误差　　　　　　　　　　　D. 评价标准误差

63. 一般情况下,应以(　　)能达到的绩效水平作为考评指标的评定标准。
    A. 全体员工　　　B. 多数员工　　　C. 少数员工　　　D. 个别员工

64. 在KPI指标和指标值的设定上,不可以选择的参照企业是(　　)。
    A. 本行业领先的最佳企业　　　　　B. 世界500强企业
    C. 行业内中等水平的企业　　　　　D. 中国500强企业

66. 在设计KPI时,解决"工作产出项目过多"的问题,不宜采用的方法是(　　)。
    A. 设置更为全面的指标体系
    B. 比较产出结果对组织的贡献率
    C. 删除与工作目标不符合的产出项目
    D. 合并同类项,将增值贡献率的产出归到一个更高的类别

67. 下列关于360度考评法的说法,不正确的是(　　)。
    A. 具有全方位、多维度特点　　　　B. 不考评胜任特征指标
    C. 一般采取匿名的方式进行　　　　D. 有利于促进员工发展

多选

110. 绩效考评方法在实际应用中,可能出现的偏误有(　　)。
    A. 后继效应　　　B. 统计误差　　　C. 个人偏见　　　D. 优先效应
    E. 晕轮误差

111. 设计绩效考评标准时,应遵循的基本原则包括(　　)。
    A. 突出特点　　　B. 普遍通用　　　C. 先进合理　　　D. 简洁扼要
    E. 定量准确

112. KPI必须具有可测性,也就是说(　　)。
    A. 指标要易于获取　　　　　　　　B. 数据资料要准确可靠
    C. 数据资料要体现增值性　　　　　D. 各指标标准要有明确的界定

E. 各指标要有简便易行的计算方法

113. 利用客户关系图来提取 KPI，能够（   ）。

　　A. 分析客户的满意度标准　　　　B. 了解企业的内外客户

　　C. 掌握为客户所提供的具体产出　　D. 了解企业的市场占有率

　　E. 设定考评标准来衡量团队或个人绩效

2012 年 11 月

单选

59. "医师的诊断水平和医术"的效标属于（   ）绩效考评效标。

　　A. 行为性　　　B. 特征性　　　C. 结果性　　　D. 品质性

61. 绩效考评的（   ）容易增加工作压力，降低工作满意度，不利于调动业务骨干的积极性、主动性和创造性。

　　A. 苛严误差　　B. 中间倾向　　C. 宽厚误差　　D. 晕轮误差

62. （   ）一般作为生产性组织的主要绩效考评指标。

　　A. 工作效率　　B. 成本控制　　C. 工作过程　　D. 工作成果

63. （   ）绩效指标体系应能够反映员工在劳动过程中的行为表现。

　　A. 品质特征型　B. 工作结果型　C. 行为过程型　D. 劳动态度型

64. 在确定绩效考评时，应做到"定量准确"，其衡量标准不包括（   ）。

　　A. 考评标准越多越好　　　　　B. 各标准间的差距要合理

　　C. 标准的含义要明确　　　　　D. 标准的等级数量要合理

多选

108. 行为导向的主观考评方法，主要有（   ）。

　　A. 关键事件法　　　　　　　　B. 选择排列法

　　C. 成对比较法　　　　　　　　D. 强制分配法

　　E. 行为定位法

110. 制约和影响绩效考评的正确性、可靠性和有效性的因素主要有（   ）。

　　A. 后继效应　　　　　　　　　B. 评价指标对考评的影响

　　C. 自我中心效应　　　　　　　D. 评价标准对考评的影响

　　E. 员工绩效的分布误差

112. 在 KPI 指标和指标值的设定上，可以作为参考标杆的企业有（   ）。

　　A. 本行业中领先的最佳企业　　B. 国内平均水平企业

　　C. 国内领先的最优企业　　　　D. 当地平均水平企业

　　E. 世界领先的顶尖企业

2012年5月

单选

59. (　　)对人际接触和交往频繁的工作岗位尤其重要。
   A. 结果性效标　　B. 特征性效标　　C. 行为性效标　　D. 品质性效标

61. 下列行为或意图中,(　　)不会产生考评的苛严误差。
   A. 考评标准过低　　　　　　　　B. 惩罚一些不服管理的员工
   C. 压缩提薪人员的比例　　　　　D. 为裁员提供有说服力的证据

62. 对员工进行考评时,如果前一名被考评者甲被认为是表现"差",即使被考评者乙的表现一般,考评者仍然会给出较高的评分。这种误差被称为是考评的(　　)。
   A. 相似偏差　　B. 后继效应　　C. 对比偏差　　D. 晕轮效应

63. "客户投诉率"属于(　　)绩效考评指标。
   A. 行为过程型　　B. 品质特征型　　C. 工作结果型　　D. 工作方式型

66. 提取KPI的程序包括:①分析工作产出;②审核指标和标准;③修改和完善;④设定考评标准;⑤提取和设定绩效考评指标。排序正确的是(　　)。
   A. ①④③⑤②　　B. ①⑤②③④　　C. ①④②⑤③　　D. ①⑤④②③

多选

110. 按岗位在企业生产过程中的地位和作用不同,可以将其分为(　　)。
   A. 生产岗位　　B. 服务岗位　　C. 技术岗位　　D. 管理岗位
   E. 基层岗位

111. 从实验心理学和测量学的角度看,按照测量水平的不同,考评量表可以分为(　　)。
   A. 类别量表　　B. 等距量表　　C. 位次量表　　D. 等比量表
   E. 比率量表

113. 制定KPI要遵循SMART原则,SMART由五个英文单词的首字母组成,下列"字母—单词"的组合,相匹配的是(　　)。
   A. S—Specific　　B. M—Measurable　　C. A—Attainable　　D. R—Reasonable
   E. T—Technical

2011年11月

单选

59. 加权选择法属于(　　)绩效考评方法。
   A. 品质导向型　　B. 结果导向型　　C. 行为导向型　　D. 综合导向型

61. 被考评者上一考评期内的评价结果对本期评价产生影响,这种考评误差属于(　　)。
   A. 后继效应　　B. 晕轮误差　　C. 个人偏见　　D. 优先效应

62. （　　）一般作为生产性组织的主要绩效考评指标。
    A. 工作效率　　　B. 成本控制　　　C. 工作过程　　　D. 工作成果
63. 客户投诉率属于（　　）的绩效考评指标。
    A. 行为过程型　　B. 品质特征型　　C. 工作结果型　　D. 工作方式型
65. 建立战略导向的KPI体系的意义不包括（　　）。
    A. 有助于员工的自我实现　　　　B. 对战略导向起牵引作用
    C. 最大限度地激发员工斗志　　　D. 强调对员工行为的激励
67. （　　）是基于胜任特征的考评方法，使用这种方法得出的结果更全面、深刻。
    A. 平衡计分卡　　B. 行为定位法　　C. 评价中心法　　D. 360度考评

多选

110. 制约和影响绩效考评的正确性、可靠性和有效性的问题主要有（　　）。
    A. 个人偏见　　　　　　　　　　B. 评价指标对考评的影响
    C. 自我中心效应　　　　　　　　D. 评价标准对考评的影响
    E. 员工绩效的分布误差
111. 等距量表是一种绩效考评标准量表，以下说法正确的有（　　）。
    A. 有绝对零点　　　　　　　　　B. 数量差距相同
    C. 数量差距以相同的比例变化　　D. 没有绝对零点
    E. 在一个变量上对事物进行分类
112. 提取关键绩效指标的方法包括（　　）。
    A. 综合指标法　　B. 关键分析法　　C. 目标分解法　　D. 岗位分析法
    E. 标杆基准法
113. 审核关键绩效指标的要点包括（　　）。
    A. 是否具有可操作性　　　　　　B. 是否留有可以超越的空间
    C. 工作产出是否为最终产品　　　D. 多个考评者参与，结果是否可靠、准确
    E. KPI能否解释被考评者50%以上的工作目标

2011年5月

单选

59. 以下不属于行为导向型考评方法的是（　　）。
    A. 强制分配法　　B. 强迫选择法　　C. 成对比较法　　D. 直接指标法
62. 绩效考评的（　　）不是由考评者的主观性带来的。
    A. 晕轮误差　　　B. 自我中心效应　C. 分布误差　　　D. 评价标准误差
63. 设计绩效考评指标体系的程序包括：①理论验证；②工作分析；③指标调查；④修改调整。正确的顺序是（　　）。

A. ②③①④　　B. ③①②④　　C. ②①③④　　D. ①②③④

65. 关键绩效指标可以分为数量指标、质量指标、成本指标和（　　）四种类型。
    A. 生产指标　　B. 时限指标　　C. 利润指标　　D. 收益率指标

66. 在设定关键绩效指标时，（　　）不适合用来解决工作产出项目过多的问题。
    A. 设置更为全面的指标体系
    B. 比较产出结果对组织的贡献率
    C. 删除与工作目标不符合的产出项目
    D. 合并同类项，将增值贡献率的产出归到一个更高的类别

多选

108. 综合型绩效考评方法包括（　　）。
    A. 合成考评法　　B. 直接指标法　　C. 日清日结法　　D. 关键事件法
    E. 图解式评价量表法

109. 绩效考评效标是指评价员工绩效的指标及标准，具体包括（　　）。
    A. 卓越性效标　　B. 特征性效标　　C. 结果性效标　　D. 行为性效标
    E. 一般性效标

110. 绩效考评方法在实际应用中，可能出现的偏误有（　　）。
    A. 分布误差　　B. 自我中心效应　　C. 个人偏见　　D. 优先和近期效应
    E. 标准误差

111. 头脑风暴法应该遵循的基本原则包括（　　）。
    A. 鼓励别人改进想法　　　　　　B. 依靠个人的冷静思考
    C. 思想愈激进愈开放愈好　　　　D. 强调产生想法的数量
    E. 任何时候都不批评别人的想法

112. 战略导向KPI体系的意义体现在（　　）。
    A. 具有战略导向的牵引作用　　　B. 是实施企业战略规划的重要工具
    C. 能够最大限度地激发员工的斗志　D. 是激励约束员工行为的一种新型机制
    E. 能调动全体员工的积极性、主动性和创造性

113. 设计绩效考评指标体系时，应遵循的基本原则包括（　　）。
    A. 简洁性原则　　B. 明确性原则　　C. 针对性原则　　D. 科学性原则
    E. 经济性原则

2010年11月

单选

59. 考量员工个人特质的效标属于（　　）。
    A. 行为性效标　　B. 特征性效标　　C. 结果性效标　　D. 素质性效标

61. 考评过程中出现（　　），不利于个人绩效的改进，容易使业绩优秀的员工受到伤害。
   A. 苛严误差　　　　B. 中间倾向　　　　C. 宽厚误差　　　　D. 晕轮误差

62. （　　）是指考评者仅凭下属最初的绩效信息，对考评期内的全部表现做出总评价。
   A. 优先效应　　　　B. 首因效应　　　　C. 后继效应　　　　D. 近期效应

63. （　　）的绩效考评指标体系是以反映和体现被考评者的兴趣爱好、应变能力、人际关系等指标为主体构成的考评体系。
   A. 行为过程型　　　B. 品质特征型　　　C. 工作结果型　　　D. 工作方式型

64. （　　）的目的是寻求新的和异想天开的解决所面临难题的途径与方法。
   A. 关键事件法　　　B. 要素图示法　　　C. 个案研究法　　　D. 头脑风暴法

66. KPI标准水平的分类不包括（　　）。
   A. 先进的标准水平　　　　　　　　　B. 预期的标准水平
   C. 平均的标准水平　　　　　　　　　D. 基本的标准水平

67. 360度考评宜用（　　）的评价方式。
   A. 记名　　　　　　B. 公开　　　　　　C. 匿名　　　　　　D. 自愿

多选

108. 结果导向型的绩效考评方法包括（　　）。
   A. 关键事件法　　　B. 短文法　　　　　C. 劳动定额法　　　D. 目标管理法
   E. 直接指标法

110. 针对管理性组织和服务性组织，考评的重点主要集中在（　　）等几个方面。
   A. 整体素质　　　　B. 工作效率　　　　C. 工作方式　　　　D. 组织气氛
   E. 工作成果

111. 运用头脑风暴法进行集体讨论时，应遵循的原则有（　　）。
   A. 鼓励别人改进想法　　　　　　　　B. 强调想法的数量
   C. 不批评别人的想法　　　　　　　　D. 强调想法的质量
   E. 思想愈激进愈开放愈好

112. 战略导向的KPI体系的特点包括（　　）。
   A. 自下而上汇总目标　　　　　　　　B. 以控制为中心
   C. 自上而下分解目标　　　　　　　　D. 以战略为中心
   E. 考评指标以财务指标为主

113. 可用客户关系分析图法提取关键绩效指标，该方法的特点包括（　　）。
   A. 应用范围广　　　　　　　　　　　B. 可用于个人的工作产出分析
   C. 适用于各种工作岗位　　　　　　　D. 可用于团队的工作产出评估
   E. 可分析企业下属的各个部门

2010年5月

单选

61. 绩效考评工具失常的主要客观原因是(　　)。
   A. 绩效目标不明确　　　　　　　B. 考评指标设计不规范
   C. 工作分析不到位　　　　　　　D. 绩效考评标准不明确

62. 对于技术性组织绩效的考评,主要的考评指标是(　　)。
   A. 工作成果　　　　　　　　　　B. 工作过程
   C. 工作方式　　　　　　　　　　D. 工作过程和工作成果

63. (　　)是绩效考评要素选择的前提和基础。
   A. 岗位分析　　B. 工作描述　　C. 员工面谈　　D. 岗位评价

64. 没有绝对的零点,只能做加减运算,不好做乘除运算的绩效考评方法是(　　)。
   A. 比率量表　　B. 等距量表　　C. 等级量表　　D. 名称量表

65. 与战略导向KPI体系相比,一般绩效评价体系的考评目的以(　　)为中心。
   A. 目标　　　　B. 控制　　　　C. 战略　　　　D. 激励

多选

110. 造成宽厚误差的原因主要有(　　)。
   A. 考评标准和方法主观性强　　　B. 评价标准过低
   C. 压缩提薪或奖励人数比例　　　D. 评价标准过高
   E. 在考评中曾与被考评者反复进行沟通

2009年11月

单选

62. (　　)不能纠正绩效考评中的晕轮误差。
   A. 建立精确的考评标准体系　　　B. 建立完善的数据处理系统
   C. 对考核者进行适当的培训　　　D. 建立严谨的工作记录制度

63. 以(　　)为基础的绩效考评指标体系,能清楚地说明组织或员工在考评期内完成的工作任务及其对组织贡献的大小。
   A. 实际投入　　B. 工作行为　　C. 实际产出　　D. 工作方式

64. 编制绩效考评标准时,无需遵循(　　)。
   A. 目标导向原则　　　　　　　　B. 突出特点原则
   C. 定量准确原则　　　　　　　　D. 先进合理原则

65. 关键绩效法的核心是(　　)。
   A. 考评标准的确立　　　　　　　B. 新型激励机制的构造

C. 定量准确原则　　　　　　　　D. 企业战略目标的明确
67. 360度考评方法的缺点不包括（　　）。
   A. 相对而言成本较高　　　　　　B. 信息一致性差
   C. 定性评价比重较大　　　　　　D. 结果有效性差

多选

108. 以下属于绩效考核的特征性效标的有（　　）。
   A. 领导技能　　　　　　　　　　B. 员工可靠度
   C. 沟通能力　　　　　　　　　　D. 员工忠诚度
   E. 工作态度
110. 绩效考评结果过于苛刻,对组织和个体来说,（　　）。
   A. 有利于激发员工的斗志　　　　B. 容易增加工作压力
   C. 容易造成紧张的组织气氛　　　D. 降低工作的满意度
   E. 有利于调动员工的创造性
111. 设计绩效考评指标体系时,应遵循（　　）。
   A. 明确性原则　B. 可测性原则　C. 针对性原则　D. 科学性原则
   E. 合理性原则

2009年5月

单选

59. 劳动定额法属于（　　）的绩效考评方法。
   A. 品质导向型　B. 结果导向型　C. 行为导向型　D. 综合型
62. 对于管理性组织和服务性组织的考评,一般不采用的指标是（　　）。
   A. 工作方式　　B. 工作产出　　C. 组织气氛　　D. 工作效率
63. 获得专利权的项目数属于（　　）的绩效考评指标。
   A. 行为过程型　B. 品质特征型　C. 工作结果型　D. 工作方式型
65. 关键绩效指标作为绩效考评的指标与标准的结合体,它必须具备的条件是（　　）。
   A. 定性化、结果化　　　　　　　B. 定性化、行为化
   C. 定量化、结果化　　　　　　　D. 定量化、行为化
66. 设定KPI指标和指标值时,一般不会选取（　　）作为参考标杆。
   A. 国内收益最高的企业　　　　　B. 居于国内领先地位的优秀企业
   C. 本行业领先的企业　　　　　　D. 居于世界领先地位的顶尖企业
67. （　　）是指能将绩效优秀者与绩效一般者区分开来的个体潜在的深层次特征。
   A. 行为特征　B. 胜任特征　C. 心理特征　D. 外貌特征

多选

110. 绩效考评结果的分布误差主要包括（　　）。
    A. 相似偏差　　　B. 宽厚误差　　　C. 苛严误差　　　D. 集中趋势
    E. 对比偏差

111. 以下关于比率量表的说法，正确的是（　　）。
    A. 表中没设立绝对零点　　　　　　B. 可以进行四则运算
    C. 测量水平最高的量表　　　　　　D. 可以用几何平均数
    E. 采用的统计方法单一

专业能力部分

2014年5月

简答题

简述关键绩效指标标准水平的种类，并说明为什么要对关键绩效指标标准水平进行有效控制。（15分）

2013年11月

简答题

采用问卷调查法设计绩效考评指标体系的具体步骤有哪些？（14分）

2013年5月

案例分析题

某知名科技公司对员工绩效考评制度进行了调整，取消了以往七个等级（A、B、C、D、E、F、G）的评等方式，取而代之的是四级（1、2、3、4）评等方式。员工如被评定为1等，说明该员工超越了原定目标；如被评定为4等，说明该员工业绩很差。数据显示被评定为4等的员工所占比例很小，大部分员工都被评定为2等。

新的绩效考评制度规定，除了由各级主管做年终绩效考评外，员工还可以另外寻找6位同事，以匿名方式对他们进行考评，称之为"360度反馈"。

每年年初，员工都要在充分理解公司的业绩目标和本部门KPI的基础上，在主管的指导下制订自己的绩效计划，并列出自己在"实现业绩目标、执行方案和团队合作"这三个方面所需要采取的具体行动,这相当于员工与公司签订了一份绩效合同。

请您结合本案例,回答下列问题:

(1) 采用定性表述,为该公司设计绩效考评结果1~4级的等级标准,填入表1。(8分)

(2) 对该公司新的绩效考评制度进行剖析,说明其优点和不足。(10分)

表1 绩效考评等级标准表

考评等级	评等标准
1	
2	
3	
4	

2012年5月

案例分析题

某公司由于出现效率低下、管理混乱、人浮于事、产品成本上升等一系列问题,总经理决定以绩效考核为突破口,对公司的管理体系进行梳理,并将"末位淘汰法"作为绩效考核制度的一项重要改革。新的绩效考核制度规定,每年年底由部门负责人对下属员工进行百分制考核,各部门得分排名最后的两名员工将被淘汰。

实行末位淘汰制之初,效果很明显,员工积极性有了很大的提高,公司在市场上的表现也大有起色。但随着时间推移,一系列问题开始显现。首先,干活越多的人,出错率越大;越坚持原则的人,得罪的人越多。结果是这两类人的绩效得分都很低,按照公司的规定,他们将被淘汰。企业很多中层主管对此意见很大,认为如果这样的员工都流失,将没有人干活,没有人敢说真话了。其次,公司产品项目部在激烈的市场竞争中取得了非常好的业绩,很难从中选出最差的两个人。由于淘汰最后两名员工是绩效考核的核心内容,这让很多部门领导处于左右为难的境地。

请结合本案例,回答以下问题:

(1) 该公司的"末位淘汰制"主要存在哪些问题?(8分)

(2) 请对该公司"末位淘汰制"进行综合评析,并提出改进的建议。(10分)

2011年11月

简答题

简述设定关键绩效指标时常见的问题以及纠正方法。(14分)

2011年5月

案例分析题

某知名家具公司的产品销售一直采用代理商模式。随着竞争环境的变化,公司高层领导决定在保留原有营销方式的同时,组建一支属于自己的专职营销队伍。去年公司正式组建了销售部,招聘了20名推销员。经过一年多的努力,这些人员给公司带来了较好的销售业绩,但是对这些推销员的考评工作却未走上正轨。人力资源部经理经过近一个月的时间为推销员设计了一套包含20多项指标的绩效考核体系。在征询意见时,销售部经理认为,这套体系所包含的指标过多过杂,需要进行认真的推敲与修改。

请结合本案例,回答以下问题:

(1) 在设计推销员绩效指标体系时,可采用哪些具体方法?(4分)
(2) 在确定推销员绩效指标时,一般可包括哪些工作步骤?(8分)
(3) 该公司推销员的绩效指标太多,该如何进行调整?(4分)
(4) 虽然需要调整该公司推销员的绩效指标,但是有些指标是必不可少的,请列举至少四项适用于推销员的KPI。(4分)

2010年5月

简答题

简要说明提取关键绩效指标的程序和步骤。(15分)

2009年11月

简答题

在审核关键绩效指标和标准时应当关注哪些要点?(15分)

2009年5月

案例分析题

在A公司总部会议室里,王总经理正在听取本年度公司绩效考评执行情况的汇报。其中有两项决策让他左右为难,一项是年度考评结果排在最后的几名员工却是平时干活最多的人,这些人是否按照原有的考评方案降职或降薪;另一项是下一阶段考评方案该如何调整才能更加有效。

A公司成立仅4年,为了更好地鼓励和评价各级员工,在引入市场化用人机制的同时,建立了一套新的绩效管理制度,它不但明确了考评的程序和方法,还增加了"德、能、勤、绩"

等项指标,并分别做了定性的描述,考评时只需对照被考评人的实际行为,即可得出考评的最终结果。但考评中却出现了以下问题:工作比较出色和积极的员工,考评成绩却排在后面,而一些业绩平平或者很少出错的员工的考评成绩却排在前面,特别是一些管理人员对考评结果大排队的方式不理解,存在抵触心理。

为了弄清这套新制度存在的问题,王总经理深入调查,亲自了解到以下情况:

车辆设备部李经理快人快语:"我认为本考评方案需要尽快调整,考评指标虽然有十几个,却不能真实反映我们工作的实际,我部总共有20个人,却负责公司60台大型设备的维护工作,为了确保它们安全、无故障运行,检修工需要按计划分配到基层各个站点上进行设备检查和维护,在工作中不能有一点违规和失误,任何一次失误都会带来不可估量的生命和财产损失。"

财务部韩经理更是急不可待:"财务部门的工作基本上都是按照会计准则和业务规范来完成的,凭证、单据、统计、核算、记账、拟表等项工作要求万无一失,但这些工作无法与'创新能力'这一指标及其评定标准对应,如果我们的工作没有某项指标规定的内容,在考评时是按照最高成绩还是按照最低成绩打分?此外,在考评中用了传统的民主评议方式,我对部门内部人员参加考评没有意见,但让部门外的其他人员打分是否恰当?财务工作经常得罪人,让被得罪过的人考评我们,能保证公平、公正吗?"

听了大家的各种意见反馈,王总经理陷入了深深的思考之中。

请根据本案例,回答以下问题:(每问10分)

(1) 该公司在绩效管理中主要存在着哪些亟待改进的问题?

(2) 请针对该公司绩效管理存在的诸多问题,提出具体对策。

2008年11月

简答题

简述绩效考评指标体系设计的程序以及绩效考评标准的设计原则。(12分)

2008年5月

案例分析题

MBS是一家美国知名的电脑公司,去年在人员的绩效管理上,MBS公司取消了以往绩效七级考核的评等方式,而改采用新的四级(1、2、3、4)评等方式,并实行钟形的绩效考评原则,即除非有例外状况,绝大多数的员工都能得到2等。

MBS公司将这种新的绩效管理方案定名为个人业务承诺(Personal Business Commitments,PBC)制度,除了由各级主管做年终绩效考评外,员工亦可自己另外寻找6位同事,以匿名方式通过电子信箱进行考评,称为"360度反馈"。当员工个人表现被评为3等时,代表本人未达成业务承诺,员工必须更努力工作,以达更佳的业绩。当得到特别差的4等时,你可能被给予"6个月留公司查看"的处罚(当然,被评为4等的人数在公司占极小的比例)。评为2等代表员工达成目标,是个符合要求的好员工;得到1等的员人数称为"水上飞"(Water Walkers),代表员工是高成就者,超越自己的目标,也没做错过什么事情。按照PBC绩效考评体系的要求,年初该公司的每个员工都要在充分理解公司的业绩目标和具体的KPI指标的基础上,在部门经理的指导下制定自己的PBC,并列举出下一年中为了实现这些业绩目标、执行方案和团队合作所需要采取的具体行动,这相当于员工与公司签订了一个一年期的业绩合同。员工在制订绩效计划时,自己应按下列三个方面设定年度目标。第一个承诺:承诺必胜(Win)。这里表达的是成员要抓住任何可成功的机会,竭力达成目标。市场占有率是最重要的绩效评等考量。第二个承诺:承诺执行(Execute)。这里强调六个字,即行动、行动、行动,不光看你"怎么说",更重要的是看你"怎么做",以及取得的成果。第三个承诺:承诺团队精神(Team),即各个不同单位和岗位之间默契配合,不能出现无谓的矛盾冲突,绝不能在顾客面前让顾客产生疑惑。这种绩效考核对一般的MBS公司成员具有重要意义,而对负有管人责任的各级主管,则需要根据员工意见调查(Employee Opinion Survey)、高阶主管面谈(Executive Interview)、门户开放政策(Open Door Policy)的反馈,另加一个评等系数,并且占有整体评等50%的权重。

请您结合本案例,回答以下问题:

(1) 根据该公司PBC即三个承诺的考评体系要求,采用定性表述,给出PBC的四级评等标准,并填入表1的第二栏中。(8分)

表1 MBS公司个人业务承诺(PBC)考评等级标准表

考评等级	评等标准
PBC—1	
PBC—2	
PBC—3	
PBC—4	

(2) 对该公司所推行的PBC考评法进行剖析,说明其优点和不足。(12分)

2007年11月

简答题

在企业人力资源管理师培训教程中,总共介绍了四大类20多种绩效考评方法,这些方法各具特点,各有各的适用范围。请问:在选择时可以从哪些方面对其进行分析比较?(10分)

2007年5月

简答题

在实施360度考评方法时,应密切关注哪些问题?(10分)

理论知识部分的参考答案及注释

2014年5月

单选

61. 答案:C

解析:克服分布误差的最佳方法就是"强迫分布法",即将全体员工从优到劣依次排列,然后按各分数段的理论次数分布分别给予相应的评分。

62. 答案:B

解析:晕轮误差,亦称晕轮效应、晕圈错误、光环效应,指在考评中,因某一个人格上的特征而掩蔽了其他人格上的特征。

63. 答案:B

解析:绩效考评指标体系的设计原则是:①针对性;②关键性;③科学性;④明确性;⑤完整性;⑥合理性;⑦独立性;⑧可测性。

64. 答案:C

解析:绩效考评指标体系的设计程序是:①工作分析(岗位分析)。根据考评目的,对被考评对象的岗位的工作内容、性质以及完成这些工作所应具备的条件等进行研究分析,从而了解被考评者在该岗位工作所应达到的目标、所应采取的工作方式等,初步确定出绩效考评指标。②理论验证。依据绩效考评的基本原理和原则,对所设计的绩效考评指标进行论证,使其具有一定的科学依据。③进行指标调查,确定指标体系。根据工作分析初步确定的指标,运用绩效考评指标体系设计方法进行指标调查,最后确定绩效考评指标体系。④进行必要的修改和调整。为了使选择确定后的指标体系更合理化,还应对其进行必要的修改和调整。修改和调整分为两种:一种是考评前的修改、调整;另一种是考评后的修改、调整。

多选

108. 答案:AD

解析:

行为导向型的 绩效考评方法	主观方法	排列法、选择排列法、成对比较法、强制分配法、结构式叙述法(整体绩效)
	客观方法	关键事件法、强迫选择法、行为定位法、行为观察法、加权选择法
结果导向型的绩效考评方法		目标管理法、绩效标准法、短文法、直接指标法、成绩记录法、劳动定额法
综合型的绩效考评方法		图解式评价量表法、合成考评法

110. 答案：ACDE

解析：按考评对象和考评范围，绩效考评可以分为组织绩效考评和个体绩效考评。其中，根据组织工作性质的不同，组织绩效考评可分为生产性组织的绩效考评、技术性组织的绩效考评、管理性组织的绩效考评和服务性组织的绩效考评。

111. 答案：BCD

解析：工作结果型的绩效考评指标体系，无论组织或员工个人，他们的工作绩效总是表现为某种实际的产出结果，无论这些结果是物质性的实物产品，还是精神性的非实物成果，都是可以采用一定的生产技术经济指标进行衡量和评定的。它们是潜在劳动的结果，是劳动的固化和凝结，如产品产量、产品销售量、产品合格率、商品一次开机合格率、客户投诉率、产品返修率等质量指标。反映科技人员的指标有：科研成果的水平、获得专利权的项目数等。

112. 答案：BCDE

解析：建立战略导向的 KPI 体系的意义为：①激励约束员工行为，发挥战略导向牵引作用；②战略目标层层分解，成为实施战略规划的重要工具；③强调对员工行为的激励。

战略导向的 KPI 体系与一般绩效评价体系的主要区别为：①以战略为中心；②自上而下对战略目标层层分解；③财务指标与非财务指标相结合；④指标本身不仅传达结果也传递过程。

113. 答案：ABCD

解析：一般来说，关键绩效指标主要可以分为数量指标、质量指标、成本指标和时限指标。

2013 年 11 月

单选

59. 答案：B

解析：

行为导向型的 绩效考评方法	主观方法	排列法、选择排列法、成对比较法、强制分配法、结构式叙述法(整体绩效)
	客观方法	关键事件法、强迫选择法、行为定位法、行为观察法、加权选择法
结果导向型的绩效考评方法		目标管理法、绩效标准法、短文法、直接指标法、成绩记录法、劳动定额法
综合型的绩效考评方法		图解式评价量表法、合成考评法

62．答案：D

解析：组织绩效考评指标体系分为：①生产性组织，它一般有客观的物质产出，因此对其考评以最终的工作成果如生产数量、生产质量等为主要考评指标，同时也要考评其工作方式、组织气氛等指标；②管理性组织、服务性组织，一般不会有客观的物质性成果，因此主要考核其整体素质、工作效率、出勤率、工作方式、组织气氛等指标；③技术性组织应兼顾工作过程与工作结果。

63．答案：C

解析：工作结果型的绩效考评指标体系中，无论组织或员工个人，他们的工作绩效总是表现为某种实际的产出结果，无论这些结果是物质性的实物产品，还是精神性的非实物成果，都是可以采用一定的生产技术经济指标进行衡量和评定的。它们是潜在劳动的结果，是劳动的固化和凝结，如产品产量、产品合格率、商品一次开机合格率、客户投诉率、产品返修率等质量指标。反映科技人员的指标有：科研成果的水平、获得专利权的项目数等。

64．答案：B

解析：建立战略导向的KPI体系的意义为：①激励约束员工行为，发挥战略导向牵引作用；②战略目标层层分解，成为实施战略规划的重要工具；③强调对员工行为的激励。

65．答案：C

解析：关键绩效指标的核心是从众多的绩效考评指标体系中提取重要性和关键性指标，它不但是衡量企业战略实施效果的关键性指标，而且试图确立起一种新型的激励约束机制。

67．答案：B

解析：胜任特征是指将绩效优秀者与绩效一般者区分开来的个体潜在的深层次特征。360度考评是基于胜任特征的一种考评方法，通过这种方法得出的考评结果更加全面、深刻。

多选

110．答案：ABE

解析：造成宽厚误差的主要原因是：①评价标准过低；②主管为了缓和关系，给下属过高的评价；③采用主观性很强的考评标准和方法；④在考评中曾与被考评者反复沟通；⑤护短心理，担心不良记录人员过多，会影响本部门的声誉；⑥对那些付出很大努力的员工进行鼓励，或希望提高那些薪资低的员工的薪酬待遇；⑦认为考评过于严格和精确，不利于激励员工；⑧尽量避免产生长久的、消极的影响；⑨对那些一贯优秀的业务骨干予以保护的心理。

111．答案：CDE

解析：比率量表是测量水平最高的量表，也被科学家认为是较为理想的量表。一个比率量表除含有类别、等级、等距等量表的特征外，还有一个只有实际意义的绝对零点。可以进行加减乘除四则运算，能最广泛地应用统计方法，还可使用几何平均数和相对差异量等统计方法。

2013年5月

单选

59. 答案:A

解析:效标是指评价员工绩效的指标及标准,为了实现组织目标,对个人或集体的绩效应当达到的水平提出的要求。效标的类别有:①特征性效标,即考量员工是怎样的一个人,其侧重点是员工的个人特质;②行为性效标,其侧重点是考量"员工如何执行上级指令,如何工作",这类效标对人际接触和交往频繁的工作岗位尤其重要;③结果性效标,其侧重点是考量"员工完成了哪些工作任务或生产了哪些产品,其工作成效如何",最常见的问题是若干质化指标难以量化。

60. 答案:D

解析:分布误差是指从理论上分析,员工现职的工作表现和绩效应服从正态分布,即最好的和最差的员工占少数,中等的或正常工作水平的员工占大多数;然而在实际活动中,被考评单位员工的工作表现和绩效往往出现不服从正态分析的情形,常见的有三种:①宽厚误差。亦称宽松误差,即评定结果呈负偏态分布,也就是大多数员工被评为优良。②苛严误差。亦称严格、偏紧误差,即评定结果呈正偏态分布,也就是大多数员工被评为不合格或勉强合格。③集中趋势和中间倾向。亦称居中趋势,即评定结果相近,都集中在某一分数段或所有的员工都被评为一般,使被考评者全部集中于中间水平,或者说是平均水平,没有真正体现员工之间的实际绩效存在的差异,这往往是由评定标准不明确或主管在评定工作中的平均心理造成的。克服分布误差的最佳方法就是"强迫分布法",即将全体员工从优到劣依次排列,然后按各分数段的理论次数分布分别给予相应的评分。

61. 答案:C

解析:在实际活动中,被考评单位的员工往往出现不服从正态分析的情形,常见的分布误差有三种:①宽厚误差。亦称宽松误差,即评定结果呈负偏态分布,也就是大多数员工被评为优良。②苛严误差。亦称严格、偏紧误差,即评定结果呈正偏态分布,也就是大多数员工被评为不合格或勉强合格。③集中趋势和中间倾向。亦称居中趋势,即评定结果相近,都集中在某一分数段或所有的员工都被评为一般,使被考评者全部集中于中间水平,或者说是平均水平,这往往是由评定标准不明确或主管在评定工作中的平均心理造成的。

62. 答案:D

解析:绩效考评方法应用中误差的种类共有以下七种:

(1)分布误差。

(2)晕轮误差。亦称晕轮效应、晕圈错误、光环效应,指在考评中,因某一个人格上的特征掩蔽了其他人格上的特征。

(3)个人偏见。亦称个人偏差、个人偏误,即基于被考评者个人的特性,因考评者个人的偏见或者偏好的不同所带来的评价偏差。

(4)优先和近期效应。

(5)自我中心效应。具体表现有两类:①对比偏差,即考评者按照自己的标准寻找被考评者与其不同的方面进行评定;②相似偏差,即考评者按照自己的标准寻找被考评者与其相同的方面进行评价。

(6)后继效应。亦称记录效应。

(7)评价标准对考评结果的影响。工作绩效评价标准的科学性、系统性和精确程度,对考评方法即工作运用和考评的结果具有重要的影响和制约作用。

除了最后一种是影响考评结果的客观原因外,其他六类都是属于主观性的,即由考评者主观方面的因素造成的。

63. 答案:B

解析:考评标准的选择必须满足先进、合理的要求,所谓的先进是指考评标准不但要反映企业单位的生产技术和管理水平,还应当具有一定的超前性,不至于使员工每项绩效指标的考评结果都出现严重的偏向;所谓的合理是指应当反映出企业在正常的生产技术组织条件下,员工中小部分人可以超过,大部分人经过努力可以接近或达到,极少数人可能达不到的水平。一般情况下,应以多数员工(70%~80%)能达到的绩效水平作为考评指标的评定标准。

64. 答案:C

解析:在KPI指标和指标值的设定上,选择的标杆企业可以是:①本行业领先的最佳企业;②居于国内领先地位的最佳企业;③居于世界领先地位的顶尖企业。

66. 答案:A

解析:"工作产出项目过多"的解决和纠正方法是:①删除与工作目标不符合的产出项目;②比较产出结果对组织的贡献率;③合并同类项,将增值贡献率的产出归到一个更高的类别。

67. 答案:B

解析:360度考评法的优点是:①全方位、多角度;②考虑深层次的胜任特征;③有助于强化企业的核心价值观,增强企业的竞争优势,建立和谐的工作关系;④匿名评价,消除顾虑;⑤尊重组织成员的意见,激发组织成员的创新性;⑥加强管理者与组织成员的双向交流;⑦促进员工个人发展。

多选

110. 答案:ACDE

解析:绩效考评方法应用中误差的种类共有以下七种:

(1)分布误差。

(2)晕轮误差。亦称晕轮效应、晕圈错误、光环效应,指在考评中,因某一个人格上的特征掩蔽了其他人格上的特征。

(3)个人偏见。亦称个人偏差、个人偏误,即基于被考评者个人的特性,因考评者个人的偏见或者偏好的不同所带来的评价偏差。

（4）优先和近期效应。

（5）自我中心效应。具体表现有两类：①对比偏差，即考评者按照自己的标准寻找被考评者与其不同的方面进行评定；②相似偏差，即考评者按照自己的标准寻找被考评者与其相同的方面进行评价。

（6）后继效应。亦称记录效应。

（7）评价标准对考评结果的影响。工作绩效评价标准的科学性、系统性和精确程度，对考评方法即工作运用和考评的结果具有重要的影响和制约作用。

111. 答案：ACDE

解析：绩效考评标准是指对员工绩效考评进行考量、评定、分级、分等的尺度，在编制时要遵循如下原则：①定量准确；②先进合理；③突出特点；④简洁扼要。

112. 答案：ABDE

解析：KPI指标标准体系必须具有可测性，不但各个指标有明确的界定和简便易行的计算方法，还能够有利于管理人员进行采集、获取和处理，以保障相关数据资料的可靠性、公正性和准确性。

113. 答案：ACE

解析：利用客户关系图来提取KPI，不但可以观察到某一团队或个体为哪些客户提供了工作产出，全面掌握为每个客户所提供工作的具体项目和构成，还可以根据绩效考评的要求，分析内外客户对这些工作产出的满意度标准，从而设定考评标准来衡量团队或个人绩效。

2012年11月

单选

59. 答案：C

解析：效标是指评价员工绩效的指标及标准，为了实现组织目标，对个人或集体的绩效应当达到的水平要求。效标的类别有：①特征性效标，即考量员工是怎样的一个人，其侧重点是员工的个人特质；②行为性效标，其侧重点是考量"员工如何执行上级指令，如何工作"，这类效标对人际接触和交往频繁的工作岗位尤其重要；③结果性效标，其侧重点是考量"员工完成了哪些工作任务或生产了哪些产品，其工作成效如何"，最常见的问题是若干质化指标难以量化。医师的诊断水平和医术是难以进行有效的量化和测定的。

61. 答案：A

解析：绩效考评的苛严误差指的是评定结果呈正偏态分布，即大多数员工被评为不合格或勉强合格。它的缺点是易造成紧张的组织氛围；容易增加员工工作压力，降低工作满意度，不利于调动骨干的积极性、主动性和创造性。

62. 答案:D

解析:组织绩效考评指标体系分为:①生产性组织,它一般有客观的物质产出,因此对其考评以最终的工作成果如生产数量、生产质量等为主要考评指标,同时也要考评其工作方式、组织气氛等指标;②管理性组织、服务性组织,一般不会有客观的物质性成果,因此主要考核其整体素质、工作效率、出勤率、工作方式、组织气氛等指标;③技术性组织应兼顾工作过程与工作结果。

63. 答案:C

解析:从绩效考评指标的性质和结构以及侧重点上区分,有三类绩效考评指标体系:①品质特征型的绩效考评指标体系。它是以反映和体现被考评者的品质特征的指标为主体的考评体系。②行为过程型的绩效考评指标体系。它是以反映员工在劳动工作过程中的行为表现的各种指标为主体的指标体系。③工作结果型的绩效考评指标体系。这个体系中,无论组织或员工个人,他们的工作绩效总是表现为某种实际的产出结果,无论这些结果是物质性的实物产品,还是精神性的非实物成果,都是可以采用一定的生产技术经济指标进行衡量和评定的。

64. 答案:A

解析:定量准确的原则是指绩效考评标准应当达到准确量化的要求,考评指标凡是能被量化的,应尽可能使用数量表示和计量。同时,标准的定量必须准确。所谓准确,一是指各指标的考评标准的起止水平是合理准确的;二是指各标准的含义、相互间的差距应当是明确合理的,评分尽可能采用等距式量表;三是指选择的等级档次数量要合理,不宜太多或太少,控制在3~9级为宜。

多选

108. 答案:BCD

解析:

行为导向型的绩效考评方法	主观方法	排列法、选择排列法、成对比较法、强制分配法、结构式叙述法(整体绩效)
	客观方法	关键事件法、强迫选择法、行为定位法、行为观察法、加权选择法
结果导向型的绩效考评方法		目标管理法、绩效标准法、短文法、直接指标法、成绩记录法、劳动定额法
综合型的绩效考评方法		图解式评价量表法、合成考评法

110. 答案:ACDE

解析:制约和影响绩效考评的正确性、可靠性和有效性的因素主要有以下七种:

(1) 分布误差。

(2) 晕轮误差。亦称晕轮效应、晕圈错误、光环效应,指在考评中,因某一个人格上的特征掩蔽了其他人格上的特征。

(3) 个人偏见。亦称个人偏差、个人偏误,即基于被考评者个人的特性,因考评者个人的偏见或者偏好的不同所带来的评价偏差。

(4) 优先和近期效应。

(5) 自我中心效应。具体表现有两类：①对比偏差，即考评者按照自己的标准寻找被考评者与其不同的方面进行评定；②相似偏差，即考评者按照自己的标准寻找被考评者与其相同的方面进行评价。

(6) 后继效应。亦称记录效应。

(7) 评价标准对考评结果的影响。工作绩效评价标准的科学性、系统性和精确程度，对考评方法即工作运用和考评的结果具有重要的影响和制约作用。

112. 答案：ACE

解析：在 KPI 指标和指标值的设定上，选择的标杆企业可以是：①本行业领先的最佳企业；②居于国内领先地位的最佳企业；③居于世界领先地位的顶尖企业。

2012 年 5 月

单选

59. 答案：C

解析：效标是指评价员工绩效的指标及标准，为了实现组织目标，对个人或集体的绩效应当达到的水平要求。效标的类别有：①特征性效标，即考量员工是怎样的一个人，其侧重点是员工的个人特质；②行为性效标，其侧重点是考量"员工如何执行上级指令，如何工作"，这类效标对人际接触和交往频繁的工作岗位尤其重要；③结果性效标，其侧重点是考量"员工完成了哪些工作任务或生产了哪些产品，其工作成效如何"，最常见的问题是若干质化指标难以量化。

61. 答案：A

解析：苛严误差产生的主要原因是：①评定标准过高；②惩罚那些难以对付、不服管理的人；③迫使某些有问题的员工辞职或为有计划的减员提供有说服力的证据；④压缩提薪或奖励人数的比例；⑤自认为应当严格执行上级对优秀者的评估标准。

62. 答案：C

解析：绩效考评方法应用中误差的种类有：

(1) 分布误差。从理论上分析，员工现职的工作表现和绩效应服从正态分布，即最好的和最差的员工占少数，中等的或正常工作水平的员工占大多数；然而在实际活动中，被考评单位员工的工作表现和绩效往往出现不服从正态分布的情形，常见的有三种：①宽厚误差。亦称宽松误差，即评定结果呈负偏态分布，也就是大多数员工被评为优良。②苛严误差。亦称严格、偏紧误差，即评定结果呈正偏态分布，也就是大多数员工被评为不合格或勉强合格。③集中趋势和中间倾向。亦称居中趋势，即评定结果相近，都集中在某一分数段或所有的员工都被评为一般，使被考评者全部集中于中间水平，或者说是平均水平，没有真正体现员工之间的实际绩效存在的差异，这往往是由评定标准不明确或主管在评定工作中的平均心理造成的。克服分布误差的最佳方法就是"强迫分布法",即将全体员工从优到劣依次排列,然后按各分数段的理论次数分布分别给予相应的评分。

(2) 晕轮误差。亦称晕轮效应、晕圈错误、光环效应,指在考评中,因某一个人格上的特征掩蔽了其他人格上的特征。

(3) 个人偏见。亦称个人偏差、个人偏误,即基于被考评者个人的特性,因考评者个人的偏见或者偏好的不同所带来的评价偏差。

(4) 优先和近期效应。①所谓的优先效应是指被考评者根据下属最初的绩效信息,对其考评期内的全部表现做出的总评价,以前期的部分信息替代全期的全部信息,从而出现了"以偏概全"的考评偏差;②所谓的近期效应是指考评者根据下属最近的绩效信息,对其考评期内的全部表现做出的总评价,以近期的部分信息替代全期的全部信息,从而出现了"以近代远"的考评偏差。

(5) 自我中心效应。表现为考评者按照自己对标准的理解进行评价,或按照自己认为恰当的标准进行评价,因而偏离了评价标准。具体表现有两类:①对比偏差,即考评者按照自己的标准寻找被考评者与其不同的方面进行评定;②相似偏差,即考评者按照自己的标准寻找被考评者与其相同的方面进行评价。

(6) 后继效应。亦称记录效应,即被考评者在上一个考评期内评价结果的记录,对考评者在本考评期内的评价所产生的作用和影响。

(7) 评价标准对考评结果的影响。工作绩效评价标准的科学性、系统性和精确程度,对考评方法即工具运用和考评的结果具有重要的影响和制约作用。

63. 答案:C

解析:(1) 品质特征型的绩效考评指标体系是以反映和体现被考评者的品质特征的指标为主体构成的考评体系。

(2) 行为过程型的绩效考评指标体系是以反映员工在劳动工作过程中的行为表现的各种指标为主体构成的指标体系。

(3) 工作结果型的绩效考评指标体系,无论组织或员工个人,他们的工作绩效总是表现为某种实际的产出结果,无论这些结果是物质性的实物产品,还是精神性的非实物成果,都是可以采用一定的生产技术经济指标进行衡量和评定的。

66. 答案:D

解析:提取 KPI 的程序是:①利用客户关系图分析工作产出;②提取和设定绩效考评指标;③根据提取的关键指标设定考评标准;④审核指标和标准;⑤修改和完善。

多选

110. 答案:ABCD

解析:按照岗位实际承担者的性质和特点,可对岗位进行横向区分,如将企业全部岗位分为管理岗位和生产岗位两大类。

按照岗位在企业生产过程中的地位和作用不同,可将岗位划分为生产岗位、技术岗位、管理岗位和服务岗位。

111. 答案:ABE

解析:从实验心理学和测量学的角度看,按照测量水平的不同,考评量表可以分为以下四类:①名称量表。没有序列、等距性、可加性的数字;仅仅是符号,没有任何数量大小的含义。②等级量表。亦称位次量表、等级量表和类别量表,只具有序列性,不表示数与数间的差距相等。③等距量表。没有绝对零点,只能做加减运算,不能做乘除运算;在一个等距量表上能最广泛地应用统计方法。④比率量表。测量水平最高,有唯一具有实际意义的绝对零点,可做四则运算;统计方法除与等距量表相同外,还可使用几何平均数和相对差异量等统计方法。

113. 答案:ABC

解析:SMART方法是指:Specific(具体的)、Measurable(可量度的)、Attainable(可实现的)、Realistic(现实的)、Time-bound(有时限的)。

2011年11月

单选

59. 答案:C

解析:

行为导向型的绩效考评方法	主观方法	排列法、选择排列法、成对比较法、强制分配法、结构式叙述法(整体绩效)
	客观方法	关键事件法、强迫选择法、行为定位法、行为观察法、加权选择法
结果导向型的绩效考评方法		目标管理法、绩效标准法、短文法、直接指标法、成绩记录法、劳动定额法
综合型的绩效考评方法		图解式评价量表法、合成考评法

61. 答案:A

解析:后继效应:亦称记录效应,即被考评者在上一个考评期内评价结果的记录,对考评者在本考评期内的评价所产生的作用和影响。

优先效应(时间上):考评者根据下属最初的绩效信息,对其考评期内的全部表现做出的总评价,以前期的部分信息替代全期的全部信息,从而出现了"以偏概全"的考评偏差。

个人偏见:亦称个人偏差、个人偏误,即基于被考评者个人特征的差异,因考评者个人的偏见或偏好的不同所带来的评价偏差。

晕轮效应:在考评中,因某一个人格上的特征而掩蔽了其他人格上的特征。

62. 答案:D

解析:组织绩效考评指标体系分为:①对于生产性组织,它一般有客观的物质产出,因此对其考评以最终的工作成果如生产数量、生产质量等为主要考评指标,同时也要考评其工作方式、组织气氛等指标;②对于管理性组织或服务性组织,可考评整体素质、工作效率、出勤率、工作方式、组织气氛等指标；③对于技术性组织，考评指标体系应兼顾工作过程与工作结果。

63. 答案：C

解析：工作结果型的绩效考评指标体系，无论组织或员工个人，他们的工作绩效总是表现为某种实际的产出结果，无论这些结果是物质性的实物产品，还是精神性的非实物成果，都是可以采用一定的生产技术经济指标进行衡量和评定的，如产品产量、客户投诉率等。反映科技人员工作绩效的指标有：科研成果的水平、获得专利权的项目数等。

65. 答案：A

解析：建立战略导向的KPI体系的意义有：①使KPI体系不仅成为激励约束企业员工行为的一种新型机制，同时还要发挥KPI体系战略导向的牵引作用。②通过企业战略目标的层层分解，将员工的个人行为与部门的目标相结合，使KPI体系有效地诠释与传播企业的总体发展战略，成为实施企业战略规划的重要工具。③彻底转变传统的以控制为中心的管理理念。战略导向的KPI体系更加强调对员工的行为激励，最大限度地激发员工的斗志，调动全员的积极性、主动性和创造性。

67. 答案：D

解析：胜任特征是指将绩效优秀者与绩效一般者区分开来的个体潜在的深层次特征。360度考评是基于胜任特征的一种考评方法，通过这种方法得出的考评结果更加全面、深刻。

多选

110. 答案：ACDE

解析：绩效考评的正确性、可靠性和有效性主要受以下各种问题的制约和影响：①分布误差。②晕轮误差，亦称晕轮效应、晕圈错误、光环效应，指在考评中，因某一个人格上的特征而掩蔽了其他人格上的特征。③个人偏见，亦称个人偏差、个人偏误，即基于被考评者个人的特性，如年龄、性别、宗教、种族、出身、地域等方面的差异，因考评者个人的偏见或者偏好的不同所带来的评价偏差。④优先和近期效应。⑤自我中心效应，这种误差表现为考评者按照自己对标准的理解进行评价，或按照自己认为恰当的标准进行评价，因而偏离了评价标准。⑥后继效应，亦称记录效应，即被考评者上一个考评期内评价结果的记录，对考评者在本考评期内的评价所产生的作用和影响。⑦评价标准对考评结果的影响。工作绩效评价标准的科学性、系统性和精确程度，对考评方法即工具运用和考评的结果具有重要的影响和制约作用。其中前六种是主观上存在的各种误差、偏误，最后一个是客观原因。

111. 答案：BD

解析：等距量表除了具有类别量表和等级量表的性质外，还要求一定数量差距在整个量表的阶梯上都是相同的。它没有绝对的零点，只能做加减运算，不能做乘除运算。

112. 答案：BCE

解析：提取关键绩效指标的方法有：①目标分解法。采用的是平衡计分卡设定目标的方法，即通过建立包括财务指标与非财务指标的综合指标体系对企业的绩效水平进行监控。

②关键分析法。通过多方面信息的采集和处理,寻求一个企业成功的关键点,弄清到底是什么原因导致企业克敌制胜的,并对企业成功的关键点进行跟踪和监控。③标杆基准法。企业将自身的关键绩效行为与那些在行业中领先的、最具影响或最具竞争力企业的关键绩效行为进行深入、全面的比较研究,探究这些基准企业的绩效形成的原因,在此基础上建立企业可持续发展的关键绩效标准,并提出改进员工绩效的具体程序、步骤和方法。

113. 答案:ABCD

解析:审核关键绩效指标和标准,其要点包括:①工作产出是否为最终产品;②多个考评者对同一个绩效指标和标准进行评价;③关键绩效考评指标的综合是否可以解释被考评者80%以上的工作目标;④关键绩效指标和考评标准是否具有可操作性;⑤关键绩效指标和考评标准是否预留出可以超越的空间。

2011年5月

单选

59. 答案:D

解析:

行为导向型的绩效考评方法	主观方法	排列法、选择排列法、成对比较法、强制分配法、结构式叙述法(整体绩效)
	客观方法	关键事件法、强迫选择法、行为定位法、行为观察法、加权选择法
结果导向型的绩效考评方法		目标管理法、绩效标准法、短文法、直接指标法、成绩记录法、劳动定额法
综合型的绩效考评方法		图解式评价量表法、合成考评法

62. 答案:D

解析:评价标准的不明确是影响考评结果的客观原因,而其他的六种(自我中心效应、晕轮误差、个人偏见、优先和近期效应、分布误差、后继效应)均属于主观性的,即由考评者主观方面的因素造成的。

63. 答案:C

解析:绩效考评指标体系的设计程序包括:①工作分析(岗位分析)。根据考评目的,对被考评对象的岗位的工作内容、性质以及完成这些工作所应具备的条件等进行研究分析,从而了解被考评者在该岗位工作所应达到的目标和所应采取的工作方式等,初步确定出绩效考评指标。②理论验证。依据绩效考评的基本原理和原则,对所设计的绩效考评指标进行论证,使其具有一定的科学依据。③进行指标调查,确定指标体系。根据工作分析初步确定的指标,运用绩效考评指标体系设计方法进行指标调查,最后确定绩效考评指标体系。④进行必要的修改和调整。为了使选择确定的指标体系更加趋于合理,还应对其进行必要的修改和调整。

65. 答案:B

解析:一般来说,关键绩效指标主要可以分为数量指标、质量指标、成本指标和时限指标。

66. 答案:A

解析:"工作产出项目过多"的解决和纠正方法是:①删除与工作目标不符合的产出项目;②比较产出结果对组织的贡献率;③合并同类项,将增值贡献率的产出归到一个更高的类别。

多选

108. 答案:AE

解析:

行为导向型的绩效考评方法	主观方法	排列法、选择排列法、成对比较法、强制分配法、结构式叙述法(整体绩效)
	客观方法	关键事件法、强迫选择法、行为定位法、行为观察法、加权选择法
结果导向型的绩效考评方法		目标管理法、绩效标准法、短文法、直接指标法、成绩记录法、劳动定额法
综合型的绩效考评方法		图解式评价量表法、合成考评法

109. 答案:BCD

解析:效标是指评价员工绩效的指标及标准,为了实现组织目标,对个人或集体的绩效应当达到的水平提出的要求。效标的类别有:①特征性效标,即考量员工是怎样的一个人,其侧重点是员工的个人特质;②行为性效标,其侧重点是考量"员工如何执行上级指令,如何工作",这类效标对人际接触和交往频繁的工作岗位尤其重要;③结果性效标,其侧重点是考量"员工完成了哪些工作任务或生产了哪些产品,其工作成效如何",最常见的问题是若干质化指标难以量化。

110. 答案:ABCDE

解析:绩效考评方法应用中误差的种类有:

(1) 分布误差。从理论上分析,员工现职的工作表现和绩效应服从正态分布,即最好的和最差的员工占少数,中等的或正常工作水平的员工占大多数;然而在实际活动中,被考评单位员工的工作表现和绩效往往出现不服从正态分布的情形,常见的有三种:①宽厚误差。亦称宽松误差,即评定结果呈负偏态分布,也就是大多数员工被评为优良。②苛严误差。亦称严格、偏紧误差,即评定结果呈正偏态分布,也就是大多数员工被评为不合格或勉强合格。③集中趋势和中间倾向。亦称居中趋势,即评定结果相近,都集中在某一分数段或所有的员工都被评为一般,使被考评者全部集中于中间水平,或者说是平均水平,没有真正体现员工之间的实际绩效存在的差异,这往往是由评定标准不明确或主管在评定工作中的平均心理造成的。克服分布误差的最佳方法就是"强迫分布法",即将全体员工从优到劣依次排列,然后按各分数段的理论次数分布分别给予相应的评分。

(2) 晕轮误差。亦称晕轮效应、晕圈错误、光环效应,指在考评中,因某一个人格上的特征而掩蔽了其他人格上的特征。

（3）个人偏见。亦称个人偏差、个人偏误，即基于被考评者个人的特性，因考评者个人的偏见或者偏好的不同所带来的评价偏差。

（4）优先和近期效应。①所谓的优先效应是指被考评者根据下属最初的绩效信息，对其考评期内的全部表现做出的总评价，以前期的部分信息替代全期的全部信息，从而出现了"以偏概全"的考评偏差；②所谓的近期效应是指考评者根据下属最近的绩效信息，对其考评期内的全部表现做出的总评价，以近期的部分信息替代全期的全部信息，从而出现了"以近代远"的考评偏差。

（5）自我中心效应。表现为考评者按照自己对标准的理解进行评价，或按照自己认为恰当的标准进行评价，因而偏离了评价标准。具体表现有两类：①对比偏差，即考评者按照自己的标准寻找被考评者与其不同的方面进行评定；②相似偏差，即考评者按照自己的标准寻找被考评者与其相同的方面进行评价。

（6）后继效应。亦称记录效应，即被考评者在上一个考评期内评价结果的记录，对考评者在本考评期内的评价所产生的作用和影响。

（7）评价标准对考评结果的影响。工作绩效评价标准的科学性、系统性和精确程度，对考评方法即工具运用和考评的结果具有重要的影响和制约作用。

111. 答案：ACDE

解析：在使用"头脑风暴法"进行集体讨论时，应遵循以下四个基本原则：①任何时候都不批评别人的想法；②思想愈激进愈开放愈好；③强调产生想法的数量；④鼓励别人改进想法。

112. 答案：ABCDE

解析：建立战略导向的KPI体系的意义有：①使KPI体系不仅成为激励约束企业员工行为的一种新型机制，同时还要发挥KPI体系战略导向的牵引作用；②通过企业战略目标的层层分解，将员工的个人行为与部门的目标相结合，使KPI体系有效地诠释与传播企业的总体发展战略，成为实施企业战略规划的重要工具；③彻底转变传统的以控制为中心的管理理念，战略导向的KPI体系更加强调对员工的行为激励，最大限度地激发员工的斗志，调动全员的积极性、主动性和创造性。

113. 答案：BCD

解析：在选择确定绩效考评指标体系的过程中，应把握好以下八个主要原则：①针对性；②关键性；③科学性；④明确性；⑤完整性；⑥合理性；⑦独立性；⑧可测性。

2010年11月

单选

59. 答案：B

解析：效标是指评价员工绩效的指标及标准，为了实现组织目标，对个人或集体的绩效应当达到的水平提出的要求。效标的类别有:①特征性效标,即考量员工是怎样的一个人,其侧重点是员工的个人特质;②行为性效标,其侧重点是考量"员工如何执行上级指令,如何工作",这类效标对人际接触和交往频繁的工作岗位尤其重要;③结果性效标,其侧重点是考量"员工完成了哪些工作任务或生产了哪些产品,其工作成效如何",最常见的问题是若干质化指标难以量化。

61. 答案:C

解析:分布误差:从理论上分析,员工现职的工作表现和绩效应服从正态分布,即最好的和最差员工的工作表现和绩效占少数,中等的或正常工作水平的员工占大多数;然而在实际活动中,被考评单位的员工往往出现不服从正态分布的情形,常见的有三种:①宽厚误差。亦称宽松误差,即评定结果呈负偏态分布,也就是大多数员工被评为优良。考评结果过宽过松,容易使低绩效的员工滋生某种侥幸心理,持有"蒙混过关"的心态,不仅不利于组织的变革和发展,更不利于个人绩效的改进和提高,特别容易使那些业绩优秀的员工受到伤害。②苛严误差。亦称严格、偏紧误差,即评定结果呈正偏态分布,也就是大多数员工被评为不合格或勉强合格。考评结果过于苛刻,容易造成紧张的组织氛围,从而增加工作压力;使斗志和士气涣散,降低工作满意度,不利于调动业务骨干的积极性、主动性和创造性。③集中趋势和中间倾向。亦称居中趋势,即评定结果相近,都集中在某一分数段或所有的员工都被评为一般,使被考评者全部集中于中间水平,或者说是平均水平,没有真正体现员工之间的实际绩效存在的差异,这往往是由评定标准不明确或主管在评定工作中的平均心理造成的。

62. 答案:A

解析:绩效考评的正确性、可靠性和有效性主要受以下各种问题的制约和影响:①分布误差。②晕轮误差。亦称晕轮效应、晕圈错误、光环效应,指在考评中,因某一个人格上的特征而掩蔽了其他人格上的特征。③个人偏见。亦称个人偏差、个人偏误,即基于被考评者个人的特性,如年龄、性别、宗教、种族、出身、地域等方面的差异,因考评者个人的偏见或者偏好的不同所带来的评价偏差。④优先效应和近期效应。优先效应是指考评者根据下属最初的绩效信息,对其考评期内的全部表现做出的总评价,以前期的部分信息代替全期的全部信息,从而出现"以偏概全"的考评偏差。近期效应是指考评者根据下属最近的绩效信息,对其考评期内的全部表现做出的总评价,以近期的部分信息替代全期的全部信息,从而出现了"以近代远"的考评偏差。⑤自我中心效应。这种误差表现为考评者按照自己对标准的理解进行评价,或按照自己认为恰当的标准进行评价,因而偏离了评价标准。⑥后继效应。亦称记录效应,即被考评者上一个考评期内评价结果的记录,对考评者在本考评期内的评价所产生的作用和影响。⑦评价标准对考评结果的影响。工作绩效评价标准的科学性、系统性和精确程度,对考评方法即工具运用和考评的结果具有重要的影响和制约作用。

63. 答案:B

解析:如果从绩效考评指标的性质和结构以及侧重点上区分,有三类绩效考评指标体系:①品质特征型的绩效考评指标体系。它是以反映和体现被考评者的品质特征的指标为主体构成的考评体系。②行为过程型的绩效考评指标体系。它是以反映员工在劳动工作过程中的行为表现的各种指标为主体构成的指标体系。③工作结果型的绩效考评指标体系。这个体系中,无论组织或员工个人,他们的工作绩效总是表现为某种实际的产出结果,无论这些结果是物质性的实物产品,还是精神性的非实物成果,都是可以采用一定的生产技术经济指标进行衡量和评定的。这些指标与那些潜藏在人体之中的反映人们的品质特征的指标不同,它们是潜在劳动的结果,是劳动的固化和凝结。

64. 答案:D

解析:绩效考评指标体系的设计方法包括:①要素图示法。将某类人员的绩效特征用图表描绘出来,然后加以分析研究,确定需考评的绩效要素。②问卷调查法。采用专门的调查表,在调查表中将所有与本岗位工作有关的要素和指标一一列出,并用简单、明确的文字对每个指标做出科学的界定,再将该调查表分发给有关人员填写,收集、征求不同人员意见,最后确定绩效考评指标体系的构成。③个案研究法。通过选取若干具有代表性的典型人物、事件或岗位的绩效特征进行分析研究,来确定绩效考评指标和考评要素体系。④面谈法。通过与各类人员,如被考评者的上级、人力资源管理人员、被考评者以及与被考评者有较多联系的有关人员的访问和谈话收集有关资料,以此作为确定考评要素的依据。⑤经验总结法。根据特定时期的用人政策、本单位的具体情况以及考评单位所积累的经验来确定考评的要素,或者参照、总结一些较为权威的绩效考评要素体系以及同行业单位人员绩效考评的经验,再结合本单位的情况以及考评目的来确定。⑥头脑风暴法。这种方法的目的是寻求新的和异想天开的解决自己面临难题的途径与方法。在使用头脑风暴法进行集体讨论时,应遵循以下四个基本原则:任何时候都不批评别人的想法;思想愈激进愈开放愈好;强调产生想法的数量;鼓励别人改进想法。

66. 答案:B

解析:KPI 的标准水平可以做出以下区分:①先进的标准水平。包括本行业的先进水平、国内同类企业的先进水平以及国际同类企业的先进水平。②平均的标准水平。包括本行业的平均水平、国内同类企业的平均水平以及国际同类企业的平均水平。③基本的标准水平。是指期望被考评者达到的水平。基本的标准水平的作用主要是判断被考评者的绩效是否能够满足企业基本的要求。

67. 答案:C

解析:360 度考评方法的优点是:①具有全方位、多角度的特点;②考虑的不仅仅是工作产出,还有深层次的胜任特征;③有利于强化企业的核心价值观,增强企业的竞争优势;④采用匿名评价的方法,消除考评者的顾虑,使其能够客观地进行评价,保证了评价的有效性;⑤充分尊重组织成员的意见,这有助于组织创造更好的工作气氛,从而激发组织成员的创新性;⑥加强了管理者与组织员工的双向交流,提高了组织成员的参与性;⑦促进员工个人发展。

多选

108. 答案:BCDE

解析：

行为导向型的绩效考评方法	主观方法	排列法、选择排列法、成对比较法、强制分配法、结构式叙述法（整体绩效）
	客观方法	关键事件法、强迫选择法、行为定位法、行为观察法、加权选择法
结果导向型的绩效考评方法		目标管理法、绩效标准法、短文法、直接指标法、成绩记录法、劳动定额法
综合型的绩效考评方法		图解式评价量表法、合成考评法

110. 答案：ABCD

解析：按考评对象和范围，绩效考评可以分为组织绩效考评和个体绩效考评。其中组织绩效考评根据其工作性质不同，又可分为生产性组织的绩效考评、技术性组织的绩效考评、管理性组织的绩效考评和服务性组织的绩效考评等。对于生产性组织，它一般有客观的物质产出，因此对其考评一般应以最终的工作成果如生产数量、生产质量为主要考核指标，同时也要考评其工作方式、组织气氛等指标。对于管理性组织和服务性组织，它们一般不会有客观的物质性成果的产出，因此考评中应主要考评其整体素质、工作效率、出勤率、工作方式、组织气氛等指标。而技术性组织需要兼顾工作过程与工作成果。

111. 答案：ABCE

解析：头脑风暴法的目的是寻求新的和异想天开的解决自己面临难题的途径与方法。在使用头脑风暴法进行集体讨论时，应遵循以下四个基本原则：任何时候都不批评别人的想法；思想愈激进愈开放愈好；强调产生想法的数量；鼓励别人改进想法。

112. 答案：CD

解析：战略导向的KPI体系与一般绩效评价体系的主要区别是：①从绩效考评的目的来看，前者以战略为中心，指标体系的设计与运用都是为战略目标服务的；而后者以控制为中心，指标体系的设计与运用来源于控制的意图，即为了更有效地控制员工个人的行为。②从考评指标产生的过程来看，前者是在组织内部自上而下对战略目标进行层层分解产生的；而后者通常是自下而上根据个人以往的绩效和目标产生的。③从考评指标的构成来看，前者通过财务与非财务指标相结合，体现关注短期效益兼顾长期发展的原则，指标本身不仅传达了结果，也传递了产生结果的过程；而后者是以财务指标为主，非财务指标为辅，注重对过去绩效的评价，且知道绩效改进的出发点是过去绩效存在的问题，绩效改进行动与战略需要脱钩。④从指标的来源来看，前者来源于组织的战略目标和竞争的需要，有助于推进组织战略的实施；而后者与组织战略的相关程度不高，来源于特定的程序，即对过去行为与绩效的修正，与个人绩效的好坏密切相关。

113. 答案：ABCDE

解析：客户关系分析图法的应用范围很广，不仅可以用于分析企业下属的各个职能和业务部门，也可用于各部门内部各种各样的工作岗位；不仅可用于团队的工作产出评估，亦可用于员工个人的工作产出分析。

2010年5月

单选

61. 答案：D

解析：绩效考评标准不明确、不清楚、不规范是考评工具失常的主要客观原因。

62. 答案：D

解析：组织绩效考评根据其工作性质不同，又可分为生产性组织的绩效考评、技术性组织的绩效考评、管理性组织的绩效考评和服务性组织的绩效考评等。其中技术性组织的绩效考评应兼顾工作过程和工作成果两个方面。

63. 答案：A

解析：一般来说，工作岗位分析是绩效考评要素选择的前提和基础。

64. 答案：B

解析：等距量表除了具有类别量表和等级量表的性质外，还要求一定数量差距在整个量表的阶梯上都是相同的。量表的各个部分的单位是相等的，没有绝对的零点，只能做加减运算，不能做乘除运算。

65. 答案：B

解析：从绩效考评的目的来看，KPI体系是以战略为中心的，指标体系的设计与运用都是为战略目标服务的；而一般的绩效评价体系是以控制为中心的，指标体系的设计与运用来源于控制的意图，即为了更有效地控制员工个人的行为。

多选

110. 答案：ABE

解析：宽厚误差亦称宽松误差，即评定结果呈负偏态分布，也就是大多数员工被评为优良。究其原因，有几种可能：①评价标准过低；②主管为了缓和关系，避免冲突和对抗，给下属过高的评价；③采用了主观性很强的考评标准和方法；④在考评中曾与被考评者反复多次进行沟通；⑤"护短"心理，为了避免本单位不光彩的事情扩散，影响本单位的声誉；⑥对付出很大努力的员工进行奖励，或希望提高薪资水平低的员工的薪酬待遇；⑦认为考评过于严格和精确，不利于激励员工；⑧尽量避免长久的、消极的影响，如怕影响员工今后的提升；⑨对那些一贯优秀的业务骨干，即使有失误也要保护。

2009年11月

单选

62. 答案：B

解析：纠正晕轮误差的方法是：①建立严谨的工作记录制度；②评价标准要制定得详细、具体、明确；③对考评实施适当培训。

63．答案：C

解析：以实际产出为基础的绩效考评指标体系，能清楚地说明组织或员工在考评期内完成什么样的任务，取得的具体成果或业绩是什么，贡献率到底有多大。

64．答案：A

解析：绩效考评标准是指对员工绩效考评进行考量、评定、分级、分等的尺度，在编制时要遵循四条原则：①定量准确；②先进合理；③突出特点；④简洁扼要。

65．答案：A

解析：关键绩效法的核心是从众多的绩效考评指标体系中提取重要和关键的指标。它不但是衡量企业战略实施效果的关键性指标，而且试图确立起一种新型的激励约束机制，力求将企业战略目标转化为组织内部全员、全面和全过程的动态活动，不断增强企业的核心竞争力，持续地提高企业的经济效益和社会效益。

67．答案：D

解析：360度考评方法的缺点是：①侧重于综合评价，定性评价比重较大，定量的业绩评价较少；②信息来源渠道广，但是从不同渠道得来的并非总是一致的；③增加了收集和处理数据的成本；④在实施过程中，如果处理不当，可能会在组织内造成紧张气氛，影响组织成员的工作积极性，甚至带来企业文化震荡、组织成员忠诚度下降等现象。

多选

108．答案：ABCD

解析：特征性效标，即考量员工是怎样的一个人，侧重点是员工的个人特质，如忠诚性、可靠度、沟通能力、领导技巧等。

110．答案：BCD

解析：绩效考评结果过于苛刻，对组织来说，容易造成紧张的组织氛围；对个体来说，容易增加工作压力，使员工的士气和斗志涣散，降低工作的满意度，不利于调动业务骨干的积极性、主动性和创造性。

111．答案：ABCDE

解析：绩效考评指标体系的建立是有效地组织绩效考评、实现企业业绩管理目标和要求的重要前提和基本保证。在选择确定绩效考评指标体系的过程中，应当达到八个要求：①针对性；②关键性；③科学性；④明确性；⑤完整性；⑥合理性；⑦独立性；⑧可测性。

2009年5月

单选

59．答案：B

解析：

行为导向型的绩效考评方法	主观方法	排列法、选择排列法、成对比较法、强制分配法、结构式叙述法（整体绩效）
	客观方法	关键事件法、强迫选择法、行为定位法、行为观察法、加权选择法
结果导向型的绩效考评方法		目标管理法、绩效标准法、短文法、直接指标法、成绩记录法、劳动定额法
综合型的绩效考评方法		图解式评价量表法、合成考评法

62．答案：B

解析：管理性组织和服务性组织的性质是比较相似的，它们一般不会有客观的物质性成果的产出，因此考评中应主要考评其整体素质、工作效率、出勤率、工作方式、组织气氛等指标。

63．答案：C

解析：工作结果型的绩效考评指标体系中，无论组织或员工个人，他们的工作绩效总是表现为某种实际的产出结果。无论这些结果是物质性的实物产品，还是精神性的非实物成果，都可以采用一定的生产技术经济指标进行衡量和评定，如产品产量、客户投诉率等。反映科技人员的指标有：科研成果的水平、获得专利权的项目数等。

65．答案：D

解析：关键绩效指标作为绩效考评的指标和标准的结合体，它应是定量化的，即便难以定量化，也必须是行为化的。如果定量化和行为化这两个特征都不具备，那么就无法对组织或员工个人的关键绩效指标进行测评。

66．答案：A

解析：在KPI的指标和指标值的设定上，可以选择的参考企业至少存在着三种情况：一是本行业领先的最佳企业；二是居于国内领先地位的优秀企业；三是居于世界领先地位的顶尖企业。

67．答案：B

解析：胜任特征是指将绩效优秀者与绩效一般者区分开来的个体潜在的深层次特征。360度考评是基于胜任特征的一种考评方法。

多选

110．答案：BCD

解析：常见的分布误差有三种：①宽厚误差，亦称宽松误差，即评定结果呈负偏态分布，也就是大多数员工被评为优良；②苛严误差，亦称严格误差、偏紧误差，即评定结果呈正偏态分布，也就是大多数员工被评为不合格或勉强合格；③集中趋势和中间倾向，亦称居中趋势，即评定结果相近，都集中在某一分数段或所有的员工都被评为一般，使被考评者全部集中于中间水平，或者说是平均水平，没有真正体现员工之间的实际绩效存在的差异，这往往是由评定标准不明确或主管在评定工作中的平均心理造成的。

111．答案：BCD

解析：比率量表是测量水平最高的量表，也是科学家认为的较为理想的量表。一个比率量表除含有类别、等级、等距等量表的特征外，还有一个具有实际意义的绝对零点。可以进行加减乘除四则运算，能最广泛地应用统计方法，还可使用几何平均数和相对差异量等统计方法。

专业能力部分的参考答案及评分标准

2014年5月

答：
关键绩效指标标准水平的种类包括：(6分)
①先进的标准水平，包括本行业的先进水平、国内同类企业的先进水平、国际同类企业的先进水平；
②平均的标准水平，包括本行业的平均水平、国内同类企业的平均水平、国际同类企业的平均水平；
③基本的标准水平，期望被考评者达到的水平。
在设定标准的过程中，对关键绩效指标标准水平的控制是一个极其重要的问题，应当引起足够的重视，这是因为：(9分)
①如果标准的水平定得过高，被考评者可望而不可即，将会挫伤员工的积极性；
②如果标准定得过低，被考评者不费力即可达到并超过标准，那么标准就失去意义；
③基本标准的作用是判断被考评者的绩效是否能满足企业基本的要求；
④采用这类标准所获得的考评结果主要用于决定一些非激励性的工资待遇。

2013年11月

答：
采用问卷调查法设计绩效考评指标体系的具体步骤有：(每项2分，合计14分)
①根据绩效考评目的和对象，查阅工作说明书，通过必要的现场调查，详细采集与工作绩效各种要素和指标相关的数据和资料；
②列出所有相关的影响和制约工作绩效的要素与具体指标，并进行初步筛选；
③用简洁、精练的语言或者计算公式，对每个相关要素概念的内涵和外延做出准确的界定；
④根据调查的目的和单位的具体情况，确定调查问卷的具体形式、所调查对象和范围，

以及具体的实施步骤和方法；

⑤设计调查问卷；

⑥发放调查问卷；

⑦回收调查问卷，进行整理汇总和统计分析，取得最后的调查结果。

2013 年 5 月

答：

(1)（每项 2 分，最高 8 分）

①考评等级的 1～4 等，可以按照"优、良、中、差""超额、达标、一般、差"等原则设计；

②每一等级的评分标准都要有较为细致的定性描述，以解释本等级绩效所具有的特征。标准表实例如表 1 所示。

表 1 绩效考评等级标准表

考评等级	评等标准
1	远远超出要求：员工出色地完成了任务，所取得的成果远远超出所设目标的要求，并对公司目标的达成做出贡献
2	达到要求：员工完成了任务或部分超过了承诺的目标
3	没有达到要求：员工达到了多数目标，但仍然需要增加相应的经验并改善原有的结果
4	绩效很差：员工离既定目标相去甚远，或者其行为给公司造成损失

(2) 该公司新的绩效考评制度的主要优点为：（每项 2 分，最高 10 分）

①简化了评定等级，更突出了对大多数员工的激励；

②员工自始至终参与绩效计划的制订，增强了员工的自主性，提高了绩效计划的科学性和可行性；

③使各级员工进一步明确了公司、部门以及自己的目标和工作要求，明确了工作重点；

④突出了行动的重要性，积极倡导注重团队建设和个人承诺的企业文化。

该公司新的绩效考评制度的主要不足为：

①由于计划目标根据具体情况确定，部门间和员工间的绩效难以横向比较；

②绝大多数员工都能得到 2 等，无法真正体现绩效差异，激励效果不明显；

③由员工自己另外寻找 6 位同事，进行所谓的"360 度反馈"，具有片面性和盲目性，影响了考评的信度和效度。

2012年5月

答：
(1) 末位淘汰制存在的问题主要是：(每项2分，最高8分)
①末位淘汰制对员工实施分级，类似于强制分布。其使用的前提条件是每个部门员工的成绩分布符合正态分布。如果员工的成绩呈偏态分布就不合适。
②主要根据行为过程，很少依据结果。导致干得越多，错得越多；人际关系好，分数就高。
③评分依据只是由部门主管实施考核，主观性太强，难以避免偏见。
④开始确定绩效考核制度时，没有对末位淘汰制考核制度进行统一认识、统一培训，中层主管对考核结果意见大。

(2) (每项2分，最高10分)
①末位淘汰制类似于强制分布法。它的主要优点是可以消除考评结果的分布误差，杜绝"吃大锅饭"现象，同时也给员工一定的压力，一定程度上可以激发员工的积极性。
②实践中不能忽视这种方法使用的前提条件，即员工业绩分布呈现正态分布。因此对于部门业绩优秀的项目部，该方法就不太适合。同时，这种方法也不能给予员工详细的反馈和改进建议。
③从考评结果看，它和其他方法配合使用效果会更好，比如结果导向型的方法。
④公司需要从基础的岗位分析开始，根据部门特点和岗位特点确定合适的考评指标和体系，进行理论验证，并且根据需要调整，避免"一刀切"。比如，管理岗位适合行为导向型的考评指标，而销售岗位适合结果导向型的考评指标。
⑤在绩效管理的实施中，注意对中层管理人员的考评制度的培训，统一思想。
⑥公司的管理混乱、效率低下、人浮于事等问题不是单靠绩效管理就能解决的，需要在考核体系变革的同时，注意人力资源管理其他模块及有关规章制度的配合。

2011年11月

答：
设定关键绩效指标时常见的问题以及纠正方法如下：
①工作项目过多。(1分)
解决方法：删除与工作目标不符合的产出项目；比较产出结果对组织的贡献率；合并同类项，将增值贡献率的产出归到一个更高的类别。(3分)
②绩效指标不够全面。(1分)
解决方法：设定针对性更强、更全面、更深入的绩效考评指标。(2分)
③对绩效指标的跟踪和监控耗时过多。(1分)
跟踪正确率比较困难，但可以跟踪错误率。(2分)

④绩效标准缺乏超越的空间。(1分)

如果100%正确的绩效标准确实是必须达到的,那么就将其保留;如果不是必须达到的,那么就修改绩效标准,以预留出超越标准的空间。(3分)

2011年5月

答:

(1) 可以用要素图示法确定需要考评的绩效要素;可以用问卷调查法确定考评体系的构成。(4分)

(2) 具体工作步骤是:(每项2分)
①工作分析;
②理论验证;
③进行指标调查,确定指标体系;
④进行必要的修改和调整。

(3) 删除与工作目标不符合的产出项目;比较产出结果对组织的贡献率,合并同类项,将增值贡献率的产出归到一个更高的类别。(4分)

(4) 销售额及其增长率、销售费用、回款率、服务态度、客户投诉率等(每项1分,最高4分)。

2010年5月

答:

提取关键绩效指标的程序和步骤主要是:(每项3分)
①利用客户关系图分析工作产出;
②提取和设定绩效考评的指标;
③根据提取的关键指标设定考评标准;
④审核关键绩效指标和标准;
⑤修改和完善关键绩效指标与标准。

2009年11月

答:

在审核KPI关键绩效指标和标准时应当关注以下要点:(每项3分)
①工作产出是否为最终产品;
②多个考评者对同一个绩效指标和标准进行评价,其结果是否具有可靠性和准确性;

③关键绩效考评指标的总和是否可以解释被考评者80%以上的工作目标；

④关键绩效指标和考评标准是否具有可操作性；

⑤关键绩效指标的考评标准是否预留出可以超越的空间。

2009年5月

答：

(1) 该公司在绩效管理中存在的主要问题是：(每项2分)

①首先，员工绩效考评指标体系过于强调行为而忽视了工作成果，没有针对不同性质的岗位提出不同的考评指标，使考评指标缺乏适用性和针对性；

②其次，绩效考评指标体系重点不突出，没有从岗位工作的特点出发提取反映各类岗位工作绩效的关键绩效指标，导致考评指标缺乏可操作性；

③再次，考评指标缺乏量化性，违背了SMART原则；

④绩效考评的方式、方法存在着一定问题，采取传统的民主评议的方式，使考评工作过于程式化、过于繁琐，无形中增加了考评人员的工作量；

⑤最后，参与考评的人员过多过杂，使考评结果的信度明显降低，致使业务骨干的考评成绩反而欠佳。

(2) 具体的对策和建议是：

①为了摆脱公司面临的困境，召开各层级主管的情况说明会，通过深入沟通，交换意见，取得员工的谅解，并提出以下种种修补措施，在取得共识的情况下，再予试行。(1分)

②被错评的业务骨干，应当秉持公开、公平、公正的原则，重新对其做出评定。经再次考评，仍不合格者应按照公司的规定予以处罚。(1分)

③重新制订公司年度绩效考评计划。在明确考评目的的前提下，对绩效考评的对象、内容、方式、方法、时间和步骤等做出明确规定。(2分)

④在工作岗位分析的基础上，按照岗位类别，提取各类岗位的关键绩效考评指标，并运用SMART原则，采用定性与定量相结合的方法，确定出各类考评指标的分级标准。(2分)

⑤坚持以上级考评为主，自评、下级、同级和外部人员考评为辅的原则，参加考评的人员必须是与被考评人员存在密切工作关系的人员。(2分)

⑥对考评者进行必要的培训，使他们掌握绩效考评的基本技术和技巧。(2分)

2008年11月

答：(每项2分，最高12分)

(1) 绩效考评指标体系设计的程序是：

①进行工作岗位分析；

②进行理论验证；

③进行指标调查，确定指标体系；

④对指标体系进行必要的修改和调整。

(2) 绩效考评标准的设计原则是：

①定量准确的原则；

②先进合理的原则；

③突出特点的原则；

④简洁扼要的原则。

2008年5月

答：

(1) PBC 的四级评等标准见表1。

表1　MBS公司个人业务承诺(PBC)考评等级标准表

考评等级	评等标准
PBC—1	超出所有的要求：出色地完成任务，员工所取得的成果远远超出所设目标的要求，并对公司目标的达成做出重大贡献(2分)
PBC—2	达到所有的要求：员工完成任务或部分超过了承诺的要求(2分)
PBC—3	没有达到所有的要求：员工达到了多数目标要求，但仍然需要增加相应的经验并改善原有的结果(2分)
PBC—4	结果不满意：员工离既定目标相去甚远，需通过相应的努力来提高，如果在既定的期限内没有改善将导致离职(2分)

(2) PBC考评法的主要优点包括：(每项1分)

①简化了评定等级，更突出了对大多数员工的激励；

②员工自始至终参与绩效计划的制订过程，增强了员工的自主性，提高了年度绩效计划的科学性和可行性；

③使员工进一步明确了公司、部门以及自己在本年度内应当达成的目标要求以及努力的方向；

④突出了行动的重要性，积极倡导注重团队建设和个人承诺的企业文化；

⑤根据管理人员的特殊性，采取了具有针对性的绩效管理新模式，通过有效的绩效管理，最大限度地调动各级主管的积极性和主动性；

⑥新的绩效管理模式更有利于促进各级员工的成长和发展。

PBC考评法的主要不足包括：(每项2分)

①PBC考评法实质上是目标管理法的进一步发展，由于计划目标是根据具体情况确定

的,各个部门乃至各个岗位员工的绩效水平难以横向进行比较。

②容易造成分配上的不公平,由于该公司推行的是钟形的绩效分配原则,即除非有例外情况,绝大多数员工都能得到2等,这对绩效优异的部门不公平。因为部门主管会认为本部门得2等的人要多一些,而对绩效差的部门,也拿到同样比例的2等,这会造成分配上的不公平。

③从考评者的角度看,以各级主管考评为主是科学、合理的;由员工自己另外寻找6位同事进行所谓的"360度反馈",具有片面性和盲目性,会直接影响考评结果的信度和效度。

2007年11月

答:

应该从以下六方面来进行比较:(每项2分,最高10分)
①经济性:在制定实施本方法过程中所耗费的各种成本;
②可行性:本方法是否容易贯彻实施;
③准确性:采用本方法所得到的考评结果误差偏向的程度;
④功能性:本方法在一般性评比、薪酬奖励和人事决策等方面的作用;
⑤开发性:本方法在员工职业技能开发和行为激励方面可发挥的作用;
⑥有效性:大多数人认为本方法是可靠、实用、有效的方法。

2007年5月

答:

在实施360度考评方法时,应当注意如下问题:
①确定并培训公司内部专门从事360度考评工作的管理人员。(1分)
②在实施360度考评方法时,应选择最佳的时机。当组织面临士气问题,处于过渡时期,或走下坡路时,不宜采用360度考评方法。(2分)
③上级主管应与每位考评者进行沟通,要求考评者对其意见承担责任,确保考评者的意见真实、可靠。(1分)
④使用客观的统计程序。如使用加权平均方法或其他量化方法,整理、汇总、核算多位考评者的评价结果,需要注意的是:对不同的被考评者应使用相同的权数,以保证公平。(2分)
⑤防止考评过程中出现作弊、合谋等违规行为。(1分)
⑥准确识别和估计偏见、偏好等对业绩评价结果的影响。(1分)
⑦对考评者的个别意见进行保密,上级评价除外。(1分)
⑧不同的考评目的决定了考评内容的不同,所应关注的事项也有所不同。(1分)

第五章 薪酬管理

理论知识部分

2014年5月

单选

69. 进行薪酬调查时,若被调查的岗位复杂且数量大,应采用（　　）的方法。
    A. 企业之间相互调查　　　　　　　　B. 问卷调查
    C. 采集社会公开信息　　　　　　　　D. 委托中介机构进行调查

70. （　　）不存在升级问题,员工只有在变动岗位时才能提高薪酬水平。
    A. 一岗一薪薪酬制　　　　　　　　　B. 技能薪酬制
    C. 一岗多薪薪酬制　　　　　　　　　D. 提成薪酬制

71. 以下不属于岗位薪酬制的是（　　）。
    A. 一岗一薪制　　　　　　　　　　　B. 技术薪酬制
    C. 一岗多薪制　　　　　　　　　　　D. 薪点薪酬制

72. 以下不属于技能薪酬制的是（　　）。
    A. 技术薪酬制　　　　　　　　　　　B. 基础能力薪酬制
    C. 提成薪酬制　　　　　　　　　　　D. 特殊能力薪酬制

73. 关于绩效薪酬的说法,不正确的是（　　）。
    A. 佣金制不属于绩效薪酬形式　　　　B. 计件薪酬属于绩效薪酬形式
    C. 绩效薪酬过于强调个人的绩效　　　D. 绩效薪酬制的基础缺乏公平性

74. 一般来说,经营者年薪制的构成要素不包括（　　）。
    A. 可变薪酬　　B. 浮动薪酬　　C. 提成薪酬　　D. 固定薪酬

75. （　　）是指不同等级之间薪酬相差的幅度。
    A. 薪酬差距　　B. 薪酬档次　　C. 薪酬级差　　D. 浮动幅度

76. （　　）是指在同一个薪酬等级中，最高档次的薪酬水平与最低档次之间的薪酬差距。
    A. 薪酬差距　　　B. 薪酬档次　　　C. 等级重叠　　　D. 浮动幅度

多选

114. 企业进行薪酬调整的依据包括（　　）。
    A. 员工的绩效改善　　　　　　　　B. 生活成本变动
    C. 竞争对手薪酬水平的调整　　　　D. 社会消费水平变化
    E. 企业经营状况与支付能力变化

115. 一般来说，针对企业高层岗位的薪酬调查，福利项目可以包括（　　）。
    A. 公司支付的子女上学费用　　　　B. 使用公司的专车
    C. 公司提供的家庭保安服务　　　　D. 乘坐头等舱旅行
    E. 公司提供的家庭理财咨询

116. 对薪酬调查的数据进行整理、分析时，可以采取的方法包括（　　）。
    A. 数据排列法　　B. 频率分析法　　C. 回归分析法　　D. 离散趋势法
    E. 图表分析法

117. 岗位薪酬制的特点主要是（　　）。
    A. 根据业绩支付薪酬　　　　　　　B. 客观性较强
    C. 以岗位分析为基础　　　　　　　D. 对岗不对人
    E. 根据岗位支付薪酬

118. 以工作为导向的薪酬结构包括（　　）。
    A. 职务薪酬　　　B. 提成薪酬　　　C. 效益薪酬　　　D. 岗位薪酬
    E. 技能薪酬

2013 年 11 月

单选

68. （　　）所得到的市场薪酬信息，其缺点是数据的针对性不强。
    A. 企业之间相互调查　　　　　　　B. 问卷调查
    C. 采集社会公开信息　　　　　　　D. 访谈调查

69. 一般来说，薪酬水平高的企业应关注市场（　　）点处的薪酬水平。
    A. 15%　　　　　B. 25%　　　　　C. 50%　　　　　D. 75%

70. （　　）是岗位横向分类的最后一步。
    A. 职级的划分　　B. 岗级的划分　　C. 职系的划分　　D. 岗等的划分

71. （　　）将薪酬水平直接与企业效益和员工的工作业绩相联系。
    A. 一岗一薪薪酬制　　　　　　　　B. 薪点薪酬制
    C. 一岗多薪薪酬制　　　　　　　　D. 提成薪酬制

72. 下列关于绩效薪酬制的说法,不正确的是( )。
    A. 以工作业绩为基础支付薪酬　　　　B. 注重团体绩效差异的确定
    C. 计件薪酬制是一种典型形式　　　　D. 提成制是一种典型形式

73. ( )的工作方式是确保成员将小部分的时间和精力投入到团队中去,而将大部分的时间和精力投入到各自的常规工作中去。
    A. 平行团队　　　B. 交叉团队　　　C. 流程团队　　　D. 项目团队

74. ( )的薪酬结构比较适用于责、权、利明确的企业。
    A. 以绩效为导向　　　　　　　　　　B. 以行为为导向
    C. 以工作为导向　　　　　　　　　　D. 以技能为导向

75. 薪酬水平对外具有竞争性的企业,其薪酬水平应比行业平均薪酬水平高( )。
    A. 5%　　　　　B. 15%　　　　　C. 50%　　　　　D. 75%

76. 人力资源社会保障行政部门自收到企业年金方案文本之日起( )内未提出异议的,企业年金方案即行生效。
    A. 15日　　　　B. 30日　　　　C. 45日　　　　D. 60日

多选

114. 市场薪酬调查的被调查岗位,应在( )等方面与本企业岗位具有可比性。
    A. 工作性质　　B. 岗位职责　　C. 劳动强度　　D. 薪酬水平
    E. 在岗人数

115. 在不同企业中,工作职责相同的岗位,薪酬却存在较大差距,其原因可能是( )。
    A. 不同行业有不同的惯例　　　　　　B. 管理理念和薪酬策略不同
    C. 不同企业所处的地理位置不同　　　D. 对企业的价值或贡献大小不同
    E. 在职者在该岗位上的工作时间长短不同

116. 实行一岗一薪制,需要测评的岗位因素包括( )。
    A. 职责范围　　B. 薪酬水平　　C. 劳动强度　　D. 责任大小
    E. 在岗人数

117. 人力资源部向员工介绍企业薪酬制度的途径包括( )。
    A. 员工招聘会　B. 员工手册　　C. 员工座谈会　D. 企业内部网站
    E. 薪酬满意度调查

118. 薪酬调整的具体类型包括( )。
    A. 物价性调整　B. 工龄性调整　C. 随机性调整　D. 效益性调整
    E. 考核性调整

119. 企业在制订薪酬计划时,应掌握的人力资源规划资料包括( )。
    A. 企业现有的员工人数　　　　　　　B. 未来一年预计休假的员工人数
    C. 未来一年预计岗位轮换的员工人数　D. 未来一年预计晋升职务的员工人数
    E. 企业在过去三年的各类员工总数

2013年5月

单选

68. 社会公开的薪酬调查数据源不包括（　　）。
    A. 各种媒体公布的薪酬数据
    B. 各种民间组织提供的薪酬数据
    C. 政府部门公布的薪酬数据资料
    D. 委托中介机构进行调查获得的薪酬数据

69. 岗位评价要素的特点不包括（　　）。
    A. 重复性　　　B. 可观察性　　　C. 共通性　　　D. 可衡量性

70. （　　）显示了不同职系之间的相同相似岗位等级的比较和平衡关系。
    A. 职组　　　B. 职门　　　C. 岗级　　　D. 岗等

71. 薪酬满意度调查的步骤包括：①设计并发放调查表；②回收并处理调查表；③确定调查方式；④确定调查对象；⑤反馈调查结果；⑥确定调查内容。正确的排序是（　　）。
    A. ④③⑥①②⑤
    B. ⑥④③①②⑤
    C. ④⑥③①②⑤
    D. ⑥③④①②⑤

72. 下列关于岗位薪酬制的说法，不正确的是（　　）。
    A. 薪酬给付的主观性较强
    B. 以岗位分析为基础
    C. 根据岗位性质给付薪酬
    D. 有利于贯彻同工同酬原则

73. 现代企业主要的绩效薪酬形式不包括（　　）。
    A. 计件薪酬制
    B. 佣金制
    C. 薪点薪酬制
    D. 提成薪酬制

74. 企业要实行经营者年薪制的前提条件，不包括（　　）。
    A. 完善有效的高管甄选和晋升制度
    B. 明确的经营者业绩考核指标体系
    C. 健全的经营者人才市场，完善的竞争机制
    D. 健全的职工代表大会制度，完善的群众监督机制

75. 员工的（　　）与企业的经济效益、部门业绩考核和个人业绩考核结果挂钩。
    A. 浮动薪酬　　　B. 固定薪酬　　　C. 基本薪酬　　　D. 岗位薪酬

76. 企业年金的缴费额度每年不超过本企业上年度员工薪酬总额的（　　）。
    A. 1/6　　　B. 1/10　　　C. 1/12　　　D. 1/15

多选

114. 从调查的组织者来看，正式薪酬调查可以分为（　　）。
    A. 区域薪酬调查
    B. 商业性薪酬调查
    C. 公众薪酬调查
    D. 专业性薪酬调查

E. 政府薪酬调查

115. 一般来说,企业可以选取( )作为薪酬调查对象。
   A. 同行业同类型企业   B. 全国 500 强企业
   C. 其他行业有类似岗位的企业   D. 世界 500 强企业
   E. 本地区同一劳动力市场招聘同类型员工的企业

116. 薪酬满意度调查的内容包括员工对( )的满意度。
   A. 薪酬水平   B. 薪酬差距   C. 薪酬发放形式   D. 工作环境
   E. 薪酬决定因素

117. 一般来说,团队可以分为( )。
   A. 平行团队   B. 交叉团队   C. 项目团队   D. 流程团队
   E. 复合团队

118. 薪酬制度总体设计的前期工作包括( )。
   A. 建立绩效管理体系   B. 薪酬的市场调查
   C. 确定薪酬原则与策略   D. 薪酬制度的调整
   E. 工作岗位分析与评价

119. 宽带式薪酬结构的特点有( )。
   A. 不利于工作绩效改进   B. 支持扁平型组织结构
   C. 不利于工作岗位变动   D. 不利于员工自我发展
   E. 有利于管理人员的角色转变

2012 年 11 月

单选

68. 在选择薪酬调查对象时,一定要遵循( )。
   A. 可比性原则   B. 最优原则   C. 公平性原则   D. 趋中原则

69. ( )是指在同一职系中要素相同或相近的工作岗位的集合。
   A. 职级   B. 岗级   C. 职等   D. 岗等

70. 对技术工种和熟练工种进行岗等划分,不宜采用的方法是( )。
   A. 倒推比较法   B. 基本点数换算法   C. 经验判断法   D. 交叉岗位换算法

71. ( )的薪酬标准不以金额表示。
   A. 一岗一薪薪酬制   B. 薪点薪酬制   C. 一岗多薪薪酬制   D. 提成薪酬制

72. 薪酬标准比较抽象,且与具体的岗位联系不大的薪酬形式为( )。
   A. 能力薪酬   B. 提成薪酬   C. 组合薪酬   D. 岗位薪酬

73. 年薪制的基本薪酬的发放周期为( )。
   A. 周   B. 月   C. 季度   D. 年

74. ( )的薪酬结构有利于激励员工重视培训学习,以提高职业能力。
    A. 以绩效为导向   B. 以行为为导向   C. 以工作为导向   D. 以技能为导向
75. 薪酬的( )把员工的资历和经验当作一种能力和效率予以奖励。
    A. 物价性调整   B. 工龄性调整   C. 奖励性调整   D. 效益性调整
76. 绩效每达到一定的"合格"次数即可以提升薪酬档次的薪酬调整方法是( )。
    A. 物价性调整   B. 工龄性调整   C. 奖励性调整   D. 考核性调整

多选

114. 企业进行薪酬调查可选择的企业类型包括( )。
    A. 全国同行业中的龙头企业
    B. 同行业中同类型的其他企业
    C. 与本企业构成人力资源竞争的企业
    D. 其他行业中有相似或相近工作岗位的企业
    E. 在本地区同一劳动力市场上招聘员工的企业
115. 采用回归分析法对市场薪酬调查数据进行分析时,主要是对( )发展趋势进行预测。
    A. 薪酬水平   B. 薪酬差距   C. 薪酬结构   D. 薪酬制度
    E. 薪酬体系
116. 提成薪酬制中提成比例的确定需要考虑的因素包括( )。
    A. 产品生产成本控制情况   B. 一定的销量中包含的利润
    C. 企业产品销售的主要门路   D. 一定的销售收入中包含的利润
    E. 企业产品与相关企业产品的竞争强度
117. 企业发展阶段一般包括( )。
    A. 创业期   B. 起步期   C. 成长期   D. 成熟期
    E. 衰退期
118. ( )是组合薪酬结构。
    A. 岗位技能薪酬   B. 能力资格薪酬   C. 岗位效益薪酬   D. 技术等级薪酬
    E. 薪点薪酬
119. 企业的年金是由( )等项目组成的。
    A. 员工个人缴费   B. 企业缴费   C. 保险机构缴费   D. 政府缴费
    E. 企业年金基金投资运营收益

2012 年 5 月

单选

68. 下列关于企业薪酬调查数据的说法,不正确的是( )。

A. 可以忽略历史薪酬数据的收集　　B. 要收集货币薪酬数据
C. 尽可能做到全面、深入、准确　　D. 要收集非货币薪酬数据

69. 薪酬调查分析报告的内容不包括（　　）。
    A. 实施情况分析　　B. 薪酬政策分析
    C. 薪酬水平调整建议　　D. 薪酬满意度分析

70. 通常来说,制造型企业从基层到总经理的岗等不超过（　　）。
    A. 5个　　B. 8个　　C. 10个　　D. 15个

71. 岗位薪点数的构成不包括（　　）。
    A. 部门薪点　　B. 岗位薪点　　C. 个人薪点　　D. 加分薪点

72. （　　）以员工的工作业绩为基础支付薪酬。
    A. 薪点薪酬制　　B. 绩效薪酬制　　C. 技术薪酬制　　D. 岗位薪酬制

73. 当下,企业经营者的薪酬制度通常是（　　）。
    A. 绩效薪酬制　　B. 年薪制　　C. 技能薪酬制　　D. 岗位薪酬制

74. （　　）依据员工的绩效、技术和培训水平、职务、年龄和工龄等因素确定薪酬额。
    A. 绩效薪酬制　　B. 岗位薪酬制　　C. 技能薪酬制　　D. 组合薪酬制

75. （　　）的目的是确定各个岗位的价值,并建立起岗位间的相对价值关系。
    A. 岗位分析　　B. 岗位评价　　C. 薪酬调查　　D. 岗位分类

76. 采用（　　）制订薪酬计划,可以控制总体的薪酬成本,但缺乏灵活性。
    A. 从下而上法　　B. 从上而下法　　C. 由内到外法　　D. 由外到内法

多选

114. 薪酬调查的结果可以为（　　）提供参考依据。
    A. 整体薪酬水平的调整　　B. 具体岗位薪酬的调整
    C. 薪酬晋升政策的调整　　D. 岗位评价指标的调整
    E. 薪酬差距水平的调整

115. 常用的薪酬调查数据统计分析方法有（　　）。
    A. 离散分析法　　B. 数据排列法　　C. 频率分析法　　D. 相关分析法
    E. 图标分解法

116. 岗位薪酬制的特点包括（　　）。
    A. 对人不对岗　　B. 对岗不对人　　C. 根据岗位支付薪酬
    D. 薪酬支付的主观性较强　　E. 以岗位分析为基础

117. 影响企业薪酬水平的内部因素包括（　　）。
    A. 政府颁布的法律法规　　B. 企业的规模
    C. 企业所处的发展阶段　　D. 企业所属行业性质
    E. 领导班子对薪酬问题的重视程度

118. （　　）属于以技能为导向的薪酬结构。

A. 职务薪酬　　　　B. 能力资格薪酬　　C. 效益薪酬　　　　D. 技术等级薪酬
E. 岗位薪酬

119. 制订薪酬计划所需要的员工基本资料包括(　　)。
A. 当前薪酬水平　　　　　　　　B. 所在岗位
C. 上次调薪情况　　　　　　　　D. 当前的薪酬级别
E. 所在薪酬级别的最高薪酬

2011年11月

单选

68. 处于新兴行业的企业更适合采取的薪酬调查方式是(　　)。
A. 企业之间相互调查　　　　　　B. 问卷调查
C. 委托中介机构调查　　　　　　D. 访谈调查

69. (　　)是指由工作性质和特征相似的若干职系所构成的岗位群。
A. 职系　　　　B. 职组　　　　C. 职门　　　　D. 职等

70. (　　)是以人为标准,人在事先、以人择事的工作分类标准。
A. 职务分类　　B. 岗位分类　　C. 职位分类　　D. 品位分类

71. 薪酬分配直接与企业效益和员工的工作业绩相联系的薪酬制度为(　　)。
A. 一岗一薪薪酬制　　　　　　　B. 薪点薪酬制
C. 一岗多薪薪酬制　　　　　　　D. 提成薪酬制

72. 销售提成薪酬制度属于(　　)薪酬制。
A. 能力　　　　B. 绩效　　　　C. 技术　　　　D. 奖励

73. 应该使员工间的薪酬差距最小化的工作团队类型为(　　)。
A. 平行团队　　B. 交叉团队　　C. 流程团队　　D. 项目团队

74. (　　)的薪酬结构主要根据员工所具备的工作能力与潜力来确定员工薪酬。
A. 以绩效为导向　B. 以行为为导向　C. 以工作为导向　D. 以技能为导向

75. 一般来说,薪酬水平对外具有竞争性的企业,其薪酬应比行业平均水平高(　　),这样既能保证薪酬水平的竞争性,也能保证企业没有太大的经济负担。
A. 5%　　　　　B. 15%　　　　C. 30%　　　　D. 50%

76. 企业年金适用于(　　)。
A. 全体员工　　B. 新进员工　　C. 临时员工　　D. 试用期满的员工

多选

114. 薪酬调查时,被调查岗位应在(　　)等方面与本企业岗位具有可比性。
A. 工作性质　　B. 岗位职责　　C. 薪酬水平　　D. 任职资格
E. 工作年限

115. 在不同企业中,工作内容基本相同的岗位,薪酬却存在较大差异,其原因可能是(　　)。
    A. 不同行业有不同的惯例   B. 管理理念与薪酬策略不同
    C. 不同企业所处的地理位置不同 D. 对企业的价值或贡献大小不同
    E. 在职者在该岗位上的工作时间长短不同

116. 实行经营者年薪制应具备的条件包括(　　)。
    A. 完善的群众监督机制   B. 完善的竞争机制
    C. 健全的经营者人才市场   D. 完善的组织机构
    E. 明确的经营者业绩考核指标体系

117. 企业薪酬制度设计的基本原则包括(　　)。
    A. 互动性原则   B. 等级化原则   C. 竞争性原则   D. 经济性原则
    E. 合法性原则

118. 宽带式薪酬结构要求企业必须具有相应的(　　)。
    A. 生产文化   B. 绩效文化   C. 团队文化   D. 沟通文化
    E. 制度文化

119. 企业在制订薪酬计划时,应掌握计划期内人力资源规划的资料有(　　)。
    A. 预计晋升职务的员工人数   B. 企业现有的员工人数
    C. 预计岗位轮换的员工人数   D. 预计休假的员工人数
    E. 企业过去的各类员工人数

2011年5月

单选

68. 具有"快、准、全"特点的薪酬调查方式是(　　)。
    A. 企业之间相互调查   B. 问卷调查
    C. 采集社会公开信息   D. 委托中介机构进行调查

69. 百分位法将岗位的所有薪酬调查数据从低到高排列,分为(　　)。
    A. 2组   B. 5组   C. 10组   D. 20组

70. (　　)是按照岗位的工作性质和特点所进行的横向分类。
    A. 职组   B. 职等   C. 岗级   D. 岗等

71. 薪酬满意度调查的步骤包括:①设计并发放调查表;②回收并处理调查表;③确定调查方式;④确定调查对象;⑤反馈调查结果;⑥确定调查内容。排序正确的是(　　)。
    A. ④③⑥①②⑤   B. ⑥④③①②⑤   C. ④⑥③①②⑤   D. ⑥③④①②⑤

72. (　　)将企事业单位的所有岗位纳入由职组、职系、岗级和岗等构成的体系之中。
    A. 岗位评价   B. 岗位调查   C. 岗位分级   D. 岗位分析

73. 岗位评价要素的特征不包括(　　)。

A. 共通性   B. 显著性   C. 可观察性   D. 可衡量性

74. 实行（　　）时，必须将薪酬计划和培训计划结合在一起。
    A. 岗位薪酬制   B. 技能薪酬制   C. 绩效薪酬制   D. 年薪制

75. 员工的（　　）同时与企业的经济效益、部门业绩考核结果和个人业绩考核结果挂钩。
    A. 浮动薪酬   B. 固定薪酬   C. 基本薪酬   D. 岗位薪酬

76. （　　）是企业及其员工在依法参加基本养老保险的基础上，自愿建立的补充养老保险制度。
    A. 企业公积金   B. 企业年薪   C. 企业附加福利   D. 企业年金

多选

115. 确定薪酬调查的范围，即确定（　　）。
     A. 调查的岗位   B. 调查的目的   C. 调查的企业   D. 调查的步骤
     E. 调查的薪酬信息

116. 以下关于设计薪酬调查问卷的说法，正确的是（　　）。
     A. 把相关的问题分开，分散收集信息
     B. 调查问卷语言规范，问题简单明确
     C. 充分考虑信息处理的简便性和正确性
     D. 确保表格中的每个调查项目都是必要的
     E. 先明确薪酬调查问卷的主要内容，再设计调查表

117. （　　）属于绩效薪酬制。
     A. 佣金制   B. 计件薪酬制   C. 岗位技能薪酬制   D. 计时薪酬制
     E. 销售提成薪酬制

118. 一般来说，可将团队划分为（　　）等不同的类型。
     A. 核心团队   B. 项目团队   C. 平行团队   D. 流程团队
     E. 虚拟团队

119. 薪酬制度总体设计的前期工作包括（　　）。
     A. 个人业绩考评   B. 薪酬的市场调查
     C. 确定薪酬原则与策略   D. 薪酬制度的调整
     E. 岗位分析与评价

2010 年 11 月

单选

68. 美国劳动统计局每年都要进行三类薪酬方面的调查，这属于（　　）。
    A. 非专业性薪酬调查   B. 商业性薪酬调查
    C. 政府薪酬调查   D. 专业性薪酬调查

69. 企业薪酬调查报告的内容不包括（　　）。
    A. 薪酬数据分析　　　　　　　　　　B. 薪酬与绩效的相关性分析
    C. 薪酬水平调整建议　　　　　　　　D. 薪酬状况与市场状况比较

70. （　　）具有"对事不对人"这一特点。
    A. 岗位分级　　B. 岗位分类　　C. 品位分级　　D. 品位分类

71. （　　）适用于岗位划分较粗、岗位之间存在工作差别、岗位内部的员工之间存在技术熟练程度差异的企业或部门。
    A. 一岗一薪制　　　　　　　　　　　B. 技能薪酬制
    C. 一岗多薪制　　　　　　　　　　　D. 提成薪酬制

72. （　　）能鼓励员工发展各项技能，提高业绩表现，增强参与意识。
    A. 绩效薪酬　　B. 提成薪酬　　C. 技术薪酬　　D. 岗位薪酬

73. （　　）容易使营销人员和企业之间产生较大的离心力。
    A. 计件薪酬制　　　　　　　　　　　B. 提成薪酬制
    C. 技能薪酬制　　　　　　　　　　　D. 岗位薪酬制

74. （　　）反映不同岗位在薪酬结构中的差别。
    A. 薪酬等级　　B. 薪酬档次　　C. 薪酬级差　　D. 浮动幅度

75. 薪酬结构具有高稳定性的薪酬制度为（　　）。
    A. 岗位薪酬制　　B. 考核薪酬制　　C. 技能薪酬制　　D. 年功序列制

76. 企业经营业绩提高，对全体员工给予等比例奖励的薪酬调整方法是（　　）。
    A. 物价性调整　　B. 工龄性调整　　C. 奖励性调整　　D. 效益性调整

多选

114. 企业进行薪酬调查要了解的薪酬信息包括（　　）。
     A. 家庭人口　　B. 奖金福利　　C. 长期激励　　D. 加班时间
     E. 企业薪酬总额

115. 对薪酬调查数据进行离散分析，具体方法有（　　）。
     A. 四分位法　　B. 简单平均法　　C. 百分位法　　D. 加权平均法
     E. 中位数法

116. 技能薪酬的种类包括（　　）。
     A. 技术薪酬　　B. 能力薪酬　　C. 提成薪酬　　D. 薪点薪酬
     E. 效益薪酬

117. 影响企业薪酬水平的外部因素包括（　　）。
     A. 市场因素　　B. 所属行业　　C. 生活费用　　D. 企业规模
     E. 物价水平

118. （　　）属于以绩效为导向的薪酬结构。
     A. 计件薪酬　　B. 提成薪酬　　C. 效益薪酬　　D. 岗位薪酬

E. 技能薪酬
119. 企业年金方案的主要内容包括（　　）。
A. 终止缴费的条件　　　　　　　　B. 计发办法
C. 支付企业年金待遇的条件　　　　D. 支付方法
E. 员工企业年金个人账户的管理方式

2010 年 5 月

单选

68. 可在快、准、全三个方面满足客户要求的薪酬调查方式是（　　）。
A. 企业之间相互调查　　　　　　　B. 问卷调查
C. 委托中介调查　　　　　　　　　D. 访谈调查

69. 如果被调查单位没有给出某类岗位完整的薪酬数据,只能采集到某类岗位的平均薪酬数据,在进行薪酬调查数据分析时,可以用（　　）。
A. 数据排列法　　　　　　　　　　B. 离散分析法
C. 频率分析法　　　　　　　　　　D. 趋中趋势分析法

70. （　　）是岗位横向分类的最后一步。
A. 职级的划分　　B. 职门的划分　　C. 职系的划分　　D. 职组的划分

71. 要求员工必须加强单位或部门的团队合作,有利于提高团队的协作精神的薪酬制度是（　　）。
A. 一岗一薪薪酬制　　　　　　　　B. 薪点薪酬制
C. 一岗多薪薪酬制　　　　　　　　D. 提成薪酬制

72. 反馈的频率不是很高,反馈的方向大部分是单方向的薪酬形式是（　　）。
A. 能力薪酬　　B. 绩效薪酬　　C. 技术薪酬　　D. 岗位薪酬

73. 给员工支付相同的激励性薪酬的工作团队类型是（　　）。
A. 平行团队　　B. 交叉团队　　C. 流程团队　　D. 项目团队

74. （　　）的薪酬结构比较适用于各工作之间的责、权、利明确的企业。
A. 以绩效为导向　　　　　　　　　B. 以行为为导向
C. 以工作为导向　　　　　　　　　D. 以技能为导向

75. 企业进行薪酬市场调查就是要保证薪酬的（　　）。
A. 内部竞争性　　B. 外部竞争性　　C. 内部公平性　　D. 外部公平性

76. 在企业年金缴费中,企业缴费在薪酬总额（　　）以内的部分,可以从成本中列支。
A. 4%　　　　　　B. 5%　　　　　　C. 6%　　　　　　D. 7%

多选

114. 在进行薪酬调查时,被调查岗位应在（　　）等方面与本企业所需调查的岗位具有可比性。
    A. 工作权限   B. 岗位职责   C. 劳动强度   D. 技术条件
    E. 工作范围
115. 薪酬调查分析报告的内容包括(   )。
    A. 组织实施情况分析   B. 政策分析
    C. 最低薪酬变动分析   D. 趋势分析
    E. 宽带薪酬实施情况
116. 年薪制中,基本薪酬的决定因素有(   )。
    A. 市场薪酬水平   B. 员工平均薪酬水平
    C. 企业经济效益   D. 员工绩效考评结果
    E. 生产经营规模
117. 从性质上看,员工薪酬结构的类型可以分为(   )。
    A. 高弹性类   B. 低弹性类   C. 高风险类   D. 高稳定类
    E. 折中类
118. 薪酬调整的具体类型包括(   )。
    A. 物价性调整   B. 工龄性调整   C. 定期性调整   D. 效益性调整
    E. 考核性调整
119. 制订薪酬计划应了解企业的财务状况,具体包括(   )。
    A. 新招聘员工的薪酬总额   B. 企业薪酬支付能力
    C. 企业预计的效益状况   D. 股东要求的回报率
    E. 企业上一年度的经济效益状况

2009 年 11 月

单选

68. (   )较适合于对复杂的、数量大的岗位进行薪酬调查。
    A. 企业之间相互调查   B. 问卷调查
    C. 采集社会公开信息   D. 访谈调查
69. 一般来说,薪酬水平低的企业应关注市场薪酬水平的(   )点处。
    A. 15%   B. 25%   C. 50%   D. 75%
70. (   )能比较准确地反映员工工作的质量和数量,有利于贯彻"同工同酬"的原则。
    A. 岗位薪酬制   B. 绩效薪酬制   C. 技能薪酬制   D. 提成薪酬制
71. (   )要求企业有一种比较开放的、有利于员工参与的企业文化。
    A. 计时薪酬制   B. 计件薪酬制   C. 技能薪酬制   D. 组合薪酬制
72. (   )主要用于营销人员的薪酬支付。

A. 计件薪酬制　　B. 提成薪酬制　　C. 浮动薪酬制　　D. 绩效薪酬制

73. 确保成员将小部分的时间和精力投入到团队中去,而将大部分的时间和精力投入到自己常规工作中去的工作团队类型是(　　)。

A. 平行团队　　B. 交叉团队　　C. 流程团队　　D. 项目团队

74. 以(　　)为导向的薪酬结构会使员工只重视眼前效益,不重视长期发展。

A. 绩效　　B. 行为　　C. 工作　　D. 技能

75. (　　)是指各个相邻的薪酬等级浮动幅度在数值上的交叉程度。

A. 薪酬差距　　B. 薪酬档次　　C. 等级重叠　　D. 浮动幅度

76. 企业年金基金实行完全积累制,采用的管理方式是(　　)。

A. 企业账户　　B. 集体账户　　C. 机构账户　　D. 个人账户

多选

114. 在薪酬调查中,与薪酬政策有关的信息包括(　　)。

A. 新毕业学生的起薪点
B. 薪酬水平地区差异的控制
C. 员工异地调配时的薪酬处理
D. 被调查企业在加薪时的百分比
E. 公司的加班与工作轮班方面的政策

115. (　　)是按照特定的要素指标对岗位进行的纵向分级。

A. 职门　　B. 岗级　　C. 职组　　D. 岗等
E. 职系

116. 年薪制中风险收入的决定因素有(　　)。

A. 风险程度
B. 业务分工
C. 生产经营责任大小
D. 劳动力市场经营者的薪酬水平
E. 年终企业完成的经济效益情况

117. 人力资源部向员工介绍企业薪酬制度的途径包括(　　)。

A. 员工培训会
B. 薪酬制度问答
C. 员工座谈会
D. 企业内部刊物
E. 薪酬满意度调查

118. 薪酬标准档次的调整包括(　　)。

A. "技变"晋档
B. "学变"晋档
C. "龄变"晋档
D. "职变"变档
E. "考核"变档

119. 制订薪酬计划的方法包括(　　)。

A. 从下而上法
B. 从上而下法
C. 由内到外法
D. 零基预算法
D. 化整归零法

2009 年 5 月

单选

68. 新兴行业的企业更适合采取的薪酬调查方式是（　　）。
    A. 企业之间相互调查　　　　　　　　B. 问卷调查
    C. 委托中介机构调查　　　　　　　　D. 访谈调查

69. （　　）是指由工作性质和特征相似相近的若干职系所构成的岗位群。
    A. 职系　　　　B. 职组　　　　C. 职门　　　　D. 职等

70. （　　）是以人为标准，人在事先、以人择事的岗位分类标准。
    A. 职务分类　　B. 工作分类　　C. 职位分类　　D. 品位分类

71. 薪酬分配直接与企业效益和员工的工作业绩相联系的工作制度为（　　）。
    A. 一岗一薪制　　B. 薪点薪酬制　　C. 一岗多薪制　　D. 提成薪酬制

72. 销售提成薪酬制度属于（　　）。
    A. 能力薪酬　　B. 绩效薪酬　　C. 技术薪酬　　D. 奖励薪酬

73. 应使员工间的薪酬差距最小化的工作团队类型为（　　）。
    A. 平行团队　　B. 交叉团队　　C. 流程团队　　D. 项目团队

74. （　　）的薪酬结构主要根据员工所具备的工作能力与潜力来确定员工薪酬。
    A. 以绩效为导向　　　　　　　　B. 以行为为导向
    C. 以工作为导向　　　　　　　　D. 以技能为导向

75. 薪酬水平对外具有竞争性的企业，其薪酬水平应比行业平均薪酬水平高（　　）。
    A. 10%　　　B. 15%　　　C. 20%　　　D. 25%

76. 企业年金适用于（　　）。
    A. 全体员工　　B. 新进员工　　C. 临时员工　　D. 试用期满的员工

多选

114. 进行薪酬市场调查时，被调查岗位应在（　　）方面与本企业所需调查的岗位具有可比性。
    A. 工作性质　　B. 岗位职责　　C. 薪酬水平　　D. 任职资格
    E. 工作年限

115. 在不同企业中，工作内容基本相同的岗位，薪酬却存在较大差距，其原因可能是（　　）。
    A. 不同行业有不同的惯例　　　　　　B. 管理理念和薪酬策略不同
    C. 企业所处的地理位置不同　　　　　D. 对企业的价值或贡献大小不同
    E. 在职者在该岗位上的工作时间长短不同

116. 实行经营者年薪制应具备一定的条件，这些条件包括（　　）。
    A. 完善的群众监督机制　　　　　　　B. 完善的竞争机制

C. 健全的经营者人才市场　　　　D. 完善的薪酬制度

E. 明确的经营者业绩考核指标体系

117. 企业薪酬制度设计的基本原则包括（　　）。

A. 互动性原则　　　　　　　　B. 等级化原则

C. 竞争性原则　　　　　　　　D. 经济性原则

E. 合法性原则

118. 宽带式薪酬结构要求企业必须具有相应的（　　）。

A. 生产文化　　　　　　　　　B. 绩效文化

C. 团队文化　　　　　　　　　D. 沟通文化

E. 制度文化

119. 企业在制订薪酬计划时，应掌握的计划期内人力资源规划的资料有（　　）。

A. 预计晋升职务的员工人数　　B. 企业现有的员工人数

C. 预计岗位轮换的员工人数　　D. 预计休假的员工人数

E. 企业过去的各类员工人数

专业能力部分

2014 年 5 月

案例分析题

光华科技发展公司是一家集新技术研发、新产品设计与生产销售为一体的高新技术企业。近 5 年来企业规模不断扩大，新技术转让和新产品销售额迅速增长，已成为行业内的佼佼者。随着企业发展，高学历、高素质的员工越来越多，企业对产品研发、市场销售人员以及一线生产工人的操作技能和专业能力要求也越来越高。

2012 年下半年，根据发展战略的要求，公司对薪资制度进行了全面调整，新的薪资制度更加体现了不同岗位人员的工作性质和特点，特别是加大了绩效工资的比重和激励制度，经过一年多来的实践检验，受到了各级主管和员工的好评。公司人力资源部经理认为新的薪资制度的运行虽然初见成效，但配套措施必须跟上，除了要进一步强化员工的绩效考评体系以及劳动统计计量监督之外，还必须完善各部门薪酬计划的管理工作。

请结合本案例，回答以下问题：

(1) 制订薪酬计划可采用哪几种方法？它们各有哪些特点？（6分）

(2) 利用上述方法制订薪酬计划的步骤分别有哪些？（12分）

2013年11月

案例分析题

某建筑材料公司2013年上半年销售收入明显下降,而生产总成本比去年同期提高了15%,特别是人工成本有了较大幅度的增加。2013年10月公司人力资源部委托一家中介机构对国内同行业的薪酬水平进行了深入调查,发现公司薪酬水平位于市场薪酬的75%点处。根据公司市场部的预测,未来三年公司的营业收入将会有显著的提高,年平均增长率在16%左右。公司人力资源部经过研究后认为,2014年度员工的薪酬水平增幅应控制在8%以下。

请结合本案例,说明该公司应当如何编制年度员工薪酬计划。(18分)

2013年5月

案例分析题

最近,安岩公司的员工流失问题十分严重,离职的员工不仅有对公司发展非常重要的技术研发人员,也有中基层管理者,一线生产操作人员的离职率也日渐升高。离职面谈显示收入因素是重要原因之一。以下是若干离职面谈的摘录:

A:我2007年进入公司,从那时起工资制度就没有变过,现在我连工龄工资都没有。

B:我现在的工资水平是2009年确定的,三年过去了我的收入连动都没动。

C:现在五花肉都快涨到20元一斤了,我的工资增长幅度是0,现在工资2000多元根本没法和两年前的2000多元钱相比。

D:我表弟在东安公司和我做同样的工作,每月工资比我高300多块,一年就多将近4000块钱。

E:我是设计人员,可是我现在的收入和一线工人差不多,我觉得不公平。

F:副总一年收入30万元,生产线长一年收入10万元,我年收入3万元多一点,这差距也太大了。关键是,想要高薪就必须升职,但职位就那么多,我看不到涨工资的希望。

假如您是安岩公司的薪酬主管,想了解员工对薪酬的具体满意度情况,请设计一份薪酬满意度调查问卷。(18分)

2012年11月

案例分析题

A公司是一家刚成立的大型生产型企业,各项人力资源制度正处在初创阶段。假如您是该公司刚上任的薪酬管理专员,要开展一次市场薪酬调查。

请论述在设计调查问卷时应注意哪些问题。(16分)

2012年5月

简答题

对薪酬调查数据进行统计分析的方法有哪些?(14分)

2011年11月

案例分析题

TC公司是一家典型的制造型企业,由刘某于2009年10月创建。刘某在创业之前在某大型国有企业工作16年,于是在TC公司成立之初便一手建立了公司的薪酬体系,前后经历了数次调整形成了现行的薪酬制度,薪酬水平处于行业薪酬水平的50%处,核心技术、管理人员的薪酬水平接近同行业薪酬水平的25%处,薪酬等级按行政级别确定,共分48级,薪酬等级间的级差为50~80元。但现在员工对薪酬很不满意,屡屡出现迟到、早退、怠工的现象;专业技术、管理岗位人员流失严重。为此,刘某打算对人力资源管理制度,尤其是薪酬制度进行一次全新变革。

请结合本案例,回答以下问题:

(1)公司现行的薪酬体系存在哪些弊端?(6分)

(2)公司如何确定新的薪酬体系?应按照什么样的程序进行设计?(14分)

2011年5月

案例分析题

某大型国有企业实行员工收入与岗位、技能、贡献和效益"四挂钩"的薪酬奖金分配制度。其具体内容如下:

一是以实现劳动价值为依据,确定岗位等级和分配标准。该企业将全部岗位划分为科研、管理和生产三大类,每类又细分出10~12个等级,每个等级都有相应的薪酬和奖金分配标准。为了推进技术领先的发展战略,在倡导公平竞争的前提下,该企业对科研人员实行职称聘任制,每3年一聘。科研人员实行职称薪酬制,管理人员实行职务薪酬制,工人实行岗位技能薪酬制。科研岗位的平均薪酬是管理岗位的2倍,是生产岗位的4倍。

二是以岗位性质、任务完成情况和企业效益为依据,确定奖金分配数额。该企业每年都对在科研、管理和生产工作中有突出贡献的人员给予重奖,最高的可达到10万元。总体上看,奖金是岗位薪酬的1~3倍。这种加大奖金分配力度的做法,进一步拉开了薪酬分配的差距。

请结合本案例,回答以下问题:

(1)该企业推行的"四挂钩"薪酬奖金分配制度有哪些优点?(12分)

（2）您对完善该企业的薪酬奖金分配制度还有哪些更好的建议？（8分）

2010年11月

案例分析题

某公司设有9个职能部门和8个分公司，据不完全统计有200多种岗位，为了推进全新的薪酬管理制度，公司欲对所有岗位进行再设计，重新调整劳动分工与协作的关系，使组织结构和岗位的设置更加科学、合理。公司的组织结构图如图1所示。

请结合本案例，回答以下问题：

（1）应该按照怎样的步骤将该公司的岗位进行分类？（8分）

（2）按照岗位承担者的性质和特点，如何对全公司的岗位进行横向分类？（10分）

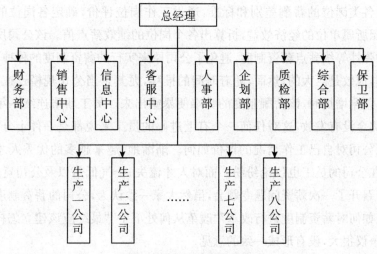

图1　某公司组织结构图

2010年5月

案例分析题

HS是一家具有60多年历史的大型国有制造企业，主营业务为工程机械产品制造，人员规模2000余人，主要面对华北和西北市场。由于中国工程机械市场在2001年呈爆发性增长，企业销售规模增长迅速，在2002年到2005年之间，销售收入从16亿元增长到30亿元左右，成为行业内领先品牌。然而，在风光的销售业绩的背后，是企业内部的管理问题，其中最突出的就是薪酬问题。该企业目前有几种适用于不同类型岗位的薪酬制度。例如：①职能部门采用的是以岗位薪酬为主导的薪酬制度，即在每月发放的薪酬中，岗位薪酬约占80%，绩效薪酬占20%左右；②技术部门实行的是组合薪酬制，它由基本薪酬、岗位薪酬和项目奖金三部分组成；③车间采用的是计件薪酬加奖金的薪酬制度。

随着企业的发展，高学历、高素质的员工越来越多，企业对产品研发、市场销售人员以及一线生产工人的操作技能和专业能力要求越来越高。于是，分管人力资源管理工作的副总经理张彬先生开始关注薪酬制度的改革问题，并考虑在企业推行技能薪酬制度的可能性，试图通过构建技能和能力薪酬体系，调动员工提升个人能力素质的主动性，从而促进学习型组织的建立。

请结合本案例，说明企业推行技能薪酬制应当注意哪些问题。（20分）

2009年11月

案例分析题

A公司是一家知名的家电生产企业，该公司为了打破论资排辈现象，进一步体现对内公平的原则，自2002年起推行薪资制度改革，开始实施岗位薪酬制。其内容是：以市场、行业差别确定公司各类岗位的薪酬差别和标准，通过工作岗位评价，确定各岗位的薪点数。同时，每个月按照所属单位的经济效益，折算出各个岗位的绩效薪点值。该公司所推行的这种岗位加绩效的弹性等级薪点薪资制度，避免了公司原来实行的薪资制度的种种不足。

改革初期，成效是巨大的，然而，随着时间的推移，尤其是当公司规模迅速扩大，管理机构和管理人员急剧增加时，该薪酬制度的弊端便暴露出来。员工薪酬连续一年甚至更长时间没有调整，奖金没有发放，这对任何一个有上进心的员工来说都是一件十分沮丧的事情，因为他不清楚公司对自己工作情况的评价如何。渐渐地，越来越多的优秀人才相继离开公司，而继续留在公司的员工也议论纷纷。面对人才流失、士气低落以及公司竞争力的削弱，公司高层专门召开了一次薪资问题专题会，虽然大家一致认为，公司的薪资制度改革势在必行，但对"应该如何对薪资制度进行改革""改革从何处下手""最终应该建立怎样的薪资管理体系"等问题争议很大，没有形成一致的意见。

请根据本案例，回答以下问题：

（1）该公司的薪资制度主要存在哪些问题？（8分）

（2）一个科学、合理的薪资制度应体现哪些基本要求才能发挥激励员工的作用？（10分）

2009年5月

案例分析题

F公司是一家生产电信产品的公司，在创业初期，依靠一批志同道合的朋友，不怕苦不怕累，从早到晚拼命干，公司发展迅速。几年之后，员工由原来的十几人发展到几百人，业务收入由原来的每月10多万元发展到每月1000多万元，企业大了，人也多了，但公司领导明显感觉到，大家的工作积极性越来越低，也越来越计较报酬。

F公司的总经理黄先生一贯注重思考和学习，为此他特地到书店买了一些有关成功企业经营管理方面的书籍来研究，他在《松下的用人之道》一书中看到这样一段话："经营的原则自然是希望能做到'高效率、高薪资'。效率提高了,公司才可能支付高薪资,但松下主张'高效率、高薪资'时,却不把高效率摆在第一个努力的目标,而是借助提高薪资,来激发员工的工作意愿,以此达到高效率的目的。"黄先生想,公司发展了,确实应该考虑提高员工的待遇,这一方面是对老员工为公司辛勤工作的回报,另一方面也是吸引高素质人才加盟公司的需要。为此,F公司聘请一家知名的咨询公司为企业重新设计了一套符合公司老总要求的薪酬制度,大幅度提高了公司各类员工的薪酬水平,并对工作场所进行了全面整修,改善了各级员工的劳动环境和工作条件。

新的薪酬制度推行以后,其效果立竿见影,F公司很快就吸引了一大批有才华、有能力的人,所有的员工都很满意,工作十分努力,工作热情高涨,公司的精神面貌焕然一新。但这种好势头没有持续多久,员工"旧病复发",又逐渐地恢复到以前懒洋洋、慢吞吞的状态。

公司的高薪没有换来员工持续的高效率,公司领导陷入两难的困境,既痛苦又彷徨,问题的症结到底在哪儿呢?

请根据本案例,回答以下问题:

(1) 该公司应采取哪些措施对员工的薪酬制度进行再设计、再改进?(12分)

(2) 为了持续保持公司员工旺盛的斗志,应当采取哪些配套的激励措施?(8分)

2008年11月

简答题

简述工作岗位分类以及采用点数法对生产性岗位进行纵向分级的主要步骤。(16分)

2008年5月

简答题

简要说明可以采用哪些方法对薪酬调查的数据进行统计分析。(12分)

2007年11月

案例分析题

某公司是一家大型国有企业,2006年该公司转制为股份制上市公司。随着公司性质的改变,原有的人力资源管理制度严重制约着公司的发展:公司业绩严重下降;员工对薪酬很不满意,屡屡出现迟到、早退、怠工的现象;核心技术、管理岗位人员流失严重等。因此该公司打算对人力资源管理制度,尤其是薪酬制度进行改革。

该公司原有的薪酬制度概况如下:

薪酬水平处于行业水平的50%点处,但核心技术、管理岗位员工的薪酬只处于行业薪酬水平的 25%点处；

薪酬等级按行政级别划分，共 48 级，薪酬等级间的级差为 50 元；

薪酬的调整采取"一支笔"政策，总裁同意就可以。

请根据案例回答以下问题：

(1) 该公司现行薪酬体系存在哪些问题？（8 分）

(2) 如果该公司计划引入宽带式薪酬体系，应当按照什么样的程序进行设计？（10 分）

2007 年 5 月

案例分析题

YT 公司是一家大型的电子企业。2006 年，该公司实行了企业薪酬与档案薪酬脱钩，与岗位、技能、贡献和效益挂钩的"一脱四挂钩"薪酬奖金分配制度。

一是以实现劳动价值为依据，确定岗位等级和分配标准。岗位等级和分配标准经职代会通过形成。公司将全部岗位划分为科研、管理和生产三大类，每类又划分出 10 多个等级，每个等级都有相应的薪酬和奖金分配标准。科研人员实行职称薪酬，管理人员实行职务薪酬，工人实行岗位技术薪酬。科研岗位的平均薪酬是管理岗位的 2 倍，是生产岗位的 4 倍。

二是以岗位性质和任务完成情况为依据，确定奖金分配数额。该企业每年都对在科研、管理和生产工作中有突出贡献的人员给予重奖，最高的达到 8 万元。总体上看，该公司加大了奖金分配的力度，进一步拉开了薪酬差距。

YT 公司注重公平竞争，以此作为拉开薪酬差距的前提。如对科研人员实行职称聘任制，每年一聘。这样既稳定了科研人员队伍，又鼓励优秀人员脱颖而出，为企业长远发展提供源源不断的智力支持。

请根据案例回答以下问题：

(1) YT 公司薪酬体系的优势主要体现在哪些方面？（12 分）

(2) 您对完善 YT 公司薪酬体系有何建议？（8 分）

理论知识部分的参考答案及注释

2014 年 5 月

单选

69. 答案：B

解析：常用的薪酬调查方式是：①企业之间相互调查。那些有着良好对外关系的企业比较适合采用这种方式。②委托中介机构进行调查。适用于那些难以在类似企业中找到对等岗位的企业,或者该企业属于新兴行业,它可以在快、准、全三个方面满足客户企业的要求。③采集社会公开的信息。其针对性不强。④问卷调查。适合大量的、复杂的岗位。

70. 答案:A

解析:一岗一薪制是指一个岗位只有一个薪酬标准,凡在同一岗位上工作的员工都按照统一的薪酬标准获得薪酬。所以,一岗一薪制不存在升级问题,员工只有在变动岗位时才能提高薪酬水平。

71. 答案:B

解析:岗位薪酬制主要分为两类:一是岗位等级薪酬制,二是岗位薪点薪酬制。其中,岗位等级薪酬制又可分为一岗一薪制和一岗多薪制。

72. 答案:C

解析:技能薪酬制的种类包括:①技术薪酬制。优势为能够鼓励员工发展各项技能,提高业绩表现,增强参与意识,尤其适用于那些提倡员工参与管理的企业。劣势是工资费日益增加。②能力薪酬制。特点为薪酬给予的标准比较抽象,而且与具体的岗位联系不大。主要适用于企业的专业技术和管理人员,属于"白领"工资。

73. 答案:A

解析:绩效薪酬是以员工的工作业绩为基础支付的薪酬,支付的唯一根据或主要根据是工作成绩和劳动效率。绩效薪酬制的不足之处在于:①绩效薪酬制的基础缺乏公平性;②绩效薪酬过于强调个人的业绩;③如果员工认为绩效评价的方式方法不是公平的、精确的,整个绩效薪酬制度就有崩溃的危险。计件薪酬、销售提成薪酬(佣金制)、效益薪酬等薪酬结构都属于以绩效为导向的薪酬结构。

74. 答案:C

解析:经营者年薪制的构成要素包括固定薪酬与可变薪酬(浮动薪酬)。前者水平取决于"经营者市场"形成的市场薪酬率和企业的支付能力;后者水平主要取决于本企业的经营状况。

75. 答案:C

解析:薪酬级差是指不同等级之间薪酬相差的幅度,即企业内最高等级与最低等级的薪酬比例关系以及其他各等级之间的薪酬比例关系。

76. 答案:D

解析:浮动幅度是指在同一个薪酬等级中,最高档次的薪酬水平与最低档次的薪酬水平之间的薪酬差距。

多选

114. 答案:ABCDE

解析:企业进行薪酬调整的依据包括社会消费水平和生活成本变动、员工的绩效改善、企业经营状况与支付能力变化、竞争对手薪酬水平的调整等。

115. 答案：BCDE

解析：一般来说，针对企业高层岗位的薪酬调查，福利项目可以包括乘坐头等舱旅行、使用公司的专车、公司提供的家庭保安服务、公司支付的俱乐部会员费以及公司提供的家庭理财咨询等多方面的福利。

116. 答案：ABCDE

解析：常用的薪酬数据统计分析方法有：

（1）数据排列法（薪酬水平高的注意75%点处，甚至是90%点处；水平低的注意25%点处；一般企业注意中点处）。

（2）频率分析法（没有采集到完整的薪酬数据，只采集到平均薪酬数据时，采用此法）。

（3）趋中趋势分析法：①简单平均法；②加权平均法；③中位数法。

（4）离散分析法：①百分位法。首先将某种岗位的所有薪酬调查数据从低到高排列，划分为10组，每组中所包括的样本数分别为企业调查总数的10%；在百分位中的第5个小组的最后一个数据必然是所有数据的中值，可以用它来近似地代表当前市场上的平均薪酬水平。②四分位法。与百分位分析类似，只不过在进行四分位分析时，首先将某种岗位的所有薪酬调查数据从低到高排列，并划分为四组，每组所包括的数量分别为企业调查总数的1/4；处在第二小组中的最后一个数据必然是所有数据的中值，可以用它来代表当前劳动力市场上的平均工资水平。

（5）回归分析法：借用一些数据统计软件（如SPSS等）所提供的回归分析功能，分析两种或多种数据之间的关系、薪酬差距或薪酬结构的主要因素及影响程度，进而对薪酬水平、薪酬差距或薪酬结构的发展趋势进行预测。

（6）图表分析法。

117. 答案：BCDE

解析：岗位薪酬制的最大特点是"对岗不对人"，具体有以下内容：①根据岗位支付薪酬；②以岗位分析为基础；③客观性较强。

118. 答案：AD

解析：薪酬结构类型包括：①以绩效为导向的薪酬结构（绩效薪酬制）。其特点是员工的薪酬主要根据其近期劳动绩效来决定。计件薪酬、销售提成薪酬、效益薪酬等都属于这种薪酬结构。②以工作为导向的薪酬结构（岗位薪酬制）。其特点是员工的薪酬主要根据其所担任的职务（或岗位）的重要程度、任职要求的高低以及劳动环境对员工的影响等来决定。岗位薪酬、职务薪酬等都属于这种薪酬结构。③以技能为导向的薪酬结构（技能薪酬制）。其特点是员工的薪酬主要根据员工所具备的工作能力与潜力来确定。职能薪酬、能力资格薪酬及我国过去对工人实行的技术等级薪酬制度等都属于这种薪酬结构。④组合薪酬结构（组合薪酬制）。其特点是将薪酬分解成几个组成部分，分别依据绩效、技术和培训水平、职务、年龄和工龄等因素确定薪酬额。岗位技能薪酬、薪点薪酬、岗位效益薪酬等都属于这种薪酬结构。

2013年11月

单选

68. 答案：C

解析：常用的薪酬调查方式是：①企业之间相互调查。那些有着良好对外关系的企业比较适合采用这种方式。②委托中介机构进行调查。适用于那些难以在类似企业中找到对等岗位的企业，或者该企业属于新兴行业，它可以在快、准、全三个方面满足客户企业的要求。③采集社会公开的信息。其针对性不强。④问卷调查。适合大量的、复杂的岗位。

69. 答案：D

解析：首先用数据排列法计算出数据排列中的中间数据。薪酬水平高的企业应注意75%点处，甚至是90%点处的薪酬水平；薪酬水平低的企业应注意25%点处的薪酬水平；一般的企业应注意中点处的薪酬水平。

70. 答案：C

解析：工作岗位横向分类是一个由粗到细的工作过程：①将企事业单位内全部岗位按照工作性质划分为若干大类，即职门。②根据工作性质的异同继续把各职门内的岗位进行细分，把业务相同的工作岗位归入相同的职组，即将大类细分为中类。③将同一职组内的岗位再一次按照工作的性质进行划分，即将大类下的中类再细分为若干个小类，把业务性质相同的岗位组成一个职系。职系的划分是岗位横向分类的最后一步，一个职系就是一种专门的职业。

71. 答案：B

解析：薪点薪酬制的优点是：①使得薪酬分配直接与企业效益和员工的工作业绩相联系，体现了效率优先的原则，符合市场取向的要求；②比岗位等级薪酬制更容易做到将薪酬分配向关键岗位、技术岗位倾斜，通过规定员工个人的薪点点数，促进员工学习技术，提高其素质和业绩水平，充分发挥了薪酬的激励作用；③浮动值是按照部门的效益或业绩来确定的，有利于提高团队的协作精神。

72. 答案：B

解析：绩效薪酬是以员工的工作业绩为基础支付的薪酬，支付的唯一根据或主要根据是工作成绩和劳动效率。绩效薪酬制的特点是：①注重个人绩效差异的评定；②关于个人绩效的大多数信息都是由主管人员搜集上来的，同级评定和下级评定的做法比较少；③在这种薪酬制度下，反馈的频率不是很高，通常是在每年绩效考评阶段才会出现，反馈的方向大部分是单方向的。绩效薪酬制的不足之处在于：①绩效薪酬制的基础缺乏公平性；②绩效薪酬过于强调个人的业绩；③如果员工认为绩效评价的方式方法不是公平的、精确的，整个绩效薪酬制度就有崩溃的危险。计件薪酬、销售提成薪酬（佣金制）、效益薪酬等薪酬结构都属于以绩效为导向的薪酬结构。

73. 答案：A

解析：由于平行团队的成员属于兼职性质的成员，所以其基本薪酬主要基于员工的个人工作表现。在平行团队薪酬制度的设计中，企业应确保成员将小部分的时间和精力投入到团队中去，而将大部分的时间和精力投入到自己的常规工作中去。

74. 答案：C

解析：薪酬结构类型包括：①以绩效为导向的薪酬结构（绩效薪酬制）。比较适用于工作任务饱满、有超负荷工作的必要、绩效能够自我控制、员工可以通过主观努力改变绩效的企业或部门。②以工作为导向的薪酬结构（岗位薪酬制）。比较适用于各个工作之间的责、权、利明确的企业。③以技能为导向的薪酬结构（技能薪酬制）。适用于技术复杂程度高、劳动熟练程度差别大的企业，或者说处在艰难期，急需提高企业核心能力的企业。④组合薪酬结构（组合薪酬制）。适用于各种类型的企业。

75. 答案：B

解析：根据企业薪酬制度设计原则中的竞争性原则，在一般情况下，企业员工的薪酬水平应该比行业的平均水平高15%，这样既不会使企业的负担过重，又可以达到吸引、激励和保留员工的目的。

76. 答案：A

解析：人力资源社会保障行政部门自收到企业年金方案文本之日起15日内未提出异议的，企业年金方案即行生效。

多选

114. 答案：ABC

解析：确定被调查的岗位时，应当遵循可比性原则，即在选择所调查的岗位时，应注重岗位之间在时间和空间多个维度上的可比性。被调查的岗位，应在工作性质、难易复杂程度、岗位职责、工作权限、任职资格、能力要求、劳动强度、环境条件等方面与本企业所需调查的岗位具有可比性。

115. 答案：ABCDE

解析：即使是工作内容基本相同的同种岗位，在不同的企业中所获得的报酬也可能出现比较大的差距，产生这类问题的原因是：①岗位在不同的企业中对企业的价值或贡献大小不同；②特定企业的企业文化、管理理念和薪酬策略不同；③在职者在该岗位上的工作时间长短不同；④在职者在该岗位浮动范围之中的哪一点上是不确定的；⑤不同的行业有不同的惯例；⑥不同企业所处的地理位置与劳动力市场存在明显的差异。

116. 答案：ACD

解析：在实行一岗一薪制时，一定要对岗位进行全面的分析，并对有关因素进行测评。测评的具体内容有：岗位责任范围和责任程度、岗位对员工的技能要求、岗位劳动强度、劳动条件等，通过测评得出岗位的综合分数，据此确定岗位系数以及岗位的工资额度。

117. 答案：BCDE

解析：人力资源部门可以采用薪酬制度问答、员工座谈会、薪酬满意度调查、企业内部刊物等形式向员工介绍企业的薪酬制度；企业也可以对员工实施薪酬满意度调查，了解员工对薪酬工作的态度，以此为基础对薪酬制度做出相应的调整。

118. 答案：ABDE

解析：薪酬调整的具体类型包括：①薪酬定级性调整。薪酬定级用于确定那些原来没有薪酬等级的员工的薪酬等级。②物价性调整。它是为了补偿因物价上涨给员工造成的经济损失而实施的一种薪酬调整方法。③工龄性调整。如果企业的薪酬结构中包含年功薪酬，这样的企业普遍采取的提薪方式就是工龄性调整。④奖励性调整。一般是用在一些员工做出了突出的成绩或重大的贡献后，为了使他们保持这种良好的工作状态，并激励其他员工积极努力向他们学习而采取的薪酬调整方式。⑤效益性调整。它是一种当企业效益提高时，对全体员工给予等比例奖励的薪酬调整方式。⑥考核性调整。它是根据员工的考核结果，每达到一定的合格次数即提升一个薪酬档次的调整薪酬的方法。

119. 答案：BCD

解析：企业在制订薪酬计划时，应掌握的计划期内人力资源规划的资料包括：①拟招聘的新员工人数；②拟招聘的新员工的薪酬水平；③预计晋升职务的员工人数；④预计岗位轮换的员工人数；⑤预计休假的员工人数；⑥预计辞职、辞退、退休的员工人数。

2013年5月

单选

68. 答案：D

解析：采集社会公开的信息是指采集各级政府部门公布的数据资料、有关的行业协会、专业学会或者学术团体提供的薪酬调查数据，以及报纸、杂志、互联网等各类媒体公开发表的统计数据，作为衡量员工薪酬水平和确定薪酬制度的重要依据和参考。

69. 答案：A

解析：总的来说，所选用的岗位评价要素，应该能够适应组织中的全部岗位，或大部分岗位，或某一类岗位，即应具有共通性。而且这些因素在意义上不能重叠。最后，各因素必须是可观察到的，可以衡量的。

70. 答案：D

解析：岗级和岗等是按照岗位责任大小、技能要求、劳动强度、劳动环境等要素指标对岗位所进行的纵向分级。

岗级是岗位分类中的最重要的概念，它是指在同一职系中，工作岗位性质、任务轻重、繁简难易程度、责任大小以及所需人员资格条件相同或相近的工作岗位的集合。

岗等是由工作性质不同，但繁简难易程度、责任大小以及所需资格条件相同或相近的岗位组成的集合，它将各个职系中隶属于不同岗级的岗位纳入了统一的价值维度之中。

岗级与岗等的区别在于，岗等是不同职系之间相同或相似岗位等级的比较和平衡。

职系和职组是按照岗位工作性质和特点对岗位所进行的横向分类。

71. 答案:A

解析:薪酬满意度调查的步骤是:①确定调查对象。薪酬满意度调查的对象是企业内部的所有员工。②确定调查方式。由于调查人数较多,比较常用的方式是发放调查表。③确定调查内容。调查的内容包括员工对薪酬福利水平、薪酬福利结构比例、薪酬福利差距、薪酬福利的决定因素、薪酬福利的调整、薪酬福利的发放方式等的满意度。

72. 答案:A

解析:岗位薪酬制的最大特点是"对岗不对人",具体有以下内容:①根据岗位支付薪酬,岗位薪酬制可比较准确地反映员工工作的质量和数量,有利于贯彻"同工同酬"的原则;②以岗位分析为基础;③客观性较强。

73. 答案:C

解析:现代企业主要的绩效薪酬形式是计件薪酬制(计件工资制)、佣金制(提成制)。薪点薪酬制属于组合薪酬制。

74. 答案:A

解析:实行经营者年薪制应具备的条件有:①健全的经营者人才市场,完善的竞争机制;②明确的经营者业绩考核指标体系;③健全的职工代表大会制度,完善的群众监督机制。

75. 答案:A

解析:员工的浮动薪酬与企业的经济效益、部门业绩考核和个人业绩考核结果挂钩。浮动薪酬分配的合理性取决于绩效考核系统的科学性和与员工考核结果挂钩的程度。

76. 答案:C

解析:企业年金的缴费额度每年不超过本企业上一年度员工薪酬总额的1/12,企业和员工个人缴费合计一般不超过本企业上一年度员工工资总额。

多选

114. 答案:BDE

解析:市场薪酬调查的种类包括:①从调查方式上看,薪酬调查可以分为正式薪酬调查和非正式薪酬调查两种类型;②从薪酬调查的主体来看,薪酬调查可以分为政府的调查、行业的调查、专业协会或企业家联合会的调查、咨询公司的调查以及公司企业自己组织的调查等多种形式;③从调查的组织者来看,正式调查可分为商业性薪酬调查、专业性薪酬调查、政府薪酬调查。

115. 答案:ACE

解析:一般来说,以下几类企业可供调查时选择:①同行业中同类型的其他企业;②其他行业中有相似或相近工作岗位的企业;③与本企业雇用同一类的劳动力,可构成人力资源竞争对象的企业;④在本地区同一劳动力市场上招聘员工的企业;⑤经营策略、信誉、报酬水平和工作环境均合乎一般标准的企业。

116. 答案:ABCDE

解析:薪酬满意度调查的内容是:①员工对薪酬水平的满意度;②员工对薪酬结构、比例的满意度;③员工对薪酬差距的满意度;④员工对薪酬决定因素的满意度;⑤员工对薪酬调整的满意度;⑥员工对薪酬发放方式的满意度;⑦员工对工作本身(自主权、成就感、工作机会等)的满意度;⑧员工对工作环境(管理制度、工作时间、办公设施等)的满意度。

117. 答案:ACD

解析:团队是由一些具备特定技能的人员结合在一起的行为组织。团队成员为共同的目标努力工作,彼此相互负责、相互尊重。管理界对团队的分类可谓是五花八门,但大都将团队分为平行团队、流程团队、项目团队等。

118. 答案:BCE

解析:薪酬制度总体设计的前期工作包括确定企业员工的薪酬原则与策略、岗位分析与评价、薪酬市场调查。之后就是确定薪酬制度:薪酬水平、薪酬结构、薪酬等级。最后是企业薪酬制度的贯彻实施与修正。

119. 答案:BE

解析:宽带薪酬的特征是:①支持扁平型组织结构,有利于企业提高效率以及创造参与型和学习型的企业文化,保持自身组织结构的灵活性以及迎接外部竞争;②能引导员工重视个人技能的增长和能力的提高;③有利于岗位的轮换;④能密切配合劳动力市场上的供求变化;⑤有利于管理人员以及人力资源专业人员的角色转变;⑥有利于推动良好的工作绩效。

2012 年 11 月

单选

68. 答案:A

解析:在选择薪酬调查对象时,一定要遵循可比性的原则,即在选择被调查企业时,要选择其雇用的劳动力与本企业具有可比性的企业。

69. 答案:B

解析:岗级是岗位分类中最重要的概念,它是指在同一职系中,工作岗位性质、任务轻重、繁简难易程度、责任大小以及所需人员资格条件相同或相近的工作岗位的集合。

岗等是由工作性质不同,但繁简难易程度、责任大小以及所需资格条件相同或相近的岗位组成的集合,它将各个职系中隶属于不同岗级的岗位纳入了统一的价值维度之中。

70. 答案:A

解析:因为技术工种岗位与熟练工种岗位在岗位评价体系以及评分标准上存在很大差异,所以对生产性岗位中的这两类岗级统一列等,可以采取以下方法:①经验判断法;②基本点数换算法;③交叉岗位换算法。

71. 答案:B

解析:薪点薪酬制是在岗位评价的基础上,用点数和点值来确定员工薪酬的薪酬制度。

主要特点是薪酬标准不是以金额表示的,而是以薪点表示的,而且点值的大小由企业或部门的经济效益确定。

72. 答案:A

解析:与技术薪酬相对应,能力薪酬主要适用于企业的专家人员和主管人员,属于"白领"薪酬。这种薪酬给予的标准比较抽象,而且与具体的岗位联系不大。比如,员工的认知能力、个人价值、个人形象、工作动力等,甚至员工的人品、个性等都可以成为判断其能力高低的标准。

73. 答案:B

解析:经营者年薪制的主要组成形式之一是基本薪酬加风险收入的形式。基本薪酬主要根据市场薪酬水平、企业经济效益水平、生产经营规模和企业员工的平均薪酬水平而定。基本薪酬总额确定后按月预付。

74. 答案:D

解析:以绩效为导向的薪酬结构(绩效薪酬制)的优点是激励效果好。缺点是员工只重视眼前效益,不重视长期发展,没有学习新知识、新技能的动力;只重视自己的绩效,不重视与人合作、交流。

以工作为导向的薪酬结构(岗位薪酬制)有利于激发员工的工作热情和责任心。缺点是无法反映在同一职务上工作的员工因技术、能力和责任心不同而引起的贡献差别。

以技能为导向的薪酬结构(技能薪酬制)有利于激励员工提高技术、能力。缺点是忽略了工作绩效及能力的实际发挥程度,企业薪酬成本高;适用范围窄。

75. 答案:B

解析:薪酬调整的具体类型包括:①定级性调整。薪酬定级用于确定那些原来没有薪酬等级的员工的薪酬等级。②物价性调整。它是为了补偿因物价上涨给员工造成的经济损失而实施的一种薪酬调整方法。③工龄性调整。如果企业的薪酬结构中包含年功薪酬,这样的企业普遍采取的提薪方式就是工龄性调整。工龄性调整是把员工的资历和经验当作一种能力和效率予以奖励的调整方法。④奖励性调整。一般是用在一些员工做出了突出的成绩或重大的贡献后,为了使他们保持这种良好的工作状态,并激励其他员工积极努力向他们学习而采取的薪酬调整方式。⑤效益性调整。它是一种当企业效益提高时,对全体员工给予等比例奖励的薪酬调整方式。⑥考核性调整。它是根据员工的考核结果,每达到一定的合格次数即提升一个薪酬档次的调整薪酬的方法。

76. 答案:D

解析:薪酬调整的具体类型包括:①定级性调整。薪酬定级用于确定那些原来没有薪酬等级的员工的薪酬等级。②物价性调整。它是为了补偿因物价上涨给员工造成的经济损失而实施的一种薪酬调整方法。③工龄性调整。如果企业的薪酬结构中包含年功薪酬,这样的企业普遍采取的提薪方式就是工龄性调整。工龄性调整是把员工的资历和经验当作一种能力和效率予以奖励的调整方法。④奖励性调整。一般是用在一些员工做出了突出的成绩或重大的贡献后,为了使他们保持这种良好的工作状态,并激励其他员工积极努力向他们学习而采取的薪酬调整方式。⑤效益性调整。它是一种当企业效益提高时,对全体员工给予等比例奖励的薪酬调整方式。⑥考核性调整。它是根据员工的考核结果,每达到一定的合格次数即提升一个薪酬档次的调整薪酬的方法。

多选

114. 答案:BCDE

解析:一般来说,以下几类企业可供调查时选择:①同行业中同类型的其他企业;②其他行业中有相似或相近工作岗位的企业;③与本企业雇用同一类的劳动力,可构成人力资源竞争对象的企业;④在本地区同一劳动力市场上招聘员工的企业;⑤经营策略、信誉、报酬水平和工作环境均合乎一般标准的企业。

115. 答案:ABC

解析:回归分析法借用一些数据统计软件(如 SPSS 等)所提供的回归分析功能,分析两种或多种数据之间的关系,从而找出影响薪酬差距或薪酬结构的主要因素以及影响程度,进而对薪酬水平、薪酬差距或薪酬结构的发展趋势进行预测。

116. 答案:BCDE

解析:提成薪酬制中提成比例的确定需要考虑的因素较多,主要有:一定的销量或一定的销售收入中包含的利润、企业产品销售的主要门路(主要靠营销人员的工作或依靠企业强有力的广告效应)、企业产品与相关企业产品的竞争强度等。

117. 答案:BCDE

解析:企业的发展阶段主要分为起步期、成长期、成熟期、衰退期。研究表明,处于起步期和成长期的企业更愿意以较高的薪酬来吸引高素质的人才,其薪酬水平在同行业中一般要高于处于其他发展阶段的企业。

118. 答案:ACE

解析:岗位技能薪酬、薪点薪酬、岗位效益薪酬均属于组合薪酬结构(组合薪酬制)。

职能薪酬、能力资格薪酬以及技术等级薪酬均属于以技能为导向的薪酬结构(技能薪酬制)。

岗位薪酬、职务薪酬都属于以工作为导向的薪酬结构(岗位薪酬制)。

计件薪酬、销售提成薪酬、效益薪酬都属于以绩效为导向的薪酬结构(绩效薪酬制)。

119. 答案:ABE

解析:企业年金的组成有三部分:企业缴费、员工个人缴费、企业年金基金投资运营收益。

2012 年 5 月

单选

68. 答案:A

解析:总的来说,薪酬调查的信息要尽可能做到全面、深入和准确,不但要着重调查项目的全面性(既要调查货币性薪酬,也要调查非货币性薪酬),同时,还要关注调查数据资料的动态性(既要掌握当月、当季和当年的数据资料,又要掌握企业同类岗位过去三年以上的数据资料)。

69. 答案:D

解析:薪酬调查分析报告应该包括薪酬调查的组织实施情况分析、薪酬数据分析、政策分析、趋势分析、企业薪酬状况与市场状况对比分析以及薪酬水平或制度调整的建议。

70. 答案:C

解析:通常来说,制造型企业从基层岗位到总经理的岗等以不超过10个为原则,有的公司甚至只设计5个或7个岗等。

71. 答案:A

解析:薪点数的确定有三个步骤:岗位薪点数的确定、个人薪点数的确定和加分薪点数的确定,员工薪点数是这三项之和。薪点值的确定分为基值(由企业的整体经济效益决定)和浮动值(由部门的生产经营状况决定)两部分。

72. 答案:B

解析:岗位薪酬制:以员工在生产经营工作中的岗位为基础确定薪酬等级和薪酬标准,从而进行薪酬给予的薪酬制度。

薪点薪酬制:在岗位评价的基础上,用点数和点值来确定员工薪酬的薪酬制度。

技术薪酬制:以应用知识和操作技能水平为基础的薪酬,主要应用于"蓝领"员工。

绩效薪酬制:以员工的工作业绩为基础支付的薪酬。

73. 答案:B

解析:企业经营者的薪酬制度通常是经营者年薪制。年薪制一般由固定薪酬与可变薪酬两部分构成。前者水平取决于"经营者市场"形成的市场薪酬率和企业支付能力;后者水平主要取决于本企业的经营状况,随着效益的大小浮动。在总的年薪收入中,可变薪酬大于相对固定的薪酬。

74. 答案:D

解析:组合薪酬结构的特点是将薪酬分成几个组成部分,分别依据绩效、技术和培训水平、职务(或岗位)、年龄和工龄等因素确定薪酬额。其优点是全面考虑了员工对企业的投入。岗位技能薪酬、薪点薪酬、岗位效益薪酬等都属于这种薪酬结构。

75. 答案:B

解析:岗位评价的目的是确定各个岗位的价值,并建立起岗位间的相对价值关系,以此为基础来保证薪酬制度的内部公平性,其主要内容包括岗位分析、岗位评价以及分类分级。

76. 答案:B

解析:制订薪酬计划有两种方法:一是从下而上法,其比较实际、灵活,且可行性较高,但不易控制总体的人工成本。二是从上而下法,其虽然可以控制总体的薪酬成本,但缺乏灵活性,而且确定薪酬总额时主观因素过多,降低了计划的准确性,不利于调动员工的积极性。

多选

114. 答案:ABCE

解析:薪酬调查的结果可以为以下工作提供依据:①整体薪酬水平的调整;②薪酬差距水平的调整;③薪酬晋升政策的调整;④具体岗位薪酬水平的调整。

115. 答案:ABCD

解析:常用的薪酬调查数据统计分析方法有:

(1) 数据排列法(薪酬水平高的注意75%点处,甚至是90%点处;水平低的注意25%点处;一般企业注意中点处)。

(2) 频率分析法(没有采集到完整的薪酬数据,只采集到平均薪酬数据时,采用此法)。

(3) 趋中趋势分析法:①简单平均法;②加权平均法;③中位数法。

(4) 离散分析法:①百分位法。首先将某种岗位的所有薪酬调查数据从低到高排列,划分为10组,每组中所包括的样本数分别为企业调查总数的10%;在百分位中的第五组的最后一个数据必然是所有数据的中值,可以用它来近似地代表当前市场上的平均薪酬水平。②四分位法。与百分位分析类似,只不过在进行四分位分析时,首先将某种岗位的所有薪酬调查数据从低到高排列,并划分为4组,每组所包括的数量分别为企业调查总数的1/4;处在第二小组中的最后一个数据必然是所有数据的中值,可以用它来代表当前劳动力市场上的平均薪酬水平。

(5) 回归分析法:借用一些数据统计软件(如SPSS等)所提供的回归分析功能,分析两种或多种数据之间的关系、薪酬差距或薪酬结构的主要因素及影响程度,进而对薪酬水平、薪酬差距或薪酬结构的发展趋势进行预测。

(6) 图表分析法。

116. 答案:BCE

解析:岗位薪酬制的最大特点是"对岗不对人",它具体有以下特点:①根据岗位支付薪酬;②以岗位分析为基础;③客观性较强。

117. 答案:BCDE

解析:影响企业薪酬水平的内部因素有:企业自身特征对薪酬水平的影响(企业所属的行业、企业的规模、企业所处的发展阶段);企业决策层的薪酬态度。

118. 答案:BD

解析:职能薪酬、能力薪酬以及技术等级薪酬均属于以技能为导向的薪酬结构。它有利于激励员工提高技术、能力。其缺点是忽略了工作绩效及能力的实际发挥程度,企业薪酬成本高,适用范围窄。它适用于技术复杂程度高、劳动熟练程度差别大的企业。

119. 答案:ABCDE

解析:制订薪酬计划所需要的员工基本资料包括:①岗位名称;②当前薪酬水平;③当前的薪酬级别;④所在薪酬级别的最高薪酬、中位薪酬、最低薪酬;⑤上次调资的时间、额度及类型。

2011年11月

单选

68. 答案：C

解析：常用的薪酬调查方式是：①企业之间相互调查。那些有着良好对外关系的企业比较适合采用这种方式。②委托中介机构进行调查。适用于那些难以在类似企业中找到对等岗位的企业，或者该企业属于新兴行业，它可以在快、准、全三个方面满足客户企业的要求。③采集社会公开的信息。其针对性不强。④问卷调查。适合大量的、复杂的岗位。

69. 答案：B

解析：职系是指由工作性质和基本特征相似或相近，而任务轻重、责任大小、繁简难易程度和要求不同的岗位所构成的岗位序列。一个职系就相当于一个专门职业，职系是岗位分类中的细类。

职组是指由工作岗位性质和特征相似的若干职系所构成的岗位群。职组是岗位分类中的中小类。

职门是指工作性质和特征相似的若干职组的集合。职门是岗位分类中的大类。

70. 答案：D

解析：岗位分类与品位分类存在着本质上的不同：①分类标准不同。岗位分类以事为标准，事在人先、以事择人；品位分类则以人为标准，人在事先、以人择事。②分类依据不同。岗位分类是根据工作或岗位的性质、繁简难易、责任轻重和所需资格条件进行的分类，对事不对人；品位分类是根据对人员的学历、资历、劳动态度、综合绩效及贡献率的分析对人员进行的分类，对人不对事。③适用范围不同。岗位分类适用于专业性、机械性、事务性强的岗位；品位分类适用于工作经常变化、工作效果不易量化的岗位或工作。

71. 答案：B

解析：薪点薪酬制的优点有：①使得薪酬分配直接与企业效益和员工的工作业绩相联系，体现了效率优先的原则，符合市场取向的要求；②比岗位等级薪酬制更容易做到将薪酬分配向关键岗位、技术岗位倾斜，通过规定员工个人的薪点数，可以促进员工学习技术，提高其素质和业绩水平，充分发挥了薪酬的激励作用；③浮动值是按照部门的效益或业绩来确定的，有利于提高团队的协作精神。

72. 答案：B

解析：薪酬结构类型包括：①以绩效为导向的薪酬结构（绩效薪酬制）。如计件薪酬、销售提成薪酬、效益薪酬等。②以工作为导向的薪酬结构（岗位薪酬制）。如岗位薪酬、职务薪酬等。③以技能为导向的薪酬结构（技能薪酬制）。如职能薪酬、能力资格薪酬及我国过去工人实行的技术等级薪酬。④组合薪酬结构（组合薪酬制）。如岗位技能薪酬、薪点薪酬、岗位效益薪酬等。

73. 答案：C

解析:三种团队的激励性薪酬方式是:①流程团队成员的任务可能会有不同,但是应该使员工间的薪酬差距最小化,所以应该对流程团队的员工支付相同金额的激励性薪酬;②平行团队通常不使用激励性薪酬制度;③项目团队应按照基本薪酬的相同比例来支付项目团队成员的激励性薪酬。

	基本薪酬	激励性薪酬	绩效认可奖励
平行团队	基于个人工作	不使用	非货币性的认可奖励
流程团队	宽带薪酬、技能薪酬制	相同金额	
项目团队	传统组成	基于团队绩效,按照基本薪酬的相同比例	少量货币性的认可奖励

74. 答案:D

解析:薪酬结构类型包括:①以绩效为导向的薪酬结构(绩效薪酬制)。其特点是员工的薪酬主要根据其近期劳动绩效来决定。②以工作为导向的薪酬结构(岗位薪酬制)。其特点是员工的薪酬主要根据其所担任的职务(或岗位)的重要程度、任职要求的高低以及劳动环境对员工的影响等来决定。③以技能为导向的薪酬结构(技能薪酬制)。其特点是员工的薪酬主要根据员工所具备的工作能力与潜力来决定。

75. 答案:B

解析:根据企业薪酬制度设计原则中的竞争性原则,在一般情况下,企业员工的薪酬水平应该比行业的平均水平高15%,这样既不会使企业的负担过重,又可以达到吸引、激励和保留员工的目的。

76. 答案:D

解析:企业年金适用于企业试用期满的员工。

多选

114. 答案:ABD

解析:确定被调查的岗位时,应当遵循可比性原则,即选择被调查岗位时应注重岗位之间在时间和空间多个维度上的可比性。被调查的岗位应在工作性质、难易复杂程度、岗位职责、工作权限、任职资格、能力要求、劳动强度、环境条件等方面与本企业所需调查的岗位具有可比性。

115. 答案:ABCDE

解析:即使是工作内容基本相同的同种岗位,在不同的企业中所获得的报酬也可能出现比较大的差距,产生这类问题的原因是:①岗位在不同的企业中对企业的价值或贡献大小不同;②特定企业的企业文化、管理理念和薪酬策略不同;③在职者在该岗位上的工作时间长短不同;④在职者在该岗位所获得的报酬是浮动的,它处在浮动范围之中的哪一点上是不确定的;⑤不同的行业有不同的惯例;⑥不同企业所处的地理位置与劳动力市场存在明显的差异。

116. 答案：ABCE

解析：实行经营者年薪制应具备的条件有：①健全的经营者人才市场,完善的竞争机制；②明确的经营者业绩考核指标体系；③健全的职工代表大会制度,完善的群众监督机制。

117. 答案：CDE

解析：企业薪酬制度设计的原则包括：

(1) 公平性原则。

①内部公平性：是指企业内部的每一个员工应该认为,自己的薪酬与企业内其他员工的薪酬相比是公平的；

②外部公平性：一般是指企业与行业内其他企业的薪酬水平相比较,它提供的薪酬必须是有吸引力的,这样才会吸引优秀的求职者,同时留住优秀的员工。

(2) 激励性原则：根据工作的差别确定报酬的差别,体现薪酬分配的导向作用及多劳多得原则。

(3) 竞争性原则：一家企业的薪酬水平在人才市场上应该处于什么样的水平,要根据该企业的支付能力、所需要人才的可获得性等具体条件而定。

(4) 经济性原则：企业在控制薪酬成本时要考虑行业属性。

(5) 合法性原则：企业的薪酬制度必须符合党和国家的政策和法律。

118. 答案：BCD

解析：宽带式薪酬结构涉及文化、价值以及经营战略目标的实现,因此,企业在决定实施宽带式薪酬设计时,必须首先审查自己的文化、价值观以及经营战略的基本要求,看它们与宽带式薪酬设计的基本理念是否一致。宽带式薪酬要求企业必须形成相应的绩效文化、团队文化、沟通文化和参与文化。

119. 答案：ACD

解析：企业在制订薪酬计划时,应掌握的计划期内人力资源规划的资料包括：①拟招聘的新员工人数；②拟招聘的新员工的薪酬水平；③预计晋升职务的员工人数；④预计岗位轮换的员工人数；⑤预计休假的员工人数；⑥预计辞职、辞退、退休的员工人数。

2011年5月

单选

68. 答案：D

解析：常用的薪酬调查方式是：①企业之间相互调查。那些有着良好对外关系的企业比较适合采用这种方式。②委托中介机构进行调查。适用于那些难以在类似企业中找到对等岗位的企业,或者该企业属于新兴行业,该方式可以在快、准、全三个方面满足客户企业的要求。③采集社会公开的信息。其针对性不强。④问卷调查。适合大量的、复杂的岗位。

69. 答案：C

解析:百分位法首先将某种岗位的所有薪酬调查数据从低到高排列,划分为10组,每组中所包含的样本数据分别为企业调查总数的10%;在百分位中的第5小组中的最后一个数据必然是所有数据的中值,可以用它来近似地代表当前市场上的平均薪酬水平。

70. 答案:A

解析:岗级和岗等是按照岗位责任大小、技能要求、劳动强度、劳动环境等要素指标对岗位所进行的纵向分级。职系和职组是按照岗位工作性质和特点对岗位所进行的横向分类。

71. 答案:A

解析:薪酬满意度调查的步骤是:①确定调查对象。薪酬满意度调查的对象是企业内部的所有员工。②确定调查方式。由于调查人数较多,比较常用的方式是发放调查表。③确定调查内容。调查的内容包括员工对薪酬福利的水平、薪酬福利的结构比例、薪酬福利的差距、薪酬福利的决定因素、薪酬福利的调整、薪酬福利的发放方式等的满意度。

72. 答案:C

解析:岗位分级的最终结果是将企事业单位的所有岗位纳入由职组、职系、岗级和岗等构成的体系之中。

73. 答案:B

解析:总的来说,所选用的岗位评价因素,应该能够适用于组织中的全部岗位,即应具有共通性;同时,各因素必须是可观察的、可衡量的。

74. 答案:B

解析:技能薪酬制的前提是:①明确对员工的技能要求;②制定并实施与技能薪酬制度配套的技能评估体系;③将薪酬计划与培训计划相结合。

75. 答案:A

解析:浮动薪酬的设计要求员工的浮动薪酬不仅要与企业经济效益、部门业绩考核结果挂钩,还必须与个人业绩考核结果挂钩。

76. 答案:D

解析:企业年金是指企业及其员工在依法参加基本养老保险的基础上,自愿建立的补充养老保险制度。

多选

115. 答案:ACE

解析:确定薪酬调查的范围包括:①确定调查的企业;②确定调查的岗位;③确定需要调查的薪酬信息;④确定调查的时间段。

116. 答案:BCDE

解析:设计薪酬调查问卷的注意事项包括:①先明确薪酬调查问卷要调查的内容,再设计表格,保证表格满足它的使用目的;②确保表格中的每个调查项目都是必要的,经过必要的审核剔除不要的调查项目,以提高问卷调查的有效性和实用性;③请一位同事来填写表格样本,倾听反馈意见,了解表格设计是否合理;④要求语言标准,问题简单明确;⑤把相关问题放到一起,例如姓名、年龄、岗位名称、所属部门等;⑥尽量采用选择判断式提问,尽可能减少表中的文字书写量;⑦保证留有足够的书写空间;⑧使用简单的打印样式,以确保易于阅读,当然也可以采用电子问卷,以便于统计分析软件处理;⑨如果觉得有帮助,可注明填表须知;⑩充分考虑信息处理的简单性和正确性,如果需要将表格中的调查结果转录到其他文件中,就应按照同样的顺序排列所提问答案的选项,以便减少转录时发生的错误;⑪如果在多种场合需要该信息,可考虑为表格配带复写纸,以免多次填写表格;⑫如果表格收集的数据使用 OCR(光学字符阅读)和 OMR(光学符号阅读)处理(这两种方法使信息可以自动读入计算机),则需要非常仔细地阅读表格,保证准确地完成数据处理。

117. 答案:ABE

解析:以绩效为导向的薪酬结构(绩效薪酬制)的特点是员工的薪酬主要根据其近期劳动绩效来决定。计件薪酬、销售提成薪酬(佣金制)、效益薪酬等薪酬结构都属于以绩效为导向的薪酬结构。

118. 答案:BCD

解析:团队是由一些具备特定技能的人员结合在一起的行为组织。团队成员为共同的目标努力工作,彼此相互尊重。团队分为平行团队、流程团队、项目团队等,这些团队均实施团队薪酬制。

119. 答案:BCE

解析:薪酬制度总体设计的前期工作包括确定企业员工的薪酬原则与策略、岗位分析与评价、薪酬的市场调查。之后就是确定薪酬制度,具体包括薪酬水平、薪酬结构和薪酬等级。

2010 年 11 月

单选

68. 答案:C

解析:薪酬调查的种类包括:①从调查方式上看,薪酬调查可以分为正式薪酬调查和非正式薪酬调查两种类型;②从主持薪酬调查的主体来看,薪酬调查分为政府的调查、行业的调查、专业协会或企业家联合会的调查、咨询公司的调查以及公司企业自己组织的调查等多种类型;③从调查的组织者来看,正式调查又可分为商业性薪酬调查、专业性薪酬调查和政府薪酬调查;④从薪酬调查的具体内容和对象来看,薪酬调查又可分为薪酬市场调查和企业员工薪酬满意度调查。

69. 答案:B

解析:薪酬调查分析报告的内容应该包括薪酬调查的组织实施情况分析、薪酬数据分析、政策分析、趋势分析、企业薪酬状况与市场状况对比分析以及薪酬水平或制度调整的建议。

70. 答案:B

解析:岗位分类是根据工作或岗位的性质、繁简难易、责任轻重和所需资格条件进行的,对事不对人;而品位分类则根据对人员资历、学历、劳动态度、综合绩效和贡献率的分析,达到对人员进行分类的目的,对人不对事。

71. 答案:C

解析:①一岗一薪制是指一个岗位只有一个薪酬标准,凡在同一个岗位上工作的员工都按照统一的薪酬标准获得薪酬。在实行一岗一薪制时,一定要对岗位进行全面分析,并对有关因素进行测评。测评的具体内容有:岗位责任范围和责任程度、岗位对员工的技能水平要求、岗位劳动强度、劳动条件等,通过测评得出岗位的综合分数,据此确定岗位系数以及岗位的薪酬额度。②一岗多薪制是指一个岗位内设置几个薪酬标准以及反映岗位内部员工之间的劳动差别的岗位薪酬制度。适用于那些岗位划分较粗、岗位之间存在工作差别、岗位内部员工之间存在技术熟练程度差异的企业或部门。③技能薪酬制是一种以员工的技术和能力为基础的薪酬,它强调根据员工的个人能力提供薪酬。④绩效薪酬制是以员工的工作业绩为基础支付的薪酬,支付的唯一根据或主要根据是工作成绩和劳动效率。

72. 答案:C

解析:技能薪酬的种类有:①技术薪酬。其优势为能够鼓励员工发展各项技能,提高业绩表现,增强参与意识,尤其适用于那些提倡员工参与管理的企业;其劣势是薪酬费用日益增加。②能力薪酬。这种薪酬给予的标准比较抽象,而且与具体的岗位联系不大。主要适用于企业的专业技术和管理人员,属于"白领"薪酬。

73. 答案:B

解析:佣金制(提成制)是主要用于营销人员的薪酬支付制度。它直接按照营销人员营销额的一定比例确定其薪酬,是一种典型的绩效薪酬形式。其优点是能充分地调动营销人员的营销积极性。其缺点是营销人员和企业之间产生较大的离心力,产生的后果可能为以下两种:①企业创造的收入过多依赖营销人员的工作,从而造成企业生存和发展潜力的弱化;②增大了企业生存和发展的不可控制性。

74. 答案:A

解析:①薪酬等级:主要反映不同岗位之间在薪酬结构中的差别,它以岗位评价和岗位分级的结构为依据,根据由岗位评价得到的每个岗位的最终点数划分岗位等级,并使薪酬等级与岗位等级一一对应。②薪酬档次:由于同一薪酬等级的员工在能力上有差别,在实际薪酬管理中企业可根据员工的能力、绩效等情况,将薪酬等级进一步细分,即将同一薪酬等级划分成若干个档次。③薪酬级差:是指不同等级之间薪酬相差的幅度,即企业内部最高等级与最低等级的薪酬比例关系以及各等级之间的薪酬比例关系。④浮动幅度:是指在同一薪酬等级中,最高档次的薪酬水平与最低档次的薪酬水平之间的差额,也可指中等档次的薪酬水平与最低档次或最高档次的薪酬水平之间的差额。

75. 答案:D

解析:工作结构策略的制定实际上是工作结构的选择,它与企业发展战略的关系密切。

从薪酬结构的性质上可以分为三类：①高弹性。其特点是员工的薪酬在不同时期起伏较大，绩效薪酬与奖金占的比重较大，以绩效为导向的薪酬结构属于这种类型。②高稳定性。其特点是员工的薪酬与实际绩效关系不太大而主要取决于年功及企业整体经营状况，员工的薪酬相对稳定，给人一种安全感，如日本的年功序列薪酬制度。③折中类。既有高弹性成分（以激励员工提高绩效），又有高稳定成分（以促使员工注意长远目标），如以能力为导向的薪酬结构、以岗位为导向的薪酬结构以及组合薪酬结构。

76. 答案：D

解析：薪酬调整的具体类型包括：①定级性调整。薪酬定级用于确定那些原来没有薪酬等级的员工的薪酬等级。②物价性调整。它是为了补偿因物价上涨给员工造成的经济损失而实施的一种薪酬调整方法。③工龄性调整。如果企业的薪酬结构中包含年功薪酬，这样的企业普遍采取的提薪方式就是工龄性调整。④奖励性调整。一般是用在一些员工做出了突出的成绩或重大的贡献后，为了使他们保持这种良好的工作状态，并激励其他员工积极努力向他们学习而采取的薪酬调整方式。⑤效益性调整。它是一种当企业效益提高时，对全体员工给予等比例奖励的薪酬调整方式。⑥考核性调整。它是根据员工的考核结果，每达到一定的合格次数即提升一个薪酬档次的调整薪酬的方法。

多选

114. 答案：BCD

解析：需要了解的薪酬信息包括：①与员工基本薪酬相关的信息；②与支付年度和其他奖金相关的信息；③股票权或影子股票计划等长期激励计划；④与企业各种福利计划相关的信息；⑤与薪酬政策诸方面有关的信息：被调查企业在加薪时的百分比、公司的加班与工作轮班方面的政策、试用期长短、新毕业学生的起薪点、薪酬水平地区差异的控制、员工异地调配时的薪酬处理以及兼职员工的薪酬管理。总之，薪酬调查的信息要尽可能做到全面、深入和准确，不但要注重调查项目的全面性（既要调查货币性薪酬，也要调查非货币性薪酬），还要关注调查数据资料的动态性。

115. 答案：AC

解析：对薪酬调查的数据进行分析时，经常采用百分位和四分位的方法来分析、衡量统计数据的离散程度。

116. 答案：AB

解析：技能薪酬的种类有：①技术薪酬。其优势为能够鼓励员工发展各项技能，提高业绩表现，增强参与意识，尤其适用于那些提倡员工参与管理的企业；其劣势是薪酬费用日益增加。②能力薪酬。这种薪酬给予的标准比较抽象，而且与具体的岗位联系不大。主要适用于企业的专业技术和管理人员，属于"白领"薪酬。

117. 答案：ACE

解析：影响企业薪酬水平的外部因素包括市场因素、生活费用和物价水平、地域的影响、政府的法律法规的影响。

118. 答案：ABC

解析：薪酬结构类型包括：①以绩效为导向的薪酬结构(绩效薪酬制)。其特点是员工的薪酬主要根据其近期劳动绩效来决定。计件薪酬、销售提成薪酬、效益薪酬等都属于这种薪酬结构。②以工作为导向的薪酬结构(岗位薪酬制)。其特点是员工的薪酬主要根据其所担任的职务(或岗位)的重要程度、任职要求的高低以及劳动环境对员工的影响等来决定。岗位薪酬、职务薪酬等都属于这种薪酬结构。③以技能为导向的薪酬结构(技能薪酬制)。其特点是员工的薪酬主要根据员工所具备的工作能力与潜力来确定。职能薪酬、能力资格薪酬以及我国过去工人实行的技术等级薪酬制度等都属于这种薪酬结构。④组合薪酬结构(组合薪酬制)。其特点是将薪酬分解成几个组成部分，分别依据绩效、技术和培训水平、职务、年龄和工龄等因素确定薪酬额。岗位技能薪酬、薪点薪酬、岗位效益薪酬等都属于这种薪酬结构。

119. 答案：ABCDE

解析：企业年金方案的主要内容包括参加人员范围、资金筹集方式、员工企业年金个人账户的管理方式、基金管理方式、计发和支付办法、支付企业年金待遇的条件、组织管理和监督方式、终止缴费的条件、双方约定的其他事项。

2010年5月

单选

68. 答案：C

解析：常用的薪酬调查方式是：①企业之间相互调查。那些有着良好对外关系的企业比较适合采用这种方式。②委托中介机构进行调查。适用于那些难以在类似企业中找到对等岗位的企业，或者该企业属于新兴行业，它可以在快、准、全三个方面满足客户企业的要求。③采集社会公开的信息。其针对性不强。④问卷调查。适合大量的、复杂的岗位。

69. 答案：C

解析：调查数据统计分析的四种方法是：数据排列法、频率分析法、回归分析法和图表法。如果被调查单位没有给出某类岗位完整的薪酬数据，只能采集到某类岗位的平均薪酬数据，在进行薪酬调查数据分析时，可以采取频率分析法。

70. 答案：C

解析：工作岗位横向分类是一个由粗到细的工作过程：①将企事业单位内全部岗位按照工作性质划分为若干大类，即职门。②把各职门内的岗位根据工作性质的异同继续进行细分，把业务相同的工作岗位归入相同的职组，即将大类细分为中类。③将同一职组内的岗位再一次按照工作的性质进行划分，即将大类下的中类再细分为若干个小类，把业务性质相同的岗位组成一个职系。职系的划分是岗位横向分类的最后一步，每一个职系就是一种专门的职业。

71. 答案:B

解析:薪点薪酬制的优点是:①使薪酬分配直接与企业效益和员工的工作业绩相联系,体现效率优先的原则,符合市场取向的要求;②薪酬用薪点表示,比岗位等级薪酬制更容易做到将薪酬分配向关键岗位、技术岗位倾斜,通过规定员工个人薪点点数的标准,可以促进员工学习技术,提高其素质和业绩水平,充分发挥薪酬的激励作用;③在薪点值的确定过程中,浮动值是按照部门的效益或者业绩来确定的,这就要求员工必须加强单位或部门的团队合作,有利于提高团队的协作精神。

72. 答案:B

解析:绩效薪酬制的特点是:①注重个人绩效差异的评定;②关于个人绩效的大多数信息都是由主管人员搜集上来的,同级评定和下级评定的做法比较少;③在这种薪酬制度下,反馈的频率不是很高,通常在每年绩效考评阶段才会出现,反馈的方向大部分是单向的。

73. 答案:C

解析:三种团队的激励性薪酬方式是:①流程团队成员的任务可能会有不同,但是应该使员工间的薪酬差距最小化,所以应该对流程团队的员工支付相同金额的激励性薪酬;②平行团队通常不使用激励性薪酬制度;③项目团队是按照基本薪酬的相同比例来支付项目团队成员的激励性薪酬。

74. 答案:C

解析:薪酬结构的类型包括:①以绩效为导向的薪酬结构(绩效薪酬制)。比较适用于工作任务饱满、有超负荷工作的必要、绩效能够自我控制、员工可以通过主观努力改变绩效的企业或部门。②以工作为导向的薪酬结构(岗位薪酬制)。比较适用于各个工作之间的责、权、利明确的企业。③以技能为导向的薪酬结构(技能薪酬制)。适用于技术复杂程度高、劳动熟练程度差别大的企业,或者说处在艰难期,急需提高企业核心能力的企业。④组合薪酬结构(组合薪酬制)。适用于各种类型的企业。

75. 答案:D

解析:外部公平性一般是指企业与行业内其他企业的薪酬水平相比较,它提供的薪酬必须是有吸引力的,这样才会吸引优秀的求职者,同时留住优秀的员工。企业进行的薪酬市场调查是保证薪酬的外部公平性的一个重要工具。

76. 答案:A

解析:企业年金实行基金完全积累制,采用个人账户方式进行管理,费用由企业和员工个人缴纳,企业缴费在薪酬总额4%以内的部分可从成本中列支。

多选

114. 答案:ABC

解析:确定被调查的岗位时,应当遵循可比性原则,即选择被调查岗位时,应注重岗位之间在时间和空间多个维度上的可比性。被调查的岗位应在工作性质、难易复杂程度、岗位职责、工作权限、任职资格、能力要求、劳动强度、环境条件等方面与本企业所需调查的岗位具有可比性。

115. 答案:ABD

解析:薪酬调查分析报告的内容应该包括薪酬调查的组织实施情况分析、薪酬数据分析、政策分析、趋势分析、企业薪酬状况与市场状况对比分析以及薪酬水平或制度调整的建议。

116. 答案:ABCE

解析:年薪制中,基本薪酬主要根据市场薪酬水平和企业经济效益水平、生产经营规模以及企业员工平均薪酬水平而定。

117. 答案:ADE

解析:从性质上看,员工薪酬结构的类型有三种:①高弹性。其特点是员工的薪酬在不同时期起伏较大,绩效薪酬与奖金占的比重较大,以绩效为导向的薪酬结构属于这种类型。②高稳定性。其特点是员工的薪酬与实际绩效关系不太大而主要取决于年功及企业整体经营状况,员工的薪酬相对稳定,给人一种安全感,如日本的年功序列薪酬制度。③折中类。既有高弹性成分(以激励员工提高绩效),又有高稳定成分(以促使员工注意长远目标)。

118. 答案:ABDE

解析:薪酬调整的具体类型包括:①定级性调整。薪酬定级用于确定那些原来没有薪酬等级的员工的薪酬等级。②物价性调整。它是为了补偿因物价上涨给员工造成的经济损失而实施的一种薪酬调整方法。③工龄性调整。如果企业的薪酬结构中包含年功薪酬,这样的企业普遍采取的提薪方式就是工龄性调整。④奖励性调整。一般是用在一些员工做出了突出的成绩或重大的贡献后,为了使他们保持这种良好的工作状态,并激励其他员工积极努力向他们学习而采取的薪酬调整方式。⑤效益性调整。它是一种当企业效益提高时,对全体员工给予等比例奖励的薪酬调整方式。⑥考核性调整。它是根据员工的考核结果,每达到一定的合格次数即提升一个薪酬档次的调整薪酬的方法。

119. 答案:BCDE

解析:制订薪酬计划应了解企业的财务状况,具体包括:①企业薪酬支付能力;②企业上一年度的经济效益状况;③股东要求的回报率;④企业预计的效益状况。

2009年11月

单选

68. 答案:B

解析:常用的薪酬调查方式是:①企业之间相互调查。那些有着良好对外关系的企业比较适合采用这种方式。②委托中介机构进行调查。适用于那些难以在类似企业中找到对等岗位的企业,或者该企业属于新兴行业,它可以在快、准、全三个方面满足客户企业的要求。③采集社会公开的信息。其针对性不强。④问卷调查。适合大量的、复杂的岗位。

69. 答案:B

解析:薪酬水平低的企业应关注25%点处的薪酬水平,一般的企业应关注中点处的薪酬水平。

70. 答案:A

解析:岗位薪酬制的最大特点是薪酬的给予"对岗不对人"。具体是:①根据岗位支付薪酬,有利于贯彻"同工同酬"的原则;②以岗位分析为基础;③客观性较强。

71. 答案:C

解析:技能薪酬制要求企业有一种比较开放的、有利于员工参与的企业文化。

72. 答案:B

解析:佣金制又称提成制,主要用于营销人员的薪酬支付。它直接按照营销人员营销额的一定比例确定其薪酬,是一种典型的绩效薪酬形式。其优点是能充分地调动营销人员的营销积极性;缺点是营销人员和企业之间产生较大的离心力。

73. 答案:A

解析:由于平行团队的成员是属于兼职性质的,所以其基本薪酬主要基于员工的个人工作。在平行团队薪酬制度的设计中,企业应确保成员将小部分的时间和精力投入到团队中去,而将大部分的时间和精力投入到自己的常规工作中去。

74. 答案:A

解析:以绩效为导向的薪酬结构(绩效薪酬制)的特点是员工的薪酬主要根据其近期劳动绩效来决定。其显著优点是激励效果好,但也存在一定的缺陷:使员工只重视眼前利益,不重视长远发展,没有学习新知识、新技能的动力;只重视自己的绩效,不重视与人合作、交流。以绩效为导向的薪酬结构比较适用于以下类型的企业或部门:工作任务饱满,有超负荷工作的必要,绩效能够自我控制,员工可以通过主观努力改变绩效等。

75. 答案:C

解析:等级重叠是指各个相邻的薪酬等级浮动幅度在数值上的交叉程度。薪酬级差是指不同等级之间薪酬相差的幅度,即企业内部最高等级与最低等级的薪酬比例关系以及各等级之间的薪酬比例关系。浮动幅度是指在同一薪酬等级中,最高档次的薪酬水平与最低档次的薪酬水平之间的差额,也可指中等档次的薪酬水平与最低或最高档次的薪酬水平之间的差额。

76. 答案:D

解析:企业年金基金实行完全积累制,采用个人账户方式进行管理,费用由企业和员工个人缴纳,企业缴费在薪酬总额4%以内的部分可从成本中列支。

多选

114. 答案:ABCDE

解析:与薪酬政策有关的信息包括被调查企业在加薪时的百分比、公司的加班与工作轮班方面的政策、试用期长短、新毕业学生的起薪点、薪酬水平地区差异的控制、员工异地调配时的薪酬处理以及兼职员工的薪酬管理。

115. 答案：BD

解析：岗级和岗等是按照岗位责任大小、技能要求、劳动强度、劳动环境等要素指标对岗位所进行的纵向分级；职系和职组是按照岗位工作性质和特点对岗位所进行的横向分类。

116. 答案：ACE

解析：经营者年薪制中的风险收入按照基本薪酬的一定倍数支付，具体倍数取决于年终企业完成的经济效益情况、生产经营责任大小、风险程度等因素。

117. 答案：BCDE

解析：人力资源部门可以采用薪酬制度问答、员工座谈会、薪酬满意度调查、企业内部刊物等形式向员工介绍企业的薪酬制度；企业也可以对员工实施薪酬满意度调查，了解员工对薪酬制度的态度，以此为基础对薪酬制度做出相应的调整。

118. 答案：ABCE

解析：员工个体薪酬标准档次的调整包括：①"技变"晋档；②"学变"晋档；③"龄变"晋档；④"考核"晋档。

119. 答案：AB

解析：制订薪酬计划的方法有从下而上法和从上而下法两种，一般情况下会同时采用。

2009 年 5 月

单选

68. 答案：C

解析：常用的薪酬调查方式是：①企业之间相互调查。那些有着良好对外关系的企业比较适合采用这种方式。②委托中介机构进行调查。适用于那些难以在类似企业中找到对等岗位的企业，或者该企业属于新兴行业，它可以在快、准、全三个方面满足客户企业的要求。③采集社会公开的信息。其针对性不强。④问卷调查。适合大量的、复杂的岗位。

69. 答案：B

解析：职组是指由工作性质和特征相似的若干职系所构成的岗位群，职组是岗位分类中的中小类。职门是指工作性质和特征相似的若干职组的集合，职门是岗位分类中的大类。

70. 答案：D

解析：岗位分类以事为标准，事以人先、以事择人；而品位分类则以人为标准，人在事先、以人择事。

71. 答案：B

解析：一岗一薪制：是指一个岗位只有一个薪酬标准，凡在同一个岗位上工作的员工都按照统一的薪酬标准获得薪酬。一岗多薪制：是指一个岗位内设置几个薪酬标准以及反映岗位内部员工之间的劳动差别的岗位薪酬制度。薪点薪酬制：是在岗位评价的基础上，用点数和点值来确定员工薪酬的薪酬制度。薪点薪酬制度使薪酬分配直接与企业效益和员工的工作业绩相联系,体现效率优先的原则,符合市场取向的要求。

72. 答案:B

解析:绩效薪酬的特点是员工的薪酬主要根据其近期劳动绩效来决定。计件薪酬、销售提成薪酬、效益薪酬等都属于这种薪酬结构。

73. 答案:C

解析:三种团队的激励性薪酬方式是:①流程团队成员的任务可能会有不同,但是应该使员工间的薪酬差距最小化,所以应该对流程团队的员工支付相同金额的激励性薪酬;②平行团队通常不使用激励性薪酬制度;③项目团队按照基本薪酬的相同比例来支付项目团队成员的激励性薪酬。

74. 答案:D

解析:以绩效为导向的薪酬结构(绩效薪酬制):其特点是员工的薪酬主要根据其近期劳动绩效来决定。以工作为导向的薪酬结构(岗位薪酬制):其特点是员工的薪酬主要根据其所担任的职务(或岗位)的重要程度、任职要求的高低以及劳动环境对员工的影响等来决定。以技能为导向的薪酬结构(技能薪酬制):其特点是员工的薪酬主要根据员工所具备的工作能力与潜力来确定。

75. 答案:B

解析:根据企业薪酬制度设计原则中的竞争性原则,在一般情况下,企业员工的薪酬水平应该比行业的平均水平高15%,这样既不会使企业的负担过重,又可以达到吸引、激励和保留员工的目的。

76. 答案:D

解析:企业年金适用于企业试用期满的员工。

多选

114. 答案:ABD

解析:确定被调查的岗位时,应当遵循可比性原则,即选择被调查的岗位时,应注重岗位之间在时间和空间多个维度上的可比性。被调查的岗位应在工作性质、难易复杂程度、岗位职责、工作权限、任职资格、能力要求、劳动强度、环境条件等方面与本企业所需调查的岗位具有可比性。

115. 答案:ABCDE

解析:即使是工作内容基本相同的同种岗位,在不同的企业中所获得的报酬也可能出现比较大的差距,产生这类问题的原因是:①岗位在不同的企业中对企业的价值或贡献大小不同;②特定企业的企业文化、管理理念和薪酬策略不同;③在职者在该岗位上的工作时间长短不同;④在职者在该岗位所获得的报酬是浮动的,它处在浮动范围之中的哪一点上是不确定的;⑤不同的行业有不同的惯例;⑥不同企业所处的地理位置与劳动力市场存在明显的差异。

116. 答案：ABCE

解析：实行经营者年薪制应具备的条件是：①健全的经营者人才市场，完善的竞争机制；②明确的经营者业绩考核指标体系；③健全的职工代表大会制度，完善的群众监督机制。

117. 答案：CDE

解析：企业薪酬制度设计的基本原则包括：

（1）公平性原则。

①内部公平性：是指企业内部的每一个员工应该认为，自己的薪酬与企业内其他员工的薪酬相比是公平的；

②外部公平性：一般是指企业与行业内其他企业的薪酬水平相比较，它提供的薪酬必须是有吸引力的，这样才会吸引优秀的求职者，同时留住优秀的员工。

（2）激励性原则：根据工作的差别确定报酬的差别，体现薪酬分配的导向作用及多劳多得原则。

（3）竞争性原则：一家企业的薪酬水平在人才市场上应该处于什么样的水平，要根据该企业的支付能力、所需要人才的可获得性等具体条件而定。

（4）经济性原则：企业在控制薪酬成本时要考虑行业属性。

（5）合法性原则：企业的薪酬制度必须符合党和国家的政策和法律。

118. 答案：BCD

解析：宽带式薪酬结构涉及文化、价值以及经营战略目标的实现，因此，企业在决定实施宽带式薪酬设计时，必须首先审查自己的文化、价值观以及经营战略的基本要求，看它们与宽带式薪酬设计的基本理念是否一致。宽带式薪酬要求企业必须形成相应的绩效文化、团队文化、沟通文化和参与文化。

119. 答案：ACD

解析：企业在制订薪酬计划时，应掌握的计划期内人力资源规划的资料包括：①拟招聘的新员工人数；②拟招聘的新员工的薪酬水平；③预计晋升职务的员工人数；④预计岗位轮换的员工人数；⑤预计休假的员工人数；⑥预计辞职、辞退、退休的员工人数。

专业能力部分的参考答案及评分标准

2014年5月

答：

（1）制订薪酬计划的方法有两种：（每项3分）

①从下而上法。比较实际、灵活，且可行性较高，但是不易控制总体的人工成本。

②从上而下法。可以控制总体成本,但是缺乏灵活性,而且确定薪酬总额时主观因素过多,降低了计划的准确性,不利于调动员工的积极性。

(2) 利用从下而上法制订薪酬计划的步骤如下:(6分)

①根据部门的人力资源规划和企业的每一位员工在未来一年薪酬预算估计数字,计算出整个部门所需的薪酬支出,然后汇集所有部门的预算数字,编制出企业整体的薪酬计划;

②在编制薪酬计划过程中,部门主管只需按照企业既定的加薪准则,如按绩效加薪,按年资或消费品物价指数的变化情况调整薪酬,分别计算出每个员工的加薪幅度及应得的薪金额;

③计算出每一部门的预算支出,然后再呈交给高层管理人员审核,通过后便可以着手编制计划。

利用从上而下法制订薪酬计划的步骤如下:(6分)

①先由企业的高层主管根据人力资源规划等决定企业整体的薪酬计划额和增薪的数额,然后再将整个计划数目分配到每一个部门;

②各部门根据所分配的计划和本部门内部实际情况,将数额分配到每一位员工。

由于这两种方法各有优劣,通常企业会同时采用这两种方法。首先根据企业制订的企业整体薪酬计划决定各部门的薪酬计划额;然后根据企业规定的增资准则预测个别员工的增薪幅度;最后比较这两步得出的结果,确保员工的增资符合部门的薪酬计划额。如果两者之间的差异较大,就要适当调整部门的计划额。

2013 年 11 月

答:

编制年度员工薪酬计划的步骤如下:

①通过薪酬市场调查,比较企业各岗位与市场上相对应岗位的薪酬水平。(2分)

②了解企业财力状况,根据企业人力资源策略,确定企业采用的市场薪酬水平。公司薪酬处在市场的75%处,可以继续保持。(2分)

③了解企业人力资源规划。(2分)

④将前三个步骤结合,画出一张薪酬计划计算表。(2分)

⑤根据经营计划预计的业务收入和前几个步骤预计的薪酬总额,计算薪酬总额与销售收入的比值,将计算出的比值与同行业的该比值或企业往年的比值进行比较,如果计算出的比值小于或等于同行业或企业往年水平,则该薪酬计划可行;如果大于的话,则可以适当降低。(4分)

⑥各部门根据企业整体的薪酬计划和企业薪酬分配制度规定,考虑本部门变化情况、各员工的基本情况做出部门薪酬计划,并上报到人力资源部,由人力资源部进行所有部门薪酬计划的汇总。(2分)

⑦如果汇总的各部门薪酬计划与整体薪酬计划不一致,则需要再进行调整。(2分)

⑧将确定的薪酬计划上报企业领导、董事会审批。(2分)

2013年5月

评分标准:

(1)调查表要有"表头",具体内容包括填表目的、填表说明或填表实例。

(2)调查表要有被调查者基本信息,包括所在部门、年龄、性别、教育程度、工龄、职务、现在的年收入等。

(3)调查表的问题设计要以客观性选择题为主,选项的设计要有层次性,可以分为三个或五个层次。

(4)调查表的问题内容要围绕薪酬满意度展开,涵盖下列内容:

①员工对薪酬水平的满意度;

②员工对薪酬结构、比例的满意度;

③员工对薪酬差距的满意度;

④员工对薪酬决定因素的满意度;

⑤员工对薪酬调整的满意度;

⑥员工对薪酬发放方式的满意度;

⑦员工对工作本身(如自主权、成就感、工作机会等)的满意度;

⑧员工对工作环境(如管理制度、工作时间、办公设施等)的满意度。

【参考答案实例】

薪酬满意度调查表

说明:请您选择一个最符合您看法的答案。

我们将对您的答案保密,请您务必表达真实的想法。

例如:我对目前获得的收入感到满意。

□非常同意	☑比较同意	□说不清楚	□不同意	□强烈反对

如果您对上述的问题感到"比较同意",请您在"比较同意"前的"□"中打上"√",其余的选项则不必填写。注意:每一题只能有一个选择。

所在的部门	年龄	性别	本专业/领域工作年限
企业工龄	职务	学历	现在的年收入(元)

(1)我对目前获得的收入感到满意。

| □非常同意 | □比较同意 | □说不清楚 | □不同意 | □强烈反对 |

(2) 我的收入与本地区同行业其他企业相比我感到满意。

| □非常同意 | □比较同意 | □说不清楚 | □不同意 | □强烈反对 |

(3) 我认为企业的奖金分配很公平。

| □非常同意 | □比较同意 | □说不清楚 | □不同意 | □强烈反对 |

(4) 我对企业提供的福利、补贴感到满意。

| □非常同意 | □比较同意 | □说不清楚 | □不同意 | □强烈反对 |

(5) 我的收入充分反映了我的业绩表现。

| □非常同意 | □比较同意 | □说不清楚 | □不同意 | □强烈反对 |

(6) 我的收入充分反映了我的岗位职责。

| □非常同意 | □比较同意 | □说不清楚 | □不同意 | □强烈反对 |

(7) 我的收入充分反映了我的工作能力。

| □非常同意 | □比较同意 | □说不清楚 | □不同意 | □强烈反对 |

(8) 我的收入各项目之间的比例是合理的。

| □非常同意 | □比较同意 | □说不清楚 | □不同意 | □强烈反对 |

(9) 我认为我的年收入应是_____元。

(10) 我认为在总收入中浮动工资部分应占_____%。

2012 年 11 月

答：

设计调查问卷时需要注意问卷时间不应超过 2 小时，同时还要注意以下问题：(每项 1.5 分，最高 16 分)

①先明确薪酬调查问卷要调查的内容，再设计表格；

②确保表格中每个调查项目都是必要的，经过必要的审核，剔除不必要的调查项目，以提高调查问卷的有效性和实用性；

③请同事填写表格样本，倾听反馈意见，了解表格设计是否合理；

④要求语言标准，问题简单明确；

⑤把相关的问题放在一起；

⑥尽量采用选择判断式语句提问，尽可能减少表中的文字书写量；

⑦保证留有足够的填写空间——记住：一些人手写时字体较大；

⑧使用简单的打印样式以确保易于阅读,有条件的可采用电子问卷,以便于统计分析软件处理;

⑨如果觉得有帮助,可注明填表须知;

⑩充分考虑信息处理的简便性和正确性;

⑪如果在多种场合需要该信息,可考虑为表格配带复写纸,以免多次填写表格;

⑫如果表格收集的数据使用光学字符阅读和光学符号阅读这两种可自动读入计算机的方法处理,表格则需要非常仔细地设计,保证准确地完成数据处理。

2012年5月

答:

在对薪酬调查数据进行整理汇总、统计分析时,可根据实际情况选取以下方法:

(1) 数据排列法(薪酬水平高的注意75%点处,甚至是90%点处;水平低的注意25%点处;一般企业注意中点处)。(2分)

(2) 频率分析法(没有采集到完整的薪酬数据,只采集到平均薪酬数据时,采用此法)。(2分)

(3) 趋中趋势分析法:①简单平均法;②加权平均法;③中位数法。(3分)

(4) 离散分析法:①百分位法;②四分位法。(3分)

(5) 回归分析法:借用一些数据统计软件(如SPSS等)所提供的回归分析功能,分析两种或多种数据之间的关系、薪酬差距或薪酬结构的主要因素及影响程度,进而对薪酬水平、薪酬差距或薪酬结构的发展趋势进行预测。(2分)

(6) 图表分析法。(2分)

2011年11月

答:

(1) 该公司现行的薪酬体系存在如下弊端:(每项2分)

①核心技术、管理岗位员工的薪酬偏低,对外缺乏竞争力,容易造成人员流失;

②薪酬等级过多,对员工缺乏激励性;

③薪酬调整过于随意,缺乏公平性。

(2) 确立新的薪酬体系,可按照如下程序进行设计:(每项2分)

①确定薪酬策略;

②岗位评价与分类;

③薪酬市场调查;

④薪酬水平的确定;

⑤薪酬结构的确定；
⑥薪酬等级的确定；
⑦企业薪酬制度的实施与修订。

2011年5月

答：

(1) 该企业薪酬体系的优势有：(每项2分)

①"四挂钩"薪酬奖金分配制度，考虑了岗位特点、员工技能水平、员工贡献和企业效益四个方面，兼顾了付酬因素；

②将岗位划分为科研、管理和生产三类，岗位分类较合理；

③将每类岗位细分为10多个等级，都有相应的薪酬和奖金分配标准，可见薪酬体系细节明确；

④薪酬体系重点突出，侧重于科研人员，使关键技术人才的薪酬水平高于一般员工的薪酬水平，在市场中具有竞争力；

⑤通过加大奖金分配力度拉开薪酬差距，有利于效益增长；

⑥注重公平竞争，对科研人员实施聘任制，为拉开薪酬差距提供依据。

(2) 对完善该企业的薪酬奖金分配制度的建议有：(每项2分)

①掌握市场薪酬水平变化，及时进行薪资调整，提高薪酬制度的对外竞争力；

②注意长期激励与短期激励相结合，对高层管理者、核心技术人员和有突出贡献的员工推行长期激励，如年薪制、期权和股权计划等；

③在贯彻薪酬制度的过程中会遇到各种问题，因此需要建立并完善沟通平台，上情下达，下情上达，不断发现问题，提出对策，完善薪酬制度；

④不断完善绩效管理制度，为薪酬制度的运行提供依据，保证薪酬制度的公平性和合理性。

2010年11月

答：

(1) 可以按照如下步骤对该公司的岗位进行分类：(每项2分)

①岗位的横向分类，即根据岗位的工作性质及特征，将它们划分为若干类别；

②岗位的纵向分级，即根据每一岗位的繁简难易程度、责任轻重以及所需学识、技能、经验水平等因素，将它们归入一定的档次级别；

③根据岗位分类的结果，制定各类岗位的岗位规范（即岗位说明书），并以此作为各项人力资源管理工作的依据；

④建立公司岗位分类图表,说明各类岗位的分布及其配置状况,为员工分类管理提供依据。

(2)按照岗位承担者的性质和特点,可按如下步骤对公司的岗位进行横向划分：

①将公司全部岗位分为生产岗位、管理岗位、业务岗位三大类。(2分)

②按照劳动分工的特点,将这三大类划分为若干中类或小类：(2分)

a．将管理岗位划分为生产管理类、市场营销类、财务审计类、技术管理类、人事管理类、质量管理类、综合管理类及其他；(2分)

b．将生产岗位划分为基本生产岗位、辅助生产岗位、生产生活服务岗位；(2分)

c．将业务岗位划分为销售业务类、客户服务业务类。(2分)

2010年5月

答：

(1)首先,应当明确技能薪酬制的特点、种类及其适用范围：

①技能薪酬制是一种以员工的技术和能力为基础的薪酬。它强调根据员工的个人能力提供薪酬。而且,只有确定员工达到了某种技术能力标准以后,才能为员工提供与这种能力相对应的薪酬。(2分)

②它可以分为以下两种具体的薪酬制：(每项2分)

a．技术薪酬制。以应用知识和操作技能水平为基础的薪酬制,主要适用于生产制造企业中的"蓝领"员工。

b．能力薪酬制。能力薪酬包括以基础能力和特殊能力为基础的两部分薪酬,主要适用于企业的专业技术人员和管理人员,属于"白领"薪酬。

③技能薪酬制在鼓励员工掌握各项新知识、新技能,提高业绩表现,增强参与意识等方面具有明显的优势,尤其适用于那些提倡员工参与管理的企业；但是,这种薪酬制给企业带来技术进步、生产率提高等好的变化的同时,可能会使薪酬费用日益增加。(2分)

(2)推行技能薪酬制必须具备以下前提：(每项2分)

①企业在推行技能薪酬制时,必须考察自身的生产经营的情况、管理体制的环境。尤其是对于企业文化这一因素,技能薪酬制要求企业有一种比较开放的、有利于员工参与的企业文化,以保证企业充分利用员工获得的新技术和新知识。

②必须建立健全相关工作岗位的技能要求和能力标准体系。

③必须制定实施与技能薪酬制度配套的员工技能考核评估体系。

④必须构建完整的员工培训开发体系,将薪酬计划与员工培训计划有机地结合起来,为员工提高技能等方面素质提供机会、创造条件。

(3)必须关注企业人力资源成本的核算,推行技能薪酬制会引起人力资源成本增长。(2分)

(4)必须注意薪酬制自身的配套性。我国机械制造企业薪酬改革的长期实践证明,如果实行单一的技能薪酬制,往往弊大利小,难以全面体现效率与公平的薪酬原则,因此,更应采用以技能薪酬制为主体的组合薪酬制。(2分)

2009年11月

答:

(1) 该公司的薪资制度存在的问题有:(每项2分)

①首先,没有认真地贯彻执行现行的薪资制度,一年多没有兑现奖金(即绩效薪酬),未实现岗位薪酬与绩效薪酬的联动;

②从该公司薪资制度适用性来看,应用范围具有一定的局限性,主要适用于一线生产人员,对市场营销、经营管理、产品研发等其他岗位的人员不一定适用;

③从该公司薪资制度的结构来看,虽然岗位薪点值能够体现各岗位员工的劳动差别,但按岗位薪点值折算出的绩效薪点值并没有真正体现出员工个人的实际贡献程度;

④没有坚持薪资对外公平性的原则,没有及时掌握劳动力市场价位变动情况并适时地调整企业员工薪资水平。

(2) 科学、合理的薪资制度应体现的基本要求是:(每项2分)

①员工的薪资分配必须体现企业发展战略的要求,成为实施企业发展战略、实现战略目标的重要支撑点;

②员工的薪资分配必须强化企业的核心价值观,只有公司的核心价值观被全体员工所认同,企业内部才能创造一种共同语言,才能从思想和行动上形成一股合力;

③员工的薪资分配必须解决好价值分配中的三对矛盾,即现在与将来的矛盾、老员工与新员工的矛盾、个体与团体的矛盾,这样才能促进企业可持续发展;

④员工的薪资分配必须有利于培养和增强企业的核心能力;

⑤企业应当逐步完善薪资管理的基础工作,如确立薪资的市场调查机制,健全工作岗位分析评价以及绩效考评制度,实现薪资制度的整体性和配套性。

2009年5月

答:

(1) 该公司应根据企业发展的中长期方向和目标,坚持"对外具有竞争力,对内具有公平性"的基本原则,采取以下步骤对公司的薪酬制度进行再设计、再改进:(每项2分)

①对全部岗位进行工作分析,建立健全定编、定岗、定员和定额等基础工作;

②对各类岗位进行系统的岗位评价和分类分级,以保证薪酬对内的公平公正性;

③建立薪酬调查制度,定期地进行薪酬市场调查,掌握同类企业员工薪酬水平的变动情况,以提高公司员工薪酬水平,保持公司薪酬的市场竞争力;

④根据公司生产经营的状况和财务实力,对各类员工的薪酬结构进行再设计,采用适合岗位性质与工作特点的薪酬和奖励制度;

⑤定期进行员工薪酬满意度调查,掌握员工的动态,运用多种激励手段,最大限度地调动员工的积极性、主动性和创造性;

⑥注重与员工薪酬制度相关制度的贯彻落实,提高其相互配套性和支撑性,如员工绩效管理、培训开发等管理子系统的建立和完善。

(2) 配套的激励措施主要有:(每项1分)

①公司的领导层要转变观念,树立"以人为本"的经营管理思想。针对F公司的现状,其重点应该是建立以薪酬制度为基础的员工激励机制,使企业进入"高薪资、高效率、高效益"的良性循环。

②强调外在激励的同时,更应当重视内在激励。强化岗位工作本身带给员工的胜任感、成就感、责任感、事业心、影响力、个人的成长和富有价值的创造等。

③引入适度的竞争机制,让员工感觉到差距的存在,让他们感觉到竞争的危机,落后就意味着失去工作。

④创造公平的工作环境。公平体现在各个方面,如招聘录用、绩效考评、教育培训、劳动报酬、晋升调动等。任何不公平都会影响员工的情绪和效率,降低激励效果。

⑤加大对团队绩效奖励的力度,以倡导团队的合作精神,促进团队成员之间相互合作,消除上下级之间因薪酬差距过大而出现的心理不平衡。

⑥设计适合员工需要的福利项目。高薪只是短期内人才资源市场供求关系的体现,而福利则反映了企业对员工的长期承诺。

⑦在依据充分、公平公正的前提下,进一步强化奖惩制度。

⑧将公司长远发展与员工短期目标密切结合在一起,帮助业务骨干制定职业生涯规划,促使员工重视职业生涯的自我开发,树立与公司共谋发展、双方共赢的职业观。

2008年11月

答:

(1) 岗位分类的主要步骤是:(每项2分)

①岗位的横向分类,即根据岗位的工作性质及特征,将它们划分为若干类别;

②岗位的纵向分级,即根据每一岗位的繁简难易程度、责任轻重以及所需学识、技能、经验水平等因素,将它们归入一定的档次级别;

③根据岗位分类的结果,制定各类岗位的岗位规范即(岗位说明书),并以此作为各项人力资源管理工作的依据;

④建立企业岗位分类图表,说明企业各类岗位的分布及其配置状况,为企业员工的分类管理提供依据。

(2) 采用点数法对生产性岗位进行纵向分级的主要步骤是:(每项2分)
①选择岗位评价要素;
②建立岗位要素指标评价标准表;
③按照要素评价标准对各岗位打分,并根据结果划分岗级;
④根据各个岗位的岗级统一划归相应的岗等。

2008年5月

答:
对薪酬调查的数据进行统计分析可采用以下方法:(每项2分)
①数据排列法;
②频率分析法;
③趋中趋势分析法;
④离散分析法;
⑤回归分析法;
⑥图表分析法。

2007年11月

答:
(1) 该公司现行薪酬体系存在的问题有:(每项2分)
①对外缺乏竞争性:核心技术、管理岗位人员的薪酬只达到行业薪酬水平的25%点处,导致这部分人员的流失率过大。
②对员工缺乏激励性:薪酬等级多达48级,薪酬等级之间的级差仅50元,对员工的激励作用很小,且缺乏对核心员工的中长期激励。
③对内缺乏公平性:薪酬等级按行政级别区分,忽略岗位性质的不同,对于那些工作强度高、对企业贡献大、工作环境差的岗位来说,薪酬水平偏低;而对于那些工作强度低、对企业贡献小、工作环境优越的岗位来说,薪酬水平偏高。
④没有形成以业绩、能力为导向的薪酬调整体系。
(2) 宽带式薪酬体系的设计程序是:(每项2分)
①理解企业战略。企业人力资源战略是依据企业总体战略而制定的,同时为企业总体战略的实现提供强有力的支持,而薪酬战略又是企业人力资源战略的一种量化体现。因此在设计宽带薪酬时,首先要考虑企业的自身战略。
②整合岗位评价。岗位评价是宽带薪酬的基础,其目的在于确定每个企业内每个岗位的相对价值,以确保薪酬体系的内部公平。

③完善薪酬调查。企业的薪酬水平除了符合内部公平的原则外,还应该满足外部公平的要求,以提高企业在人力资源市场上的吸引力和竞争力。

④构建薪酬结构。具体包括:确定宽带的数量;确定宽带内的薪酬浮动范围;宽带内横向岗位轮换;做好任职资格及薪酬评级工作。

⑤加强控制调整。

2007 年 5 月

答:

(1) YT 公司薪酬体系的优势有:(每项 2 分)

①YT 公司的"一脱四挂钩"薪酬奖金分配制度,同时考虑了岗位特点、员工技能水平、员工贡献和企业效益四个方面,可见 YT 公司的薪酬体系是一种平衡的薪酬体系;

②YT 公司将企业的全部岗位划分为科研、管理和生产三大类,岗位分类较为合理;

③YT 公司将每类岗位细分为 10 多个等级,每个等级都有相应的薪酬和奖金分配标准,可见 YT 公司的薪酬体系细节明确,为新的薪酬体系奠定了坚实的基础;

④YT 公司的薪酬体系重点突出,侧重于科研人员,使关键技术人才的薪酬水平高于一般可替代性强的员工的薪酬水平,在市场中具有竞争力;

⑤YT 公司通过加大奖金分配力度的做法来拉开薪酬差距,有利于企业效益的增长;

⑥YT 公司注重公平竞争,如对科研人员实施聘任制,为拉开薪酬差距提供依据。

(2) 对完善 YT 公司薪酬体系的建议有:(每项 2 分)

①掌握市场薪酬水平变化,及时进行薪资调整,提高薪酬制度的对外竞争力;

②不断完善绩效管理制度,为薪酬制度的运行提供依据,保证薪酬制度的公平、合理;

③在贯彻薪酬制度的过程中如果遇到各种问题,应建立并完善沟通平台,上情下达,下情上达,不断发现问题,提出对策,完善薪酬制度;

④注意长期激励与短期激励相结合,对高层管理者、核心技术人员和有突出贡献的员工推行长期激励,如年薪制、期权和股权计划等。

第六章 劳动关系管理

理论知识部分

2014年5月

单选

77. 在劳务派遣中,被派遣劳动者应当与(　　)签订劳动合同。
    A. 劳务用工单位　　　　　　　B. 劳务行业协会
    C. 劳务派遣机构　　　　　　　D. 劳动行政部门

79. 建立劳动力市场工资指导价位是(　　)通行的做法。
    A. 发达国家　　　　　　　　　B. 发展中国家
    C. 市场经济国家　　　　　　　D. 混合经济国家

80. 劳动力市场工资指导价位的形式包括(　　)。
    A. 年工资收入和月工资收入　　B. 月工资收入和日工资收入
    C. 周工资收入和日工资收入　　D. 日工资收入和年工资收入

81. (　　)不属于企业劳动安全卫生保护费用。
    A. 劳动安全卫生培训费用　　　B. 工伤保险费
    C. 劳动安全特殊岗位补贴　　　D. 员工健康检查费用

82. (　　)不属于企业所有员工在劳动安全卫生保护工作中的职业道德行为准则。
    A. 安全第一　　B. 预防为主　　C. 以人为本　　D. 奖罚分明

84. 仲裁庭裁决劳动争议,实行少数服从多数原则,即(　　)。
    A. 强制制度　　　　　　　　　B. 一次裁决制度
    C. 合议制度　　　　　　　　　D. 区分举证责任制度

多选

120. 被派遣劳动者与用工单位正式员工享有平等的法定劳动权利,包括(　　)。

A. 参加工会的权利 B. 民主参与的权利
C. 休息休假的权利 D. 提请劳动争议处理的权利
E. 享受各种福利待遇

121. （　　）属于工资集体协商的内容。
 A. 工资标准 B. 工资分配制度
 C. 福利待遇 D. 工资支付办法
 E. 工资分配形式

122. 同一职业劳动力市场工资价位有高、中、低之分，是由（　　）等因素决定的。
 A. 企业规模 B. 企业经济效益
 C. 劳动力供求总量 D. 企业经济类型
 E. 不同层次的劳动者

123. 为营造劳动安全卫生制度环境，企业应当（　　）。
 A. 奖惩分明 B. 优化企业劳动组织
 C. 严格执行各项劳动安全卫生规程 D. 完善劳动场所设计
 E. 建立健全劳动安全卫生管理制度

124. 以下关于劳动争议的说法，正确的有（　　）。
 A. 劳动争议的内容是特定的
 B. 劳动争议的当事人是特定的
 C. 劳动争议有特定的表现形式
 D. 劳动争议的影响范围局限在争议主体之间
 E. 劳动争议虽然影响范围大，但不会造成严重影响

2013 年 11 月

单选

77. 下列关于劳务派遣的说法，不正确的是（　　）。
 A. 雇员是被派遣的劳动者 B. 是一种组合劳动关系
 C. 本质是劳动力的雇用和使用相统一 D. 雇主是劳务派遣机构

78. 工资集体协商的内容不包括（　　）。
 A. 最低工资标准的确定 B. 年度平均工资水平及其调整幅度
 C. 工资分配制度、工资标准和形式 D. 工资协议的终止条件与违约责任

79. 政府在工资宏观调控方面的总原则不包括（　　）。
 A. 平均工资的增长低于劳动生产率的增长
 B. 平均工资的增长低于人均 GDP 的增长
 C. 在工资的调控上由总量控制向水平控制转变

D. 企业工资总额的增长低于经济效益的增长

80. 制定劳动力市场工资指导价位的依据不包括（　　）。
    A. 就业状况　　　B. 经济总量　　　C. 物价水平　　　D. 劳动力供求关系

81. 企业制定（　　）的目的是：及时处理事故，采取预防措施，总结经验，防止类似事件再次发生。
    A. 安全生产责任制度　　　　　　　B. 重大事故隐患管理制度
    C. 安全生产检查制度　　　　　　　D. 伤亡事故报告和处理制度

82. 安全卫生认证制度的要点不包括（　　）。
    A. 重大事故隐患分类
    B. 有关人员的资格认证
    C. 有关单位、机构的劳动安全卫生资格认证
    D. 与劳动安全卫生联系特别密切的物质技术产品的质量认证

83. 企业劳动争议调解委员会对劳动争议进行调解，这种调解的特点不包括（　　）。
    A. 群众性　　　B. 合议性　　　C. 自治性　　　D. 非强制性

84. 劳动争议申请仲裁的时效期间为（　　）。
    A. 1个月　　　B. 半年　　　C. 3个月　　　D. 1年

85. 劳动争议仲裁委员会收到仲裁申请之日起（　　）内，认为符合受理条件的，应当受理。
    A. 5日　　　B. 10日　　　C. 15日　　　D. 30日

多选

120. 劳务派遣的主体有（　　）。
     A. 用工单位　　　B. 政府　　　C. 劳务派遣机构　　　D. 工会
     E. 被派遣劳动者

121. 被派遣劳动者的用工单位应履行的义务包括（　　）。
     A. 提供工作岗位　　　　　　　B. 进行劳动安全卫生教育
     C. 进行劳动组织和监督管理　　　D. 支付工资、缴纳社会保险费
     E. 提供与工作岗位相关的劳动条件

122. 运用劳动力市场工资指导价位时，必须处理好指导价位与（　　）的关系。
     A. "两低于"原则　　　　　　　B. 企业员工总数
     C. 企业经济效益　　　　　　　D. 企业员工结构
     E. 企业短期货币工资决定方式

123. 企业所有员工在劳动安全卫生保护工作中应遵循的职业道德行为准则包括（　　）。
     A. 安全第一　　　B. 预防为主　　　C. 以人为本　　　D. 防治结合
     E. 奖惩结合

124. 根据争议性质的不同，劳动争议可划分为（　　）。
     A. 劳动合同争议　　　　　　　B. 劳务派遣争议

C. 集体合同争议 D. 权利争议
E. 利益争议

125. 按照承担法律责任要件对劳动争议案例进行分析,其思维结构包括( )。
    A. 分析确定劳动争议的标的
    B. 分析确定劳动争议当事人所实施的行为
    C. 分析确定行为人的行为是否有主观上的过错
    D. 分析确定当事人的行为是否造成或足以造成一定的危害
    E. 分析确定当事人行为与危害结果之间是否存在直接的因果关系

2013 年 5 月

单选

77. 企业工资集体协商的内容不包括( )。
    A. 工资指导线 B. 工资分配制度
    C. 工资分配形式 D. 工资收入水平

78. 劳务派遣协议使派遣单位与用工单位双方建立起( )。
    A. 实际劳动关系 B. 劳务派遣关系
    C. 形式劳动关系 D. 民事法律关系

79. 劳务派遣机构的注册资本不得低于( )万元。
    A. 30 B. 50 C. 80 D. 200

80. 工资集体协商的双方可书面委托本企业外的人士作为本方协商代表,但委托人数不得超过本方代表的( )。
    A. 1/2 B. 1/3 C. 1/4 D. 1/5

81. 伤亡事故报告和处理制度的内容不包括( )。
    A. 伤亡事故报告 B. 伤亡事故调查
    C. 工伤事故预防 D. 伤亡事故处理

82. 企业员工在劳动安全卫生保护工作中的职业道德行为准则不包括( )。
    A. 安全第一 B. 注重效率
    C. 预防为主 D. 以人为本

83. 下列关于劳动争议仲裁的说法,不正确的是( )。
    A. 仲裁要遵循回避原则 B. 仲裁遵循非强制性原则
    C. 仲裁对象具有特定性 D. 仲裁主体具有特定性

84. 劳动争议仲裁委员会的构成不包括( )。
    A. 员工代表 B. 同级工会代表
    C. 用人单位方面的代表 D. 劳动行政部门代表

多选

121. 随着市场经济体制的深入与完善,国家对企业工资分配的宏观调控( )。
    A. 由间接调控转变为调控工资总量
    B. 由间接调控转向直接控制
    C. 由调控工资水平转变为调控工资总量
    D. 由直接控制转向间接调控
    E. 由调控工资总量转变为调控工资水平

122. 制定劳动力市场工资指导价位时,应( )。
    A. 坚持市场取向
    B. 优先考虑企业
    C. 定期公开发布
    D. 优先保护劳动者
    E. 科学地考虑指导价位差别的因素

123. 按照劳动争议标的的不同,可以把劳动争议划分为( )。
    A. 权利争议
    B. 利益争议
    C. 由于劳动条件而发生的争议
    D. 劳动合同争议
    E. 由于劳动报酬而发生的争议

124. 劳动争议仲裁的基本制度包括( )。
    A. 合议制度
    B. 自愿制度
    C. 强制制度
    D. 隶属制度
    E. 区分举证责任制度

125. 按照承担法律责任要件对劳动争议案例进行分析,其思维结构包括( )。
    A. 确定劳动争议的标的
    B. 分析确定意思表示的意志内容
    C. 确定引起劳动争议的事实和结果
    D. 根据差异当事人做出判断和选择
    E. 确定行为模式标准与当事人所实施行为的差异

2012 年 11 月

单选

77. 在劳务派遣中,( )的关系属于有"劳动"没"关系"的实际劳动关系。
    A. 雇主与雇员
    B. 劳务派遣机构与被派遣劳动者
    C. 劳务派遣机构与劳务派遣用工单位
    D. 劳务派遣用工单位与被派遣劳动者

78. 下列关于劳务派遣的说法,错误的是( )。
    A. 劳务派遣机构可以向被派遣劳动者收取费用
    B. 劳务派遣机构有义务将派遣内容告知劳动者
    C. 劳动派遣机构对劳动者的合法权益承担保护义务
    D. 被派遣劳动者管理的特殊性主要在于避免可能出现的劳动歧视问题

79. 工资指导线的( )是年度货币工资平均增长目标,是对于生产经营正常、有经济效益的企业来说较为合理的工资增长水平。

   A. 上线　　　　　B. 基准线　　　　C. 下线　　　　　D. 预警线

80. 集体工资协议报送（　　）内，协商双方未收到劳动保障行政部门的《工资协议审查意见书》，视为劳动保障行政部门同意，该工资协议即行生效。

   A. 10日　　　　　B. 15日　　　　　C. 20日　　　　　D. 30日

81. 企业安全技术措施计划管理制度内容不包括（　　）。

   A. 安全技术措施　　　　　　　　　B. 劳动卫生措施
   C. 辅助性设施建设　　　　　　　　D. 重大事故隐患分类

82. 用人单位自用工之日起超过一个月不满一年未与劳动者订立书面劳动合同的，自第二个月起应当向劳动者每月支付（　　）倍的工资。

   A. 1　　　　　　　B. 1.5　　　　　　C. 2　　　　　　　D. 3

83. 调解委员会调解劳动争议应遵循自愿的原则，但不包括（　　）。

   A. 申请调解自愿　　B. 举证自愿原则　　C. 调解过程自愿　　D. 履行协议自愿

84. 自劳动争议调解组织收到调解申请之日起（　　）内未达成调解协议的，当事人可以依法申请仲裁。

   A. 10日　　　　　B. 15日　　　　　C. 20日　　　　　D. 30日

85. 劳动争议仲裁庭应当于开庭的（　　）前将开庭时间、地点的书面通知送达当事人。

   A. 5日　　　　　　B. 7日　　　　　　C. 15日　　　　　D. 30日

多选

121. 工资集体协商时，协商确定职工年度工资水平应考虑的因素有（　　）。

   A. 企业劳动生产率和经济效益　　　B. 本地区城镇居民消费价格指数
   C. 地区、行业职工平均工资水平　　D. 地区、行业、企业的人工成本水平
   E. 上年度企业职工工资总额和职工平均工资水平

122. 我国劳动力市场工资指导价位制度的具体目标包括（　　）。

   A. 建立规范化的信息采集制度　　　B. 建立现代化的信息发布手段
   C. 控制垄断行业工资水平盲目增长　D. 建立科学化的工资指导价位制定方法
   E. 保证工资指导价位能真实反映劳动力价格

123. 企业伤亡事故报告和处理制度的内容包括（　　）。

   A. 伤亡事故报告　　　　　　　　　B. 伤亡事故调查
   C. 重大事故隐患报告　　　　　　　D. 伤亡事故处理
   E. 企业职工伤亡事故分类

124. 劳动争议调解委员会职责包括（　　）。

   A. 强制当事人履行调解协议
   B. 宣传劳动保障法律、法规和政策
   C. 监督和解协议、调解协议的履行

D. 参与研究涉及劳动者切身利益的重大方案

E. 对本企业发生的劳动争议进行调解

2012年5月

单选

77. 处理异地劳动争议时,被派遣劳动者与派遣机构的劳动争议由(　　)所在地管辖。
    A. 派遣机构　　　B. 被派遣劳动者　　　C. 用工单位　　　D. 劳动合同约定

78. 下列关于劳务派遣的说法,正确的是(　　)。
    A. 被派遣劳动者的派遣期限到期应当提前告知
    B. 被派遣劳动者不得与劳务派遣单位解除劳动合同
    C. 实际用工单位可以将被派遣劳动者派遣到其他用人单位
    D. 用人单位可以将连续用工期限分割,订立数个短期劳务派遣协议

79. 以下关于工资指导线的说法,不正确的是(　　)。
    A. 有利于企业自觉控制人工成本水平
    B. 反映整个社会经济发展与雇员工资增长的关系
    C. 为企业集体协商确定年度工资增长水平提供依据
    D. 所有企业都应该按照指导线的水平给雇员增加工资

80. 制定劳动力市场工资指导价位,首先要采集相关数据,下列说法不正确的是(　　)。
    A. 要以随机抽样的方式收集数据　　　B. 收集的数据要有可比性
    C. 应按照国家相关政策规定进行　　　D. 收集数据的范围是城镇企业

81. 人力资源社会保障部门、产业主管部门、用人单位、工会组织对劳动安全卫生法律、法规、制度的实施依法进行监督检查,由此形成(　　)。
    A. 安全生产责任制度　　　B. 安全生产教育制度
    C. 安全生产检查制度　　　D. 安全卫生认证制度

82. (　　)不属于劳动组织优化的内容。
    A. 劳动环境优化　　　B. 作业班组合理组织
    C. 不同工艺阶段合理组织　　　D. 工作时间合理组织

83. 劳动争议的(　　)贯穿于劳动争议处理的各个程序。
    A. 受理　　　B. 调解　　　C. 仲裁　　　D. 判决

84. 劳动争议调解组织自收到调解申请的(　　)内未达成调解协议,当事人可依法申请仲裁。
    A. 10日　　　B. 15日　　　C. 30日　　　D. 60日

85. 劳动争议仲裁的被申请人收到仲裁申请书副本后,应在(　　)内提交答辩书。
    A. 5日　　　B. 10日　　　C. 15日　　　D. 30日

多选

120. 劳务派遣单位的职责包括(　　)。
    A. 向被派遣者支付工资　　　　　　B. 为被派遣者提供福利待遇
    C. 为被派遣者缴纳社会保险费　　　D. 监督管理被派遣者的具体工作
    E. 为被派遣者提供实现劳动给付的工作岗位

121. (　　)属于工资集体协商的内容。
    A. 工资标准　　　B. 福利待遇标准　　　C. 工资分配形式
    D. 工资支付办法　　E. 工资协议违约责任

122. 重大事故隐患管理制度的要点包括(　　)。
    A. 重大事故隐患分类　　　　　　B. 重大事故隐患报告
    C. 重大事故隐患处理　　　　　　D. 重大事故隐患预防
    E. 重大事故隐患整改措施

123. 劳动者健康检查制度包括(　　)。
    A. 伤亡事故报告　　　　　　　　B. 员工招聘健康检查
    C. 职业病防护制度　　　　　　　D. 有关人员资格认证
    E. 企业员工的定期体检

124. (　　)属于根据争议标的划分的劳动争议范畴。
    A. 关于劳动权利的争议　　　　　B. 关于工作时间的争议
    C. 关于休息休假的争议　　　　　D. 关于保险福利的争议
    E. 关于劳动利益的争议

125. 下列关于劳动争议仲裁强制原则的说法,正确的是(　　)。
    A. 劳动争议双方当事人必须都同意仲裁,仲裁委员会才能受理
    B. 劳动争议当事人只要有一方申请仲裁,仲裁委员会即可受理
    C. 仲裁庭对劳动争议调解不成,必须征得当事人同意,才可行使裁决权
    D. 仲裁庭对劳动争议调解不成,无须征得当事人同意,可直接行使裁决权
    E. 对发生法律效力的仲裁裁定,一方当事人不履行,另一方当事人可申请人民法院强制执行

2011年11月

单选

77. 被派遣劳动者与用工单位的劳动争议由(　　)所在地劳动争议仲裁委员会管辖。
    A. 劳务派遣单位　　B. 被派遣劳动者　　C. 用工单位　　D. 劳动合同约定

78. 工资集体协商的内容不包括(　　)。
    A. 最低工资标准的确定　　　　　B. 年度平均工资水平及其调整幅度

C. 工资分配制度、工资标准和形式　　D. 工资协议的终止条件与违约责任

79. 工资指导线的（　　）主要适用于经济效益较差或亏损的企业。
    A. 上线　　　　B. 基准线　　　　C. 下线　　　　D. 标准线

80. 在劳动力市场工资指导价位的制定过程中，需要采集信息，下列说法错误的是（　　）。
    A. 两次调查时间间隔为两年
    B. 主要是通过抽样调查方法取得
    C. 调查范围包括城市行政区域内的各行业所有城镇企业
    D. 调查内容为上一年度企业中有关职业在岗职工全年工资收入的情况

81. 在安全生产责任制中，对本单位安全卫生技术负领导责任的是（　　）。
    A. 工人　　　　　　　　　　　　B. 企业法定代表人
    C. 总工程师　　　　　　　　　　D. 分管安全卫生的负责人

82. 安全卫生认证制度不包括（　　）。
    A. 重大事故隐患分类
    B. 有关人员资格认证
    C. 有关单位、机构的劳动安全卫生资格认证
    D. 与劳动安全卫生联系特别密切的物质技术产品的质量认证

83. 当事人因主张有待确定的权利和义务所发生的争议属于（　　）。
    A. 个别争议　　B. 集体争议　　C. 利益争议　　D. 权利争议

84. 劳动争议仲裁实行一个裁级（　　）裁决制度。
    A. 两次　　　　B. 多次　　　　C. 一次　　　　D. 无限

85. 劳动争议仲裁的基本制度不包括（　　）。
    A. 合议制度　　B. 管辖制度　　C. 回避制度　　D. 证据制度

多选

120. 下列关于"劳务派遣"这一术语的说法，正确的是（　　）。
    A. "雇员租赁"可以较为妥当地代替"劳务派遣"
    B. "劳动派遣"可以较为准确地描述劳务派遣的实质
    C. 劳务派遣有多种术语表述
    D. 劳务派遣是一种典型的非正规就业方式
    E. 劳务派遣是一种组合劳动关系

121. 政府在工资宏观调控方面的总原则包括（　　）。
    A. 平均工资的增长低于劳动生产率的增长
    B. 平均工资的增长高于劳动生产率的增长
    C. 在工资的调控上由总量控制向水平控制转变
    D. 在工资的调控上由水平控制向重点控制转变
    E. 实施企业工资总额的增长低于经济效益的增长

122. 运用劳动力市场工资指导价位时,必须处理好指导价位与( )的关系。
    A. "两低于"原则　　B. 年工资收入　　C. 企业经济效益　　D. 月工资收入
    E. 企业短期货币工资决定方式

123. 伤亡事故报告和处理制度的内容包括( )。
    A. 伤亡事故报告　　　　　　　　B. 企业职工伤亡事故分类
    C. 伤亡事故调查　　　　　　　　D. 伤亡事故赔偿支付标准
    E. 伤亡事故处理

124. 以下属于劳动安全卫生保护费用的有( )。
    A. 教育培训费　　　　　　　　　B. 劳动安全卫生保护设施建设费用
    C. 工伤保险费　　　　　　　　　D. 有毒有害作业场所定期检测费用
    E. 人工成本费

125. 劳动争议仲裁申请书应当载明的内容有( )。
    A. 仲裁请求及所依据的事实和理由
    B. 委托的律师及相关资料
    C. 证据和证据来源、证人的姓名、住址
    D. 劳动者的姓名、职业、住址和工作单位
    E. 用人单位的名称、地址和法定代表人的姓名、职务

2011年5月

单选

77. ( )有义务向被派遣劳动者支付工资、缴纳社会保险、提供福利待遇。
    A. 形式上的雇主　　B. 用工单位　　C. 劳动行政部门　　D. 劳务派遣单位

78. 为满足劳务派遣的特殊需要,劳动合同还应当载明的内容不包括( )。
    A. 用工单位　　　　　　　　　　B. 派遣期限
    C. 派遣单位　　　　　　　　　　D. 用工单位的工作岗位

79. 以下关于被派遣劳动者的管理,不正确的表述是( )。
    A. 被派遣劳动者应与用工单位订立劳动合同
    B. 被派遣劳动者的派遣期限应当在劳动合同中载明
    C. 被派遣劳动者与正式雇员享有平等的法定劳动权利
    D. 同一岗位使用的被派遣劳动者与正式雇员同岗同酬

80. 工资集体协商的双方可书面委托本企业外的专业人士作为本方协商代表,但委托人数不得超过本方代表的( )。
    A. 1/2　　　　B. 1/3　　　　C. 1/4　　　　D. 1/5

81. ( )不属于劳动安全卫生保护费用。

A. 医疗保险费 B. 劳动安全卫生教育培训经费
C. 工伤保险费 D. 健康检查和职业病防治费用

82. 在劳动争议的处理程序中必须坚持先行(　　)。
A. 协商 B. 调解 C. 仲裁 D. 诉讼

84. 劳动争议仲裁委员会的构成不包括(　　)。
A. 上级工会代表 B. 劳动行政部门代表
C. 同级工会代表 D. 用人单位方面的代表

多选

121. 关于工资集体协商的雇主代表,正确的说法有(　　)。
A. 可由雇员推举产生 B. 可由当地劳动行政部门指定
C. 可由企业法定代表人担任 D. 可由股东大会选出的代表担任
E. 可由企业法定代表人指定的其他人担任

122. 工资集体协商期间,雇员一方的首席代表(　　)。
A. 可由工会主席担任 B. 可由工会推举
C. 可由企业高层决定 D. 可由董事会任命
E. 可由工会主席书面委托的其他雇员代表担任

123. 关于企业安全生产责任制度的表述,正确的是(　　)。
A. 总工程师负安全卫生技术领导责任
B. 企业法定代表人对本单位的安全卫生负全面责任
C. 工程技术人员和生产工人对安全生产负直接责任
D. 分管安全卫生的负责人和专职人员对安全卫生负直接责任
E. 工人在各自岗位上承担严格遵守劳动安全技术规程的义务

124. 按照劳动争议主体的不同,可以把劳动争议划分为(　　)。
A. 权利争议 B. 利益争议 C. 个别争议 D. 集体争议
E. 团体争议

125. 工资指导线对企业的薪酬水平有约束作用,可分为(　　)。
A. 上线 B. 增长线 C. 中线 D. 基准线
E. 下线

2010 年 11 月

单选

77. 在劳务派遣中,劳务派遣单位与被派遣劳动者应当订立(　　)。
A. 劳动合同 B. 劳务派遣协议 C. 劳务合同 D. 劳务派遣合同

78. 劳务派遣单位与用工单位双方所确立的权利义务关系,属于(　　)。

A. 实际劳动关系 B. 劳动法律关系
C. 形式劳动关系 D. 民事法律关系

80. 工资指导线上线也称预警线，是对（ ）的企业提出的警示和提示。
A. 生产经营不正常、亏损较大 B. 工资增长缓慢、经济效益较差
C. 生产经营正常、有经济效益 D. 工资增长较快、工资水平较高

81. 企业法定代表人对本单位的安全卫生负有（ ）。
A. 全面责任 B. 安全技术卫生领导责任
C. 直接责任 D. 安全技术卫生监督责任

82. 企业员工在劳动安全卫生保护工作中的职业道德行为准则不包括（ ）。
A. 安全第一 B. 效率优先 C. 预防为主 D. 以人为本

83. （ ）不是企业调解委员会对劳动争议进行调解的特点。
A. 群众性 B. 系统性 C. 自治性 D. 非强制性

84. 调解委员会调解劳动争议应遵循自愿原则，该原则的主要内容不包括（ ）。
A. 申请调解自愿 B. 调解过程自愿
C. 退出调解自愿 D. 履行协议自愿

85. 按照我国劳动法律的规定，劳动争议申请仲裁的时效期限为（ ）。
A. 30 日 B. 半年 C. 60 日 D. 1 年

多选

120. 以下对劳务派遣的表述，正确的是（ ）。
A. 劳务派遣单位是实际劳动关系的主体之一
B. 劳务派遣单位是形式劳动关系的主体之一
C. 被派遣劳动者的用工单位是形式劳动关系的主体之一
D. 被派遣劳动者的用工单位是实际劳动关系的主体之一
E. 派遣单位与被派遣的劳动者之间建立的不是劳动关系

121. 按照《劳动合同法》的规定，劳务派遣单位（ ）。
A. 有与开展业务相适应的固定的经营场所和设施
B. 有符合法律、行政法规规定的劳务派遣管理制度
C. 注册资本不得少于 200 万元
D. 应当与被派遣劳动者订立劳动合同
E. 可由企业设立并向本单位派遣劳动者

122. 按照劳动争议性质的不同，可以把劳动争议划分为（ ）。
A. 权利争议 B. 利益争议 C. 个别争议 D. 集体争议
E. 团体争议

123. 以下关于制定工资指导线的说法，正确的有（ ）。
A. 应当实行协商原则

B. 只需符合企业的需求

C. 应密切关注国际经济发展状况

D. 应坚持平均工资的增长低于劳动生产率增长的原则

E. 应符合国家宏观经济政策和对工资增长的整体要求

124. 劳动组织优化主要包括(　　)等活动。

　　A. 以劳务关系取代劳动关系　　　B. 工作时间合理组织

　　C. 不同工种、工艺阶段合理组织　　D. 工作场地供应服务

　　E. 准备性工作和执行性工作合理组织

125. 劳动争议仲裁的基本制度包括(　　)。

　　A. 合议制度　　　　　　　　　　B. 管辖制度

　　C. 一次裁决制度　　　　　　　　D. 回避制度

　　E. 区分举证责任制度

2010 年 5 月

单选

77. 被派遣劳动者与用工单位的劳动争议,由(　　)所在地劳动争议仲裁委员会管辖。

　　A. 劳务派遣单位　　　　　　　　B. 被派遣劳动者

　　C. 用工单位　　　　　　　　　　D. 劳动合同约定

78. 工资集体协商的内容不包括(　　)。

　　A. 最低工资标准

　　B. 工资协议的终止条件与违约责任

　　C. 职工年度平均工资水平及其调整幅度

　　D. 工资分配制度、工资标准和工资分配形式

79. 工资指导线的(　　)主要适用于经济效益较差或亏损的企业。

　　A. 上线　　　　　B. 基准线　　　　C. 下线　　　　D. 标准线

80. 以下关于劳动力市场工资指导价位信息采集的说法,错误的是(　　)。

　　A. 两次调查时间间隔为两年

　　B. 主要是通过抽样调查方法取得

　　C. 调查范围包括城市行政区域内的各行业所有城镇企业

　　D. 调查内容为上一年度企业中有关职业(工种)在岗职工全年收入及有关情况

81. 在安全生产责任制中,对本单位安全卫生技术负领导责任的是(　　)。

　　A. 工人　　　　　　　　　　　　B. 企业法定代表人

　　C. 总工程师　　　　　　　　　　D. 分管安全卫生的负责人

82. 安全卫生认证制度不包括(　　)。

A. 重大事故隐患认证

B. 有关人员资格认证

C. 有关单位、机构的劳动安全卫生资格认证

D. 与劳动安全卫生联系特别密切的物质技术产品的质量认证

83. 当事人因主张有待确定的权利和义务所发生的争议属于( )。
    A. 个别争议　　　B. 集体争议　　　C. 利益争议　　　D. 权利争议

84. 劳动争议仲裁实行一个裁级( )裁决制度。
    A. 一次　　　　　B. 两次　　　　　C. 三次　　　　　D. 多次

85. 劳动争议仲裁的基本制度不包括( )。
    A. 合议制度　　　B. 管辖制度　　　C. 回避制度　　　D. 提证制度

多选

120. 下列不属于劳务派遣现象的术语表述的是( )。
     A. 人才租赁　　　B. 劳动力派遣　　　C. 劳动租赁　　　D. 劳动者派遣
     E. 劳动输出

121. 政府在工资宏观调控方面的总原则包括( )。
     A. 平均工资的增长低于劳动生产率的增长
     B. 平均工资的增长高于劳动生产率的增长
     C. 企业工资总额的增长低于经济效益的增长
     D. 在工资的调控上由水平控制向重点控制转变
     E. 在工资的调控上由总量控制向水平控制转变

122. 运用劳动力市场工资指导价位时,必须处理好指导价位与( )的关系。
     A. "两低于"原则　　　　　　　　B. 年工资收入
     C. 企业经济效益　　　　　　　　D. 月工资收入
     E. 企业短期货币工资决定方式

123. 伤亡事故报告和处理制度的内容包括( )。
     A. 伤亡事故报告　　　　　　　　B. 企业职工伤亡事故分类
     C. 伤亡事故调查　　　　　　　　D. 伤亡事故赔偿支付标准
     E. 伤亡事故处理

124. 以下属于劳动安全卫生保护费用的是( )。
     A. 教育培训费　　　　　　　　　B. 劳动安全卫生保护设施建设费用
     C. 工伤保险费　　　　　　　　　D. 有毒有害作业场所定期检测费用
     E. 人工成本费

125. 劳动争议仲裁申诉应当载明的内容有( )。
     A. 仲裁请求及所依据的事实和理由
     B. 委托的律师及相关资料

C. 证据和证据来源，证人的姓名、住址

D. 劳动者的姓名、职业、住址和工作单位

E. 用人单位的名称、地址和法定代表人的姓名、职务

2009 年 11 月

单选

77. 以下关于劳务派遣的说法，错误的是（　　）。
    A. 雇主是劳务派遣单位　　　　　　B. 雇员是被派遣的劳动者
    C. 是一种组合劳动关系　　　　　　D. 本质特征是雇用和使用相结合

78. 确定工资指导线水平应考虑的相关因素不包括（　　）。
    A. 社会劳动生产率　　　　　　　　B. 社会就业状况
    C. 劳动力市场价格　　　　　　　　D. 人工成本水平

79. 劳动力市场工资指导价位制度的意义不在于（　　）。
    A. 转变政府劳动管理部门职能　　　B. 构建完整的劳动力市场体系
    C. 有利于政府对工资实施管理　　　D. 为集体协商确定工资水平提供依据

80. 工资指导价位的（　　）是处于工资收入数列中后一定百分比的数据的算术平均数。
    A. 高位数　　B. 中位数　　C. 低位数　　D. 标准数

81. （　　）是以及时处理事故，采取预防措施，总结经验，防止类似事件再次发生为目的制定的劳动安全卫生管理制度。
    A. 安全生产责任制度　　　　　　　B. 重大事故隐患管理制度
    C. 安全卫生认证制度　　　　　　　D. 伤亡事故报告和处理制度

82. 以下关于劳动争议的说法，正确的是（　　）。
    A. 只有存在劳动关系的情况下才会发生劳动争议
    B. 是否遵循法律规范和合同规范是劳动争议的实质
    C. 劳动争议产生的直接原因是劳动关系主体的利益冲突
    D. 不存在劳动关系的劳动者可能成为劳动争议的当事人

83. 劳动争议调解委员会主任由（　　）担任。
    A. 职工代表　　　　　　　　　　　B. 政府代表
    C. 工会委员会成员　　　　　　　　D. 用人单位代表

84. 根据我国法律的最新规定，劳动争议的仲裁时效是（　　）。
    A. 3 个月　　B. 6 个月　　C. 9 个月　　D. 12 个月

85. 劳动争议仲裁委员会收到仲裁申请之日起（　　）内，认为符合受理条件的，应当受理。
    A. 5 日　　B. 10 日　　C. 15 日　　D. 30 日

多选

120. 劳务派遣中存在的关系包括( )。
    A. 雇主与雇员
    B. 用人单位与就业中介机构
    C. 劳务派遣单位与用工单位
    D. 用工单位与被派遣劳动者
    E. 劳务派遣单位与被派遣劳动者

121. 用工单位对被派遣劳动者应履行的义务包括( )。
    A. 提供工作单位
    B. 支付加班费、绩效奖金
    C. 告知工作需求和劳动报酬
    D. 提供与工作岗位相关的福利待遇
    E. 连续用工的,实行正常的工资调整机制

122. 劳动力市场工资指导价位按( )等多种标准反映水平。
    A. 高位数
    B. 年工资收入
    C. 中位数
    D. 月工资收入
    E. 低位数

123. 劳动安全卫生管理制度包括( )。
    A. 安全生产责任制度
    B. 安全生产教育制度
    C. 安全生产检查制度
    D. 安全卫生认证制度
    E. 生理卫生检查制度

124. 劳动争议仲裁的特征包括( )。
    A. 仲裁课题的自治性
    B. 仲裁主体的特定性
    C. 仲裁影响的广泛性
    D. 仲裁对象的特定性
    E. 仲裁内容的合议性

125. 可按照承担法律责任要件对劳动争议案例进行分析,其思维结构包括( )。
    A. 分析确定劳动争议的标的
    B. 分析确定劳动争议当事人所实施的行为
    C. 分析确定行为人的行为是否有主观上的过错
    D. 分析确定当事人的行为是否造成或足以造成一定的危害
    E. 分析确定当事人的行为与危害结果之间是否存在直接关系或因果关系

2009 年 5 月

单选

77. 劳动力市场价位信息的采集主要是通过( )取得的。
    A. 专家访谈
    B. 问卷调查
    C. 统计分析
    D. 抽样调查

78. 根据《劳动合同法》的规定,劳务派遣单位的注册资本不得少于( )万元。
    A. 20
    B. 30
    C. 50
    D. 200

79. 政府在工资的宏观调控方面的总原则不包括( )。

A. 平均工资的增长低于劳动生产率的增长

B. 要求企业按照指导线的水平给雇员增加工资

C. 在工资的调控上由总量控制向水平控制转变

D. 企业工资总额的增长低于经济效益的增长

80. 工资指导价位的（　　）是工资收入数列中前一定百分比的数据的算术平均数。

　　A. 高位数　　　　B. 中位数　　　　C. 低位数　　　　D. 标准数

81. 在安全生产责任制中，（　　）承担在各自的岗位上严格遵守劳动安全技术规程的义务。

　　A. 工人　　　　　　　　　　　　　B. 企业法定代表人

　　C. 总工程师　　　　　　　　　　　D. 分管安全卫生的负责人

82. 劳动关系当事人基于集体合同、劳动合同约定的权利与义务所发生的争议属于（　　）。

　　A. 个别争议　　　B. 集体争议　　　C. 利益争议　　　D. 权利争议

83. 企业调解委员会可以对劳动争议进行调解，这种调解的特点不包括（　　）。

　　A. 群众性　　　　B. 合议性　　　　C. 自治性　　　　D. 非强制性

84. 在（　　）的情况下，调解委员会制作调解协议书。

　　A. 调解达成协议　　　　　　　　　B. 调解达不成协议

　　C. 调解期限届满不能结案　　　　　D. 调解协议送达后当事人反悔

85. 劳动组织优化不包括（　　）的合理组织。

　　A. 工作时间　　　　　　　　　　　B. 准备性和执行性工作

　　C. 作业班组　　　　　　　　　　　D. 技术性和工艺性工作

多选

120. 下列属于劳务派遣现象的术语表达的是（　　）。

　　A. 雇员租赁　　　B. 雇员派遣　　　C. 人才租赁　　　D. 劳动派遣

　　E. 人才派遣

121. 工资指导线包括（　　）。

　　A. 高线　　　　　B. 预警线　　　　C. 低线　　　　　D. 基准线

　　E. 下线

122. 潜在的职业危害因素转变为职业伤害必须具备一定的诱发条件，这些条件包括（　　）。

　　A. 劳动组织的不完善　　　　　　　B. 劳动条件的不良状态

　　C. 人的错误操作行为　　　　　　　D. 对自然规律认识不足

　　E. 人的错误管理行为

123. 企业所有员工在劳动安全卫生保护工作中应遵循的职业道德行为准则包括（　　）。

　　A. 安全第一　　　B. 预防为主　　　C. 以人为本　　　D. 奖惩分明

　　E. 奖惩结合

124. 劳动争议当事人的权利包括（　　）。

A. 当事人有直接回避的权利　　B. 当事人有强制执行的权利
C. 当事人有自行和解的权利　　D. 当事人有提出主张、提供证据的权利
E. 当事人有提出仲裁申请、答辩的权利

125. 申请劳动争议仲裁应当符合的条件包括(　　)。
A. 属于受诉调解委员会管辖
B. 符合申请调解的时效规定
C. 有明确的被申请人
D. 属于仲裁委员会的受理范围
E. 申请人与本案有直接利害关系

专业能力部分

2014年5月

案例分析题

张先生从 2005 年 4 月起一直在甲印刷公司工作，后来成为该公司的技术和销售主管，并且掌握了该公司的相关商业机密。2008 年 1 月，张先生与该公司签订了保守商业机密的专项协议，双方约定，如果张先生离开公司，在两年内不得在本市范围内从事与印刷有关的工作，否则张先生要赔偿甲公司 10 万元。2012 年 1 月，张先生和该公司的劳动合同到期，预示终止了和该公司的劳动关系。2012 年 10 月，张先生到本市乙印刷公司担任业务主管。几个月后，甲印刷公司发现好多老客户流失到乙印刷公司，经调查原来是被张先生拉走的。2013 年 2 月，甲印刷公司以张先生违背竞业禁止的规定为由，向当地劳动争议仲裁委员会提出仲裁申请，并要求张先生赔偿违约金 10 万元。

请结合本案例，依照我国现行劳动法律法规做出评析。(18分)

2013年11月

案例分析题

2013 年 1 月，美国一家酒店管理公司委派以安德鲁为首的管理团队进军 A 市，准备在最短时间内使第一家五星级酒店开业。公司要求安德鲁必须在 2 个月内完成副总经理以下管理人员及全部辅助人员的招聘工作。安德鲁感觉工作非常棘手，于是与 A 市一家从事中高端人力资源派遣业务的公司签订协议，由该派遣公司在 45 日内完成酒店要求的人员招聘，并负责完成劳动合同签订、社会保险登记与缴纳、个税处理等一系列的人力资源手续。

2013年6月,这家五星级酒店正式营业,此时酒店的经营团队遇到一个管理难题,即如何管理好这支庞大的被派遣员工队伍。

请结合我国《劳动合同法》的相关规定,阐述以安德鲁为首的管理团队应当从哪些方面入手,管理好这支员工队伍。(18分)

2013年5月

简答题

简述劳动争议仲裁在申请与受理阶段的主要工作内容和相关规定。(14分)

2012年11月

案例分析题

张先生于1999年1月11日与某物流公司签订了为期一年的临时工聘用合同,并被安排在物流公司下设的分公司工作,工资由分公司发放。2000年6月物流公司根据上级指示"清退"了张先生,但未办理任何手续。张先生在同年7月又继续在物流公司的分公司上班,按月领取劳动报酬,但是未签订劳动合同,一直到2008年年底。2008年12月31日分公司口头传达了物流公司领导的指示,不准张先生再到分公司上班,张先生被迫离开了分公司。2009年1月,张先生到当地劳动争议仲裁委员会以物流公司为被申请人申请仲裁,要求物流公司与其补签无固定期限劳动合同,补缴其工作期间的各项社会保险,并支付2008年1月~12月的双倍工资。但物流公司否认双方存在劳动关系,认为张先生只是分公司的临时工,并出具了公司全体人员的花名册和工资表,花名册和工资表中的确没有张先生的名字。

请结合本案例,依据我国劳动法律法规,阐述当地劳动争议仲裁机构应如何做出裁决。(18分)

2012年5月

案例分析题

ABC公司是某经济开发区一家民营的大型家具制造企业,现有员工2000人。长期以来,该公司为了提高产品的市场占有率,尽可能地压低人工成本,一般员工的工资一直维持在略高于本地区最低工资标准的水平。员工为了增加收入,只有依靠加班加点。而频繁的加班加点,连续的紧张劳作,导致员工身心疲惫,工伤事故频发。很多员工多次向当地工会组织、人力资源社会保障部门反映他们对工资待遇、生产安全等方面的不满情绪。今年3月份,开发区人力资源社会保障部门会同区总工会深入公司进行了为期半个月的调查,最终提出了"在ABC公司内部全面推行工资协商制度"的意见。

请结合本案例，回答以下问题：

在推行工资集体协商制度时，集体协商代表应当如何确定？有何具体的要求？（18分）

2011 年 11 月

简答题

简述因签订集体合同发生争议的处理方法。（16分）

2011 年 5 月

简答题

简述工资集体协商的主要内容。（16分）

2010 年 11 月

简答题

简述企业应如何积极营造劳动安全卫生环境。（14分）

2010 年 5 月

简答题

简要说明职业安全卫生预算的编制审核程序。（14分）

2009 年 11 月

案例分析题

2008年张某于旅游职业高中毕业，同年8月1日被K宾馆录用为客房服务员，双方签订了三年期的劳动合同，张某在两个月的工作期间，迟到5次，与顾客争吵3次，并且不服从领班和值班经理的批评教育。10月8日，K宾馆书面通知调动张某到洗衣房工作，若对方不同意，限期三个月内另谋出路，在此期间，工资只按当地最低工资标准发放。张某接到通知后不同意工作调动，也表示找不到其他工作；同时，张某仍存在迟到和与顾客吵架的现象。三个月后即2009年1月9日，K宾馆以"试用期严重违反劳动纪律，不服从工作安排"为由，解除了与张某的劳动合同。张某随即申诉到劳动争议仲裁机构，要求维持原劳动关系。

请根据本案例做出全面评析，并对该企业应如何加强劳动合同管理提出建议。（18分）

2009年5月

简答题

企业劳动安全卫生技术环境的营造主要包含哪些内容?(15分)

2008年11月

案例分析题

2001年8月1日,张先生与某工程设计院签订4年期劳动合同,合同期限到2005年7月30日止,工作岗位为行政助理。2003年2月变更劳动合同,张某任该院人力资源部人事主管。2003年2月该工程设计院开始实施由员工大会通过的新的技术经济责任制,该制度规定设置设计提成奖、管理奖、出勤奖、开发奖、工程奖等奖项,其中设计部门奖金总额为全年完成合同额减去工程成本和基本定额再乘以15%,基本定额为每名设计人员10万元;管理部门奖金以设计人员年平均奖金的70%为基数,再乘以各自岗位系数,人事主管岗位的系数为0.8。

2004年10月15日,张某认为该工程设计院未按照技术经济责任制的规定,足额支付其2003年及2004年1月至9月应得奖金,在与部门领导多次协商无果的情况下,向当地劳动争议仲裁机构提出申诉,请求该工程设计院按照办法的规定补发其应得奖金67180元及经济补偿金16800元。

本案的具体事实与理由如下:

首先,张先生提供的工资表表明:2003年5月和10月份两次累计预支张某奖金2.6万元,2004年5月和9月份两次支付2003年及2004年1月至9月奖金共计2.9万元,这与制度规定应予支付的数额相去甚远。

其次,张先生提供的依据是:该工程设计院2003年全年完成合同额2150万元,2004年经营目标为2400万元;2003年工程成本为58万元,2004年工程成本为48万元。而该工程设计院认为张某的主张缺乏依据,以DD会计师事务所依法关于该工程设计院全面会计审计报告为依据对张某的主张提出异议。2003年实际完成合同额2000万元,工程成本为62万元;2004年数据仅为计划数据,实际发生情况与计划存在差距。

再次,张先生主张2003年全院设计人员为22人,2004年全院设计人员为36人。而该工程设计院提供了该院人员情况表,证明该院2003年与2004年设计及设计辅助人员分别为25人和40人。

最后,张某在申诉书中主张的数据均为其个人通过其职务工作所获得。

请根据本案例情况指出劳动争议的焦点,并提出裁决意见及理由。(22分)

2008年5月

简答题

简要说明工资集体协商包括哪些主要内容。(14分)

2007年11月

简答题

简要说明劳动争议仲裁的基本制度。(10分)

理论知识部分的参考答案及注释

2014年5月

单选

77. 答案：C

解析：在劳务派遣中，被派遣劳动者应当与劳务派遣机构依法订立劳动合同，建立劳动关系，即雇主是劳务派遣机构，雇员是将被派遣的劳动者。订立劳动合同之后，劳动派遣机构将被派遣劳动者派遣到用工单位，被派遣劳动者在用工单位的组织管理下从事劳动。

79. 答案：C

解析：建立劳动力市场工资指导价位是市场经济国家通行的做法。

80. 答案：A

解析：劳动力市场工资指导价位的形式包括年工资收入和月工资收入两种，按高位数、中位数和低位数三种标准反映平均水平。

81. 答案：C

解析：劳动安全卫生保护费用的类别主要是：①劳动安全卫生保护设施建设费用；②劳动安全卫生保护设施更新改造费用；③个人劳动安全卫生防护用品费用；④劳动安全卫生教育培训经费；⑤健康检查和职业病防治费用；⑥有毒有害作业场所定期检测费用；⑦工伤保险费；⑧工伤认定、评残费用等。

82. 答案：D

解析：安全第一、预防为主、以人为本成为企业所有员工在劳动安全卫生保护工作中的职业道德行为准则。它可以规范、引导员工的劳动行为和管理行为向着正确的方向发展。

84. 答案：C

解析:仲裁庭裁决劳动争议,实行少数服从多数原则,即合议制度,裁决应当按照多数仲裁员的意见做出,少数仲裁员的不同意见应当记入笔录。仲裁庭不能形成多数意见时,裁决应当按照首席仲裁员的意见做出。

其他劳动争议仲裁的基本制度分别是仲裁庭制度、一次裁决制度、回避制度、管辖制度和区分举证责任制度。

多选

120. 答案:ABD

解析:被派遣劳动者与用工单位正式员工享有平等的法定劳动权利,如参加工会的权利、民主参与的权利、提请劳动争议处理的权利等。实际用人单位的集体合同规定的工作时间、休息休假、劳动安全卫生等劳动条件标准同样适用于被派遣劳动者。被派遣劳动者享有与用工单位劳动者同工同酬的权利。

121. 答案:ABE

解析:工资集体协商的内容包括:①工资协议的期限;②工资分配制度、工资标准和工资分配形式;③职工年度平均工资水平及其调整幅度;④奖金、津贴、补贴等分配方法;⑤工资支付办法;⑥变更、解除工资协议的程序;⑦工资协议的终止条件;⑧工资协议的违约责任;⑨双方认为应当协商约定的其他事项。

122. 答案:ABDE

解析:同一职业(工种)劳动力市场工资价位有高、中、低之分,是由企业经济效益、企业规模、企业经济类型以及不同层次的劳动者等因素决定的。不同地区工资指导价位的差异,除受上述因素影响以外,还要受地区的经济发展水平和发展速度、就业状况、物价水平等因素的制约。

123. 答案:ACE

解析:为营造劳动安全卫生制度环境,企业应当建立健全的劳动安全卫生管理制度、严格执行各项劳动安全卫生规程、奖惩分明。

为营造劳动安全卫生技术环境,企业应当直接使用安全技术和无害装置、无害工艺;完善劳动场所设计,实现工作场所优化;优化劳动组织。

124. 答案:ABC

解析:劳动争议与其他社会关系纠纷相比,具有以下特征:①劳动争议的当事人是特定的。劳动争议双方当事人就是劳动关系的当事人,即一方为企业,另一方为劳动者或者其团体,并且只有存在劳动关系的企业和劳动者或其团体才有可能称为劳动争议当事人,而其他纠纷的当事人则不具有这个特点。②劳动争议的内容是特定的。劳动争议处理的内容是劳动权利和劳动义务。劳动权利和劳动义务是依据劳动法律、法规,或劳动合同、集体合同等确定的。③劳动争议有特定的表现形式。

2013年11月

单选

77. 答案:C
解析:劳务派遣是一种组合劳动关系。在劳务派遣中,劳务派遣机构与被派遣劳动者依法订立劳动合同,建立劳动关系,即雇主是劳务派遣机构,雇员是被派遣的劳动者。劳动者派遣的本质特征是雇用和使用相分离。

78. 答案:A
解析:工资集体协商的内容包括:①工资协议的期限;②工资分配制度、工资标准和工资分配形式;③职工年度平均工资水平及其调整幅度;④奖金、津贴、补贴等分配方法;⑤工资支付办法;⑥变更、解除工资协议的程序;⑦工资协议的终止条件;⑧工资协议的违约责任;⑨双方认为应当协商约定的其他事项。

79. 答案:B
解析:政府在工资宏观调控方面的总原则是企业工资总额的增长低于经济效益的增长,平均工资的增长低于劳动生产率的增长,同时在工资的调控上由总量控制向水平控制转变。

80. 答案:B
解析:工资指导价位每年发布一次。劳动力市场工资指导价位的制定应注意坚持市场取向和坚持实事求是两个原则。坚持市场取向就是依据市场上劳动力供求关系、就业状况、物价水平及居民生活水平制定各职位劳动力市场工资指导价位。

81. 答案:D
解析:企业制定伤亡事故报告和处理制度的目的是及时报告、统计、调查和处理职工伤亡事故,采取预防措施,总结经验,追究事故责任,防止伤亡事故再度发生。

82. 答案:A
解析:安全卫生认证制度的要点是:①有关人员的资格认证,如特种作业人员的资格认证;②有关单位、机构的劳动安全卫生资格认证;③与劳动安全卫生联系特别密切的物质技术产品的质量认证。

83. 答案:B
解析:企业劳动争议调解委员会对劳动争议进行调解的特点包括:①群众性;②自治性;③非强制性。

84. 答案:D
解析:劳动争议申请仲裁的时效期间为一年。但是,劳动关系存续期间因拖欠劳动报酬发生争议的,劳动者申请仲裁不受一年仲裁时效期间的限制。

85. 答案:A
解析:劳动争议仲裁委员会收到仲裁申请之日起5日内,认为符合受理条件的,应当受理,并通知申请人,出具受理通知书;对于不属于本仲裁委员会管辖范围内的仲裁申请,仲裁委员会应当在收到仲裁申请之日起5日内,向申请人做出书面说明并告知申请人向有管辖权的仲裁委员会申请仲裁。

多选

120. 答案:ACE

解析:在劳务派遣中存在着三种主体和三种关系。三种主体是:劳务派遣机构、用工单位和被派遣劳动者。三种关系是:劳务派遣机构与被派遣劳动者的关系、劳务派遣机构与用工单位的关系和用工单位与被派遣劳动者的关系。在劳务派遣机构与被派遣劳动者依法签订劳动合同、建立劳动关系之后,派遣单位将被派遣劳动者派遣到用工单位,被派遣劳动者在派遣单位的组织管理下从事劳动。

121. 答案:ABCE

解析:用工单位作为得到实际劳动给付一方,行使和承担劳务派遣协议中规定的权利和义务,包括为被派遣劳动者提供实现劳动给付的工作岗位和其他劳动条件,进行劳动组织和监督管理、劳动安全卫生教育等,并承担向劳务派遣机构支付派遣费用的义务。

122. 答案:ACE

解析:在运用劳动力市场工资指导价位时,必须处理好以下三个关系:①指导价位与企业短期货币工资决定方式的关系;②指导价位与企业经济效益的关系;③指导价位与"两低于"原则的关系。

123. 答案:ABC

解析:安全第一、预防为主、以人为本成为企业所有员工在劳动安全卫生保护工作中的职业道德行为准则。它可以规范、引导员工的劳动行为和管理行为向着正确的方向发展。

124. 答案:DE

解析:按照劳动争议的性质可以将劳动争议划分为两种:①权利争议,又称既定权利争议。劳动关系当事人基于劳动法律、法规的规定,或集体合同、劳动合同约定的权利和义务所发生的争议。②利益争议。当事人因主张有待确定的权利和义务所发生的争议。

125. 答案:BCDE

解析:按照承担法律责任要件进行分析,其思维结构是:①分析确定劳动争议当事人所实施的行为。②分析确定当事人的行为是否造成或足以造成一定的危害。③分析确定当事人行为与危害结果之间是否存在直接的因果关系。即这种危害的发生直接起源于行为人的行为。④分析确定行为人的行为是否有主观上的过错。其过错可以是故意导致的,也可以是过失导致的。

2013年5月

单选

77. 答案:A

解析:工资集体协商的内容包括:①工资协议的期限;②工资分配制度、工资标准和工资分配形式;③职工年度平均工资水平及其调整幅度;④奖金、津贴、补贴等分配方法;⑤工资支付办法;⑥变更、解除工资协议的程序;⑦工资协议的终止条件;⑧工资协议的违约责任;⑨双方认为应当协商约定的其他事项。

78．答案:D

解析:劳务派遣中存在三重关系:①劳动者派遣机构—被派遣劳动者,是有"关系"没"劳动"的形式劳动关系。②用工单位—被派遣劳动者,是有"劳动"没"关系"的实际劳动关系。③上述两种不完整的劳动关系能够组合在一起的桥梁或纽带是劳动者派遣机构与用工单位的劳务派遣协议。劳务派遣协议规定派遣机构与用工单位双方的权利义务,使派遣机构与用工单位建立起民事法律关系。

79．答案:D

解析:经营劳务派遣业务的劳务派遣机构应当依照公司法的有关规定设立,并应当具备下列条件:①注册资本不得少于人民币200万元;②有与开展业务相适应的固定的经营场所和设施;③有符合法律、行政法规规定的劳务派遣管理制度;④法律、行政法规规定的其他条件。

80．答案:B

解析:由于工资集体协商会涉及一系列宏观、微观经济形势分析,法律、法规和政策以及协商谈判的技能技巧等专业问题,因此协商双方均可书面委托本企业以外的专业人士作为本方协商代表,但委托人数不得超过本方代表的1/3。协商双方享有平等的建议权、否决权和陈述权。

81．答案:C

解析:伤亡事故报告和处理制度的内容包括:①企业职工伤亡事故分类;②伤亡事故报告;③伤亡事故调查;④伤亡事故处理。

82．答案:B

解析:安全第一、预防为主、以人为本成为企业所有员工在劳动安全卫生保护工作中的职业道德行为准则。它可以规范、引导员工的劳动行为和管理行为向着正确的方向发展。

83．答案:B

解析:劳动争议仲裁的特征为:①仲裁主体具有特定性;②仲裁对象具有特定性;③仲裁实行强制原则;④仲裁实行仲裁前置、裁审衔接制。

84．答案:A

解析:劳动争议仲裁委员会是国家授权、依法独立处理劳动争议案件的专门机构,是劳动行政范畴内的一种特殊执法机构。劳动争议仲裁委员会的构成是:①劳动行政部门代表;②同级工会代表;③用人单位方面的代表。

多选

121．答案:DE

解析:随着市场经济体制的深入与完善,国家对企业工资分配的宏观调控已经由计划经济体制时期的直接控制转向间接调控,由调控工资总量转变为调控工资水平。劳动力市场工资指导价位制度是企业工资宏观调控体系的重要组成部分。

122. 答案:ACE

解析:制定劳动力市场工资指导价位时,应科学地考虑指导价位差别的因素。工资指导价位在不同职业的价差,由劳动力市场上劳动力的供求总量与结构关系等因素决定。同一职业(工种)劳动力市场工资价位有高、中、低之分,是由企业经济效益、企业规模、企业经济类型以及不同层次的劳动者等因素决定的。不同地区工资指导价位的差异,除受上述因素影响以外,还要受地区的经济发展水平和发展速度、就业状况、物价水平等因素的制约。

劳动力市场工资指导价位的制定应注意坚持市场取向和坚持实事求是两个原则。坚持市场取向就是依据市场上劳动力供求关系、就业状况、物价水平及居民生活水平制定各职位劳动力市场工资指导价位。

123. 答案:CDE

解析:按照劳动争议标的的不同,可以把劳动争议划分为:①劳动合同争议。解除、终止劳动合同而发生的争议。因对开除、除名、辞职等适用条件的不同理解与实施而发生的争议。②关于劳动安全卫生、工作时间、休息休假、保险福利而发生的争议。③关于劳动报酬、培训、惩罚等适应条件的不同理解与实施而发生的争议等。

按照劳动争议性质的不同,可以把劳动争议划分为:①权利争议,又称既定权利争议。劳动关系当事人基于劳动法律、法规的规定,或集体合同、劳动合同约定的权利和义务所发生的争议。②利益争议。当事人因主张有待确定的权利和义务所发生的争议。

124. 答案:ACE

解析:劳动争议仲裁的基本制度包括:①仲裁庭制度;②一次裁决制度;③合议制度;④回避制度;⑤管辖制度;⑥区分举证责任制度。

125. 答案:CDE

解析:按照承担法律责任要件对劳动争议案例进行分析,其思路结构可以被归纳为:第一,确定引起劳动争议的事实和结果;第二,确定行为模式标准与当事人所实施行为的差异;第三,根据差异当事人做出判断和选择。劳动争议在形式上表现为一方当事人对另一方当事人所做出的判断和选择的不同意思表示,但争议的实质在于行为的认定,以及行为与行为模式标准差异的认定。

2012 年 11 月

单选

77. 答案:D

解析:劳务派遣中存在三重关系:①劳动者派遣机构—被派遣劳动者,是有"关系"没"劳动"的形式劳动关系。②用工单位—被派遣劳动者,是有"劳动"没"关系"的实际劳动关系。③上述两种不完整的劳动关系能够组合在一起的桥梁或纽带是劳动者派遣机构与用工单位的劳务派遣协议。劳务派遣协议规定派遣机构与用工单位双方的权利义务,使派遣机构与用工单位建立起民事法律关系。

78. 答案:A

解析:在劳务派遣的组合劳动关系的运行中,劳务派遣机构和用工单位都对保护劳动者的合法权益承担义务。

劳务派遣机构应当将劳务派遣协议的内容告知被派遣劳动者。

劳务派遣机构不得克扣用工单位按照劳务派遣协议支付给被派遣劳动者的劳动报酬。

劳务派遣机构和用工单位不得向被派遣劳动者收取费用。

用工单位是实际用工主体,其管理的特殊性主要在于避免可能出现的劳动歧视问题,即单位的正式雇员与被派遣劳动者在地位、待遇方面的差别对待。

79. 答案:B

解析:工资指导线有三条线:上线(预警线)、基准线和下线。①工资指导线的上线也称预警线,是对工资增长较快、工资水平较高的企业提出的预警和提示;②工资指导线的基准线是年度货币工资平均增长目标,是对于生产经营正常、有经济效益的企业来说较为合理的工资增长水平;③工资指导线的下线主要适用于经济效益较差或亏损的企业,这类企业的货币平均工资增长在工资指导线使用的年度内允许零增长或负增长,但向在法定工作时间内提供正常劳动的劳动者支付的工资不得低于当地最低工资标准。

80. 答案:B

解析:集体工资协议报送 15 日内,协商双方未收到劳动保障行政部门的《工资协议审查意见书》,视为劳动保障行政部门同意,该工资协议即行生效。

81. 答案:D

解析:企业安全技术措施计划管理制度内容包括:①安全技术措施;②劳动卫生措施;③辅助性设施建设;④改善措施;⑤劳动安全卫生宣传教育措施等。

82. 答案:C

解析:为了既方便用人单位与劳动者订立劳动合同,又督促用人单位与劳动者订立劳动合同,《劳动合同法》规定了三项措施:①放宽了订立劳动合同的时间要求,规定已建立劳动关系,未同时订立书面劳动合同的,如果在自用工之日起一个月内订立了书面劳动合同,其行为即不违法;②规定用人单位自用工之日起超过一个月不满一年未与劳动者订立书面劳动合同的,自第二个月起应当向劳动者每月支付2倍的工资;③规定用人单位自用工之日起满一年仍未与劳动者订立书面劳动合同的,除在不足一年的违法期间向劳动者每月支付2倍工资外,视为用人单位与劳动者已订立无固定期限劳动合同。

83. 答案:B

解析:调解委员会调解劳动争议的原则是自愿原则,具体是:①申请调解自愿;②调解过程自愿;③履行协议自愿。

84. 答案:B

解析:调解委员会调解劳动争议,应当自受理调解申请之日起 15 日内结束。在规定及约定期限内未达成调解协议的,视为调解不成。

当事人不愿调解、调解不成或达成调解协议后,一方当事人在约定的期限内不履行调解协议的,调解委员会应做好记录,由双方当事人签名或者盖章,并书面告知当事人可以向仲裁委员会申请仲裁。

85. 答案:A

解析:劳动争议仲裁庭应当于开庭的 5 日前将开庭时间、地点书面通知双方当事人。当事人有正当理由的,可以在开庭 3 日前请求延期开庭。是否延期由仲裁委员会根据实际情况决定。

多选

121. 答案:ABCDE

解析:协商代表在进行工资集体协商、确定工资水平时应保证协商确定的职工年度工资水平符合国家有关工资分配的宏观调控政策,并综合参考以下因素:①地区、行业、企业的人工成本水平;②地区、行业职工平均工资水平;③当地政府发布的工资指导线、劳动力市场工资指导价位;④本地区城镇居民消费价格指数;⑤企业劳动生产率和经济效益;⑥上年度企业职工工资总额和职工平均工资水平;⑦其他与工资集体协商有关的情况。

122. 答案:ABDE

解析:我国劳动力市场工资指导价位制度的总体目标是,建立以中心城市为依托,广泛覆盖各类职业(工种),国家、省(自治区)、市多层次汇总发布的劳动力市场工资指导价位制度,使之成为科学化、规范化、现代化的劳动力市场的有机组成部分。具体目标是:①建立规范化的信息采集制度,保证统计调查资料的及时性、准确性;②建立科学化的工资指导价位制度方法,保证工资指导价位能真实反映劳动力价格,并体现政府宏观指导意图;③建立现代化的信息发布手段,使工资指导价位直接、及时、便捷地服务于企业和劳动者。

123. 答案:ABDE

解析:企业伤亡事故报告和处理制度的内容包括:①企业职工伤亡事故分类;②伤亡事故报告;③伤亡事故调查;④伤亡事故处理。

重大事故隐患管理制度包括分类、报告、预防与整改措施、检查验收。

124. 答案:BCDE

解析:劳动争议调解委员会的职责是:①宣传劳动保障法律、法规和政策;②对本企业发生的劳动争议进行调解;③监督和解协议、调解协议的履行;④聘任、解聘和管理调解员;⑤参与协调履行劳动合同、集体合同及执行企业劳动规章制度等方面出现的问题;⑥参与研究涉及劳动者切身利益的重大方案;⑦协助企业建立劳动争议预防预警机制。

2012年5月

单选

77. 答案:A

解析:被派遣劳动者与用工单位的劳动争议,由用工单位所在地管辖;被派遣劳动者与派遣机构的劳动争议,由派遣单位所在地管辖;被派遣劳动者与派遣机构和用工单位的劳动争议,可由劳动合同或劳动者派遣协议约定,由当事人选择派遣机构所在地或用工单位所在地管辖。

78. 答案:A

解析:(1)被派遣劳动者与正式雇员享有平等的法定劳动权利。

(2)在同一岗位使用的被派遣劳动者与正式雇员应当同等待遇,同岗同酬。

(3)实际用工单位的内部劳动规则的实施,包括劳动定额标准、劳动纪律、绩效评价等,对被派遣劳动者与正式雇员一律平等。

(4)实际用工单位应当根据工作岗位的实际需要与劳务派遣单位确定派遣期限,不得将连续用工期限分割,订立数个短期劳务派遣协议。

(5)被派遣劳动者可以依据《劳动合同法》的有关规定,与劳务派遣单位解除劳动合同。

(6)被派遣劳动者如果有严重违纪、严重失职、营私舞弊以及不能胜任工作等《劳动合同法》规定的相应情形的,用工单位可以将劳动者退回派遣单位,派遣单位可以依法与劳动者解除劳动合同。被派遣劳动者的派遣期限到期应提前告知,并应协同派遣单位办理劳动合同的终止手续和工作交接。

(7)实际用工单位不得将被派遣劳动者再派遣到其他用人单位。

79. 答案:D

解析:工资指导线制度的主要目的是调整、规范工资分配关系,逐步提高工资水平,保证所有的劳动者分享经济社会发展的成果,实现社会公平。

工资指导线的作用有:①为企业集体协商确定年度工资增长水平提供依据,有利于企业形成正常的工资增长机制;②引导企业自觉控制人工成本水平(企业工资总额增长低于经济效益增长,平均工资增长低于劳动生产率增长);③完善国家的工资宏观调控体系,体现市场经济条件下的"政企分开"。

80. 答案:A

解析:劳动力市场工资指导价位信息采集的制度程序是:①方法:抽样调查;②范围:城市行政区域内的各行业所有城镇企业;③抽样:等距抽样;④内容:上一年度企业中有关职业(工种)在岗职工全年工资收入及有关情况;⑤频率:一年一次。

81. 答案:C

解析:安全生产检查制度是人力资源社会保障部门(劳动部门)、产业主管部门、用人单位、工会组织对劳动安全卫生法律、法规、制度的实施依法进行监督检查的制度。

82. 答案：A

解析：劳动组织优化包括：①不同工种、工艺阶段的合理组织；②准备性工作和执行性工作的合理组织；③作业班组的合理组织；④工作时间的合理组织。

83. 答案：B

解析：劳动争议的调解贯穿于劳动争议处理的各个程序，企业劳动争议处理工作程序的全过程都属于调解，其他处理程序也都必须坚持先行调解，调解不成时才能进行裁决或判决。

84. 答案：B

解析：劳动争议调解组织自收到调解申请之日起15日内未达成调解协议的，当事人可以依法申请仲裁。

85. 答案：B

解析：被申请人收到仲裁申请书副本后，应当在10日内向劳动争议仲裁委员会提交答辩书。劳动争议仲裁委员会收到答辩书后，应当在5日内将答辩书副本送达申请人。被申请人未提交答辩书的，不影响仲裁程序的进行。

多选

120. 答案：ABC

解析：劳务派遣单位既然是劳动关系中的雇主，就有义务向被派遣劳动者支付工资、缴纳社会保险、提供福利待遇等。

121. 答案：ACDE

解析：工资集体协商的内容包括：①工资协议的期限；②工资分配制度、工资标准和工资分配形式；③职工年度平均工资水平及其调整幅度；④奖金、津贴、补贴等分配方法；⑤工资支付办法；⑥变更、解除工资协议的程序；⑦工资协议的终止条件；⑧工资协议的违约责任；⑨双方认为应当协商约定的其他事项。

122. 答案：ABDE

解析：重大事故隐患管理制度的要点为：①重大事故隐患分类；②重大事故隐患报告；③重大事故隐患预防与整改措施；④劳动行政部门、企业主管部门对重大事故隐患整改完成情况的检查验收。

123. 答案：BE

解析：劳动者健康检查制度包括两类：①员工招聘健康检查。企业对拟招聘人员进行体检，一般岗位为常规体检，岗位对员工的健康有特定需要者进行特定体检。②企业员工的定期体检，发现疾病及时治疗以及预防职业病的发生。

124. 答案：BCD

解析：按照劳动争议的标的，劳动争议可以划分为：①劳动合同争议。解除、终止劳动合同而发生的争议。因对开除、除名、辞职等适用条件的不同理解与实施而发生的争议。②关于劳动安全卫生、工作时间、休息休假、保险福利而发生的争议。③关于劳动报酬、培训、惩罚等适用条件的不同理解与实施而发生的争议等。

125．答案：BDE

解析：劳动争议仲裁强制原则的含义是：①劳动争议当事人申请仲裁不需要双方当事人达成一致，只要有一方申请仲裁，仲裁委员会即可受理；②仲裁庭对劳动争议调解不成，无需征得当事人同意，可直接行使裁决权；③对发生法律效力的仲裁裁定，若一方当事人不履行，另一方当事人可申请人民法院强制执行。

2011年11月

单选

77．答案：C

解析：被派遣劳动者与用工单位的劳动争议，由用工单位所在地管辖；被派遣劳动者与劳务派遣单位的劳动争议，由劳务派遣单位所在地管辖；被派遣劳动者与劳务派遣单位和用工单位的劳动争议，可由劳动合同或劳动者派遣协议约定，由当事人选择劳务派遣单位所在地或用工单位所在地管辖。

78．答案：A

解析：工资集体协商的内容包括：①工资协议的期限；②工资分配制度、工资标准和工资分配形式；③职工年度平均工资水平及其调整幅度；④奖金、津贴、补贴等分配方法；⑤工资支付办法；⑥变更、解除工资协议的程序；⑦工资协议的终止条件；⑧工资协议的违约责任；⑨双方认为应当协商约定的其他事项。

79．答案：C

解析：工资指导线分为上线（预警线）、基准线和下线。①工资指导线的上线也称预警线，是对工资增长较快、工资水平较高的企业提出的预警和提示；②工资指导线的基准线是年度货币工资平均增长目标，是对于生产经营正常、有经济效益的企业来说较为合理的工资增长水平；③工资指导线的下线主要适用于经济效益较差或亏损的企业，这类企业的货币平均工资增长在工资指导线使用的年度内允许零增长或负增长，但向在法定工作时间内提供正常劳动的劳动者支付的工资不得低于当地最低工资标准。

80．答案：A

解析：劳动力市场工资指导价位信息采集的制度程序是：①方法：抽样调查；②范围：城市行政区域内的各行业所有城镇企业；③抽样：等距抽样；④内容：上一年度企业中有关职业（工种）在岗职工全年工资收入及有关情况；⑤频率：一年一次。

81．答案：C

解析：企业法定代表人对本单位的安全卫生负全面责任，分管安全卫生的负责人和专职人员对安全卫生负直接责任，总工程师负安全卫生技术领导责任，各职能部门、各级生产组织负责人在各自分管的工作范围内对安全卫生负责，工人在各自岗位上承担严格遵守劳动安全技术规程的义务。

82. 答案:A

解析:安全卫生认证制度的要点是:①有关人员的资格认证,如特种作业人员的资格认证;②有关单位、机构的劳动安全卫生资格认证;③与劳动安全卫生联系特别密切的物质技术产品的质量认证。

83. 答案:C

解析:按照劳动争议的性质,可以把劳动争议划分为:①权利争议,又称既定权利争议。劳动关系当事人基于劳动法律、法规的规定,或集体合同、劳动合同约定的权利和义务所发生的争议。②利益争议。当事人因主张有待确定的权利和义务所发生的争议。

按照劳动争议的主体,可以把劳动争议划分为:①个别争议。职工一方当事人人数为9人以下,有共同理由的争议。②集体争议。职工一方当事人人数为10人以上,有共同理由的争议。③团体争议。工会与用人单位因签订或履行集体合同发生的争议。

84. 答案:C

解析:劳动争议仲裁实行一个裁级一次裁决制度,一次裁决即为仲裁程序的最终裁决。

85. 答案:D

解析:劳动争议仲裁的基本制度包括:①仲裁庭制度;②一次裁决制度;③合议制度;④回避制度;⑤管辖制度;⑥区分举证责任制度。

多选

120. 答案:CDE

解析:劳务派遣有多种术语表述:雇员租赁、雇员派遣、劳动派遣、劳动者派遣、人才派遣、人才租赁、劳动力派遣等。但雇员租赁、人才租赁等术语是不妥当的术语,劳动派遣也不甚准确。

相对于正规就业而言,劳务派遣是一种典型的非正规就业方式,在我国亦是一种新型用工方式。通过描述劳务派遣现象,我们可以将劳务派遣定性为是一种组合劳动关系,存在三种主体和三重关系。劳务派遣的本质特征是雇用和使用相分离。

121. 答案:ACE

解析:政府在工资宏观调控方面的总原则是企业工资总额的增长低于经济的增长,平均工资的增长低于劳动生产率的增长,同时在工资的调控上由总量控制向水平控制转变。

122. 答案:ACE

解析:在运用劳动力市场工资指导价位时,必须处理好三个关系:①指导价位与企业短期货币工资决定方式的关系;②指导价位与企业经济效益的关系;③指导价位与"两低于"原则的关系。

123. 答案:ABCE

解析:伤亡事故报告和处理制度的内容包括:①企业职工伤亡事故分类;②伤亡事故报告;③伤亡事故调查;④伤亡事故处理。

124. 答案：BCD

解析：劳动安全卫生保护费用的类别主要是：①劳动安全卫生保护设施建设费用；②劳动安全卫生保护设施更新改造费用；③个人劳动安全卫生防护用品费用；④劳动安全卫生教育培训经费；⑤健康检查和职业病防治费用；⑥有毒有害作业场所定期检测费用；⑦工伤保险费；⑧工伤认定、评残费用等。

125. 答案：ACDE

解析：劳动争议发生后，当事人申请仲裁，应依法向仲裁委员会提交书面仲裁申请书。申请书应当载明：①劳动者的姓名、职业、住址和工作单位，用人单位的名称、地址以及法定代表人的姓名、职务；②仲裁请求及所依据的事实和理由；③证据和证据来源，证人的姓名、住址。

2011年5月

单选

77. 答案：D

解析：劳务派遣单位是劳动关系中的雇主，其有义务向被派遣劳动者支付工资、缴纳社会保险、提供福利待遇等。

78. 答案：C

解析：在组合劳动关系的运行中，存在两种合同，其一为劳务派遣单位与被派遣劳动者的劳动合同；其二为劳务派遣机构与用工单位的劳务派遣协议。劳动合同的内容除应当具备劳动合同的一般法定条款之外，为适应劳务派遣的特殊需要，还应当载明被派遣劳动者的用工单位、派遣期限、工作岗位等情况。

为保护派遣劳动者的合法权益，劳务派遣单位应当与被派遣劳动者订立两年以上的固定期限劳动合同，按月支付劳动报酬；被派遣劳动者在无工作期间，劳务派遣单位应当按照所在地人民政府规定的最低工资标准向其按月支付报酬。

79. 答案：A

解析：①被派遣劳动者与正式雇员享有平等的法定劳动权利。②在同一岗位使用的被派遣劳动者与正式雇员应当同等待遇，同岗同酬。③实际用工单位的内部劳动规则的实施，包括劳动定额标准、劳动纪律、绩效评价等，对被派遣劳动者与正式雇员一律平等。④实际用工单位应当根据工作岗位的实际需要与劳务派遣单位确定派遣期限，不得将连续用工期限分割，订立数个短期劳务派遣协议。⑤被派遣劳动者可以依据《劳动合同法》的有关规定，与劳务派遣单位解除劳动合同。⑥被派遣劳动者如果有严重违纪、严重失职、营私舞弊以及不能胜任工作等《劳动合同法》规定的相应情形的，用工单位可以将劳动者退回派遣单位，派遣单位依法可以与劳动者解除劳动合同。被派遣劳动者的派遣期限到期应提前告知，并应协同派遣单位办理劳动合同的终止手续和工作交接。⑦实际用工单位不得将被派遣劳动者再派遣到其他用人单位。

80. 答案:B

解析:由于工资集体协商会涉及一系列宏观、微观经济形势分析,法律、法规和政策以及协商谈判的技能技巧等专业问题,因此协商双方均可书面委托本企业以外的专业人士作为本方协商代表,但委托人数不得超过本方代表的1/3。协商双方享有平等的建议权、否决权和陈述权。

81. 答案:A

解析:劳动安全卫生保护费用的类别主要有:①劳动安全卫生保护设施建设费用;②劳动安全卫生保护设施更新改造费用;③个人劳动安全卫生防护用品费用;④劳动安全卫生教育培训经费;⑤健康检查和职业病防治费用;⑥有毒有害作业场所定期检测费用;⑦工伤保险费;⑧工伤认定、评残费用等。

82. 答案:B

解析:劳动争议的调解贯穿于劳动争议处理的各个程序,企业劳动争议处理工作程序的全过程都属于调解,其他处理程序也都必须坚持先行调解,调解不成时才能进行裁决或判决。

84. 答案:A

解析:劳动争议仲裁委员会是国家授权、依法独立处理劳动争议案件的专门机构,是劳动行政范畴内的一种特殊执法机构。劳动争议仲裁委员会的构成是:①劳动行政部门代表;②同级工会代表;③用人单位方面的代表。

多选

121. 答案:CE

解析:工资集体协商代表应依照法定程序产生。雇员一方由工会代表,未建立工会的企业,由雇员民主推举代表,并得到半数以上雇员同意;雇主一方由企业法定代表人或法定代表人指定的其他人员代表。

122. 答案:AE

解析:协商双方应各自确定一名首席代表。雇员一方的首席代表应当由工会主席担任,工会主席也可书面委托其他雇员方面的代表作为首席代表;未成立工会的,由雇员集体协商推举代表。雇主一方的首席代表应当由法定代表人担任,法定代表人也可书面委托其他雇主方面的代表作为首席代表。

123. 答案:ABDE

解析:企业法定代表人对本单位的安全卫生负全面责任,分管安全卫生的负责人和专职人员对安全卫生负直接责任,总工程师负安全卫生技术领导责任,各职能部门、各级生产组织负责人在各自分管的工作范围内对安全卫生负责,工人在各自岗位上承担严格遵守劳动安全技术规程的义务。

124. 答案:CDE

解析:按照劳动争议主体的不同,可以把劳动争议划分为:①个别争议。职工一方当事人人数为9人以下,有共同理由的争议。②集体争议。职工一方当事人人数为10人以上,有共同理由的争议。③团体争议。工会与用人单位因签订或履行集体合同发生的争议。

125. 答案:ADE

解析:工资指导线分为上线(预警线)、基准线和下线。①工资指导线的上线也称预警线,是对工资增长较快、工资水平较高的企业提出的预警和提示;②工资指导线的基准线是年度货币工资平均增长目标,是对于生产经营正常、有经济效益的企业来说较为合理的工资增长水平;③工资指导线的下线主要适用于经济效益较差或亏损的企业,这类企业的货币平均工资增长在工资指导线使用的年度内允许零增长或负增长,但向在法定工作时间内提供正常劳动的劳动者支付的工资不得低于当地最低工资标准。

2010年11月

单选

77. 答案:A

解析:在劳务派遣中存在着三种主体和三种关系。三种主体是:劳务派遣单位、用工单位和被派遣劳动者。三种关系是:劳务派遣单位与被派遣劳动者的关系、劳务派遣单位与用工单位的关系、用工单位与被派遣劳动者的关系。在劳务派遣单位与被派遣劳动者依法签订劳动合同之后,派遣单位将被派遣劳动者派遣到用工单位,被派遣劳动者在用工单位的组织管理下从事劳动。

78. 答案:D

解析:劳务派遣中的劳动争议,既可能发生于劳动者与派遣单位之间,也可能发生于劳动者与用工单位之间;派遣单位与用工单位之间发生的争议虽然也会涉及被派遣劳动者的利益,但不属于劳动争议,而是属于民事纠纷。在形式劳动关系与实际劳动关系的运行中发生的劳动争议,应当依照一般劳动争议的处理原则与程序进行处理;在形式用人单位和实际用人单位合谋共同侵害劳动者的合法权益时,形式用人单位和实际用人单位都应当作为被诉人。在组合劳动关系的任一用人单位单独承担法律责任的争议中,如果争议处理结果与另一用人单位有直接的利害关系,前者作为被诉人,后者作为第三人。

80. 答案:D

解析:工资指导线分为上线(预警线)、基准线和下线。①工资指导线的上线也称预警线,是对工资增长较快、工资水平较高的企业提出的预警和提示;②工资指导线的基准线是年度货币工资平均增长目标,是对于生产经营正常、有经济效益的企业来说较为合理的工资增长水平;③工资指导线的下线主要适用于经济效益较差或亏损的企业,这类企业的货币平均工资增长在工资指导线使用的年度内允许零增长或负增长,但向在法定工作时间内提供正常劳动的劳动者支付的工资不得低于当地最低工资标准。

81. 答案：A

解析：企业法定代表人对本单位的安全卫生负全面责任，分管安全卫生的负责人和专职人员对安全卫生负直接责任，总工程师负安全卫生技术领导责任，各职能部门、各级生产组织负责人在各自分管的工作范围内对安全卫生负责，工人在各自岗位上承担严格遵守劳动安全技术规程的义务。

82. 答案：B

解析：安全第一、预防为主、以人为本成为企业所有员工在劳动安全卫生保护工作中的职业道德行为准则，它可以规范、引导员工的劳动行为和管理行为向着正确的方向发展。

83. 答案：B

解析：企业调解委员会对劳动争议进行调解的特点包括：①群众性；②自治性；③非强制性。

84. 答案：C

解析：调解委员会调解劳动争议的原则之一是自愿原则，具体是：①申请调解自愿；②调解过程自愿；③履行协议自愿。

85. 答案：D

解析：根据我国劳动法律的规定，劳动争议的申诉时效为一年，即提出仲裁要求的一方应在劳动争议发生之日起的一年内向劳动争议仲裁机构提出申请，超过一年，仲裁委员会可以不予受理。因不可抗力或其他正当理由超过这一时效，仲裁委员会应当受理。

多选

120. 答案：BD

解析：劳务派遣单位是形式劳动关系的主体之一，是以劳务派遣形式用工的用人单位，其负责被派遣劳动者的招聘、甄选、考核、录用，将劳动者派遣到用工单位，支付工资，提供福利待遇，为被派遣劳动者缴纳社会保险，督促被派遣劳动者的用工单位执行国家劳动标准和劳动条件；收取被派遣劳动者的用工单位支付的派遣服务费；行使与劳动者订立的以劳务派遣形式用工的劳动合同以及与用工单位订立的劳务派遣协议约定的应由本方享有的权利和承担相关其他义务。与此相对应，被派遣劳动者享有劳动合同约定的权利和承担相关义务。

被派遣劳动者的用工单位是实际劳动关系的主体之一，是获得劳动者实际劳动给付的用工单位，其负责为被派遣劳动者提供工作岗位和其他劳动安全卫生条件，实施劳动安全卫生管理，制定和实施与被派遣劳动者相关的内部劳动规则，实施其他的劳动管理事务；向劳务派遣单位支付派遣服务费；行使与派遣单位订立的劳务派遣协议约定的应由本方享有的权利和承担相关其他义务。与此相对应，被派遣劳动者行使和履行劳动合同以及劳务派遣协议约定的应由本人享有的权利和承担相关义务。

121. 答案：ABCD

解析：在劳务派遣的组合劳动关系的运行中，劳务派遣单位和用工单位都对保护劳动者的合法权益承担义务。其主要内容有：

(1) 资格条件。①注册资本不得少于人民币 200 万元；②有与开展业务相适应的固定的经营场所和设施；③有符合法律、行政法规规定的劳务派遣管理制度；④法律、行政法规规定的其他条件。

(2) 合同体系。在组合劳动关系的运行中，存在两种合同，其一为劳务派遣机构与被派遣劳动者的劳动合同；其二为劳务派遣机构与用工单位的劳务派遣协议。劳动合同的内容除应当具备劳动合同的一般法定条款之外，为适应劳务派遣的特殊需要，还应当载明被派遣劳动者的用工单位、派遣期限、工作岗位等情况。

(3) 劳务派遣单位不得克扣用工单位按照劳务派遣协议支付给被派遣劳动者的劳动报酬。劳务派遣单位和用工单位不得向被派遣劳动者收取费用。

122. 答案：AB

解析：按照劳动争议的性质，可以把劳动争议划分为：①权利争议，又称既定权利争议。劳动关系当事人基于劳动法律、法规的规定，或集体合同、劳动合同约定的权利和义务所发生的争议。②利益争议。当事人因主张有待确定的权利和义务所发生的争议。

123. 答案：ADE

解析：制定工资指导线应遵循的原则有：①工资指导线的制定应符合国家宏观经济政策和对工资增长的总体要求，坚持企业工资总额的增长低于企业经济效益的增长，平均工资的增长低于劳动生产率的增长的原则。②由于我国幅员辽阔，地区之间经济文化发展并不均衡，经济发展水平及发展速度、生活费水平与其他价格水平亦存在着比较大的差异，因而国家不实行全国统一的工资指导线标准，允许各地根据其具体情况确定当地工资指导线水平。工资指导线水平的制定应密切结合当地的宏观经济状况，综合考虑地区年度经济增长率、社会劳动生产率、城镇居民消费价格指数、城镇就业状况、劳动力市场价格、人工成本水平和对外贸易状况等相关因素制定。③制定工资指导线实行协商原则，由省、自治区、直辖市人民政府劳动保障行政主管部门会同同级工会、企业家协会研究制定，并将当年工资指导方案报劳动保障部审核后，经地方政府审批，由地方政府(或其委托劳动保障行政部门)颁布。

124. 答案：BCE

解析：营造劳动安全卫生技术环境需要做到：①直接使用安全技术和无害装置、无害工艺，从基础上避免劳动安全卫生事故；②完善劳动场所设计，实现工作场地优化；③劳动组织优化，包括不同工种、工艺阶段的合理组织，准备性工作和执行性工作的合理组织，作业班组的合理组织，工作时间的合理组织等。

125. 答案：ABCDE

解析：劳动争议仲裁的基本制度包括：①仲裁庭制度；②一次裁决制度；③合议制度；④回避制度；⑤管辖制度；⑥区分举证责任制度。

2010年5月

单选

77. 答案：C

解析：被派遣劳动者与用工单位的劳动争议，由用工单位所在地管辖；被派遣劳动者与派遣单位的劳动争议，由派遣单位所在地管辖；被派遣劳动者与派遣单位和用工单位的劳动争议，可由劳动合同或劳动者派遣协议约定，由当事人选择派遣单位所在地或用工单位所在地管辖。

78. 答案：A

解析：工资集体协商的内容包括：①工资协议的期限；②工资分配制度、工资标准和工资分配形式；③职工年度平均工资水平及其调整幅度；④奖金、津贴、补贴等分配方法；⑤工资支付办法；⑥变更、解除工资协议的程序；⑦工资协议的终止条件；⑧工资协议的违约责任；⑨双方认为应当协商约定的其他事项。

79. 答案：C

解析：工资指导线有三条线：上线（预警线）、基准线和下线。①工资指导线的上线也称预警线，是对工资增长较快、工资水平较高的企业提出的预警和提示；②工资指导线的基准线是年度货币工资平均增长目标，是对于生产经营正常、有经济效益的企业来说较为合理的工资增长水平；③工资指导线的下线主要适用于经济效益较差或亏损的企业。

80. 答案：A

解析：劳动力市场工资指导价位信息采集的制度程序是：①方法：抽样调查；②范围：城市行政区域内的各行业所有城镇企业；③抽样：等距抽样；④内容：上一年度企业中有关职业（工种）在岗职工全年工资收入及有关情况；⑤频率：一年一次。

81. 答案：C

解析：企业法定代表人对本单位的安全卫生负全面责任，分管安全卫生的负责人和专职人员对安全卫生负直接责任，总工程师负安全卫生技术领导责任，各职能部门、各级生产组织负责人在各自分管的工作范围内对安全卫生负责，工人在各自岗位上承担严格遵守劳动安全技术规程的义务。

82. 答案：A

解析：安全卫生认证制度的要点是：①有关人员的资格认证，如特种作业人员的资格认证；②有关单位、机构的劳动安全卫生资格认证；③与劳动安全卫生联系特别密切的物质技术产品的质量认证。

83. 答案：C

解析：劳动争议按照劳动争议的性质划分为两种：①权利争议，又称既定权利争议。劳动关系当事人基于劳动法律、法规的规定，或集体合同、劳动合同约定的权利和义务所发生的争议。②利益争议。当事人因主张有待确定的权利和义务所发生的争议。

84. 答案:A

解析:劳动争议仲裁实行一个裁级一次裁决制度,也就是劳动争议仲裁的一次裁决原则。

85. 答案:D

解析:劳动争议仲裁的基本制度包括:①仲裁庭制度;②一次裁决制度;③合议制度;④回避制度;⑤管辖制度;⑥区分举证责任制度。

多选

120. 答案:CDE

解析:劳务派遣的术语表述有:雇员租赁、雇员派遣、劳动派遣、人才派遣、人才租赁、劳动力派遣等。

121. 答案:ACE

解析:政府在工资的宏观调控方面的总原则是企业工资总额的增长低于经济效益的增长,平均工资的增长低于劳动生产率的增长,同时在工资的调控上由总量控制向水平控制转变。

122. 答案:ACE

解析:在运用劳动力市场工资指导价位时,必须处理好三个关系:①指导价位与企业短期货币工资决定方式的关系;②指导价位与企业经济效益的关系;③指导价位与"两低于"原则的关系。

123. 答案:ABCE

解析:伤亡事故报告和处理制度的内容包括:①企业职工伤亡事故分类;②伤亡事故报告;③伤亡事故调查;④伤亡事故处理。

124. 答案:BCD

解析:劳动安全卫生保护费用的类别主要是:①劳动安全卫生保护设施建设费用;②劳动安全卫生保护设施更新改造费用;③个人劳动安全卫生防护用品费用;④劳动安全卫生教育培训经费;⑤健康检查和职业病防治费用;⑥有毒有害作业场所定期检测费用;⑦工伤保险费;⑧工伤认定、评残费用等。

125. 答案:ACDE

解析:劳动争议发生后,当事人申请仲裁,应依法向仲裁委员会提交书面仲裁申请书。申请书应当载明:①劳动者的姓名、职业、住址和工作单位,用人单位的名称、地址以及法定代表人的姓名、职务;②仲裁请求及所依据的事实和理由;③证据和证据来源,证人的姓名、住址。

2009 年 11 月

单选

77. 答案:D

解析:劳务派遣是一种组合劳动关系。在劳务派遣中,劳务派遣单位与被派遣劳动者依法订立劳动合同,建立劳动关系,即雇主是劳务派遣单位,雇员是被派遣的劳动者。劳动者派遣的本质特征是雇用和使用相分离。

78. 答案:B

解析:工资指导线水平的制定应密切结合当地的宏观经济状况,综合考虑地区年度经济增长率、社会劳动生产率、城镇居民消费价格指数、城镇就业状况、劳动力市场价格、人工成本水平和对外贸易状况等相关因素。

79. 答案:C

解析:劳动力市场工资指导价位制度的意义有:①能够为劳动力市场机制在实现劳动力资源优化配置方面发挥基础性调节作用提供条件;②有利于政府劳动管理部门转变职能;③有利于构建完整的劳动力市场体系;④可以为新办企业在确定雇员初始工资水平时提供参考,也可以为企业工资集体协商确定工资水平提供参考。

80. 答案:C

解析:工资指导价位的低位数为处于工资收入数列中后一定百分比(5%～10%)的数据的算术平均数。

81. 答案:D

解析:伤亡事故报告和处理制度的目的是及时报告、统计、调查和处理职工伤亡事故,采取预防措施,总结经验,追究事故责任,防止伤亡事故再度发生。

82. 答案:A

解析:劳动争议亦称劳动纠纷,是指劳动关系双方当事人之间因劳动权利和劳动义务的认定与实现所发生的纠纷。劳动争议实质上是劳动关系当事人之间利益矛盾、利益冲突的表现,是否遵循法律规范和合同规范是劳动争议产生的直接原因。劳动争议具有以下特征:①劳动争议的当事人是特定的。劳动争议双方当事人就是劳动关系的当事人,即一方为企业,另一方为劳动者或者其团体,并且只有存在劳动关系的企业和劳动者或其团体才有可能成为劳动争议的当事人。②劳动争议的内容是特定的。劳动争议处理的内容是劳动权利和劳动义务。③劳动争议有特定的表现形式。

83. 答案:C

解析:劳动争议调解委员会由劳动者代表和企业代表组成,人数由双方协商,双方人数应当对等。劳动者代表由工会委员会成员担任或者由全体劳动者推举产生,企业代表由企业负责人指定。调解委员会主任由工会委员会成员或者由双方推举的人员担任。

84. 答案:D

解析:劳动争议申请仲裁的时效期间为一年。仲裁时效期间从当事人知道或者应当知道其权利被侵害之日起计算。

85. 答案:A

解析:劳动争议仲裁委员会收到仲裁申请之日起5日内,认为符合受理条件的,应当受理,并通知申请人;认为不符合受理条件的,应当书面通知申请人不予受理,并说明理由。对劳动争议仲裁委员会不予受理或者逾期未做出决定的,申请人可以就该劳动争议事项向人民法院提起诉讼。

多选

120. 答案:CDE

解析:劳务派遣中存在三重关系:①劳动者派遣单位—被派遣劳动者,是有"关系"没"劳动"的形式劳动关系;②用工单位—被派遣劳动者,是有"劳动"没"关系"的实际劳动关系;③劳动者派遣单位—用工单位,是民事法律关系。

121. 答案:BCDE

解析:用工单位在同一岗位使用的被派遣劳动者与正式雇员应当同等待遇,同岗同酬;应当告知被派遣劳动者的工作要求和劳动报酬;支付加班费、绩效奖金,提供与工作岗位相关的福利待遇;对在岗被派遣劳动者进行工作岗位所必需的培训;连续用工的,实行正常的工资调整机制。

122. 答案:ACE

解析:劳动力市场工资指导价位分为年工资收入和月工资收入两种形式,按高位数、中位数、低位数三种标准反映平均水平。

123. 答案:ABCD

解析:劳动安全卫生管理制度的种类有:①安全生产责任制度;②安全技术措施计划管理制度;③安全生产教育制度;④安全生产检查制度;⑤重大事故隐患管理制度;⑥安全卫生认证制度;⑦伤亡事故报告和处理制度;⑧个人劳动安全卫生防护用品管理制度;⑨劳动者健康检查制度。

124. 答案:BD

解析:劳动争议仲裁的特征为:①仲裁主体具有特定性;②仲裁对象具有特定性;③仲裁实行强制原则;④仲裁实行仲裁前置、裁审衔接制。

125. 答案:BCDE

解析:可按照承担法律责任要件对劳动争议案例进行分析,此种分析方法的思维结构是:①分析确定劳动争议当事人所实施的行为;②分析确定当事人的行为是否造成或足以造成一定的危害;③分析确定当事人的行为与危害结果之间是否存在直接关系或因果关系;④分析确定行为人的行为是否有主观上的过错。

2009年5月

单选

77. 答案:D

解析:劳动力市场工资指导价位信息采集的制度程序是:①方法:抽样调查;②范围:城

市行政区域内的各行业所有城镇企业；③抽样：等距抽样；④内容：上一年度企业中有关职业（工种）在岗职工全年工资收入及有关情况；⑤频率：一年一次。

78．答案：D

解析：经营劳务派遣业务的劳务派遣机构应当依照公司法的有关规定设立，并应当具备下列条件：①注册资本不得少于人民币200万元；②有与开展业务相适应的固定的经营场所和设施；③有符合法律、行政法规规定的劳务派遣管理制度；④法律、行政法规规定的其他条件。

79．答案：B

解析：政府在工资的宏观调控方面的总原则是企业工资总额的增长低于经济效益的增长，平均工资的增长低于劳动生产率的增长，同时在工资的调控上由总量控制向水平控制转变。

80．答案：A

解析：工资指导价位的高位数为工资收入数列中前一定百分比（5%～10%）的数据的算术平均数。

81．答案：A

解析：企业法定代表人对本单位的安全卫生负全面责任，分管安全卫生的负责人和专职人员对安全卫生负直接责任，总工程师负安全卫生技术领导责任，各职能部门、各级生产组织负责人在各自分管的工作范围内对安全卫生负责，工人在各自岗位上承担严格遵守劳动安全技术规程的义务。

82．答案：D

解析：劳动争议按照劳动争议的性质划分为两种：①权利争议，又称既定权利争议。劳动关系当事人基于劳动法律、法规的规定，或集体合同、劳动合同约定的权利和义务所发生的争议。②利益争议。当事人因主张有待确定的权利和义务所发生的争议。

83．答案：B

解析：企业调解委员会对劳动争议进行调解的特点包括：①群众性；②自治性；③非强制性。

84．答案：A

解析：调解达成，制作调解协议书，是双方意思表示，需要签字履行，具有约束力。

85．答案：D

解析：劳动组织优化主要包括：①不同工种、工艺阶段的合理组织；②准备性工作和执行性工作的合理组织；③作业班组的合理组织；④工作时间的合理组织。

多选

120．答案：ABCDE

解析：劳务派遣的术语表述有：雇员租赁、雇员派遣、劳动派遣、人才派遣、人才租赁、劳动力派遣等。

121. 答案：BDE

解析：工资指导线有三条线：上线（预警线）、基准线和下线。

122. 答案：ABCDE

解析：潜在的职业危害因素转变为职业伤害需要的诱发条件是：①劳动条件的不良状态；②劳动组织的不完善；③人的错误管理行为与错误操作行为；④人们对自然规律的认识不足；⑤防护手段、方法的欠缺等。

123. 答案：ABC

解析：安全第一、预防为主、以人为本成为企业所有员工在劳动安全卫生保护工作中的职业道德行为准则。它可以规范、引导员工的劳动行为和管理行为向着正确的方向发展。

124. 答案：CDE

解析：劳动争议当事人的权利包括：①当事人有提出仲裁申请、答辩、变更申诉请求、撤诉、要求劳动争议仲裁委员会公正调解和裁决的权利；②当事人有委托代理人参加仲裁活动的权利；③当事人有申请回避的权利；④当事人有提出主张、提供证据的权利；⑤当事人有自行和解的权利；⑥当事人有不服仲裁裁决向人民法院起诉的权利；⑦当事人有申请执行的权利。

125. 答案：CDE

解析：申请劳动争议仲裁应当符合以下条件：①申请人与本案有直接利害关系；②有明确的被申请人；③有具体的仲裁请求以及所依据的事实、理由；④申请仲裁的劳动争议属于仲裁委员会的受理范围和仲裁委员会的管辖；⑤申请时间符合申请仲裁的时效规定。

专业能力部分的参考答案及评分标准

2014年5月

答：

这是一起因为竞业限制条款是否适用而引发的劳动争议。（2分）

《劳动合同法》规定：对负有保密义务的劳动者，用人单位可以在劳动合同或者保密协议中与劳动者约定竞业限制条款，并约定在解除或者终止劳动合同后，在竞业限制期限内按月给予劳动者经济补偿。劳动者违反竞业限制约定的，应当按照约定向用人单位支付违约金。（3分）

在解除或者终止劳动合同后，前款规定的人员到与本单位生产或者经营同类产品、从事同类业务的有竞争关系的其他用人单位，或者自己开业生产或者经营同类产品、从事同类业务的竞业限制期限，不得超过两年。（3分）

①如果双方签订的竞业限制协议中没有约定甲印刷公司在竞业限制期限内对张先生按

月支付经济补偿,基于《劳动合同法》中竞业限制条款的强制约定,此竞业限制协议属于不平等协议,视为无效,对张先生没有约束效力。(2分)

②如果竞业限制协议中约定了按月支付的补偿金额,而甲印刷公司并未按照约定履行,且当张先生要求甲公司支付后,甲公司仍不支付时,此协议也失去效力。(2分)

③如果甲公司正常履行了按月支付张先生经济补偿的约定,且2012年1月仍然属于离职后两年之内,则张先生有义务履行竞业限制协议。(2分)

④若甲公司申请劳动仲裁,要求张先生履行完剩余期限,应予以支持。如张先生不愿意履行剩余期限,应按照违约金金额进行剩余部分的结算,并支付给甲公司。(2分)

⑤有关竞业限制协议经济补偿金额的确定,若协议中并未约定经济补偿的金额,按照司法解释四的规定,张先生如果要求甲公司按照双方劳动关系解除或终止前12月的平均工资的30%支付,人民法院应予支持。(2分)

2013年11月

答:

该酒店管理公司作为实际用工单位,在对被派遣员工进行管理时,应当严格遵守《劳动合同法》以及相关劳务派遣的法律法规,并从以下几方面入手,做好被派遣员工的管理:(每项3分)

①该公司应当认真执行国家劳动法律法规,维护法律赋予被派遣员工的一切权益。特别是应当执行国家有关劳动保护、安全卫生标准,为被派遣员工提供相应的劳动条件和劳动保护。同时,被派遣员工有权在劳务派遣单位或该用工单位参加或组织工会。

②应当将劳务派遣协议的内容、岗位的工作要求和劳动报酬等信息告知被派遣劳动者,包括公司规章制度、岗位工作标准、工作内容、生产安全、工作禁忌、工作要求以及劳动报酬方面的规章制度等。

③被派遣劳动者享有与用工单位的劳动者同工同酬的权利,包括加班费、其所在岗位其他员工享有的绩效奖金和相关福利待遇。

④针对被派遣劳动者进行定期或不定期的岗位培训,以提高其综合素质,保证其满足工作岗位的要求。

⑤连续用工的,实行正常的工资调整机制。

⑥用工单位不得将被派遣劳动者再派遣到其他用人单位。

2013年5月

答:

劳动争议仲裁在申请与受理阶段的主要工作内容和相关规定如下:(最高14分)

(1) 申请的概念。（1分）
(2) 申请仲裁的条件。（3分）
①申请人与本案有直接利害关系；
②有明确的被申请人；
③有具体的仲裁请求以及所依据的事实、理由；
④申请仲裁的劳动争议属于仲裁委员会的受理范围和仲裁委员会的管辖；
⑤申请时间符合申请仲裁的时效规定。
(3) 仲裁申请书。（3分）
仲裁申请书应当载明下列事项：
①劳动者的姓名、性别、年龄、职业、工作单位和住所，用人单位的名称、住所以及法定代表人或者主要负责人的姓名、职务；
②仲裁请求和所根据的事实、理由；
③证据和证据来源，证人的姓名和住所。
(4) 仲裁申请的效力。（3分）
①启动仲裁程序；
②申请人不得以同一仲裁请求向其他劳动争议委员申请仲裁；
③申请仲裁时效中断。
(5) 受理的含义。（1分）
受理是指劳动争议仲裁委员收到仲裁申请后，经审查认定符合申请仲裁的条件，决定予以接受并开始组织实施仲裁活动的行为。
(6) 仲裁申请的审查。（3分）
①申请人是否与本案有直接利害关系；
②申请仲裁的争议是否属于劳动争议；
③申请仲裁的劳动争议是否属于仲裁委员会的受理内容；
④该劳动争议是否属于本仲裁委员会管辖；
⑤申请书及有关材料是否齐备并符合要求；
⑥申请时间是否符合申请仲裁的时效规定。
(7) 仲裁申请的处理。
(8) 被申请人的反请求。

2012年11月

答：
这是一起判断事实劳动关系是否成立引发的劳动争议。本案争论的焦点是张先生与物流公司直接的劳动关系是否成立。（3分）

①根据《劳动合同法》中有关非全日制用工的条款，张先生是1999年1月签订的临时工聘用合同，到2000年1月原合同终止。2000年7月再次上班，从工资发放形式（按月发放）上看，不符合非全日制用工的特点，再调查张先生的工作时间是否符合每周不超过24个小时，即可判断是否属于非全日制用工。（3分）

②双方主体均符合建立劳动关系的条件，再辅助调查张先生是否严格按照物流公司的规章制度进行日常工作，是否有证人、证物证明张先生在职工作，用来判断双方的劳动关系是否成立。（3分）

依据张先生的诉求：

①首先是无固定期限劳动合同。依照《劳动合同法》之规定，员工自入职期间一个月内不签订劳动合同，超过1年仍未签订劳动合同的视为建立无固定期限劳动合同，此诉求予以支持。（3分）

②然后是补缴工作期间的社会保险费用。依据《劳动合同法》之规定，在职员工应当购买社会保险，此诉求予以支持。同时，补缴社会保险的个人部分，员工个人应承担，涉及社会保险补缴的相关利息，因系单位过失，应由单位承担。（3分）

③最后是支付2008年1月至2008年12月的双倍工资。结合《劳动合同法》的过渡期限规则，双倍工资的成立应从2008年1月开始，即支付11个月的双倍工资。（3分）

2012年5月

答：

工资集体协商代表的确定程序是：

（1）工资集体协商代表的确定程序与集体协商代表的确定程序是一致的。（2分）

（2）工资集体协商代表应依照法定程序产生。（3分）

①雇员一方由工会代表，未建立工会的企业，由雇员民主推举代表，并得到半数以上雇员同意；

②雇主一方代表由企业法定代表人或法定代表人指定的其他人员担任。

（3）协商双方应各自确定一名首席代表。（3分）

①雇员一方的首席代表应当由工会主席担任，工会主席也可以书面委托其他雇员方面的代表作为首席代表；未成立工会的，由雇员集体协商代表推举。

②雇主一方的首席代表应当由法定代表人担任，法定代表人也可以书面委托其他雇主方面的代表作为首席代表。

（4）因涉及专业问题，双方均可书面委托本企业以外的专业人士作为本方协商代表，但委托人数不得超过本方代表的1/3。（2分）

（5）协商双方享有平等的建议权、否决权和陈述权。（2分）

（6）雇员协商代表的合法权益受法律保护。由企业内部产生的协商代表参加工资集体

协商活动,应视为提供了正常劳动,原来所享受的工资、奖金、津贴、补贴、保险福利待遇不变。(2分)

(7) 协商代表应遵守双方的协商规则,履行代表职责,并负有保守企业商业秘密的责任。(2分)

(8) 协商代表应了解和掌握工资分配的有关情况,广泛征求各方面的意见,接受本方人员对工资集体协商有关问题的质询。(2分)

2011年11月

答:
因签订集体合同引发的争议的处理方法是:
(1) 当事人协商。(2分)
(2) 由劳动争议协调处理机构协调处理。包括以下五个方面:(每项2分)
①申请和受理。当事人一方或双方可以向劳动保障行政部门的劳动争议协调处理机构书面提出协调处理申请;未提出申请的,劳动保障行政部门认为必要时,自动立案受理。
②劳动争议协调处理机构在调查了解争议情况的基础上,拟订协调处理方案。
③协调处理。劳动争议协调处理机构组织同级工会代表、企业方面代表及其他代表与团体争议当事人各方首席代表共同进行协调。
④制作《协调处理协议书》。协调处理结束后,由劳动保障行政部门制作《协调处理协议书》,双方首席代表和协调处理负责人共同签字,并且成为集体合同的有效组成部分,对集体合同的双方当事人具有约束力。
⑤此类争议应自决定受理之日起30日内结束,争议复杂或受其他客观因素影响需要延期的,延期最长不得超过15日。
(3) 当事人的和平义务。包括以下两个方面:(每项2分)
①发生团体劳动争议,当事人应当进行平等协商,以期取得一致意见。即使不能协商解决,也应通过正常程序向劳动保障行政部门申请协调处理,不得自行采取过激行为。
②在申请和协调处理期间,也不得采取过激行为,同时企业不得解除与职工代表的劳动关系。

2011年5月

答:
工资集体协商的主要内容包括:(每项2分,最高16分)
①工资协议的期限;
②工资分配制度、工资标准和工资分配形式;
③年度平均工资水平及其调整幅度;

④奖金、津贴、补贴等的调整幅度；

⑤工资支付办法；

⑥变更、解除工资协议的程序；

⑦工资协议的终止条件；

⑧工资协议的违约责任；

⑨双方认为应当协商约定的其他事项。

2010年11月

答：

企业营造劳动安全卫生环境是预防劳动安全卫生事故的基本对策，它包括：

(1) 营造劳动安全卫生观念环境。(4分)

树立安全第一、预防为主的劳动安全卫生观念；建立以人为本的劳动安全卫生的价值观念。

(2) 营造劳动安全卫生制度环境。(4分)

具体内容包括：建立健全劳动安全卫生管理制度；严格执行各项劳动安全卫生规程；对严格执行相关制度规范的应当奖励，对违反相关制度的应当惩罚。

(3) 营造劳动安全卫生技术环境。(6分)

①直接使用安全技术和无害装置、无害工艺，从基础上避免劳动安全卫生事故。

②完善劳动场所设计，实现工作场所优化。主要包括：科学装备、布置工作地；保持工作场所的正常秩序和良好的工作环境；正确组织工作场所的供应和服务；劳动环境优化。

③劳动组织优化。主要包括：不同工种、工艺阶段的合理组织；准备性工作和执行性工作的合理组织；作业班组的合理组织；工作时间的合理组织等。

2010年5月

答：

职业安全卫生预算的编制审核程序如下：(每项2分)

①企业最高决策部门决定企业劳动安全卫生管理的总体目标和任务，并应提前下达到中层和基层单位；

②劳动安全卫生管理职能部门根据企业总体目标的要求制定具体目标，提出本单位的自编预算；

③自编预算在部门内部协调平衡，上报企业预算委员会；

④企业预算经过委员会审核、协调平衡，汇总成为企业全面预算，并应在预算期前下达相关部门；

⑤编制费用预算；

⑥编制直接人工预算;

⑦根据企业管理费用预算表、制造费用预算表及产品制造成本预算表的相关预算项目,对职业安全卫生预算进行审核。

2009 年 11 月

答:

①试用期为劳动合同的约定条款而非法定必备条款,即订立劳动合同可以约定试用期,也可以不约定试用期。本案例未说明是否约定试用期,可以理解为该合同未约定试用期,因而企业解除劳动合同的理由不成立。(2分)

②张某在工作中存在违纪行为,但判断张某是否属于严重违纪,企业必须依据已公示的且经过合法程序制定的企业内部劳动规章制度确定,本案企业未能清楚举证相关制度规定。(2分)

③如果张某的行为属于严重违纪,依据《劳动合同法》的相关规定,严重违反用人单位劳动纪律的,企业可以解除劳动合同;如果不属于严重违纪,则不能解除劳动合同。(2分)

④调整张某的工作岗位属合同的变更,而依据《劳动合同法》的有关规定,订立和变更劳动合同应遵循平等、自愿、协商一致的原则,企业单方意思表示"调动张某到洗衣房工作,若对方不同意,限期三个月内另谋出路"的做法,违反了上述规定。(2分)

⑤在三个月期间只按当地最低工资标准发放张某的工资没有依据,因为工资支付应按照劳动合同约定的标准支付。(2分)

a. 如果企业有前述的内部劳动规章制度,可以依据张某的违纪情况,按照相应标准以承担相应的经济责任为由扣发工资,以为惩戒;(2分)

b. 如果张某提供了正常劳动,按当地最低工资标准发放张某工资是违法行为。(2分)

⑥在本案例中,该企业内部劳动合同管理与劳动规则制定实施都存在不合法的地方:

a. 在劳动合同管理方面,企业应有符合法律规范的劳动合同文本,并且应当对约定条款如试用期等做出具体规定,即哪些岗位应约定(或不约定)试用期;(1分)

b. 在劳动纪律方面应明确规定何谓严重违纪,违反劳动纪律应承担何种责任。(1分)

⑦分析本案例的发生,至少有以下两个方面工作应当引起企业的重视:

a. 企业应当强化员工的教育培训,从新员工进入企业那一天起,就应该使员工清楚地了解公司的各种规章制度,特别是通过宣传教育,使他们逐步树立正确的职业价值观,尽快融入企业;(1分)

b. 企业的相关部门,特别是人力资源部门及其管理人员,应当重视劳动法律法规的学习,逐步增强执行国家劳动法律法规的意识。(1分)

2009年5月

答:
企业劳动安全卫生技术环境的营造主要包含以下内容:
(1) 直接使用安全技术和无害装置、无害工艺,从基础上避免劳动安全卫生事故。(5分)
(2) 完善劳动场所设计,实现工作场所优化,并应做到:(1分)
①科学合理地装备和布置工作地;(1分)
②保持工作场所的正常秩序和良好的工作环境;(1分)
③正确组织工作场所的供应和服务;(1分)
④劳动环境优化等。(1分)
(3) 劳动组织优化,主要包括:(1分)
①不同工种、工艺阶段的合理组织;(1分)
②准备性工作和执行性工作的合理组织;(1分)
③作业班组的合理组织;(1分)
④工作时间的合理组织等。(1分)

2008年11月

答:
①这是一起双方当事人因劳动报酬问题引发的劳动争议案件。(2分)
②本案例争议的焦点是:
a. 奖金计算办法和参数;(2分)
b. 劳动争议事实的举证责任。(2分)
③根据劳动法的规定,员工大会通过的新的技术经济责任制度对企业所有员工和各管理部门均有约束力,劳动关系的当事人都应遵守。在本案例中,争议双方均未对该办法提出异议,存在争议的事项仅为与奖金计算有关参数的认定上。(2分)
④举证责任是指争议当事人对自己提出的诉求所依据的事实或反驳对方请求所依据的事实提供证据加以证明的责任。举证不能的,由负有举证责任的当事人承担不利后果。但由于劳动关系的特殊性,法律规定事关管理事务方面的举证责任由用人单位承担。(2分)
⑤张某为主张自己的权利可以提出自己的证据,但是奖金计算参数如完成合同额、工程成本、基本定额以及设计人员数量等证据应由该工程设计院承担法定举证责任。(2分)
⑥2003年经DD会计师事务所对关于该工程设计院全面会计审计报告数据应依法予以采信而不应提出异议。设计人员数量为企业经营管理权范畴,张某的数据不能采信。(2分)
⑦2004年的计划完成合同额、工程成本等数据应采取公平、合理的方法,将计划完成合

同额、工程成本等项按照 9/12 进行折算,只计算 1~9 月。(2 分)

⑧依照上述方法计算,该工程设计院应补发张先生的奖金为:

a. 2003 年奖金:

$[(2000 - 62 - 10 \times 25) \times 15\% \div 25] \times 70\% \times 0.8 = 5.67168(万元);(1 分)$

b. 2004 年 1~9 月奖金:

$[(2400 - 48 - 10 \times 40) \times 9 \div 12 \times 15\% \div 40] \times 70\% \times 0.8 = 3.0744(万元);(1 分)$

c. 应付奖金总额:

$5.67168 + 3.0744 = 8.74608(万元);(1 分)$

d. 应补发奖金额:

$8.74608 - (2.6 + 2.9) = 3.24608(万元);(1 分)$

e. 院方因未按照规定按时足额支付张先生奖金,还应按照少发金额的 25%,加发经济补偿金 8115.2 元。(2 分)

2008 年 5 月

答:

工资集体协商的主要内容包括:(每项 2 分,最高 14 分)

①工资协议的期限;

②工资分配制度、工资标准和工资分配形式;

③职工年度平均工资水平及其调整幅度;

④奖金、津贴、补贴等调整幅度;

⑤工资支付办法;

⑥变更、解除工资协议的程序;

⑦工资协议的终止条件;

⑧工资协议的违约责任;

⑨双方认为应当协商约定的其他事项。

2007 年 11 月

答:

劳动争议仲裁的基本制度包括:(每项 2 分,最高 10 分)

①仲裁庭制度。仲裁庭是对某一劳动争议案件进行仲裁审理活动的组织形式。

②一次裁决制度。劳动争议仲裁实行一次裁决制度,一次裁决即为终局裁决,当事人不服仲裁裁决,只能向法院提起诉讼,不能向上一级仲裁委员会申请复议或要求重新处理。

③合议制度。仲裁庭裁决劳动争议,实行少数服从多数原则。

④回避制度。仲裁委员会委员、仲裁人员及其相关工作人员中,与劳动争议有利害关系的、与当事人有亲属关系或其他关系的、可能影响公正裁决的人员,应当回避。

⑤管辖制度。劳动争议仲裁的管辖即劳动争议仲裁案件的管辖,是指不同的劳动争议仲裁委员会受理劳动争议仲裁案件的分工与权限。

⑥区分举证责任制度。由劳动关系特点所决定,反映平等主体关系间的争议事项,遵循"谁主张谁举证"的原则;反映隶属关系的争议事项,实行"谁决定谁举证"的原则,即与争议事项有关的证据属于用人单位掌握管理的,用人单位应当提供,用人单位不提供的,应当承担不利后果。

2014年11月真题试卷

2014年11月 人力资源和社会保障部
国家职业资格全国统一鉴定

职　　业：企业人力资源管理师
等　　级：国家职业资格二级
卷册一：职业道德
　　　　理论知识

注意事项：

1. 考生应首先将自己的姓名、准考证号等用钢笔、圆珠笔等写在试卷册和答题卡的相应位置上，并用铅笔填涂答题卡上的相应位置处。
2. 考生同时应将本页右上角的科目代码填涂在答题卡右上角的相应位置处。
3. 本试卷册包括职业道德和理论知识两部分：
   第一部分，第1~25小题，为职业道德试题；
   第二部分，第26~125小题，为理论知识试题。
4. 每小题选出答案后，用铅笔将答题卡上对应题目的答案涂黑。如需改动，用橡皮擦干净后，再选涂其他答案。所有答案不得答在试卷上。
5. 考试结束时，考生务必将本卷册和答题卡一并交给监考人员。
6. 考生应按要求在答题卡上作答。如果不按标准要求进行填涂，则均属作答无效。

地　　区：_____
姓　　名：_____
准考证号：_____

人力资源和社会保障部职业技能鉴定中心监制

第一部分 职业道德

（第1～25题，共25道题）

一、职业道德基础理论与知识部分

答题指导：
- ◆ 该部分均为选择题,每题均有四个备选项,其中单项选择题只有一个选项是正确的,多项选择题有两个或两个以上选项是正确的。
- ◆ 请根据题意的内容和要求答题,并在答题卡上将所选答案的相应字母涂黑。
- ◆ 错选、少选、多选,则该题均不得分。

（一）单项选择题（第1～8题）

1. 关于道德规范,正确的说法是（　　）。
   A. 道德规范就是像法律那样制约人的行为的一整套制度体系
   B. 道德规范是做人的准则,规范个人应该做什么,不应该做什么
   C. 从时间上看,道德规范比法律产生得略晚
   D. 道德规范与法律规范作用的范围是基本相同的

2. 关于职业道德,正确的说法是（　　）。
   A. 职业道德建设有助于提高企业凝聚力,但无助于促进企业技术进步
   B. 职业道德建设有助于提高劳动生产率,但无助于降低生产成本
   C. 职业道德建设有助于提高职业技能,增强企业竞争力
   D. 职业道德建设有助于提高产品质量,但不会提高企业服务质量

3. 《公民道德建设实施纲要》指出的我国职业道德建设规范是（　　）。
   A. 求真务实、开拓创新、艰苦奋斗、服务人民、促进发展
   B. 爱岗敬业、诚实守信、办事公道、服务群众、奉献社会
   C. 以人为本、解放思想、实事求是、与时俱进、促进和谐
   D. 文明礼貌、勤俭节约、团结互助、遵纪守法、开拓创新

4. 社会主义道德建设的核心是（　　）。
   A. 为人民服务　　　　　　　　B. 爱国主义
   C. 社会主义和谐社会　　　　　D. 共同发展

5. 社会主义道德建设的重点是（　　）。
   A. 诚实守信　　B. 爱岗敬业　　C. 树立理想　　D. 职业纪律

6. 下列选项,符合一般从业人员职业规范要求的是( )。
   A. 男服务员要留胡须,以保持男性的阳刚之气
   B. 女服务员要梳时尚发型,以展示新女性的时代形象
   C. 男服务员要定时理发,以保持面部和头型的整洁
   D. 女服务员要浓墨重粉,以凸显女性的魅力

7. 关于办事公平公正,正确的说法是( )
   A. 只要本着公平公正的心处理问题,就能够做到公平公正
   B. 每个人都有他对公平公正的看法,因此事实上的公平公正是不存在的
   C. 对犯错误的当事人做出均等处罚是公平公正的核心
   D. 公平公正是按照原则办事,处理问题合情合理,不徇私情

8. 关于勤劳与节俭,正确的说法是( )。
   A. 勤劳的人当然节俭,反之亦然
   B. 勤劳有助于节俭品质的形成,节俭有助于勤劳品质的升华
   C. 节俭不利于生产繁荣,勤劳无助于生产效率的提高
   D. 勤劳与节俭不应该是现代从业人员的道德品质

(二)多项选择题(第9~16题)

9. 企业文化的功能有( )。
   A. 中和功能   B. 整合功能   C. 调和功能   D. 导向功能

10. 员工处理与领导的关系,比较妥当的做法有( )。
    A. 领导安排的工作不能做时,要如实讲明原因
    B. 尊重领导的隐私,领导的隐私权高于一切
    C. 对领导有意见,不论在何种场合,都要敢于当面指出来
    D. 维护领导的威信,一般不越级汇报工作

11. 文明礼貌的具体要求有( )。
    A. 仪表端庄   B. 声音响亮   C. 举止潇洒   D. 待人热情

12. 职业技能的构成要素包括( )。
    A. 体力   B. 智力   C. 知识   D. 技术

13. 对劳动合同的认识,正确的有( )。
    A. 劳动合同在理论上是完美的,但在现实中基本上是一纸空文
    B. 劳动合同是企业持续稳定发展的重要保障
    C. 劳动合同是受法律保护的
    D. 劳动合同是员工的卖身契

14. "精益求精"所包含的职业道德要求有( )。
    A. 提高技能   B. 诚实守信   C. 爱岗敬业   D. 团结互助

15. 关于自由,正确的理解包括( )。
   A. 自由就是排除一切外在束缚
   B. 自由的前提是认识和把握事物的本质和规律
   C. 自由需要以遵守道德和法律为前提
   D. 由于对事物认识能力的不断增强,人的自由不断扩大

16. 关于职业道德修养的说法中,正确的有( )。
   A. 职业道德修养是员工自我教育、自我改造、自我完善的过程
   B. 职业道德修养是长期的、艰巨的
   C. "慎独"是职业道德修养的高尚境界
   D. 职业道德修养的主要途径和方法是闭门思过

二、职业道德个人表现部分(第17~25题)

答题指导:

◆ 该部分均为选择题,每题均有四个备选项,您只能根据自己的实际状况选择其中一个选项作为您的答案。

◆ 请在答题卡上将所选择答案的相应字母涂黑。

17. W女士体形富态,Q女士体形苗条,两人都对自己的体形十分在意,问题在于两人都觉得自己很胖。当W女士、Q女士同时在场的情况下,你会( )
   A. 对她们说:"你们两人都不胖,你们的体形都恰到好处。"
   B. 对W说:"你确实胖",对Q说:"你为什么觉得自己胖呢?"
   C. 对两人说:"要是能够把W身上的肉匀一点给Q多好啊!"
   D. 对她们说:"体形重要,但身体健康和心理健康更重要!"

18. 过马路时,遇到了红灯,但是大批的行人视而不见,强行闯红灯,交通协管员也没有了办法,如果你是行人当中的一员,你会( )。
   A. 随大流,走过去   B. 等待红灯变成绿灯时再过马路
   C. 快步走过去   D. 提醒行人注意安全

19. 在本企业中,你认为员工之间的待遇存在差异,是因为( )。
   A. 能力不同   B. 学历不同   C. 资历不同   D. 努力程度不同

20. 假如公司领导近来对你的工作有所不满,你想和领导谈谈,但你又没有机会接触领导,你会( )。
   A. 打电话与领导沟通   B. 给领导写封信说明
   C. 等待见面的机会   D. 就按照这样做下去

21. 某少年经常沉溺于上网逃课,学习成绩日下,老师、家长苦口婆心规劝无济于事。假如你是该少年的父母,你会采取的下一步措施是( )。
   A. 严厉体罚   B. 无奈,放任自流

C. 求助社会 D. 求助专家

22. 扒手王某扒技"高超",一次她遇一个从外地来城就医的人,遂将其洗劫一空,结果导致病人因无钱住院而亡。对于这件事,你的看法是( )。

   A. 与图财害命无异,应判以极刑   B. 加强治安,打击扒手

   C. 教育为本   D. 警察无用

23. 你相信下列说法中的( )。

   A. 金钱不一定能够带来幸福   B. 金钱等同于幸福

   C. 金钱是幸福的源泉   D. 金钱有益于幸福

24. 你心目中的和谐企业是职工之间( )。

   A. 彼此客客气气,相敬如宾

   B. 不存在任何形式的矛盾和纠纷

   C. 有矛盾和纠纷产生,但很少,发生之后就过去了

   D. 相互间敢于批评,但批评完了,彼此之间的关系会更好

25. 假如你和几个同事关系很僵,总觉得这几个人有意和自己"过不去",你会( )。

   A. 向领导反映情况,请他帮助解决

   B. 另外找几个同事,和他们对着干

   C. 反思自己的做法有什么不妥,并加以改正

   D. 把这种局面当成是一场考验,绝不妥协退让

第二部分　理论知识

（第 26～125 题，共 100 道题，满分为 100 分）

一、单项选择题（26～85 题，每题 1 分，共 60 分。每小题只有一个最恰当的答案，请在答题卡上将所选答案的相应字母涂黑）

26. 两种劳动参与假说的前提，其观点是相同的，即（　　）的劳动力参与率与经济周期不存在敏感的反应性。
    A. 男性成年人　　B. 老年人　　C. 女性成年人　　D. 青年人

27. 以下关于社会保险的说法，不正确的是（　　）。
    A. 社会保险不具有强制性
    B. 社会保险当事人不能自行选择保险项目
    C. 社会保险当事人不能自行选择是否参加保险
    D. 对劳动者而言，物质帮助权主要通过社会保险来实现

28. 劳动保障法不包括（　　）。
    A. 促进就业法　　B. 社会保险法　　C. 工作时间法　　D. 劳动福利法

29. 投入期企业不适宜采取的营销策略是（　　）。
    A. 快速掠取策略　　B. 缓慢渗透策略　　C. 快速渗透策略　　D. 树立产品形象

30. 20 世纪 50 年代末，（　　）提出了第一个综合的权变模型。
    A. 赫塞　　B. 布兰查德　　C. 费德勒　　D. 明茨伯格

31. 在正常情况下，组织开发的重点是组织的（　　）。
    A. 协作能力　　B. 创新能力　　C. 竞争能力　　D. 发展能力

32. （　　）不属于静态的组织设计理论的研究内容。
    A. 管理行为规范　　　　　　B. 组织的权、责结构
    C. 组织信息控制　　　　　　D. 部门划分的形式和结构

33. 模拟分权组织结构模式的主要缺点，不包括（　　）。
    A. 企业内部的价格体系不容易完全理顺
    B. 企业内部信息沟通较差，组织内纵向协调难度大
    C. 各专业分公司生产经营计划的目标和任务难以确定
    D. 各单位任务完成情况的考核显得比较困难而复杂

34. （　　）是以成果为中心设计的部门结构模式。

A. 直线职能制　　　B. 网络型组织　　　C. 多维立体组织　　　D. 事业部制

35. 在进行组织结构调查时，需要调查的资料不包含（　　）。
   A. 管理业务流程图　　B. 组织战略图　　C. 工作岗位说明书　　D. 组织体系图

36. 一般来说，企业人员晋升计划的内容不包括（　　）。
   A. 晋升条件　　　B. 晋升比率　　　C. 晋升时间　　　D. 晋升路径

37. 以下关于人力资源预测的表述，不正确的是（　　）。
   A. 人力资源预测能引导员工进行职业生涯设计
   B. 动态的组织条件下，人力资源预测非常必要
   C. 静态的组织条件下，人力资源预测并非必要
   D. 企业战略的设定必须以人力资源预测为基础

38. 以下关于德尔菲法的表述，不正确的是（　　）。
   A. 是一种定性预测方法　　　　　　　B. 可用来预测部门人力资源需求
   C. 适合于对人力需求的长期预测　　　D. 可用于人力供给的中长期预测

39. （　　）是先将公司的员工需求量与影响需求量主要因素之间的关系用数学模型表示出来，依此模型以及主要因素变量来预测公司的员工需求。
   A. 计算机模型法　　B. 马尔可夫分析法　　C. 定员定额分析法　　D. 经济计量模型法

40. 定员定额分析法不包括（　　）。
   A. 结构定员法　　B. 比例定员法　　C. 效率定员法　　D. 劳动定额分析法

41. （　　）具有测评标准刚性强、测评指标灵活等特点。
   A. 选拔性测评　　B. 考核性测评　　C. 开发性测评　　D. 诊断性测评

42. 在素质测评标准体系的设计中，（　　）结构是将需要测评的员工素质要素进行分解，并列出相应的项目。
   A. 平面　　　　　B. 立体　　　　　C. 横向　　　　　D. 纵向

43. 飞行员选拔标准来自于对飞机驾驶工作本身的直接描述，这种选拔标准是（　　）性标准。
   A. 效标参照　　　B. 能力考核　　　C. 常模参照　　　D. 素质考核

44. 在素质能力测评中，最常使用的差异量数是（　　）。
   A. 均值　　　　　B. 中位数　　　　C. 方差　　　　　D. 标准差

45. 在面试的（　　），面试考官应消除应聘者的紧张情绪，创造轻松、友好的氛围。
   A. 关系建立阶段　　B. 导入阶段　　C. 核心阶段　　D. 确认阶段

46. 在面试的（　　），面试考官会进一步校对核心阶段所获得的信息。
   A. 关系建立阶段　　B. 导入阶段　　C. 准备阶段　　D. 确认阶段

47. 围绕与工作相关的关键胜任能力的面试问题属于（　　）。
   A. 压力性问题　　B. 知识性问题　　C. 行为性问题　　D. 经验性问题

48. 在进行员工招聘时通常使用的群体决策法,其特点不包括( )。
   A. 决策人员的来源广泛 B. 群体决策的主观性高
   C. 决策人员不是唯一的 D. 运用了运筹学的原理

49. ( )不适合采用无领导小组讨论法进行人员选拔。
   A. 人力资源主管 B. 技术研发人员 C. 销售部门经理 D. 公关部门经理

50. 企业在制定培训规划时,必须达到的要求不包括( )。
   A. 系统性 B. 标准化 C. 先进性 D. 有效性

51. 在制定培训规划时,培训需求分析的内容不包括( )。
   A. 企业战略分析 B. 企业组织分析 C. 企业资源分析 D. 企业人员分析

52. ( )不属于培训课程内容选择的基本要求。
   A. 价值性 B. 相关性 C. 有效性 D. 普遍性

53. 培训的印刷材料中,工作任务表的作用不包括( )。
   A. 强调课程重点 B. 提高学习效果 C. 关注信息反馈 D. 节约培训时间

54. 在选择确定培训评估对象时,新开发课程评估的侧重点不包括( )。
   A. 培训需求 B. 课程设计 C. 受训人员 D. 应用效果

55. 在培训效果评估的层级体系中,第二级评估是( )。
   A. 行为评估 B. 学习评估 C. 反应评估 D. 结果评估

56. 对培训效果进行学习评估时,不宜采用的评估方法是( )。
   A. 笔试法 B. 心得报告 C. 提问法 D. 行为观察

57. 培训成果评估的重要指标不包括( )。
   A. 技能成果 B. 情感成果 C. 绩效成果 D. 学习成果

58. 培训效果的问卷调查评估不适用于( )。
   A. 了解学员偏爱的学习方法
   B. 让学员清楚了解自己的差距和不足
   C. 检查培训目标与工作任务的匹配度
   D. 评价学员在工作中对培训内容的应用情况

59. 以( )为基础的绩效指标体系,能清楚地说明组织或员工在考评期内所完成的工作任务及其对组织贡献的大小。
   A. 实际投入 B. 工作行为 C. 实际产出 D. 工作方式

60. ( )的目的是寻求新的和异想天开的解决所面临难题的途径与方法。
   A. 关键事件法 B. 要素图示法 C. 个案研究法 D. 头脑风暴法

61. 绩效指标体系的设计程序包括:①工作分析;②理论验证;③修改调整;④指标调查。正确的排序是( )。
   A. ①③②④ B. ①②③④ C. ①②④③ D. ①④②③

62. 没有绝对的零点，只能做加减运算的绩效考评标准量表是（   ）。
    A. 比率量表   B. 等距量表   C. 等级量表   D. 名称量表

63. （   ）是测量水平最高的绩效考评量表。
    A. 比率量表   B. 等距量表   C. 等级量表   D. 名称量表

64. KPI作为绩效指标与考核标准的结合体，它必须具备的特征是（   ）。
    A. 定性化、结果化   B. 定性化、行为化
    C. 定量化、结果化   D. 定量化、行为化

65. 提取关键绩效指标的方法不包括（   ）。
    A. 问卷调查法   B. 目标分解法   C. 关键分析法   D. 标杆基准法

66. （   ）不能纠正绩效考评中的晕轮误差。
    A. 建立精确的考评标准体系   B. 建立完善的数据处理系统
    C. 对考评者进行适当的培训   D. 建立严谨的工作记录制度

67. 进行360度考评前要对考评者进行培训，培训的内容不包括（   ）。
    A. 沟通技巧   B. 反馈评价结果的方法
    C. 考评实施技巧   D. 绩效考评指标的设计

68. 可以在快、准、全三个方面满足客户要求的薪酬调查方式是（   ）。
    A. 企业之间相互调查   B. 问卷调查
    C. 委托中介机构调查   D. 访谈调查

69. （   ）是指由工作性质和特征相似的若干职系构成的岗位群。
    A. 职系   B. 职组   C. 职门   D. 职等

70. （   ）能比较准确地反映工作的质量和数量特征，有利于贯彻"同工同酬"的原则。
    A. 岗位薪酬制   B. 绩效薪酬制   C. 技能薪酬制   D. 提成薪酬制

71. （   ）工资不属于技能薪酬制的范畴。
    A. 技术   B. 基础能力   C. 薪点   D. 策略能力

72. 影响企业工资水平的企业外部因素不包括（   ）。
    A. 劳动力市场   B. 行业特征   C. 当地法律法规   D. 所处地域

73. 应该使员工间的工资差距最小化的工作团队类型为（   ）。
    A. 平行团队   B. 交叉团队   C. 流程团队   D. 项目团队

74. 以（   ）为导向的薪酬结构易使员工只重视眼前效益，不重视长期发展。
    A. 绩效   B. 行为   C. 工作   D. 技能

75. 企业进行工作岗位评价就是要保证工资的（   ）。
    A. 外部竞争性   B. 合法性   C. 内部公平性   D. 经济性

76. 当企业的企业年金缴费不超过工资总额的（   ）时，企业缴费可以从成本中列支。
    A. 4%   B. 5%   C. 6%   D. 7%

77. 确定工资指导线水平应考虑的相关因素不包括( )。
   A. 社会劳动生产率　　　　　　　　B. 企业经营状况
   C. 劳动力市场价格　　　　　　　　D. 人工成本水平

78. 集体工资协议签订后( )内,由企业将工资协议一式三份及说明报送当地(县级以上)劳动保障行政部门审查。
   A. 10日　　　B. 15日　　　C. 20日　　　D. 30日

79. 劳动力市场价位信息的采集主要是通过( )取得的。
   A. 经济普查　　B. 问卷调查　　C. 人口普查　　D. 抽样调查

80. 对劳动力市场工资指导价位相关信息的采集方法,错误的说法是( )。
   A. 两次调查时间间隔为两年
   B. 按国家劳动行政和统计主管部门的要求进行统计调查
   C. 调查范围包括城市行政区域内的各行业所有城镇企业
   D. 调查内容为上一年度企业中有关职业在岗职工全年收入及有关情况

81. 在安全生产责任制中,( )在各自岗位上承担严格遵守劳动安全技术规程的义务。
   A. 工人　　　　　　　　　　　　　B. 企业法定代表人
   C. 总工程师　　　　　　　　　　　D. 分管安全卫生的负责人

82. 劳务派遣机构的注册资本不得少于( )。
   A. 50万元　　B. 100万元　　C. 200万元　　D. 300万元

83. 以下关于劳动争议的说法,正确的是( )。
   A. 只有存在劳动关系的情况下才会发生劳动争议
   B. 是否遵循法律规范和合同规范是劳动争议的实质
   C. 权利争议通常是因订立、变更劳动合同所引起的
   D. 不存在劳动关系的劳动者可能成为劳动争议的当事人

84. 以下关于劳动争议调解的说法,不正确的是( )。
   A. 调解委员会的调解是独立的程序
   B. 企业劳动争议调解委员会是群众性组织
   C. 劳动争议仲裁委员会的调解是独立程序
   D. 调解委员会劳动者代表由工会成员担任或由全体员工推举产生

85. 劳动争议仲裁实行一个裁级( )裁决制度。
   A. 一次　　　B. 两次　　　C. 多次　　　D. 无限

二、**多项选择题**(86~125题,每题1分,共40分。每题有多个答案正确,请在答题卡上将所选答案的相应字母涂黑。错选、少选、多选,均不得分)

86. 实证研究方法的特点包括( )。
   A. 目的在于认识客观事实　　　　　B. 结论具有客观性

  C. 以某种价值判断为基础   D. 结论具有主观性
  E. 主要目的在于为政府制定经济政策服务

87. 我国劳动法律渊源的类别,主要包括(　　)。
  A. 正式解释   B. 劳动法律
  C. 地方性劳动法规   D. 劳动规章
  E. 国务院劳动行政法规

88. 风险型决策方法包括(　　)。
  A. 收益矩阵法   B. 决策树法   C. 线性规划法   D. 微分法
  E. 敏感性分析法

89. 按测验目的不同,心理测验可分为(　　)。
  A. 描述性测验   B. 诊断性测验   C. 综合性测验   D. 预测性测验
  E. 个体性测验

90. 多维立体组织结构的管理组织机构系统包括(　　)。
  A. 产品利润中心   B. 专业成本中心   C. 地区利润中心   D. 部门网络中心
  E. 服务网络中心

91. 组织结构爆破式变革的具体表现有(　　)。
  A. 新设一个部门   B. 两家企业合并
  C. 企业组织结构的整合   D. 局部改变某个科室的职能
  E. 从职能制结构改为事业部制结构

92. 影响企业人力资源规划的人口环境因素有(　　)。
  A. 人口的性别比例   B. 劳动力队伍的结构
  C. 劳动力队伍的数量   D. 劳动力队伍的质量
  E. 社会或本地区的人口规模

93. 影响企业人力资源活动的法律因素有(　　)。
  A. 户籍制度   B. 劳动力市场价位   C. 最低工资标准   D. 当地社会风俗
  E. 政府有关的劳动就业制度

94. 狭义的人力资源规划,其核心部分包括(　　)。
  A. 人力资源费用的控制   B. 人力资源需求预测
  C. 人力资源信息的收集   D. 人力资源供给预测
  E. 人力资源供需综合平衡

95. 企业人力资源内部供给预测的方法包括(　　)。
  A. 回归分析模型   B. 人力资源信息库
  C. 马尔可夫模型   D. 经济计量模型法
  E. 管理人员接替模型

96. 员工素质测评标准表示的形式包括(　　)。
    A. 评语短句式　　B. 客观语句式　　C. 方向指示式　　D. 主观提问式
    E. 设问提示式

97. 员工素质测评标准体系的横向结构包括(　　)。
    A. 结构性要素　　B. 行为环境要素　　C. 时间性要素　　D. 工作绩效要素
    E. 空间性要素

98. 面试准备阶段的主要工作包括(　　)。
    A. 制定面试指南　　B. 准备面试问题　　C. 确定评估方式　　D. 培训面试考官
    E. 统计面试结果

99. 在进行行为描述面试时，考官应重点关注的关键要素有(　　)。
    A. 情境　　B. 目标　　C. 行动　　D. 结果
    E. 经验

100. 无领导小组讨论法包括(　　)等多种类型。
    A. 无情境性讨论　　B. 不定角色的讨论
    C. 情境性讨论　　D. 指定角色的讨论
    E. 无主题讨论

101. 无领导小组讨论法的特点有(　　)。
    A. 具有人际互动效应　　B. 讨论题目易于设计
    C. 讨论过程生动真实　　D. 被试者难以掩饰自我
    E. 易于进行客观评价

102. 现代培训按其性质可以分为(　　)等层次的培训。
    A. 经验培训　　B. 知识培训　　C. 技能培训　　D. 观念培训
    E. 思维培训

103. 在培训课程设计文件中，内容大纲应包括(　　)。
    A. 班级规模　　B. 教学顺序和活动
    C. 课件意图　　D. 课程和绩效目标
    E. 教学资源

104. 敏感性训练的目标一般包括(　　)。
    A. 更新受训者的价值观念　　B. 更好地理解群体活动过程
    C. 更好地洞悉自己的行为　　D. 提高受训者的抗压能力
    E. 通过群体活动培养判断问题和解决问题的能力

105. 培训前效果评估的内容包括(　　)。
    A. 培训环境评估　　B. 培训需求的整体评估
    C. 培训计划可行性评估　　D. 培训对象知识和工作态度评估

E. 培训对象工作成效及行为评估

106. 在选择确定培训评估形式时,应主要以( )为依据。
    A. 评估目的　　　　　　　　　　　B. 评估的实际需要
    C. 评估对象　　　　　　　　　　　D. 评估形式的特点
    E. 评估人员

107. 培训效果反应评估的具体方法有( )。
    A. 访谈法　　B. 问卷调查法　　C. 提问法　　D. 综合座谈法
    E. 观察法

108. 品质特征型的绩效考评指标包括( )。
    A. 客户投诉率　　B. 进取精神　　C. 专业知识面　　D. 听写能力
    E. 商品销售量

109. 绩效考评指标是实施绩效考评的基础,其主要作用是( )。
    A. 有助于战略的落实和达成
    B. 有助于改善组织的内部管理
    C. 有助于指引员工行为朝正确方向转变
    D. 有助于企业绩效管理制度健全与完善
    E. 有助于促进企业核心竞争力不断增强

110. 绩效考评指标体系的设计方法包括( )
    A. 要素图示法　　B. 经验总结法　　C. 个案研究法　　D. 对比分析法
    E. 问卷调查法

111. 战略导向的KPI体系的意义体现在( )。
    A. KPI体系具有战略导向的牵引作用
    B. KPI体系能自下而上地实现绩效管理目标
    C. KPI体系能够最大限度地激发员工的斗志
    D. KPI体系是激励和约束企业员工的一种新型机制
    E. KPI体系能够调动全员的积极性、主动性和创造性

112. 综合型绩效考评方法包括( )。
    A. 合成考评法　　B. 直接指标法　　C. 日清日结法　　D. 关键事件法
    E. 图解式评价量表法

113. 绩效考评结果过于苛刻,对于组织和个体来说,( )。
    A. 有利于激发员工们的斗志　　　　B. 容易增加工作压力
    C. 容易造成紧张的组织气氛　　　　D. 降低工作的满意度
    E. 有利于调动员工的创造性

114. 在薪酬调查中,与薪酬政策有关的信息包括( )。

A. 新毕业学生的起薪点 B. 薪酬水平地区差异的控制
C. 员工异地调配时的薪酬处理 D. 被调查企业在加薪时的百分比
E. 公司的加班与工作轮班方面的薪酬政策

115. 员工薪酬满意度调查的内容包括(   )。
    A. 对薪酬水平的满意度 B. 对薪酬结构的满意度
    C. 对薪酬差距的满意度 D. 对薪酬调整的满意度
    E. 对精神激励的满意度

116. 年薪制中基本薪酬的决定因素有(   )。
    A. 市场工资水平 B. 员工平均薪酬水平
    C. 企业经济效益 D. 员工绩效考评结果
    E. 生产经营规模

117. 企业薪酬制度设计的基本原则包括(   )。
    A. 互动性原则　　B. 等级化原则　　C. 竞争性原则　　D. 经济性原则
    E. 合法性原则

118. 薪酬标准档次的调整包括(   )。
    A. "技变"晋档 B. "学变"晋档
    C. "龄变"晋档 D. "职变"变档
    E. "考核"变档

119. 企业在制订薪酬计划时,需要预测的薪酬信息包括(   )。
    A. 企业未来一年的工资增长率 B. 员工在未来一年增薪的额度
    C. 员工在未来一年增薪的时间 D. 员工在未来一年增薪的调资类型
    E. 当地劳动力供求状况与工资水平

120. (   )不是劳务派遣现象的表达术语。
    A. 人才租赁　　B. 劳动派遣　　C. 劳动租赁　　D. 劳动力派遣
    E. 劳动输出

121. 工资指导线包括(   )。
    A. 高线　　B. 预警线　　C. 低线　　D. 基准线
    E. 下线

122. 劳动力市场工资指导价位按(   )等多种标准反映平均水平。
    A. 高位数　　B. 年工资收入　　C. 中位数　　D. 月工资收入
    E. 低位数

123. 劳动安全卫生保护费用包括(   )。
    A. 教育培训费 B. 人工成本费
    C. 工伤保险费 D. 有毒有害作业场所定期检测费

E. 劳动安全卫生保护设施建设费

124. ( )是处理职业危害的预防与治理关系应遵循的原则。
    A. 安全第一　　B. 奖惩分明　　C. 以人为本　　D. 预防为主
    E. 防重于治

125. 申请劳动争议仲裁应当符合的条件包括( )。
    A. 属于受诉调解委员会管辖
    B. 符合申请调解的时效规定
    C. 有明确的被申请人、具体的仲裁请求和理由
    D. 属于国家有关劳动争议处理法规规定的劳动争议
    E. 申请人必须是与本案有直接利害关系的单位与劳动者

2014年11月 人力资源和社会保障部
国家职业资格全国统一鉴定

职　　业：企业人力资源管理师
等　　级：国家职业资格二级
卷册二：专业能力

注意事项：
1. 请按要求在试卷的标封处填写您的姓名、准考证号、身份证号和所在地区。
2. 请仔细阅读各种题目的回答要求，并在规定的位置填写您的答案。
3. 请保持卷面整洁，不要在试卷上做任何与答题无关的标记，也不得在标封区填写无关的内容。

一			二			总分	总分人
1	2	3	1	2	3		
得分							

一、简答题（本题共3小题，第1小题15分，第2小题16分，第3小题15分，共46分）

1. 简述应对企业人力资源短缺的措施。（15分）

2. 简述利用访谈法对培训效果进行评估的程序和步骤。（16分）

3. 简述提取关键绩效指标的程序与步骤。(15分)

二、综合题(本题共3小题,每小题18分,共54分)

1. 某企业通过笔试、面试等程序选拔了30位优秀员工。

(1) 企业员工素质测评中,导致测评结果误差的原因是什么?(5分)

(2) 简述员工素质测评结果处理的常用分析方法。(7分)

(3) 员工素质测评结果处理的方法中,集中趋势分析中的集中量数有什么作用?常见的集中量数有哪些?(6分)

2.（1）工资策略有哪些类型？各具什么特点？（9分）

（2）企业处于不同阶段选择什么样的工资策略？（9分）

3. 2012年10月，李某应聘进入某铸锻公司，与该公司签订合同，合同约定：李某任经营部经理职务，月薪7000元。一年之后，公司以不胜任工作为由，调动李某为深圳分公司销售人员。李某不同意调动，多次与公司人力资源部门协商要解除劳动关系。2014年4月，公司在未履行任何职务变更手续以及工资变更手续的情况下，将李某的工资降至每月2500元。双方因涉及的经济补偿而协商不成。李某向仲裁委员会提出申请，以公司克扣工资为由，要求解除劳动关系，并要求支付经济补偿。

请对此案例做出分析。（18分）

2015年5月真题试卷

2015年5月 人力资源和社会保障部
国家职业资格全国统一鉴定

职　　业：企业人力资源管理师
等　　级：国家职业资格二级
卷册一：职业道德
　　　　理论知识

注意事项：

本试卷册包括职业道德和理论知识两部分：
第一部分，第1~25小题，为职业道德试题；
第二部分，第26~125小题，为理论知识试题。

地　　区：_____

姓　　名：_____

准考证号：_____

人力资源和社会保障部职业技能鉴定中心监制

第一部分 职 业 道 德

(第1～25题,共25道题)

一、职业道德基础理论与知识部分

答题指导:

◆ 该部分均为选择题,每题均有四个备选项,其中单项选择题只有一个选项是正确的,多项选择题有两个或两个以上选项是正确的。

◆ 请根据题意的内容和要求答题,并在答题卡上将所选答案的相应字母涂黑。

◆ 错选、少选、多选,则该题均不得分。

(一) 单项选择题(第1～8题)

1. 关于道德,正确的说法是( )。
   A. 道德反映着社会正义力量的要求
   B. 道德的表现方式是说教
   C. 道德是为了维持秩序而强加在人们头上的外在约束力量
   D. 道德评价完全属于主观判断的范畴

2. 关于道德与法律,正确的说法是( )。
   A. 在法律健全、完善的社会,不需要道德
   B. 由于道德不具备法律那样的强制性,道德的社会功用不如法律
   C. 在人类历史上,道德与法律同时产生
   D. 在一定条件下,道德与法律能够相互转化、相互作用

3. 关于文明礼貌,正确的说法是( )。
   A. 文明礼貌对企业的生产和经营不起作用
   B. 好的企业不会把工夫用在文明礼貌的倡导上
   C. 文明礼貌是企业成功的唯一标志
   D. 文明礼貌反映了企业的管理水平

4. 在市场经济条件下,企业应该树立的义利观是( )。
   A. 君子喻于义,小人喻于利
   B. 唯利是图,促进经济发展
   C. 以义为先,以义制利
   D. 守法是企业经营的唯一准则

5. 态度恭敬的意思是说,从业人员要( )。
   A. 一切按照顾客的要求办事
   B. 顾客问什么,就要如实回答什么
   C. 对顾客做到内心尊重而外有礼貌
   D. 遇到刁蛮无理的顾客时,要予以回避

6. 符合爱岗敬业要求的是(　　)。
   A. 绝不能违背上司的意愿
   B. 干一行,专一行
   C. 不转行,不跳槽
   D. 舍弃个人和家庭利益,全身心投入到岗位工作之中
7. 处理好企业员工之间的关系,正确的做法是(　　)。
   A. 尊重同事的隐私,不过分询问他人的私生活
   B. 任何时候都能够直接提出自己的意见和建议
   C. 避免接触感情上不融洽的同事,以防激化矛盾
   D. 对感情好的同事,要加强交往,形成牢不可破的"联盟"
8. 符合创新要求的做法是(　　)。
   A. 某员工把业余时间全部用于发明永动机之上
   B. 某公司花钱购买了一项新技术
   C. 某企业开辟了一个新的销售市场
   D. 某公司做出一项新规定,员工用餐时间不能超过十分钟

(二)多项选择题(第9~16题)

9. 下列言语中,属于职业"禁语"的有(　　)。
   A. "不知道"　　　　　　　　　　B. "还没上班呢,等会儿再说"
   C. "您需要点什么"　　　　　　　D. "排队去"
10. 员工正确处理利益关系的做法包括(　　)。
    A. 破除利益最大化观念,把个人利益始终让给他人
    B. 在满足他人所有需要的基础上,实现自身的利益
    C. 坚持在集体事业的发展中实现个人利益
    D. 以长远利益为重,同时也要兼顾到眼前利益
11. 下列做法中,不符合从业人员服饰要求的有(　　)。
    A. 装扮时尚　　　B. 颜色靓丽　　　C. 款式新潮　　　D. 香水浓烈
12. 符合待人热情要求的做法有(　　)。
    A. 嬉笑迎客　　　B. 主动热情　　　C. 亲昵友善　　　D. 情绪饱满
13. 从业人员在服务的过程中,坚持办事公道原则的做法包括(　　)。
    A. 不以财富多寡作为服务标准　　B. 对师长提供特别服务
    C. 不以貌取人　　　　　　　　　D. 童叟无欺
14. 增强职业责任意识,正确的态度有(　　)。
    A. 加强职业责任修养　　　　　　B. 反思自己是否竭尽全力
    C. 不断矫正自己的行为偏差　　　D. 养成职业道德行为习惯
15. 从业人员应该树立的法纪观念有(　　)。

A. 法不责众　　　　　　　　　　B. 不犯法即可,没有必要学法

C. 法制纪律是从业人员利益的基本保障　　D. 只有遵纪守法,才能够获得长远发展

16. 关于遵守法纪与道德,错误的理解有(　　)。

A. 大法不犯,小错不断,难死领导,气死法院

B. 法律无法制约那些犯小错误的人,道德对犯了小错误的人又不管用

C. 在一定限度内,为了维护公民的自由和权益,要以牺牲道德为代价

D. 法律不是万能的,而道德是万能的

二、职业道德个人表现部分(第17~25题)

答题指导:

◆ 该部分均为选择题,每题均有四个备选项,您只能根据自己的实际状况选择其中一个选项作为您的答案。

◆ 请在答题卡上将所选择答案的相应字母涂黑。

17. 经理办公会上,经理提议由你来做他的助理,但是这项提议遭到其他几位副经理的反对而未果。在公司,你属于资格较老的中层领导,勤苦工作已多年,面对这样的局面,你会(　　)。

A. 感到很失落　　　　　　　　　B. 找经理说道说道

C. 分析原因,改进工作　　　　　D. 以后不再那么拼命工作了

18. 假如主管在安排工作时,总与你对工作的理解不一致。而你凭借多年工作经验,认为自己的理解是正确的,而主管对工作的认识和安排多有不妥。你会(　　)。

A. 按照主管的要求做事　　　　　B. 按自己的理解做事

C. 和同事沟通,按同事的意见办事　D. 找主管进一步协商

19. 社区成立小动物保护协会,收养了许多流浪猫、狗。你的看法是(　　)。

A. 流浪的猫、狗一般携带病菌,人们要远离它们

B. 收养流浪猫、狗的做法,限制了动物们的自由

C. 小动物保护协会的人们有爱心

D. 应该收养的是流浪的人,而不是猫、狗

20. 某些公司员工在业余时间里兼职,以增加收入。但长此以往,由于体力、精力不济等原因影响了本职工作的正常开展。对此,你的看法是(　　)。

A. 应该制定新制度,规范员工的兼职行为

B. 允许员工兼职,但兼职工作收入的一部分要上缴公司

C. 兼职是在业余时间进行的,是员工的权利

D. 兼职活动是无法监督的,随他去吧

21. 一般情况下,你和同事、朋友约会,你会(　　)。

A. 准时到达　　　　　　　　　　B. 比预定时间早一会儿达到

C. 晚点　　　　　　　　　　　　D. 晚点,会通知同事朋友

22. 养犬的人越来越多,犬吠干扰了他人的正常生活,你认为(　　)。
    A. 养犬没有实际意义,应该禁止所有的居民养犬
    B. 治理养犬的关键是征缴高额费税
    C. 提高养犬人的文明素质最重要
    D. 人们应相互宽容理解

23. 如果你的某位同事总是喜欢拿你某方面的"短处"开玩笑,虽然玩笑并无恶意,但你觉得心里很别扭,你会(　　)。
    A. 也拿对方开玩笑
    B. 既然发现对方没有恶意,那就随便他好了
    C. 警告对方,要他尊重他人
    D. 与对方沟通,明确告诉对方自己的感受

24. 日常生活和工作中,听窗外的蝉、青蛙或者鸟儿持续不断地鸣叫,你的感受是(　　)。
    A. 聒噪,令人心烦意乱　　　　　　　　B. 有点烦,但还能够忍受
    C. 习惯了,没有感觉　　　　　　　　　D. 悦耳动听

25. 下列描述中,最接近你常态的感觉是(　　)。
    A. 有朋友,有知己　　　　　　　　　　B. 有知己,没朋友
    C. 有朋友,没知己　　　　　　　　　　D. 没朋友,没知己

第二部分 理论知识

（第26～125题，共100道题，满分为100分）

一、**单项选择题**（第26～85题，每题1分,共60分。每小题只有一个最恰当的答案,请在答题卡上将所选答案的相应字母涂黑）

26. 关于均衡国民收入的公式,不正确的是（　　）。
    A. 均衡国民收入＝消费＋收入　　　　B. 均衡国民收入＝总供给
    C. 均衡国民收入＝消费＋储蓄　　　　D. 均衡国民收入＝消费＋投资

27. 正常情况下,依照法定程序延长的工作时间每月不能超过（　　）。
    A. 20小时　　　　B. 36小时　　　　C. 30小时　　　　D. 40小时

28. 确定型决策方法不包括（　　）。
    A. 微分法　　　　B. 量本利分析法　　　　C. 收益矩阵法　　　　D. 线性规划法

29. （　　）是人对某种事物或特定对象所持有的一种肯定或否定的心理倾向。
    A. 归因　　　　B. 知觉　　　　C. 动机　　　　D. 态度

30. 人的本性即人的（　　）。
    A. 自然属性和心理属性　　　　B. 社会属性和心理属性
    C. 自然属性和社会属性　　　　D. 阶级属性和心理属性

31. （　　）不属于现代人力资源管理的基本原理。
    A. 同素异构原理　　　　B. 能位匹配原理
    C. 适才适用原理　　　　D. 动态优势原理

32. 关于组织理论与组织设计理论的说法,不正确的是（　　）。
    A. 组织理论包括了组织运行的全部问题
    B. 逻辑上组织理论应该包括组织设计理论
    C. 组织设计理论主要研究企业组织结构设计
    D. 组织理论与组织设计理论在外延上是相同的

33. 多维立体组织结构的主要管理机构系统不包括（　　）。
    A. 地区利润中心　　　　B. 专业成本中心
    C. 产品利润中心　　　　D. 地区成本中心

34. 在行业增长阶段后期,为了减少竞争压力,企业会采取（　　）。
    A. 增大数量战略　　　　B. 扩大地区战略
    C. 纵向整合战略　　　　D. 多种经营战略

35. 组织结构变革常招致各方面的抵制和反对,不属于其表现的是( )。
    A. 发生争吵与敌对行为   B. 工作效率下降
    C. 要求离职的人员增多   D. 市场明显萎缩

36. 关于工作丰富化的说法,不正确的是( )。
    A. 可促进员工综合素质的提高
    B. 有利于提高岗位的工作效率
    C. 可增强员工在生理、心理上的满足感
    D. 使员工完成任务的内容和手段发生变化

37. 人员培训开发计划的具体内容不包括( )。
    A. 受训人员的数量   B. 培训的方式方法
    C. 培训费用的预算   D. 培训的奖励措施

38. 人力资源预测的局限性不包括( )。
    A. 顾客需求多变   B. 知识水平的限制
    C. 预测的代价高昂   D. 环境的不确定性

39. ( )又称时间序列法,是一种定量的人力资源需求预测方法。
    A. 趋势外推法   B. 回归分析法
    C. 马尔可夫分析法   D. 定额定员法

40. ( )具体表现为机构臃肿、人浮于事、生产效率下降。
    A. 人力资源供求平衡   B. 人力资源供大于求
    C. 人力资源供不应求   D. 人力资源供求失真

41. 某公司要培训管理人员,培训前要做一次综合素质测评,它属于( )素质测试。
    A. 开发性   B. 诊断性   C. 考核性   D. 选拔性

42. 类别量化与模糊量化都可以看作是( )。
    A. 当量量化   B. 二次量化   C. 等距量化   D. 比例量化

43. ( )是指素质测评标准体系的内在规定性,常常表现为各种素质的规范化行为特征或表征的描述与规定。
    A. 标度   B. 标记   C. 标准   D. 准则

44. 关于集中量数的说法,不正确的是( )。
    A. 它是描述数据集中趋势的指标
    B. 算术平均数和标准差都属于集中量数
    C. 它可以说明一组数据的某项特征
    D. 可以用它进行几组数据间的比较

45. 知识测验( )的答案是开放的、非唯一的。
    A. 主观题   B. 客观题   C. 问答题   D. 选择题

46. 在面试准备阶段,( )是促使面试顺利进行的指导方针。

A. 面试问题　　　B. 面试团队　　　C. 面试指南　　　D. 面试评估

47. 面试官从应聘者的某一优缺点出发去评价应聘者的其他方面,这种偏见属于(　　)。

　　A. 首因效应　　　B. 对比效应　　　C. 晕轮效应　　　D. 录用压力

48. 关于行为描述面试的说法,不正确的是(　　)。

　　A. 它是一种特殊的结构化面试

　　B. 所有的提问都是行为性问题

　　C. 其假设前提是"说和做存在较高的一致性"

　　D. 其实质是识别关键性工作要求

49. 企业人力资源的(　　)是指在工作岗位分析和人员素质测评的基础上,实现员工与岗位的优化配置。

　　A. 时间配置　　　B. 个体配置　　　C. 空间配置　　　D. 整体配置

50. (　　)对企业培训工作起全局性的指导和控制作用。

　　A. 管理性培训规划　　　　　　　B. 战略性培训规划
　　C. 培训课程规划　　　　　　　　D. 培训需求分析

51. 专业技能提升培训的内容是(　　)。

　　A. 专业知识　　　B. 企业文化　　　C. 规章制度　　　D. 管理能力提升

52. (　　)属于企业全员培训的外部环境因素。

　　A. 培训者　　　B. 培训设备　　　C. 培训场所　　　D. 组织环境

53. 满足企业与学习者的需求是培训课程设计的(　　)。

　　A. 本质属性　　　B. 主要依据　　　C. 根本任务　　　D. 内在要求

54. 培训需求分析的客体具有(　　)。

　　A. 多层次性　　　B. 同一性　　　C. 时间滞后性　　　D. 规范性

55. (　　)不属于企业外部师资的优点。

　　A. 可带来许多全新的理念　　　　B. 可提高培训的档次
　　C. 对学员具有较大的吸引力　　　D. 培训相对易于控制

56. (　　)的主要目的在于拓宽管理人员或潜在管理人员的知识面。

　　A. 替补训练　　　B. 职务轮换　　　C. 集中培训　　　D. 临时提升

57. 培训评估需遵循(　　),即要根据评估目标、评估对象以及评估周期确定评估方法。

　　A. 综合性原则　　　B. 战略性原则　　　C. 灵活性原则　　　D. 客观性原则

58. 培训后的评估内容不包括(　　)。

　　A. 目标达成情况　　　　　　　　B. 培训环境
　　C. 培训主管工作绩效　　　　　　D. 培训效果效益

59. 一般来说,(　　)会作为生产性组织的主要绩效考评指标。

　　A. 工作效率　　　B. 成本控制　　　C. 工作过程　　　D. 工作成果

60. 设计绩效考评指标体系无需遵循(　　)。

A. 明确性原则　　B. 灵活性原则　　C. 针对性原则　　D. 科学性原则

61. 没有绝对的零点，只能做加减运算的绩效考评标准量表是（　　）。
    A. 比率量表　　B. 等距量表　　C. 等级量表　　D. 名称量表

62. 提取关键绩效指标的程序包括：①分析工作产出；②审核指标和标准；③修改和完善；④设定考评标准；⑤提取和设定绩效考评指标。正确的排序是（　　）。
    A. ①④③⑤②　　B. ①⑤②③④　　C. ①④②⑤③　　D. ①⑤④②③

63. 绩效监控始终关注员工的（　　），旨在通过提高个体绩效水平来改进部门和组织绩效。
    A. 工作态度　　B. 工作行为　　C. 工作绩效　　D. 工作过程

64. 对人际接触和交往频繁的工作岗位尤为重要的绩效考评效标是（　　）。
    A. 行为性效标　　B. 特征性效标　　C. 结果性效标　　D. 过程性效标

65. "好人不好，强人不强，弱者不弱"，这种绩效考评误差是（　　）。
    A. 苛严误差　　B. 居中趋势　　C. 宽厚误差　　D. 个人偏见

66. （　　）是绩效考评结果在总体上出现的误差。
    A. 后继效应　　B. 晕轮效应　　C. 分布误差　　D. 个人偏见

67. 360度考评的缺点不包括（　　）。
    A. 成本相对较高　　　　　　　B. 信息一致性差
    C. 定性评价比重较大　　　　　D. 结果有效性差

68. （　　）一般由咨询公司完成。
    A. 公司薪酬调查　　　　　　　B. 商业性薪酬调查
    C. 政府薪酬调查　　　　　　　D. 专业性薪酬调查

69. 进行薪酬调查时，若被调查岗位复杂且数量大，应采用的调查方式是（　　）。
    A. 问卷调查　　　　　　　　　B. 企业之间相互调查
    C. 采集社会公开信息　　　　　D. 委托中介机构调查

70. （　　）表示的是不同职系之间的相同相似岗位等级的比较和平衡。
    A. 职组　　B. 职门　　C. 岗级　　D. 岗等

71. 工作岗位横向分类的程序包括：①职组的划分；②职门的划分；③职系的划分。排序正确的是（　　）。
    A. ②③①　　B. ③②①　　C. ②①③　　D. ③①②

72. （　　）代表了工资制度发展的主流，为越来越多的企业所采用。
    A. 岗位工资制　　B. 年薪制　　C. 绩效工资制　　D. 技能工资制

73. （　　）作为薪点值的组成部分，它依据企业的整体经济效益确定。
    A. 标准值　　B. 基值　　C. 浮动值　　D. 固定值

74. 绩效工资制的形式不包括（　　）。
    A. 计件工资制　　B. 提成制　　C. 技能工资制　　D. 佣金制

75. 员工的工资结构中，（　　）设计的主要依据是企业的经济效益、部门业绩和员工的工作表现。

A. 浮动工资　　　B. 固定工资　　　C. 基本工资　　　D. 岗位工资

76. 采用（　　）制订薪酬计划,可以控制总体的薪酬成本,但缺乏灵活性。

A. 从下而上法　　B. 从上而下法　　C. 由内到外法　　D. 由外到内法

77. 对事实劳动关系的表述,不正确的是（　　）。

A. 我国劳动立法对事实劳动关系有相应的规范

B. 欠缺书面劳动合同的事实劳动关系不受法律保护

C. 事实劳动关系与劳动关系相比较而言,只是缺少书面劳动合同

D. 事实劳动关系是用人单位除非全日制用工形式外无书面或无有效书面劳动合同而形成的劳动法律关系

78. 用人单位自用工之日起一个月内未订立书面劳动合同的,自第二个月起向劳动者支付（　　）工资。

A. 2倍　　　　　B. 3倍　　　　　C. 4倍　　　　　D. 5倍

79. 劳务派遣机构应当与被派遣劳动者订立（　　）以上的固定期限劳动合同。

A. 1年　　　　　B. 2年　　　　　C. 3年　　　　　D. 5年

80. 劳务派遣机构、用工单位违反有关劳务派遣规定的,由劳动行政部门责令限期改正;逾期不改正的,以每人（　　）的标准处以罚款。

A. 1000元以上2000元以下　　　　B. 1000元以上5000元以下

C. 2000元以上5000元以下　　　　D. 5000元以上10000元以下

81. 企业分管安全卫生的负责人和负责安全卫生的专职人员对本单位的安全生产负有（　　）。

A. 全面责任　　　B. 领导责任　　　C. 直接责任　　　D. 间接责任

82. 劳动关系协调须贯彻"三方原则",不属于"三方"的是（　　）。

A. 企业职工代表　　　　　　　　B. 劳动行政部门代表

C. 同级工会代表　　　　　　　　D. 用人单位方面代表

83. 劳动争议案件的（　　）是进行诉讼的前置必经程序。

A. 协商　　　　　　　　　　　　B. 仲裁

C. 调解　　　　　　　　　　　　D. 和解

84. 劳动关系存续期间因（　　）发生争议的,劳动者申请仲裁不受一年仲裁时效期间的限制。

A. 休息、休假　　　　　　　　　B. 职务变动

C. 拖欠劳动报酬　　　　　　　　D. 参加工会活动

85. 支付令是人民法院依照《民事诉讼法》规定的督促程序,具有强制性特征。债务人接到支付令（　　）内,不向人民法院提出书面异议时支付令方可生效。

A. 15日　　　　　B. 30日　　　　　C. 60日　　　　　D. 90日

二、多项选择题(第86~125题,每题1分,共40分。每题有多个答案正确,请在答题卡上将所选答案的相应字母涂黑。错选、少选、多选,均不得分)

86. 最长劳动时间标准包括国家通过立法规定的( )。
   A. 工时制度
   B. 休假制度
   C. 休息制度
   D. 延长工作时间的最高限额
   E. 延长工作时间的最低限额

87. 企业战略的特点包括( )。
   A. 创新性
   B. 系统性
   C. 针对性
   D. 风险性
   E. 长远性

88. 阿伦和梅耶所进行的综合研究认为,组织承诺的形式包括( )。
   A. 感情承诺
   B. 自我承诺
   C. 继续承诺
   D. 契约承诺
   E. 规范承诺

89. 以人为本的企业组织形态应具有( )等基本特征。
   A. 集权与分权适宜,管理幅度逐步加大
   B. 确立企业员工参与管理的制度与渠道
   C. 满足组织的利益要求,员工自愿接受组织的职权和权威
   D. 组织必须为其成员创造利益,并明确组织的宗旨和目标
   E. 组织成员在共同利益和目标的基础上相互接纳,协同合作

90. 组织理论的发展大致经历了( )等多个阶段。
   A. 古典组织理论
   B. 新古典组织理论
   C. 近代组织理论
   D. 当代新组织理论
   E. 现代组织理论

91. 企业组织结构的设计一般包括( )等内容。
   A. 组织环境分析
   B. 组织发展目标的确立
   C. 企业流程设计
   D. 组织职能与部门设计
   E. 岗位评价设计

92. 企业组织结构需要变革的征兆包括( )。
   A. 成本增加
   B. 合理化建议减少
   C. 指挥不灵
   D. 市场占有率降低
   E. 信息不畅

93. 岗位工作扩大化的具体方法包括( )。
   A. 延长加工周期
   B. 增加岗位工作内容
   C. 岗位工作纵向调整
   D. 岗位工作连贯设计
   E. 岗位工作轮换设计

94. 列入人力资源预算范围的费用有( )。

A. 招聘费用　　B. 调配费用　　C. 奖励费用　　D. 管理费用

E. 福利津贴

95. 劳动效率定员法是根据预测期内企业的（　　）来计算和确定某类岗位人员需求的一种方法。

　　A. 工作岗位的数量　　　　　　B. 人员劳动效率

　　C. 工作负荷量的大小　　　　　D. 生产任务总量

　　E. 岗位工作人员的经验

96. 员工素质测评的类型包括（　　）。

　　A. 选拔性测评　　B. 激励性测评　　C. 开发性测评　　D. 诊断性测评

　　E. 考核性测评

97. 员工测评指标的标度，包括（　　）等多种形式。

　　A. 量词式　　B. 等级式　　C. 测定式　　D. 定义式

　　E. 数量式

98. 员工素质测评量化的主要形式，包括（　　）。

　　A. 类别量化　　B. 横向量化　　C. 模糊量化　　D. 纵向量化

　　E. 比例量化

99. 员工素质测评指导语的内容包括（　　）。

　　A. 素质测评的目的　　　　　　B. 举例说明填写要求

　　C. 测评结果的保密和处理　　　D. 强调测评与测验考试的不同

　　E. 填表前的准备工作和填表要求

100. 应聘笔试的缺点有（　　）。

　　A. 题型多样，不易控制　　　　B. 可能出现高分低能现象

　　C. 无法考查应聘者的思想品德　D. 无法考查应聘者的口头表达

　　E. 无法考查应聘者的工作态度

101. 从配置的性质上看，可将企业人力资源配置分为（　　）

　　A. 结构配置　　B. 数量配置　　C. 个体配置　　D. 质量配置

　　E. 空间配置

102. 制定企业员工培训规划的要求有（　　）。

　　A. 系统性　　B. 多样性　　C. 有效性　　D. 标准化

　　E. 普遍性

103. 对培训需求分析的表述，正确的有（　　）。

　　A. 要全方位考虑　　　　　　　B. 需要企业多部门共同协商

　　C. 要考虑企业近中期的工作计划　D. 应当由企业人力资源部门提出

　　E. 一般由培训的组织管理部门负责完成培训需求的确认

104. 课程设计程序包括（　　）等工作内容。

A. 课程决策　　　B. 课程设计　　　C. 课程改进　　　D. 课程评价
E. 课程宣讲

105. 管理培训体系的设计要有利于(　　)。
A. 企业总体目标的实现　　　　　　B. 企业竞争能力的提高
C. 企业获利能力的提高　　　　　　D. 企业获利水平的提高
E. 企业基层员工的整体素质的提高

106. 案例评点法作为一种培训方法,所选择的案例要有(　　)等特点。
A. 多样性　　　B. 真实性　　　C. 创新性　　　D. 启发性
E. 结合性

107. 进行培训效果行为评估的难点包括(　　)。
A. 花费很多时间和精力　　　　　　B. 难以剔除不相干因素的干扰
C. 问卷设计存在较大的难度　　　　D. 难以分辨培训效果与培训课程的关系
E. 学员对培训师的印象好坏容易影响评估结果

108. 针对管理性组织和服务性组织,考评的主要内容是(　　)。
A. 出勤率　　　B. 工作效率　　　C. 工作方式　　　D. 组织气氛
E. 整体素质

109. 按照测量水平的不同,考评量表包括(　　)。
A. 名称量表　　　B. 系数量表　　　C. 等级量表　　　D. 等距量表
E. 比率量表

110. 用客户关系分析图法提取关键绩效指标,该方法的特点包括(　　)。
A. 其应用范围受较大限制　　　　　B. 适用于各种工作岗位
C. 可用于个人的工作产出分析　　　D. 可用于团队的工作产出评估
E. 可分析企业下属的各个部门

111. (　　)属于行为导向型主观考评方法。
A. 关键事件法　　　B. 选择排列法　　　C. 成对比较法　　　D. 强制分配法
E. 行为定位法

112. 考评结果过松过宽,容易(　　)。
A. 阻碍组织的变革和发展　　　　　B. 使业绩优秀的员工受到伤害
C. 促使员工个人主义情绪高涨　　　D. 形成狭隘的内部保护主义倾向
E. 使员工滋生某种侥幸心理蒙混过关

113. 实施360度考评应密切关注的问题包括(　　)。
A. 使用客观的统计程序　　　　　　B. 公开绩效考评的结果
C. 要求考评者对其意见承担责任　　D. 培训管理者成为360度考评的专家
E. 在组织面临士气问题时宜采用此法

114. 一般而言,企业进行薪酬调整的依据包括(　　)。

A. 员工的绩效改善　　　　　　　　B. 生活成本变动
C. 竞争对手薪酬水平的调整　　　　D. 经济发展水平提高
E. 企业经营状况与支付能力变化

115. 一般而言,薪酬调查的结果能够为(　　)提供参考依据。
A. 绩效管理制度的调整　　　　　　B. 员工薪酬差距的调整
C. 整体薪酬水平的调整　　　　　　D. 岗位薪酬水平的调整
E. 薪酬晋级政策的调整

116. 对薪酬调查的数据进行整理、分析时,可以采取的方法包括(　　)。
A. 数据排列法　　B. 频率分析法　　C. 回归分析法　　D. 离散分析法
E. 概率推断法

117. 关于经营者年薪制的说法,正确的是(　　)。
A. 经营者的年薪与工作责任、决策风险、经济效益挂钩
B. 经营者的年薪及其调整由企业的董事会或股东大会决定
C. 经营者的利益与员工的利益相分离,而与企业利益相联系
D. 经营者的年薪应在员工工资总额内列支,与员工工资制度相分离
E. 年薪的浮动工资从管理费用中支出,固定工资从企业税后利润中支出

118. 工资结构的类型包括(　　)。
A. 以绩效为导向　　B. 以行为为导向　　C. 以工作为导向　　D. 以技能为导向
E. 以服务为导向

119. 在制订薪酬计划时,应掌握企业未来一年的人力资源规划资料,包括(　　)。
A. 拟晋升职务的员工人数　　　　　B. 拟退休的员工人数
C. 拟岗位轮换的员工人数　　　　　D. 拟休假的员工人数
E. 企业拟为员工增薪的时间和额度

120. 用人单位未与劳动者签订劳动合同,可依据(　　)等凭证认定双方存在劳动关系。
A. 考勤记录
B. 劳动者的家属及其相关人员的证明
C. 劳动者填写的用人单位招工招聘"登记表""报名表"等招用记录
D. 工资支付凭证记录(职工工资发放花名册)、社会保险费缴费记录
E. 用人单位向劳动者发放的"工作证""服务证"等能证明身份的证件

121. 劳务派遣中,(　　)属于用工单位应当履行的义务。
A. 告知被派遣劳动者其工作要求和报酬
B. 与被派遣劳动者签订书面劳动合同
C. 执行国家劳动标准,提供相应的劳动条件和保护
D. 对在岗被派遣劳动者进行工作岗位所必需的培训
E. 支付加班费、绩效奖金,提供与工作岗位相关的福利待遇

122. 关于制定工资指导线的说法，不正确的是（　　）。
    A. 只需符合各个行业及其企业的需求
    B. 应注意与国际经济发展状况相适应
    C. 坚持平均工资的增长低于劳动生产率的增长
    D. 坚持企业工资总额的增长低于企业经济效益的增长
    E. 应符合国家宏观经济政策和对工资增长的总体要求

123. 按照劳动争议主体的不同，可以把劳动争议划分为（　　）。
    A. 权利争议　　　B. 利益争议　　　C. 个别争议　　　D. 集体争议
    E. 团体争议

124. 劳动争议的解决机制包括（　　）。
    A. 自力救济　　　　　　　　　　B. 社会救济
    C. 自力救济与公力救济相结合　　D. 公力救济
    E. 社会救济与公力救济相结合

125. 劳动争议当事人申请仲裁应当符合的条件包括（　　）。
    A. 有明确的被申请人
    B. 申请人与争议有直接利害关系
    C. 申请时间符合仲裁的时效规定
    D. 有具体的仲裁请求以及所依据的事实、理由
    E. 申请仲裁的劳动争议属于仲裁委员会的受理范围

2015年5月 人力资源和社会保障部
国家职业资格全国统一鉴定

职　　业：企业人力资源管理师

等　　级：国家职业资格二级

卷册二：专业能力

注意事项：

1. 请按要求在试卷的标封处填写您的姓名、准考证号、身份证号和所在地区。
2. 请仔细阅读各种题目的回答要求，并在规定的位置填写您的答案。
3. 请保持卷面整洁，不要在试卷上作任何与答题无关的标记，也不得在标封区填写无关的内容。

	一	二	总分	总分人
得分				

得　分	
评分人	

一、简答题（本题共3小题，第1小题16分，第2小题15分，第3小题15分，共46分）

1. 简述绩效考评标准量表的种类，并列举考评标准可采用的评分方法。（16分）

2. 简述设计企业员工宽带薪酬的关键决策,以及实施宽带薪酬的过程中应当关注的要点。(15分)

3. 简述劳动争议调解委员会的调解程序。(15分)

得 分	
评分人	

二、综合题(本题共3小题,每小题18分,共54分)

1. 某汽车工业公司自组建以来,各职能部门和业务部门经多次合并和分解,基本满足了公司生产经营的需要。但最近几年,由于生产规模的不断扩大,职业和业务部门层级不断增加,公司出现了上下指挥不畅、政令不通、横向协调困难等一系列问题。最近,公司高层领导责令人力资源部在充分调研的基础上,提出公司组织结构的全面整改方案,并要求新方案要理清组织职能,减少公司现有职能部门的数量和层级,全面促进公司组织结构的合理化、科学化和高效化。

请结合本案例,回答以下问题:

(1) 分析说明企业组织职能设计的基本内容。(3分)

(2) 分析说明组织职能设计的基本步骤和方法。(15分)

2. 某知名电网公司,今年计划从全国著名的工程类高校应届毕业生中选拔一批后备管理人才。公司人力资源部决定通过资格审核和笔试等方法,按照一定比例进行人员初选,再采用无领导小组讨论的方式进行细选,最终挑选出符合岗位要求的候选人。

请结合本案例,回答以下问题:

(1) 在无领导小组讨论的前期准备阶段,应做好哪些具体工作?(12分)

(2) 在无领导小组讨论的评价和总结阶段,应着重评估应聘者的哪些表现?(6分)

3. 国内某家电生产企业对营销人员进行了一次专业知识培训,受训对象大都是刚刚走上工作岗位的专科毕业生。培训结束后,他们将被派往当地各大商场,成为常住商家的推销员,协助商家直接面对面为消费者提供咨询服务,以提高企业产品的知名度。公司人力资源部和营销部门没有为本次为期2周的培训指定培训内容,而是由来自某高校的几位市场营销学教授作为培训师来自行安排。培训教室选择在公司空置的厂房内,由于是炎热的夏季,教室里没有空调等降温设备,使得学员的注意力难以集中。教授们所讲的内容,学员早已在学校系统学习过。开始时,培训还能使大家专注,但终因"灌输式"的教学方式枯燥无味,使学员们觉得十分困倦。最后,公司专职的培训师讲授了公司主打产品的主要性能等内容。

培训结束后,学员们被派到各大商场参加公司产品的促销活动。当顾客问及有关产品的性能和特点时,他们还能作答,但遇到更深层次的提问时,这些新上岗的推销员们常常是无言以对,甚至当着顾客面,反复翻阅说明书和宣传材料作答。一个月下来,该公司主打产品的销售量和市场占有率并没有任何起色。大家纷纷抱怨这次的培训没有起到什么作用。人力资源部的负责人也检讨认为,没有制订清晰的培训计划是导致本次培训失败的原因之一。

请结合本案例,回答以下问题:

(1) 本次培训没有达到预期效果的原因有哪些?(10分)

(2) 若为本公司设计下一年度员工培训计划,应按哪些具体步骤进行?(8分)

试题答案详见新安人才网(http://learning.goodjobs.cn/)"教材教辅"栏,验证码为"XINANHR2"。

后 记

　　复习迎考是一个艰苦的过程。在这条道路上,我们努力让这个过程变得相对轻松一点。所以我们希望本书可以为您成功通过考试提供一定的帮助。历年真题的规范性、权威性及高度的内在一致性,决定了本书试题不仅是考生用于自测的试题,更是考生备考的首选。编者力求对历年真题进行全方位、系统性、精细化的剖析,为考生解析考题与考试大纲的契合点,帮助考生深度理解并把握考试大纲的精髓。但除了传授方法和技巧,复习应试的整个计划还是需要考生自己去完成的。基本功+题型+策略+技巧=高分。

　　为了获得国家职业资格证书,备考的心态很重要。首先是信心,信心是自己给自己的,所以我们要在不断学习和练习的过程中,一步一步来树立信心。其次是恒心,持之以恒地不断追求。很多人都有目标,但缺少的就是这份坚持。做任何事一旦中途放弃,就意味着前面的付出化为泡影。所以您要一直努力,坚持到考完的那一天。

　　当一切尘埃落定时,你收获的不仅仅是证书,还将拥有向更高目标挑战的信心和能力。祝愿所有的考生都能取得好成绩!